edition suhrkamp 2723

Die Vergaben der Weltmeisterschaften 2018 und 2022 nach Russland und Katar haben erneut gezeigt, dass ein Fußballplatz nie nur ein grünes Rechteck ist, auf dem 22 Spieler einem Ball hinterherjagen. (Profi-)Fußball ist stets zugleich ein Ersatzspielfeld der Politik: Machthaber unterschiedlicher Couleur inszenieren sich, Normen wie Wettbewerbsdenken werden eingeübt, Nationalteams sind ein Indikator dafür, welche Gruppen als zur Nation gehörig betrachtet werden und welche nicht. Anhand von Beispielen aus Deutschland, Frankreich und Russland untersucht Timm Beichelt das Verhältnis von Fußball und Macht. In seinem Essay geht er dabei zugleich der Frage nach, ob das Spiel auch heute noch eine Plattform für Gleichberechtigung, Toleranz und ein authentisches Leben sein kann.

Timm Beichelt, geboren 1968, ist Professor für Europa-Studien an der Europa-Universität Viadrina in Frankfurt an der Oder.

Timm Beichelt

# Ersatzspielfelder

Zum Verhältnis von Fußball und Macht

Suhrkamp

Erste Auflage 2018
edition suhrkamp 2723
Originalausgabe
© Suhrkamp Verlag Berlin 2018
Satz: Satz-Offizin Hümmer GmbH, Waldbüttelbrunn
Druck: Druckhaus Nomos, Sinzheim
Umschlag gestaltet nach einem Konzept
von Willy Fleckhaus: Rolf Staudt
Printed in Germany
ISBN 978-3-518-12723-0

# Inhalt

# Vorwort

»Warum«, fragt Michael Eder in der *Frankfurter Allgemeinen Zeitung* vom 13. Februar 2018 und damit während der Winterspiele im südkoreanischen Pyeongchang, »ist Olympia in der Krise? Doping, ja. Die alten Korruptionsgeschichten, klar. Die Nähe zu den Autokraten. Die große Koalition mit den Sponsoren, die Geldmacherei, die fehlende Nachhaltigkeit [...], die ausufernde Gier, die Überheblichkeit. Es ist eine lange Liste.« In der Tat. Wer aber, gerade im Vorfeld einer Weltmeisterschaft in Russland, auf den Fußball blickt, muss eine andere Frage stellen: Warum ist der Fußball nicht in der Krise? Gewiss nicht wegen der Abwesenheit von Korruption, Autokraten, Sponsoren oder Geldgier. Auch Doping und fehlende Nachhaltigkeit sind dem Fußball vielfach nachgesagt und nachgewiesen worden.

Was unterscheidet also den nach wie vor prosperierenden Fußball von den Olympischen Spielen, die sich offenbar in der Krise befinden? Die Antwort auf diese Frage findet sich nach meinem Ermessen nicht in der viel beschworenen Faszination des Fußballs als Spiel. Sportliche Ästhetik – die »Lobpreisung athletischer Schönheit« (Gumbrecht 2006) – findet sich ebenso in anderen Sportarten, und es ließe sich lange diskutieren, ob nicht der Eiskunstlauf anmutiger ist, die olympischen Snowboard-Wettbewerbe athletischer sind und das Eishockey einem authentischeren Männlichkeitsideal folgt als der Fußball. Ich vertrete in diesem Buch dagegen eine soziologische These: In Deutschland besteht der Unterschied zwischen dem (professionellen Männer-)Fußball und (fast) allen anderen Sportarten darin, dass die Akteure, die sich im Feld des Fußballs bewegen, über hinreichende Macht verfügen, um die eigene Position im gesellschaftlichen Gefüge abzusichern. Diese Macht ist nicht politisch in einem engen, institutionellen Sinn. Vielmehr speist sie sich aus sozialen Quellen, ist symbolischer, diskursiver und natürlich nicht zuletzt materieller Natur. Damit ergeben sich Konsequenzen für all jene Subjekte, die nicht dem unmittelbaren Feld des Fußballs angehören. Diskurse und Symbole aus der Welt des Fußballs gewinnen auch in der weiteren Gesellschaft an Relevanz, dort umgesetzte Geschäfte berühren die Gesamtwirtschaft, und zwar in erheblichem Maße.

Selbst wenn die Machtquellen des Männerfußballs keinen politischen Charakter aufweisen, so kommen politische Akteure nicht umhin, sich mit den gesellschaftlichen Konsequenzen des Fußballs auseinanderzusetzen: Je größer seine gesellschaftliche Relevanz, desto größer ist der Bedarf an fußballbezogener Politik. Politisch legitimierte Machthaber treten dann in Beziehung zu Machthabern im Fußball, die ihre Machtansprüche mit symbolischen und materiellen Ressourcen begründen. Von diesem Herrschaftsgeflecht, das unterschiedliche gesellschaftliche Bereiche betrifft und zu einem guten Teil transnational organisiert ist, handelt das vorliegende Buch. Dabei gilt mein Hauptinteresse dem deutschen Fußball, es finden sich aber auch Kapitel zum Machtgeflecht des Fußballs auf internationaler Ebene, zur politischen Funktion der französischen Nationalmannschaft und zur Verankerung des russischen Fußballs in der Politik des Landes.

Die in diesem Buch vorgenommene Fokussierung auf den Männerfußball soll nicht als Abwertung des professionellen Frauenfußballs verstanden werden. Vielmehr trage ich damit der Tatsache Rechnung, dass sich die im Laufe des Buches angesprochenen Herrschaftsverflechtungen, ein wesentlicher Teil der einschlägigen Literatur sowie die öffentliche Wahrnehmung des Sports vor allem auf den Männerfußball konzentrieren. Inwieweit sich analoge Praktiken auch im Frauenfußball wiederfinden und welche Interaktionen zwischen beiden Sphären bestehen, wäre Gegenstand einer eigenen Arbeit.

Was politische und ökonomische Herrschaft angeht, so sind sich (in Demokratien) die meisten Beobachter einig, dass sie kontrolliert werden müssen. Die Einhegung politischer Machthaber geschieht durch Gegengewalten, z. B. durch politische Opposition, Gerichte oder Medien. Ebenso gehört ökonomische Macht begrenzt, jedenfalls wenn man den meisten satisfaktionsfähigen Denkschulen folgt. Kartellbehörden, der Steuer- und auch der Wohlfahrtsstaat sind Instrumente, die einer Konzentration wirtschaftlicher Macht entgegenwirken oder wenigstens entgegenwirken sollen. Es herrscht zwar wenig Übereinstimmung hinsichtlich der Frage, wie gut dies gelingt. Aber dass ungebremste wirtschaftliche Macht negative Effekte auf das Gemeinwohl hat, ist spätestens seit der letzten globalen Finanzkrise kaum noch strittig.

Doch wie verhält es sich mit diskursiver und symbolischer Macht? Gilt auch für sie, dass ihre Träger kontrolliert und zurückgedrängt gehören? Eindeutige Haltungen gibt es hier nur punktuell. In Demokratien, so die Position der liberalen Demokratietheorie, habe generell das Primat der freien Rede zu gelten. Die kritische Diskurstheorie wendet dagegen ein, ein Übermaß an »Äquivalenzen«, d. h. gleichgerichteten Interessen und Forderungen, könne zu hegemonialen Zuständen führen, in dem sich einzelne »Essenzialitäten« (Standpunkte) durchsetzen und zu einer Hegemonialkonstellation führen, die sodann die politische und soziale Gleichheit gefährden (Laclau/ Mouffe 1985).

Auch wenn es vielleicht zu weit greift, dem Diskurs des Fußballs eine hegemoniale Rolle zuzuschreiben, so sind seine antiegalitären Tendenzen deutlich zu erkennen. In kaum einem anderen gesellschaftlichen Bereich geht es so häufig wie hier darum, die gegnerische Mannschaft zu besiegen – gewinnen kann eben nur einer. Kritiker einzelner Praktiken des Fußballs werden ausgegrenzt und als systemische Störenfriede hingestellt. Doping, das die Gleichheit der sportlichen Voraussetzungen kategorisch infrage stellt, wird systematisch totgeschwiegen. Und Weltmeisterschaften werden an Orte mit dem größten wirtschaftlichen Potenzial und nicht an Orte mit der größtmöglichen politischen Gleichheit vergeben. Das Potenzial für eine umfassende Kritik des Fußballs existiert zweifellos.

In dieses Bild passt eine weitere Eigenschaft des Fußballs, die sich auch auf das vorliegende Buch ausgewirkt hat. Die (sozialen, diskursiven, materiellen) Machthaber im Feld des Fußballs schotten sich in einem Maße von außenstehenden Beobachtern ab, das ich zu Beginn meiner Arbeit nicht für möglich gehalten hätte. Auf fast alle meine Rechercheanfragen an Vereine oder Verbände erhielt ich die Antwort, wissenschaftliche Anliegen könne man aus Kapazitätsgründen leider nicht berücksichtigen – auf die restlichen erhielt ich gar keine Reaktion. Deshalb stütze ich mich im Verlauf des Buches häufig auf Quellen, die normalerweise vor der innerwissenschaftlichen Qualitätskontrolle nicht bestehen. Renommierte deutsche Medien wie *Der Spiegel, Frankfurter Allgemeine* oder *Süddeutsche Zeitung* waren noch das geringere Problem, da hier redaktionsinterne Mechanismen zur Qualitätssicherung unterstellt werden können; Gleiches gilt für die herangezogenen Internetauftritte von ARD (tagesschau.de) und ZDF (zdf.de/sport). Weniger eindeutig ist dies bei privat betriebenen Internetseiten, noch problematischer bei internationalen Foren, die kein Impressum besitzen. Wikipedia – das wegen der Vielzahl der Einträge für mich unverzichtbar war – habe ich immer in mehreren Sprachversionen genutzt und die konkreten Stellen im Text sowie in einer eigenen Bibliografie markiert. Obwohl ich mich um größtmögliche Sorgfalt bemüht habe, kann ich an vielen Stellen letztlich nur hoffen, dass ich nicht auf unzutreffende oder veraltete Informationen zurückgegriffen habe.

Bei den Recherchen, und nicht nur hier, waren eine Reihe von Personen behilflich, denen ich an dieser Stelle herzlich danken möchte. Manuel Normann hat mit großer Umsicht eine Vielzahl an editorischen Aufgaben übernommen. Piotr Franz hat Recherchen insbesondere zum russischen Fußball unternommen und ist in manchem Geschäftsbericht auf empirische Daten gestoßen, die einen Verzicht auf unsicherere Quellen möglich machten. Martin Schewe war mir bei der Bewertung der wirtschaftlichen Aktivitäten des Deutschen Fußball-Bundes (DFB) behilflich. Matthias Rebentisch hat mich über die Kompetenzgrenzen von Polizei und Staatsanwaltschaft in (privat betriebenen) Fußballstadien aufgeklärt. Obgleich mir alle Genannten meine Fragen erschöpfend beantwortet haben, werden sich inhaltliche Fehler und Ungenauigkeiten eingeschlichen haben. Für diese bin allein ich verantwortlich. Danken möchte ich auch Heinrich Geiselberger und besonders Christian Heilbronn, die mich beim Suhrkamp Verlag exzellent betreut haben.

*Frankfurt (Oder), im Februar 2018*

# 1. Einleitung:
# Fußball als symbolischer Möglichkeitsraum

Das Wort »хозяин« (»Chozjain«) findet sich auf den Seiten der Onlineenzyklopädie Wikipedia, die in immerhin 295 Sprachen existiert, nur auf Russisch.[1] Es entstammt der russischen Wirtschaftskultur und bezeichnet einen Eigentümer oder Verwalter von Produktionsmitteln, der sich durch eine Reihe von Eigenschaften auszeichnet: eine ausgeprägte Urteilskraft, Pragmatismus, Sorge um Untergebene und eine ethische Lebensführung. Der Begriff entstand im agrarisch geprägten Russland zu Zeiten der Leibeigenschaft, erfuhr aber in den ersten Jahrzehnten des 20. Jahrhunderts durch Vordenker des Eurasianismus wie Nikolaj S. Trubeckoj und Pjotr N. Savickij eine Umdeutung. Diese entwickelten das Idealbild der Ideokratie, in der »Mitglieder einer führenden Schicht durch eine gemeinsame Weltanschauung, eine gemeinsame Gesinnung miteinander verbunden« sind (Trubeckoj 2005, S. 280). Savickij prägte den Begriff der Chozjainsherrschaft (хозяйнодержавие), in der eine fürsorgliche Machtausübung durch den Chozjain auch eine politische Dimension erhielt (Savickij 1925). Savickij sah in ihr eine Herrschaftsordnung, der eine spirituelle Berufung eigen und die deshalb jenseits kapitalistischer und sozialistischer Muster

---

1 Russische Namen und Eigenbegriffe werden nach der wissenschaftlichen Transliteration übertragen. Ausgenommen sind Namen und Bezeichnungen, die sich im Deutschen eingebürgert haben (z. B. Abramowitsch, Gorbatschow, Jelzin, Kalaschnikow, Lokomotive, Sotschi, Tscheka, Tschetschenien).

angesiedelt war. Die nach einem organischen Prinzip strukturierten Gemeinschaften scharten sich um die Person eines Machthabers, der die Produktivität einer Gemeinschaft auch jenseits des reinen Gewinnstrebens zu sichern hatte.

Während die Idee der Chozjainsherrschaft zu sowjetischen Zeiten unter Durchsetzungsschwierigkeiten litt, lebte sie ab der Perestrojka in einer neuen Variante auf. Nach dem Terror der Stalin-Jahre, der Stagnation unter Breschnew und der Zeit der Wirren unter Gorbatschow und Jelzin bestand in Russland und seiner Nachbarschaft ein erheblicher Bedarf an Stabilität. Gefunden wurde sie in den postsowjetischen Staaten, abgesehen von denen des Baltikums, in autokratischen Regimes mit vermeintlich starken Führerpersönlichkeiten. Auf der Suchmaschine Google ergibt die kombinierte Suche nach »Chozjain« und »Putin«, »Lukašenko« oder »Kadyrov« jeweils über 400 000 Treffer, wenn man die Begriffe in kyrillischer Schrift eingibt.

Konkret repräsentieren die Präsidenten Russlands, Weißrusslands sowie Tschetscheniens nur bedingt die Dimension der Fürsorge; eher stehen sie wohl für rücksichtslose Machtausübung. Aber noch heute wird in Russland und seiner nahen Umgebung das Idealbild eines durchsetzungsfähigen Mannes gepflegt, der mit repressiven Methoden das Primat der Gemeinschaft gegen die freie Gesellschaft durchsetzt, dabei politische und wirtschaftliche Ressourcen bündelt und so die Machtansprüche verschiedener Elitengruppen gegeneinander austariert. Das im Westen verbreitete Bild der korrupten und repressiven Machtapparate in Osteuropa ist zwar nicht falsch. Es ist jedoch zu ergänzen um eine Vorstellung von Herrschaft, die auf Tugenden wie individueller Tatkraft und Gemeinschaftsorientierung beruht. Diese wiederum korrespondieren mit einer idealisierten Welt, wie sie der russisch-eurasische Konservatismus entworfen hat und bis heute entwirft.

Daher überrascht es nicht, dass sich Putin, Lukašenko und Kadyrov zu Zwecken der Imagepflege häufig als Herrscher inszenieren, die sich für Sport interessieren und ihn aktiv betreiben. Putin tritt als Judoka und Eishockeyspieler an, Lukašenko spielt ebenfalls Eishockey, Kadyrov läuft im Fußballtrikot auf. Ein guter Teil der westlichen Berichterstattung macht sich darüber lustig, dass russische Medien ernsthaft über die sportlichen Hobbys ihrer politischen Führer berichten. Vor dem Hintergrund des Spannungsfelds, das im russischen Kulturraum zwischen dem idealisierten und dem realen Chozjain existiert, erscheint die Angelegenheit indes in einem differenzierteren Licht. Im Feld des Sports lässt sich an die ehrenhaften Bestandteile der Chozjainsherrschaft appellieren, die auch im Bewusstsein osteuropäischer Journalisten in einem Kontrast zur Rücksichtslosigkeit und Bereicherung stehen, die die Politik im postsowjetischen Raum so häufig prägt.

Warum aber ist es der Sport und oft genug der Fußball, in dessen Nähe sich autoritäre Herrschergestalten begeben? Geht es beim Schlüpfen ins Sporttrikot darum, sich beim Publikum durch vermeintliche (oder echte) Sportlichkeit anzubiedern? Ist die Beteiligung an »Freundschaftsspielen« mit Prominenten ein Ritual, bei dem Gleichgesinnten und Günstlingen auf subtile Weise eine Gelegenheit zur Subordination gegeben wird? Soll mit sportlichen Großveranstaltungen die innere und äußere Macht gesichert werden?

Diese Motive von sportnahen Politikern werden auf den kommenden Seiten diskutiert, wobei keineswegs nur der postsowjetische Herrschaftsraum zu berücksichtigen ist. Nicht nur in Russland und Umgebung, sondern weit darüber hinaus hat in den letzten beiden Jahrzehnten ein Politikertypus an Bedeutung gewonnen, bei dem sich eine latent autoritäre Weltsicht, ethnisch-nativistische Anwandlungen und ein prinzipienloser Pragmatismus miteinander verbinden. Jenseits der Betrachtung autoritärer Herrschaftsräume stellt sich die Frage nach dem Verhältnis von Fußball und Macht gerade dort, wo Fußballpolitik und die Partikularinteressen fußballpolitischer Akteure mit demokratischen Normen in Konflikt stehen.

Dabei ist kaum zu übersehen, dass der organisierte Sport und wiederum insbesondere der Fußball ein geeignetes Feld für politische Praktiken bieten, die sich jenseits politisch-institutioneller Bahnen entfalten. Zwischen der gesellschaftlichen und wirtschaftlichen Bedeutung des Fußballs und den indirekten und schwachen Zugriffsrechten des Staates besteht sogar eine auffällige Diskrepanz.

Unpolitisch ist der Fußball dennoch beileibe nicht. Manchmal wird ihm ein emanzipatorisches Potenzial zugeschrieben. Im Sinne einer Graswurzelbewegung seien mit dem Fußball verbundene Praktiken geeignet, gesellschaftliche Diskriminierung und die Ökonomisierung der Lebenswelt zurückzudrängen (vgl. Kuhn 2011). Einige Gegebenheiten aus der Geschichte des Fußballs dienen gar als Belege für gesellschaftliche Auflehnung gegen autoritäre Machthaber. Ein wiederkehrendes Beispiel ist der leise Widerstand einiger – aber bei Weitem nicht aller – Protagonisten des argentinischen Fußballs gegen das

Militärregime in den späten siebziger Jahren (Alabarces 2010). Dem Sport wird eine wichtige Rolle bei der symbolischen Gleichstellung der Geschlechter zugeschrieben (Markovits/Rensmann 2010, Kap. 4), und er kann in geteilten Gesellschaften konfliktmindernd wirken (Sugden/Haasner 2010).

Trotz dieser wichtigen Beispiele sehen viele Beobachter den Fußball indes eher nicht als einen Bereich, der auf politischer Ebene Werten wie Gleichberechtigung, Toleranz oder generell einem authentischen Leben zum Durchbruch verhilft. Dafür ist der professionelle Fußball zu sehr von Kommerz geprägt, gibt es zu viele Beispiele für politische Kumpanei mit autoritären Machthabern. Trotz aufwändiger Kampagnen gelten Stadien bis heute als Orte von Homophobie und vielfach auch von Gewalt. Mit der Ausrichtung auf Profit und aufgrund vieler informeller und häufig intransparenter Machtstrukturen, die nur schwer kontrollierbar sind, hat der organisierte Profisport ein Geschäftsmodell geschaffen, das mit den Mustern autokratischer Herrschaft kompatibel ist.

Wenn sich die Kreise des professionellen Sports und der politischen Machtausübung begegnen, ergibt sich also ein wenig klares Bild. Auf der einen Seite finden wir den Sport als zunächst politikferne kulturelle Praxis, auf der anderen die Instrumentalisierung durch politische Akteure; hier produktive gemeinschaftliche Kräfte mit identitätsbildender Funktion, dort Ausgrenzung und Exklusion. Einerseits wird die Integrationskraft des Sports für das Gemeinwesen beschworen, andererseits der Sport für sein Potenzial verdammt, gesellschaftliche und politische Konflikte zum Ausbruch kommen zu lassen. Wie ist dem Wirrwarr an empirischen Beobachtungen und normativen Aussagen beizukommen? Das ist die diesem Essay zugrunde liegende Frage. Sein Ziel besteht darin, die widersprüchlichen Phänomene der zeitgenössischen Fußballpolitik in einen Zusammenhang zu setzen.

Fußball wird dabei in mehrfacher Weise als Ersatzspielfeld – wie es im Titel heißt – angesehen. Diese Metapher findet sich unter anderem in der 2013 erschienenen *Geschichte der Fußballbundesliga* von Nils Havemann. Ähnlich wie im vorliegenden Text wird dort das Ersatzspielfeld zu einem Ort, »auf dem in einer für die Massen leicht zugänglichen Form zentrale politische, wirtschaftliche und soziale Konflikte ausgefochten werden können« (Havemann 2013, S. 15). Ich verwende den Begriff allerdings im Gegensatz zu Havemann mit explizitem Bezug auf das Konzept des »Felds« von Pierre Bourdieu. Das Fußballfeld umfasst und verweist auf verschiedene Arenen, in denen Sportpolitiker, Vereins- und Verbandsrepräsentanten, Journalisten und auch Fans miteinander agieren (siehe unten). Fußball ist demzufolge als abgegrenztes »Feld« zu verstehen, in dem spezifische Regeln und Normen mit einer gesamtgesellschaftlichen Dimension existieren. Fußball stellt (auch) für Nichtfußballer einen Möglichkeitsraum für soziales Handeln dar. Darüber hinaus fungiert er als Projektionsfläche für gesellschaftliche Deutungen, die nicht primär etwas mit dem Sport zu tun haben müssen.

Eine der Kernthesen der sozialtheoretischen Fußballforschung lautet, dass der Sport der Gesellschaft eine Möglichkeit bietet, etablierte Regeln zu durchbrechen und Konventionen spielerisch infrage zu stellen. Fußball führt den Zufall in ein überreguliertes Leben ein und hält auf diese Weise Praktiken bereit, um herrschende Kultur alternativ zu gestalten (Gebauer 2016). Mit dieser Perspektive wird dem Sport eine entlastende Funktion zugeschrieben. Ganz gleich, ob wir Fußball mit oder ohne Verbindung zu Fragen der politischen Macht denken, können wir davon ausgehen, dass durch Sport und Spiel das Austragen gesellschaftlicher Konflikte sublimiert wird.

Das Aufeinandertreffen der Mannschaften der Bundesrepublik und der DDR während der Weltmeisterschaft 1974 wurde ebenso als Gradmesser des Systemkonflikts angesehen wie die durchaus nicht seltenen Partien in verschiedenen Europapokal-Wettbewerben. Während die kriegerischen Auseinandersetzungen in der Ostukraine nicht abebben, koexistieren russische und ukrainische Mannschaften unter dem Dach des Weltfußballverbandes Fifa und des europäischen Fußballverbandes Uefa weiterhin nebeneinander. Wo in spätmodernen Dienstleistungsgesellschaften viele Milieus faktisch voneinander segregiert sind, begegnet sich eine klassenlose Fangemeinschaft im Stadion oder beim Public Viewing.

Diese Überlegungen knüpfen an die Thesen von Johan Huizinga an, der in seinem 1938 erschienenen Buch *Homo Ludens* auf den Charakter des Spiels als »Kulturfaktor« hinwies. Der große niederländische Kulturhistoriker hatte auf die enge Verbindung des Kulturlebens mit Mythos, Kult und damit spielerischem Handeln hingewiesen: »Kultur in ihren ursprünglichen Phasen wird gespielt. Sie entspringt nicht *aus* Spiel, wie eine lebende Frucht sich von ihrem Mutterleibe löst, sie entfaltet sich *in* Spiel und *als* Spiel« (Huizinga 2004 [1938], S. 189, Hervorhebungen im Original). Auf dieser Grundlage entwickelt Huizinga ein Tableau, mit dem sich verschiedene Spielelemente in der modernen Kultur identifizieren lassen: im Geschäftsleben, in der modernen Kunst, in der Wissenschaft, in der Politik und im Krieg. In allen diesen Sphären sind Spielelemente »unentbehrlich«, um die im menschlichen Leben angelegte Dualität zwischen Ernst und Spaß, zwischen Anspannung und Entspannung, zwischen Abgeschlossenheit und Ordnung zu überbrücken. Das Spiel ermöglicht soziales Lernen, indem es eine Sphäre jenseits des »gewöhnlichen Lebens« öffnet. Das Spiel »steht außerhalb des Prozesses der unmittelbaren Befriedigung von Notwendigkeiten und Begierden, ja es unterbricht diesen Prozess« (ebd., S. 17). Durch diese Eigenschaften können im Spiel gesellschaftliche Konflikte stellvertretend ausgetragen und unterdrückte Emotionen ersatzweise auf einem begrenzten Spielfeld ausgelebt werden.

Nun ist allerdings strittig, ob der moderne Sport und erst recht der hochprofessionalisierte Fußball überhaupt noch der Sphäre des Spiels zugeordnet werden dürfen. Huizinga diagnostizierte schon in den dreißiger Jahren, dass im Sport das Spiel immer ernster aufgefasst werde und daher jenen spielerischen Charakter einbüße, der ihn in früheren Epochen ausgezeichnet hatte (ebd., S. 213). Damit führte er schon früh eine Klage ein, die heute jedes Fanforum durchzieht und im Grunde einen Konsens in der fanorientierten Öffentlichkeit darstellt. In Deutschland kann die Redaktion des Magazins *11Freunde* als wichtige Vertreterin dieser Position gelten. Chefredakteur Philipp Köster schreibt z.B. in seiner monatlichen Kolumne »Rot wegen Meckerns« gegen Kommerzialisierung und Fußballfunktionäre sowie ganz allgemein gegen den Ausverkauf des Fußballs an. Dieser gehe mit der

Entfremdung von der Basis einher: dem Amateurfußball und einer Fankultur, die Fußball mit Spiel und Leichtigkeit verbindet (einschlägig auch Rasch 2014; Plitt 2017).

Der Klage, der moderne Sport beinhalte zu viel Ernst und zu wenig Spiel, ist wenig entgegenzusetzen. Wer wollte schon leugnen, dass im zeitgenössischen Fußball alles auf unbedingten Erfolg ausgerichtet ist? Huizinga zieht aus der zutreffenden Diagnose indes nicht den Schluss, dass man die spielerische Wurzel des Sports vollkommen vernachlässigen könne. Vielmehr spricht er von einer »verwirrenden Unauflösbarkeit des Problems Spiel oder Ernst«. Die Kultur, die »in edlem Spiel gegründet ist«, kenne auch Spielregeln, die in der Politik oder selbst im Krieg »dem primitiven Spiel um Prestige Form und Inhalt« gebe. In der Politik seien daher Praktiken wie »das Herausfordern und Aufreizen, das Bedrohen und Beschimpfen des Gegners« dem »Banne des Spiels« zuzurechnen. Die Verbindung von Kultur, Politik und Spiel setze mithin »eine gewisse Selbstbeschränkung und Selbstbeherrschung voraus, eine gewisse Fähigkeit, in ihren eigenen Tendenzen nicht das Äußerste und Höchste zu sehen«. Kultur wolle »noch immer in einem gewissen Sinn in gegenseitigem Einverständnis nach Regeln gespielt werden« (Zitate ebd., S. 227-229). Eine strikte Trennung von Ernst und Spiel, mithin eine Art Rückverschiebung des Fußballs in die Sphäre des reinen Spiels, so könnte man Huizingas Gedanken auf den modernen Fußball anwenden, würde diesem seine gesellschaftliche Bedeutung nehmen. Der Fußball würde die Fähigkeit einbüßen, über sich selbst hinaus auf die Geltung (und Nichtgeltung) gesellschaftlicher Regeln zu verweisen.

Und so ist der moderne Fußball für uns gerade deshalb interessant, weil er dort über die Grenzen der sittlichen Normen etwas aussagen kann, wo er die Sphäre des Überflüssigen verlässt und in der Gesellschaft Spuren hinterlässt. Dazu nur ein Beispiel: Das Magazin *11Freunde* veröffentlicht eine monatliche Rubrik mit Bildern und Text, in der sich Amateurfußballmannschaften aus der »Kreisliga B« präsentieren. Dargestellt werden genau solche Praktiken, die sich von der Kommerzialisierung und Erfolgsorientierung des Profifußballs dezidiert abheben. Ihre Relevanz gewinnen die Praktiken allerdings durch ebendiesen Kontrast – ohne ihn verlöre die Rubrik für die allermeisten Leser ihren Reiz.

Doch wie sind der Sport und die Gesellschaft miteinander verbunden, und wie spielen Politik und Macht in dieses Wechselverhältnis hinein? Ein konventionell politikwissenschaftlicher Politikbegriff scheint nicht besonders geeignet zu sein, um die im Fußball relevanten Aspekte von Machtausübung zu erfassen. Staatliche Akteure, etwa in Regierungen oder Parlamenten, spielen nur eine begrenzte Rolle bei der Lenkung des Fußballs. Das liegt zum einen an der Autonomie des Sports, die in demokratischen Gesellschaften aus der Vereinigungsfreiheit abgeleitet wird und ein Verfolgen privater Ziele zulässt und unter Schutz stellt – auch solche, die nicht mit den Zielen des Staates übereinstimmen.

Zum anderen agieren zentrale Machtinstanzen des Fußballs, z. B. die Fifa oder die Uefa, in einem transnationalen Kontext. Welchen politischen Setzungen und welchen Rechtsordnungen sich der organisierte Fußball zu unterwerfen hat, ist keineswegs ausgemacht. Die Verbände sind laut ihren Satzungen nur sehr eingeschränkt dem Allgemeinwohl verpflichtet[2] und bewegen sich – wohl bewusst – in der Grauzone zwischen eingetragenem Verein und unternehmerischen Zielen. Damit ist ihr Handeln seitens politisch gewählter Akteure nur unter Mühen beeinflussbar. Politische Steuerung kann im Kontext des transnationalen Fußballs nur in einem recht eingeschränkten Maße stattfinden.

Dennoch wäre es vollkommen verfehlt, den Fußball und seine gesellschaftlichen Auswirkungen als politik- oder machtfernen Raum zu verstehen. Wenn man Politik als »autoritative Verteilung von materiellen und immateriellen Werten in der Gesellschaft« versteht (Easton 1965, S. 50), dann ist ganz offensichtlich, dass zu den immateriellen Werten gemeinschaftsbezogene Sentimente hinzugezählt werden müssen. Und in der Tat existiert eine einschlägige Forschung, die einen – wenn auch eher kurzfristigen – Zusammenhang zwischen Erfolgen im Fußball und kollektivem Glücksempfinden herstellt. Es strahlt positiv auf das Selbstwertgefühl aus, als Gastgeberland eines Sportgroßereignisses aufzutreten (Kavetsos 2012). Dieses statistisch signifikante Ergebnis geht einher mit der anekdotischen Beobachtung, dass fußballerische Erfolge

---

2 Z.B. wird in Art. 2 der Fifa-Statuten das Ziel formuliert, »den Fußball fortlaufend zu verbessern und weltweit zu verbreiten, wobei der völkerverbindende, erzieherische, kulturelle und humanitäre Stellenwert des Fußballs berücksichtigt werden soll«. Zwar werden später im Artikel auch konkrete Ziele wie »Integrität, Ethik und Fairness« genannt, deren Erreichen aber auf den Binnenbereich des Fußballs beschränkt bleibt. Die Fifa-Statuten sind online verfügbar unter: {http://resources.fifa.com/mm/do cument/affederation/generic/02/78/29/07/fifastatutswebde_ger man.pdf} (Stand Februar 2018).

wie das »Wunder von Bern« (1954), das »Sommermärchen« (2006) oder der französische WM-Titel 1998 zu Wellen der gesellschaftlichen Euphorie geführt haben. Auf einer analogen empirischen Basis hat bereits vor einigen Jahren Norbert Seitz auf auffällige Parallelen zwischen sportlichen Erfolgen und politischen Entwicklungen hingewiesen (Seitz 1997).

Fußball ist also für das gesellschaftliche Selbstverständnis in einem politischen Sinne relevant. Zugleich eignen sich etablierte Ansätze aus der Government- oder Governance-Forschung nicht gut, um einen Bereich zu beleuchten, der sich relativ fern der etablierten politischen Institutionen selbst reguliert. Daher ziehe ich zur weiteren Analyse der politischen Belange des Fußballs den Feldansatz von Pierre Bourdieu heran. Dieser zeichnet sich dadurch aus, dass politische Subjekte nicht primär über eine gegebene Institutionenordnung erfasst, sondern im Hinblick auf Konflikte in einer beliebig strukturierten Gesellschaftsordnung betrachtet werden. »Felder« werden dann als »Arenen der Produktion, Zirkulation, der Aneignung von Gütern, Dienstleistungen, Wissen und Status« angesehen, in denen Akteure verschiedene Arten von Kapital akkumulieren oder monopolisieren (Swartz 2013, S. 35).

Im Feld des Fußballs, von dem ich also fortan in Anlehnung an Bourdieu sprechen werde, lassen sich die wichtigsten Arten von Kapital in geradezu mustergültiger Art nebeneinander finden.[3] Über ökonomisches Kapital

3  Ökonomisches, kulturelles und soziales Kapital sind zentrale Konzepte in Bourdieus *Feinen Unterschieden* (1982), während sich die zentralen Gedanken zum symbolischen Kapital in *Prak-*

verfügen etwa Vereine, Sponsoren und Verbände. Man muss hier nicht einmal an staatseigene Fonds denken, die bei europäischen Top-Klubs einsteigen. Noch der Marktwert des »ärmsten« Bundesliga-Teams bewegt sich im zweistelligen Millionenbereich. Auch kulturelles Kapital, das bei Bourdieu an Bildung und Ausbildung gekoppelt ist (Bourdieu 1982, S. 143-167), hat in den letzten Jahrzehnten über Jugendausbildung und eine allgemeine Professionalisierung Einzug in den Fußball erhalten. So gilt es in Deutschland als große Ausnahme, wenn ein Nationalspieler nicht vorher das Ausbildungssystem eines Bundesliga-Vereins oder des DFB durchlaufen hat – der letzte Fall war wohl Miroslav Klose.

Spieler und Trainer als Stars, wichtige Stadien und Fußballstädte verfügen über geballtes soziales Kapital, das auf viele Fans oder Zuschauer faszinierende Wirkung ausübt. Man denke an die Selbstverständlichkeit, mit der die deutsche Nationalmannschaft im November 2016 – anlässlich eines Testspiels gegen Italien in Rom – von Papst Franziskus zur Audienz empfangen wurde (*Frankfurter Allgemeine Zeitung*, 15.11.2016, S. 32). Sieben der zehn beliebtesten Twitter-Profile in Deutschland haben einen unmittelbaren Bezug zu Fußball.[4] Fußballer oder

---

tische Vernunft und der anhand dieses Werkes entwickelten Handlungstheorie finden (1998).

4  Im Sommer 2017 lag Mesut Özil mit 15 Millionen Followern an erster Stelle. Ebenfalls viele Follower hatten unter anderem Toni Kroos, Bastian Schweinsteiger, Manuel Neuer, Mario Götze und »Die Mannschaft«, das Twitter-Profil der Nationalmannschaft (ca. 2,9 Millionen Follower). Nicht-Fußballer unter den Top Ten waren DJ Zedd und das Model Heidi Klum. Auf den Plätzen 16 und 18 standen *Spiegel Online* und die *Tagesschau*. Der am meis-

Fußballvereine gehören zu den Spitzenreitern bei Facebook-Profilen: Cristiano Ronaldo (ca. 120 Millionen Fans), Real Madrid und der FC Barcelona (jeweils ca. 100 Millionen Fans) nehmen obere Plätze ein (Statista 2017d). Die neun beliebtesten Facebook-Profile in Deutschland haben allesamt Fußballbezug (Daten siehe Statista 2017b). Nicht zu vergessen: Selbst in ungeraden Jahren, also in Jahren ohne WM- oder EM-Endrunde (der Männer), ist es seit 2008 immer ein Fußballspiel gewesen, das die höchste Einschaltquote im deutschen Fernsehen aufwies. Und im Jahr 2011 stellte das Viertelfinale der Frauen-Weltmeisterschaft (Deutschland gegen Japan, 0:1) mit 17,01 Millionen Zuschauern den Jahresrekord auf (Wikipedia DE 2018i).[5]

Natürlich lässt sich aus diesen Zahlen kein politischer Einfluss in direktem Sinne ableiten. Dennoch wird deutlich, dass Fußball für den immateriellen Wertehaushalt des öffentlichen Lebens eine große Rolle spielen kann. Dies gilt, wenn wir bei Bourdieu bleiben, insbesondere wegen der vielleicht einzigartigen Fähigkeit des Fußballs, ökonomisches und soziales Kapital zu akkumulieren und in symbolisches Kapital umzuwandeln – also die einzelnen Kapitalarten zu gesellschaftlicher Anerkennung und sozialer Macht zu verdichten und so allgemeine gesellschaftliche Reputation zu gewinnen (Bourdieu/Passeron 1973; Bourdieu 1998).

Dieses gesellschaftliche Prestige lässt sich nun politisch

ten angesehene Twitter-Account mit ausschließlich politischem Bezug war der von Steffen Seibert, dem Sprecher der Bundesregierung auf Platz 66 mit ca. 780000 Followern. Siehe {https://twittercounter.com/pages/100/germany} (Stand 23. Juni 2017).
5   Eine vertiefte Analyse zum Fernsehverhalten während der WM 2014 findet sich bei Gerhard/Zubayr (2014).

nutzen. Erneut erscheint der Ansatz von Bourdieu vielversprechend. In seinen Schriften zur Analyse politischer Machtausübung orientiert er sich nicht an einem festen institutionellen Gefüge, sondern untersucht diskursive Praktiken in spezifischen Feldern. *Politik findet dann statt, wenn Akteure eine bestehende soziale Ordnung herausfordern oder handelnd hinterfragen* (Bourdieu 2013a [1981], S. 11-12). Der zunächst unspezifische Charakter dieser Aussage über den Kreis politischer Akteure wird zu einem Vorteil, wenn wir uns in einem diffusen und im Prinzip »politikfernen« Feld bewegen. Dies ist in der Fußballpolitik der Fall. Viele Akteure, die allgemeine Regeln hinsichtlich der Verteilung materieller und immaterieller Werte setzen, befinden sich keineswegs aufgrund politischer Selektionskriterien in ihren Positionen. Dazu gehören beispielsweise Fußballmanager oder Journalisten, die mit ökonomischem und symbolischem, nicht jedoch mit politischem Kapital ausgestattet sind.

Gleichzeitig ist das Feld des Fußballs einerseits einigermaßen fest umrissen, andererseits in seinen immateriellen Bezügen sehr variabel. Zur Fußballpolitik gehört ein vergleichsweise enger Kreis juristischer Regeln, z.B. im Wettbewerbsrecht, bei der Sportförderung oder bei der Dopingprävention. Durch seine große gesellschaftliche Bedeutung sind aber auch Bereiche wie Fußballberichterstattung in den Medien (z.B. wegen des gebührenfinanzierten öffentlich-rechtlichen Rundfunks), die Bekämpfung gesellschaftlicher Gewalt (z.B. beim Umgang mit robusten Fangruppen) oder gesellschaftliche Integration (z.B. wegen der Mitgliedschaft von Nichtdeutschen in Fußballvereinen) politikrelevant. Akteure, die sich mit politischen Intentionen im Feld des Fußballs bewegen, sind also vielfältig und mit dem Erringen nicht nur politischer Macht, sondern auch mit der Akkumulation von ökonomischem, sozialem oder symbolischem Kapital beschäftigt.

Aber kommen wir zurück zur Figur des Chozjain. Sie findet sich nicht nur in den Regimes der postsowjetischen Politik, sondern ebenfalls im Feld des Fußballs. Jedem, der sich auch nur halbherzig mit Fußball auseinandergesetzt hat, fallen sofort einschlägige Charaktere ein. Unter Silvio Berlusconi hat sich der AC Milan in den neunziger Jahren zu einer der ersten Adressen des europäischen Fußballs entwickelt, was seine in Italien bis heute während Popularität mit erklärt. Der sowjetisch-ukrainische Trainer Valerij Lobanovskij hat in den achtziger und neunziger Jahren mit Dynamo Kiew nicht nur einen bewunderten und schnell kopierten fußballerischen Stil erfunden, sondern darüber hinaus in alle Geschicke des Vereins eingegriffen. Ähnliches gilt für den Schotten Alex Ferguson bei Manchester United und den Franzosen Arsène Wenger bei Arsenal London, die prägende Figuren der Renaissance des englischen Fußballs seit den späten neunziger Jahren waren. Der Manager und spätere Präsident des FC Bayern, Uli Hoeneß, dominierte seinen Verein selbst aus dem Gefängnis, wo er zwischen 2014 und 2016 wegen Steuerhinterziehung einsaß. Die Bezeichnung »Chozjain« passt auch auf einige Fußballfunktionäre, z.B. den Brasilianer João Havelange oder den Schweizer Joseph (»Sepp«) Blatter, beides langjährige Präsidenten des Weltfußballverbandes.

Wie schon anhand Chozjains im politischen Raum gezeigt, offenbart auch diese Liste gewisse Abweichungen von der Idealfigur. Nicht nur Uli Hoeneß geriet in Konflikt mit dem Gesetz und musste die Unterordnung unter das Rechtssystem zähneknirschend hinnehmen. Havelange und Blatter wurden der Korruption im großen Stil bezichtigt und fielen am Ende ihrer Karrieren deswegen in Ungnade. Silvio Berlusconi entkam der Strafverfolgung durch Flucht nach vorne, indem er sich immer, sobald es eng wurde, zum Abgeordneten oder Ministerpräsidenten wählen ließ und fortan Immunität genoss. Auch seine vermeintlichen Vergehen hatten mit Fußball zu tun, denn die Steuerhinterziehung wurde ihm im Zusammenhang mit Medien angelastet, deren wirtschaftlicher Erfolg sich auf die Ausstrahlungsrechte an Fußballspielen stützte. Andere starke Männer im Fußball, wie etwa der ukrainische Mäzen von Schachtar Donezk, Rinat Achmetov, müssen sich sogar mit Vorwürfen auseinandersetzen, Teil der organisierten Kriminalität zu sein.

Wir können also im Feld der Fußballpolitik eine ganze Ansammlung mächtiger Leitfiguren beobachten, deren gesellschaftliche (und damit symbolische und politische) Macht sich unter anderem daraus ableitet, dass sie mit fußballbezogenen Äußerungen oder Handlungen eine große Resonanz jenseits des Fußballs erzeugen können. Und doch repräsentieren die *patrons* natürlich nur einen Ausschnitt des Fußballs. Als Vereins- und Mannschaftssport ist dem Fußball eine gewisse Egalität eingeimpft. Das Publikum und insbesondere organisierte Fans hegen oft sogar eine ritualisierte Distanz gegenüber den vermeintlich Allmächtigen des Fußballs. Überhaupt kommen Fans aus ganz unterschiedlichen Milieus, treten in verschiedenen Organisationsgraden und mit unterschiedlichen Motiven auf, womit sie im Prinzip ein Spiegelbild der gesamten Gesellschaft darstellen. Während der professionelle Fußball »von oben« patriarchalisch organisiert ist,[6] repräsentiert er »von unten« egalitäre Diversität und Vielgestaltigkeit.

Dieser Gegensatz, der verschiedene Akteure voneinander abgrenzt und sie zugleich aufeinander bezieht, kann als konstitutiv für das Feld des Fußballs angesehen werden. Ohne strikte Hierarchie, ökonomisches Potenzial und sportliches Know-how wird sich kein sportlicher Erfolg einstellen. Würde der professionelle Fußball nicht über (mindestens) diese Kombination von Ressourcen verfügen, verlöre er große Teile seiner Attraktivität. Ohne ein entsprechend interessiertes – mannigfaltiges, großes – Publikum haben Akteure mit ökonomischem Kapital indes kaum über Anreize, Geld und Zeit in größerem Umfang zu investieren.

Aber was sichert den Fortbestand des Kreislaufs? Warum ist gerade der Fußball in Europa und nicht nur in Europa ein so großes Faszinosum? Hierzu verfechte ich im Folgenden die bereits angedeutete These, dass der Fußball die Funktion erfüllt, gegenläufige soziale Lebensformen und Positionen miteinander vereinbar zu machen (Beichelt 2016). Diese bestehen in Lebensweisen, die Individuen bzw. Subjekte in Reaktion auf Anforderungen der Spätmoderne entwickeln bzw. entwickelt haben. Bei (unter anderem) Émile Durkheim, Georg Simmel und Ferdinand Tönnies findet sich die Überlegung der ambivalenten Wirkung der Moderne auf das Subjekt. Industrialisierung, Verstädterung, Verwissenschaftlichung und andere Formen der Rationalisierung der Welt zwingen

---

6  Eine der wenigen Frauen, die im professionellen Männerfußball in der Funktion des Chozjain auftrat, war von 2006 bis 2012 die Mäzenatin und Präsidentin des FC Basel, Gisela Oeri.

den Einzelnen einerseits, immer neue Herausforderungen annehmen zu müssen, um ein angesehenes Mitglied der Gesellschaft zu werden oder zu bleiben. Schule und Bildung dienen nicht mehr nur als Grundlage für ein erfülltes Leben, sondern der Vorbereitung auf einen Beruf, dessen erfolgreiche Ausübung gewissermaßen selbstverständlich wird. Im Kontext der Arbeitsteilung erfüllen Individuen mithin ökonomische Funktionen für die Gesamtgesellschaft. Es gehört zu den klassischen Thesen der Soziologie, dass dadurch zusätzliche Erwartungen an das Individuum gerichtet werden, so nehmen z.B. die Anforderungen an Arbeitsbereitschaft und Mobilität zu. Die Individualität des Einzelnen, die in vormodernen Gesellschaften kein zentraler Aspekt war, bildet sich dabei erst heraus; sie wird zur Grundlage des Menschen in der arbeitsteilig organisierten Gesellschaft (Simmel 1890). Sie zu pflegen verlangt Aufmerksamkeit und Selbstbewusstsein.

Die Konsequenzen von Arbeitsteilung und sozialer Differenzierung führen dabei nicht automatisch zu Vereinzelung und Atomisierung. Ganz im Gegenteil können auch Formen der Reziprozität entstehen. Durkheim nennt solche positiven Verpflichtungen auf die Regeln und das Recht der Moderne »organische Solidarität« (Durkheim 1996 [1930]). Durch sie wird gewissermaßen auf indirektem Wege sichergestellt, dass die Gesellschaft als Ganze von den Segnungen einer immer stärker auf Wertschöpfung ausgerichteten Wirtschaft profitieren kann. Die Rationalisierung des menschlichen Lebens führt mithin dazu, dass kollektive Gesellschaftsformen entstehen. Nur so können die neuen Produktionsmittel, die eng mit Handel und kollektivem Vertrauen verbunden sind, effektiv genutzt werden. Auf diese Weise stellen Industrialisierung und ökonomische Arbeitsteilung eine zentrale Voraussetzung für die Bildung von Nationalstaaten oder anderen gesellschaftlichen Organisationen dar, die auf Reziprozität und Solidarität beruhen (Deutsch 1953; Greenfeld 1992; Tönnies 2010 [1887]).

Während diese Prozesse einander auf der Makroebene bedingen, bedeuten sie für das Individuum auf der Mikroebene jedoch erhebliche Herausforderungen. Je stärker der Zwang zu ständiger ökonomischer Verfügbarkeit – zu Mobilität, zu Weiterqualifikation und beruflicher Selbstverwirklichung –, desto schwerer wird es, solche Bedingungen zu erfüllen, die mit der Pflege kollektiver bzw. solidarischer Praktiken einhergehen. Gemeinschaftliche Identität, wie sie z.B. in traditionellen Lebensformen wie Familie, Kirchengemeinden, Freundeskreisen oder jeder Form von regelmäßiger Zusammenkunft gefordert ist, lässt sich nun einmal schlecht mit Hypermobilität und Zwang zu ständiger Weiterbildung vereinbaren. Je stärker die Unvereinbarkeit, desto höher die Gefahr von Erschöpfungs- oder Ermüdungszuständen (Ehrenberg 2008). Aber auch ohne pathologische Auswüchse steht außer Frage, dass die gleichzeitige Pflege eines ambitionierten Selbst sowie einer intensiven Gemeinschaftlichkeit nicht nur aufwändig ist, sondern darüber hinaus unterschiedlicher Mittel bedarf, die in Spannung zueinander geraten können.

Meine These lautet nun, dass der Fußball – bzw. die sich im Feld des Fußballs abspielenden Praktiken – dabei hilft, diese auf das Individuum einwirkenden Anforderungen abzufedern. Vor allem bietet er eine Bühne, auf der *sich widerstreitende Impulse* verarbeitet werden können. Der moderne Fußball verfügt einerseits über hohe Qualitäten als Projektionsfläche für Lebenspfade der Selbstverwirklichung. Einzelne Fußballstars – siehe Twitter, Facebook etc. – werden dann in hohem Maße idealisiert, wenn sie Aktivitäten jenseits des Fußballplatzes nachgehen. Cristiano Ronaldo unterhält eigene Mode- und Parfümlinien, die ein bestimmtes Männlichkeitsideal unterstreichen.[7] Lionel Messi, der als Jugendlicher wegen Kleinwüchsigkeit in Behandlung war, unterstützt mit einer eigenen Stiftung schutzbedürftige Kinder und Jugendliche.[8] Der deutsche Nationalspieler Jérôme Boateng entwirft und verkauft edle Brillen, die latent den Kontrast zu seinem Bruder Kevin-Prince Boateng – einem wesentlich rustikaleren Spielertyp – inszenieren.[9] Mesut Özil hatte über die Jahre mehrere Freundinnen, die in der Boulevardpresse keine Unbekannten waren.[10] All dies entfaltet insofern eine Wirkung, als hier Vorbildmodelle für die individuelle Lebensentwicklung insbesondere junger Männer vorgelebt werden. Diese helfen, die fast unvermeidbare Lücke zu füllen, die zwischen der gesellschaftlichen Erwartung an die individuelle Unverkennbarkeit und dem begrenzten Potenzial für tatsächliche Selbstbestimmung besteht.

7 Siehe z. B. {https://www.cr7underwear.com/} oder {http://www.ronaldo7.net/extra/fashion/cristiano-ronaldo-fashion.html} (Stand Februar 2018).
8 Siehe die Website der Stiftung: {http://www.fundacionleomessi.org/} (Stand Februar 2018).
9 Für eine Übersicht siehe {http://www.edel-optics.de/JB-by-Jerome-Boateng-Brillen.html} (Stand Februar 2018).
10 Anna-Maria Connor (Schwester der Popsängerin Sarah Connor), die Popsängerin Mandy Capristo, die ehemalige Miss Türkei Amine Gülse.

Andererseits lassen sich im Fußball natürlich viele Anknüpfungspunkte für die Pflege gemeinschaftlicher Lebenspraktiken finden. Die Organisationsform in Mannschaften, die sich stellvertretend für Städte, Regionen oder Länder miteinander messen und dabei mit spezifischen Identitäten aufeinandertreffen, hält eine reichhaltige Gemeinschaftssymbolik bereit. Zahlreich sind zudem die Praktiken des Fußballs, die an Gemeinschafts- und Solidaritätsgefühle anknüpfen. »Die Mannschaft« ist eine geschützte Marke des Deutschen Fußball-Bundes, der sie mit einer ausgefeilten Werbe- und Kommunikationsstrategie in Szene setzt. Auf der durchaus informativen Homepage[11] wird viel über das alltägliche Leben rund um die Nationalmannschaft mitgeteilt, vom »Team hinter dem Team« über Grafiken zur Spielphilosophie bis hin zu einem Besuch der *Sendung mit der Maus* in der Umkleidekabine. Der Titel des Magazins *11Freunde* ist eine Referenz an den Spruch »Elf Freunde müsst ihr sein«, ein – wohl fälschlicherweise – Sepp Herberger zugeschriebenes Zitat, das dank eines im Jahr 1955 erschienenen Jugendbuches mit demselben Titel Bekanntheit erlangte (Drechsel 2008). Und auch die Fifa setzt mit ihrem seit 2007 verwendeten Slogan »For the Game. For the World« einen Akzent auf soziale Verantwortung und Gemeinschaftlichkeit (vgl. Fifa 2007).

Liebe, Freundschaft und Gemeinschaft stellen mögliche authentische Ziele innerhalb des Fußballfeldes dar. Analog zu den individualistischen Motiven werden sie allerdings vor allem als Projektionen wichtig. Traditionelle

---

11 Siehe {http://www.dfb.de/die-mannschaft/start/} (Stand Februar 2018).

gemeinschaftliche Instanzen wie etwa Kirche, Familie oder auch kleinere Betriebe stehen bekanntlich seit Jahrzehnten unter Druck. Damit gehen jene Arenen verloren, in die sich Individuen zurückziehen können, wenn sie dem individuellen Verwirklichungszwang entgehen wollen. Hier kann, wie viele Dokumente für die Zuneigung von Fußballfans zu ihren Vereinen belegen, eine Ersatzidentifikation mit vermeintlichen Subjekten des Fußballs entstehen.

Mitunter tritt dieser Zusammenhang ganz offen zutage. So heißt es auf der Homepage von Borussia Dortmund: »Borussia Dortmund empfängt von seinen Fans echte Liebe. Denn der BVB ist, wie sie, tief in der Kultur seiner Heimatstadt Dortmund und der westfälischen Region verwurzelt: geradlinig, ungeschminkt, kämpferisch.«[12] In diesem Sinne ist Fußball als »Hidden Game« (Blutner/ Wilkesmann 2008) zu verstehen, das – ganz im Sinne Huizingas – einen Rahmen für den lebensweltlichen Abgleich der Prinzipien des Individualismus und der Gemeinschaftlichkeit bereitstellt. Wenn wir dieser Aussage folgen, verfügt der Fußball mithin über die Funktion, zwei fundamentale Motive menschlichen Verhaltens miteinander vereinbar zu machen: individuelle Selbstverwirklichung sowie das Wohlergehen einer jeweils »nahen« Kollektivität.

Allerdings sollte sogleich betont werden, dass die hier formulierte These weiterer empirischer Unterfütterung bedarf. Welchen Prinzipien genau folgen Fußballakteure – Spieler, Trainer, Sportjournalisten, Fans –, wenn sie individualistische Praktiken in den Mittelpunkt ihres Handelns

12 Siehe {http://www.bvb.de/Der-BVB/Ueber-uns} (Stand Februar 2018).

stellen? Wie wird mit den Gegensätzen zwischen individueller Selbstverwirklichung und kollektiver Bindungskraft konkret umgegangen? Und: Rufen überaffirmative Formulierungen wie die eben zitierten nicht sofort einen Abwehrimpuls hervor, und wie wirkt sich dieser auf die Rezeption des Fußballs aus?

In den kommenden Abschnitten werde ich versuchen, auf mehreren Ebenen zu argumentieren, um diese Fragen zu beantworten. Zur Sprache kommen Überlegungen bezüglich politischer Subjekte – also Individuen, die angesichts einer engen Einbettung in die kontextuelle Welt (bzw. in »Kulturen«) nur über begrenzte Freiheitsgrade verfügen, um eigenen Wünschen und Interessen nachzugehen (Reckwitz 2008a). Dies geschieht in Kapitel 2, das sich somit dem kulturellen Kontext widmet, in dem sich Akteure des Fußballs bewegen. Weiterhin soll herausgearbeitet werden, welche Akteure im Feld des Fußballs in einem engeren Sinn zur Regelsetzung fähig und befugt sind – das ist Gegenstand von Kapitel 3. Dort wird näher ausgeführt, dass Politiker kaum über direkte Instrumente verfügen, um die Aktivitäten rund um den Fußball zu beeinflussen. Sie können allerdings Mittel zur »weichen Steuerung« einsetzen, beispielsweise diskursive Praktiken, Argumente und Symbole (vgl. Göhler et al. 2009).

Im anschließenden Kapitel 4 soll herausgearbeitet werden, wie Ökonomisierung und Selbstdisziplinierung den Möglichkeitsraum definieren, in dem sich die Subjekte im Fußball bewegen. Hier zeigt sich, dass die wirtschaftlichen Notwendigkeiten den professionellen Fußball weit von jener gesellschaftlichen Verankerung entfernt haben, die den deutschen Vereinsfußball in früheren Jahrzehnten geprägt haben. Politische Akteure stehen deshalb vor dem Problem, dass frühere gemeinwohlorientierte Funktionen des Fußballs von dessen Protagonisten nur noch selektiv erfüllt werden. Im Zuge dieser Entwicklung ist die politische Sphäre zu einem gewissen Grad von ebendem Teil des Fußballs abhängig geworden, der sich eher um Erfolge und Gewinne als um gesellschaftliche Integration kümmern muss.

Kapitel 5 thematisiert die Ebene der Gemeinschaft, die im Fußball in Fan- und Gegenfangemeinden strukturiert ist. Neben der Frage, welche Logiken der Abgrenzung zwischen den verschiedenen Gruppen existieren (und wie die Politik mit ihnen umgeht), wird auch die innere Dynamik von Gemeinschaften untersucht. Dabei demonstriere ich am Beispiel der französischen Nationalmannschaft, wie variabel Urteile über Zugehörigkeit (oder Nichtzugehörigkeit) zu einer Gemeinschaft ausfallen können. Im Anschluss daran wird in Kapitel 6 die Analyse auf die transnationale Ebene erweitert. Im Mittelpunkt stehen dort die politischen und geschäftlichen Praktiken der Fifa. Kapitel 7 thematisiert den russischen Fußball, seine Verflechtung mit der Politik sowie staatseigenen oder staatsnahen Unternehmen.

Der Ausblick (Kap. 8) führt die diversen Fäden der vorherigen Kapitel zusammen. Der Chozjain spielt dabei insofern eine Rolle, als sein Rollenmodell eine attraktive Option bietet, um soziale Kommunikation über Regimeformen sowie über ökonomische und politische Grenzen hinweg zu ermöglichen. Der internationale Fußball, zu dem auch der deutsche gehört, ist in diesem Zusammenhang nicht per se als autokratische Angelegenheit zu charakterisieren. Aufgrund der Einbettung des deutschen Fußballs in einen autokratieaffinen Kontext ist allerdings wenig verwunderlich, dass politische Praktiken hier wie dort von Intransparenz und Partizipationsferne gekennzeichnet sind. In gewisser Weise hat die Fußballpolitik daher ein Paralleluniversum errichtet, in dem einige Ideale der Demokratie keine Gültigkeit mehr besitzen.

# 2. Subjekte im Feld des Fußballs: Präferenzbildung im vorpolitischen Raum

Im Dezember 2013 überraschte der Manager der deutschen Nationalmannschaft, Oliver Bierhoff, die Öffentlichkeit mit einem ungewöhnlichen Plan. Die Suche nach einer geeigneten Unterkunft während der Weltmeisterschaft in Brasilien im Sommer 2014 habe zu keinem befriedigenden Ergebnis geführt. Lange Wege innerhalb Brasiliens, die notorische Unsicherheit vieler Städte und die Ruhebedürftigkeit der Spieler zwischen den Partien galten als Faktoren, die für die Wahl des Quartiers relevant waren. Vor diesem Hintergrund entschied sich die Leitung der Nationalmannschaft dafür, am Strand in der Nähe der Kleinstadt Porto Seguro – gut 1200 Kilometer nördlich von Rio de Janeiro – ein Luxusresort zu beziehen, das sich zu jener Zeit noch im Bau befand. Die Anlage mit 65 Wohneinheiten in 14 zweigeschossigen Häusern sowie Pool und diversen Wellness-Einrichtungen biete »alle Möglichkeiten, die wir uns während des hoffentlich langen Zeitraums bei der WM wünschen« (RP-Online 2013). Offenbar hatte sich trotz intensiver Suche in Brasilien, dem fünftgrößten Land der Erde, kein einziges bereits existierendes Hotel von zufriedenstellender Qualität finden lassen.

Diskutiert wurde die Angelegenheit in Deutschland in unterschiedlichen Phasen. Zunächst wurde die Frage hin und her gewendet, ob ausgerechnet der reiche Deutsche Fußball-Bund die sozialen Belange in der unterentwickelten Region genügend berücksichtige. Schließlich griff man nicht auf eine bestehende Infrastruktur zurück, sondern brachte vieles von zu Hause mit. Oliver Bierhoff wies in diesem Zusammenhang darauf hin, dass durch die Bedürfnisse des (ebenfalls zu erbauenden) Medienzentrums als Infrastrukturmaßnahme neue Mobilfunkmasten gebaut würden – wobei er dem Publikum zugleich versicherte, während der WM würden die Kommunikationswünsche ausländischer Handy-Nutzer bevorzugt berücksichtigt, »wenn das Netz überlastet ist« (Zitate in diesem und dem folgenden Absatz siehe *Bild-Zeitung* 2014).

Ebenfalls diskutiert wurden mögliche ökologische Schäden. Das Areal liegt an der dem Regenwald vorgelagerten Küste und ist von Porto Seguro aus nur über eine Fährverbindung zu erreichen. Bei genauerer Betrachtung reiht sich das Hotel allerdings nur in eine Reihe weiterer touristischer Anwesen rund um das Fort Santo André ein. Zerstörungen fanden nicht statt. Angelegt wurde ein eigener Fußballplatz, für den die vorher dort wachsenden Orchideen per Hand umgepflanzt wurden und um den sich, so Bierhoff, »der bekannte Rasenexperte Rainer Ernst, […] ein absoluter Fachmann«, kümmerte.

Während der Weltmeisterschaft wurde das Dorf dem deutschen Fernsehzuschauer über die begleitende Berichterstattung von ARD und ZDF bekannt. Die ZDF-Sportjournalistin Katrin Müller-Hohenstein, die während der gesamten Weltmeisterschaft in Santo André stationiert war, spezialisierte sich auf Interviews, in denen sie mit den Spielern und dem Trainerstab die Wohn- und Lebenssituation des Teams thematisierte. Dafür bekamen sie und der verantwortliche Sender viel Häme – was wohl nicht zuletzt mit der restriktiven Medienstrategie der Mannschaftsleitung zu tun hatte, die eine echte sportjournalistische Berichterstattung stark erschwerte (*Spiegel Online*

2014b). Die Perzeption von Campo Bahia war jedenfalls in hohem Maße durch das Fernsehen geprägt, dessen Bilder eine sportlich erfolgreiche Weltmeisterschaft mit einem luxuriösen Lebensstil verknüpften. Etwaige Interaktionen mit der brasilianischen Umgebung fanden kein verstärktes Interesse der Redaktionen und/oder der Zuschauer.

Damit war auch der spätere Rückblick auf das WM-Quartier vorgezeichnet. Die Spieler äußerten sich angetan von der Atmosphäre und Funktionalität ihres vorübergehenden Wohnorts: »Der Plan ging auf«, so der deutsche Spieler Thomas Müller.[13] Viele Beobachter aus dem In- und Ausland stuften die Entscheidung nun als Zeichen »sorgfältiger Planung« ein, da die Anlage in derselben Klimazone wie die Stadien der Vorrundenspiele gelegen habe. Dadurch habe man sich auf die Strapazen des langen Turniers besser eingestellt als andere Verbände, was sich z. B. im Endspiel gegen Argentinien zeigte, als die Mannschaft trotz blutender Wunden noch zulegen konnte und kurz vor dem Ende der Verlängerung das Siegtor erzielte. Heute ist das Campo Bahia ein luxuriöses, aber wohl nicht ausgelastetes Hotel. Für brasilianische Touristen dürften die Erinnerungen an das 1:7 im Halbfinale gegen Deutschland noch allzu lebendig sein, als dass man »im ehemaligen Zimmer von Bundestrainer Löw« echte Entspannung finden könnte.[14] Und betuchte deutsche Fußballnostalgi-

---

13 Die Zitate in diesem Absatz finden sich in einem auf YouTube verfügbaren Video über das WM-Camp der deutschen Nationalmannschaft: {https://www.youtube.com/watch?v=q7hXn-fQoIg} (Stand Februar 2018).
14 Vgl. die Website der Anlage: {http://campobahia.com/de/press} (Stand Februar 2018).

ker dürften fernab der brasilianischen Tourismuszentren allenfalls eine Randgruppe darstellen.

Mit dem Bau des Kleindorfes, aber auch mit dessen diskursiver Einbettung, verbindet sich eine markante Entwicklung nicht nur der deutschen Nationalmannschaft, sondern des Profifußballs insgesamt. Immer mehr Entwicklungen werden systematisch antizipiert, was wiederum als unabdingbare Voraussetzung für sportlichen Erfolg gesehen wird. Der Deutungsrahmen ist so umfassend, dass sich ihm Spieler, Journalisten und andere Beteiligte kaum noch entziehen können. Dabei ist sein Wahrheitsgehalt wenigstens in historischer Perspektive keineswegs ausgemacht. So haben etwa die deutschen Erfolgsmannschaften von 1972 und 1974 durchaus mit Improvisationsgeist aufgewartet. Unvergessen ist die dänische Nationalmannschaft, deren Spieler sich bei der Europameisterschaft von 1992 mit unkonventionellen Aktionen bei Laune hielten und gerade daraus viel Kraft bezogen (*11Freunde* 2017).

Was ist also im Profifußball mit Werten wie Kreativität und Unbefangenheit geschehen? Wurden sie verdrängt, leben sie an verborgenen Stellen weiter? Die These dieses Kapitels hierzu lautet, dass Arenen der Spontaneität und Authentizität im modernen Fußball systematisch reduziert worden sind, um sie dem Primat des sportlichen Erfolgs unterzuordnen. Innerhalb des sportlichen Gefüges hat sich damit eine gewisse Verschiebung ergeben: weg von den Spielern als Leitwölfen auf dem Platz und hin zu Managern und langfristig planenden Trainern, die besonders in England verbreitet sind und dort passenderweise *manager* heißen. Durch deren Prägung ist im Fußball das Idealbild eines perfekten Profis entstanden.

Abweichende Verhaltensmuster wie abendliche Clubbesuche oder handfeste Auseinandersetzungen im privaten Rahmen werden hart sanktioniert. Zwar existiert eine allgemeine Nostalgie nach »echten Typen«, die z. B. in Interviews authentische Antworten zu geben in der Lage sind. Jenseits der rhetorischen Ebene sind Attribute vergangener Zeiten wie Zigaretten, Alkohol und ungesunde Ernährung aber tabu. Und die Einhegung des Fußballs findet nicht nur auf der zwischenmenschlichen Ebene statt. Die Profis bewegen sich in einem Umfeld, in dem jedes Fernsehbild genauestens auf mögliche Abweichungen überprüft wird. Man denke hier nur an den Medienaufschrei im April 2017, als der Dortmunder Spieler Pierre-Emerick Aubameyang nach einem Tor eine Maske der Firma Nike aufsetzte, obwohl Borussia Dortmund vom Konkurrenten Puma – der zugleich fünf Prozent der BVB-Aktien hält – ausgestattet wird (*Frankfurter Allgemeine Zeitung* 2017e).

Wenn wir ergründen wollen, welche subjektbezogenen Normen im Feld des Fußballs gültig sind, erleichtert das Wechselspiel aus Erlaubtem und Unerlaubtem die Betrachtung. Wenn Politik als Feld angesehen wird, in dem materielle *und* diskursive Handlungen relevant sind, dann wird Macht auch über sprachliche Setzungen ausgeübt. Die wichtigen hegemonialen Rahmen für Politik lassen sich durch die Rekonstruktion zentraler Sprechakte gewinnen. Genauso relevant sind indes Äußerungen, an deren Umstrittenheit sich nachträglich zeigt, wo und wie offenbar geltende Regeln verletzt werden. Für den fußballpolitischen Diskurs sind somit affirmative und herausfordernde Aussagen gleichermaßen wichtig. Beide verweisen auf kollektiv geteilte Bedeutungen, die herauszuarbeiten das Ziel dieses Kapitels ist.

Um diesem doppelten Kriterium für die Relevanz von Debattenbeiträgen zu genügen, werde ich mich in diesem Abschnitt lose an einen sprachtheoretischen Ansatz anlehnen, der im Zuge der Diskussion um die Emotionalität von Sprache an Bedeutung gewonnen hat. Vertreten wird er von dem Linguisten George Lakoff und dem Philosophen Mark Johnson, die seit Jahren zur Körperlichkeit und Inkorporierung von Metaphern forschen. Mit ihrem bekanntesten Buch *Leben in Metaphern* (2014 [1980]) gehören sie zu den Mitbegründern der Idee »konzeptioneller Metaphern«: sprachlicher und sonstiger symbolischer Bilder, über deren Bedeutung eine gewisse kollektive Einigkeit herrscht, die sprachlich und lebensweltlich eine besondere Bedeutung haben und daher mitunter als »verkörperlichte Kognitionen« bezeichnet werden (Lakoff/Johnson 2014 [1980]; Wehling 2016).

Im Folgenden werde ich mich also besonders auf wirkungsmächtige Symbole konzentrieren, die in der öffentlichen Debatte um den Fußball evoziert werden. An ihnen kann man zeigen, welche kollektiven Bedeutungen dem Fußball innewohnen. Dabei stehen jene Topoi im Zentrum des Interesses, die als offensichtliche Reibungspunkte der geistigen Situation der Zeit gelten können: das Verhältnis von Hyperglobalisierung und regionaler Gemeinschaft, von nationaler und kosmopolitischer Identität, vom Streben nach Gewinn und solidarischem Verhalten, von Individualität und Kameradschaft, von partikulären Interessen und Gemeinwohl. Politisch aufgefasst wird der Fußball an dieser Stelle noch nicht in einem traditionell-institutionellem Sinn – dieser Schritt erfolgt anschließend in Kapitel 3. Hier wird er zunächst als gesellschaftlich-diskursive Instanz aufgefasst, in der viele

Randbedingungen verhandelt werden, an denen sich fußballpolitische Akteure orientieren müssen.

\*\*\*

Nach dem unerwarteten Gewinn des Fifa Confederations
Cup in Russland im Sommer 2017 stand Joachim (»Jogi«)
Löw im Herbst desselben Jahres vor einem Luxusprob-
lem. Während des Turniers, zu dem amtierende Weltmeister automatisch eingeladen werden, hatte der Bundestrainer viele Spieler der Weltmeistermannschaft geschont und
stattdessen eine Perspektivelf eingesetzt. Diese hatte das
Turnier etwas überraschend gewonnen; zudem hatte im
selben Sommer die U21-Nationalmannschaft den Euro-
pameistertitel erringen können. Das Trainerteam verfügte
damit über einen Personalpool von drei bis vier Dutzend
Spielern, die ernsthaft für eine Nominierung zur Fußball-
WM 2018 infrage kamen – und das ein Jahr vor Turnier-
beginn.

   In vielen Lebensbereichen könnte eine solche Situation
nun genutzt werden, um sich zurückzulehnen und die
Dinge ein wenig auf sich zukommen zu lassen. Nicht aber
in der Nationalmannschaft. Löw machte jedenfalls in der
Pressekonferenz vor dem ersten Länderspiel des Herbstes
deutlich, dass das Unternehmen Titelverteidigung »nicht
irgendwann nächstes Jahr, sondern jetzt« beginne. Jeder
Spieler müsse »sich bewusstmachen, was er im kommenden Jahr leisten könne: ›Was kann ich tun, damit ich jeden
Tag ein bisschen besser werde, dass ich dann wirklich in
Top-Form bin‹« (zitiert nach *Frankfurter Allgemeine Zeitung*, 01.09.2017, S. 32). Diese Aussage hatte es so ähnlich
nicht nur von Löw schon unzählige Male zuvor gegeben.

Sie entspricht dem, was die allermeisten übrigen Protagonisten des Fußballs Woche für Woche von sich geben.

Es erscheint zwar einleuchtend, dass innerhalb des engen Fußballfeldes akzeptiert wird, wenn ein Paradigma der permanenten Konkurrenz ausgerufen wird. Weniger plausibel ist indes, dass der von den Protagonisten des Fußballs angebotene *frame* vom Publikum übernommen und gutgeheißen wird. Immerhin ist aus vielen Kontexten bekannt, dass sich die bundesdeutsche Gesellschaft affin verhält zu regional-gemeinschaftlichen Lebensformen, zu sozialem Ausgleich, zur Eindämmung des Marktes und allgemein zu Positionen, die der immer stärkeren Beschleunigung und immer weiter ausgreifenden Globalisierung widersprechen. Hierzu ist es nicht unbedingt nötig, die Wahlerfolge populistischer Parteien als Aufbegehren der Abgehängten bzw. als »Wiederkehr der Verdrängten« zu interpretieren (so unter vielen Streeck 2017). Das Team des Wissenschaftszentrum Berlin für Sozialforschung um Jutta Allmendinger z. B. hat in jüngster Zeit ein umfangreiches Dokument geliefert, das gerade im Bereich des Wohlfahrtsstaats den Drang nach Beständigkeit in der deutschen Gesellschaft belegt (Allmendinger 2017, S. 132-136, 167-179).

Die Diskurswelt des Fußballs kann in diesem Zusammenhang als Arena gesehen werden, in der Reibungspunkte zwischen der idealen Beschleunigungswelt und den Verlangsamungsimpulsen der Gesellschaft ausgelotet werden. Vor dem Hintergrund der öffentlichen Meinung in Deutschland ist nicht zu erwarten, dass das Ausrufen des totalen Wettbewerbs unwidersprochen bleibt. Ein Weiterdrehen des Wettbewerbsrades könnte kontraproduktive Auswüchse zeitigen, die Fallhöhe wird mit dem

Hochschrauben von Ansprüchen immer größer. In einem Spiel wie dem Fußball hängt nun einmal einiges von Zufällen ab.

Zurück zu den Worten von Jogi Löw. Wenn die Fokussierung auf die Weltmeisterschaft »nicht irgendwann, sondern jetzt« stattzufinden hat, wird eine zeitlich gebundene Metapher der Wachsamkeit verwendet.[15] Der natürliche Rhythmus von An- und Entspannung – oder auch von Leistungs- und Regenerationsmodus – soll nach Löw vielleicht nicht vollständig durchbrochen werden, aber doch in Richtung Anspannung und Leistung verschoben werden. Denn: Die im Sommer 2018 anzustrebende »Top-Form« hat mit einer kontinuierlichen Steigerung der eigenen Fähigkeiten zu tun, jeder in der Mannschaft müsse »jeden Tag ein bisschen besser« werden. Löw setzt demnach große Hoffnung in den Ausbau einer Art fußballkulturellen Kapitals, nämlich dem Arbeiten an individuellen fußballerischen Schwächen, die auf einer Ebene mit der Fähigkeit stehen, in einer konkreten (punktuellen) Situation Leistung zu erbringen. Dafür steht in Löws Satz (»Was kann ich tun, damit ich jeden Tag ein bisschen besser werde, dass ich dann wirklich in Top-Form bin?«)

15 Lakoff und Johnson verwenden in ihrem Buch einen spezifischen Metaphernbegriff: Metaphern sind für sie »Konzepte, die unser Denken strukturieren. […] Unsere Konzepte strukturieren das, was wir wahrnehmen, wie wir uns in der Welt bewegen und wie wir uns auf andere Menschen beziehen. Folglich spielt unser Konzeptsystem bei der Definition unserer Alltagsrealitäten eine zentrale Rolle. Wenn, wie wir annehmen, unser Konzeptsystem zum größten Teil metaphorisch angelegt ist, dann ist unsere Art zu denken, unser Erleben und unser Alltagshandeln weitgehend eine Sache der Metapher« (Lakoff/Johnson 2014 [1980], S. 11).

das Aneinanderreihen der Nebensätze durch Komma-ta.

Um nun die Fähigkeit zum Abrufen des individuellen Leistungspotenzials umsetzen zu können, bedarf es nicht nur des Einzelnen, sondern einer kollektiven Anstrengung. Diese kann aber nicht in trauter Gemeinsamkeit geleistet werden, sondern lässt sich allein durch gezieltes Gegeneinander abrufen. Entsprechend unterstrich Löw in der genannten Pressekonferenz, dass es in den kommenden Monaten den »härtesten Konkurrenzkampf seiner Amtszeit« geben werde (zitiert nach *Frankfurter Allgemeine Zeitung*, 01.09.2017, S. 32). Der gnadenlose Wettbewerb, der im Messen mit anderen Mannschaften den Weg zu internationalen Titeln charakterisiert, wird mithin auch in das innere Gefüge der eigenen Mannschaft übertragen.

Plausibel wird ein solcher Ansatz dadurch, dass die in der Mannschaft vertretenen Individuen diesen Modus des Miteinanders nicht nur kennen, sondern auch annehmen: »Diesem großen Ziel [dem Gewinn der Weltmeisterschaft; Anmerkung des Verfassers] werden wir wie bisher konsequent alles unterordnen. Die Spieler wissen, was ich von ihnen erwarte« (Sportschau.de 2017c). Mit dem Wechsel in die Ich-Perspektive und dem Verb »unterordnen« unterstreicht der Trainer Löw einerseits das Hierarchiegefüge, das innerhalb der Gruppe und insbesondere im Hinblick auf seine eigene Position besteht. Zum anderen appelliert er an die Verantwortung der Spieler selbst. Ein Scheitern, z. B. eine Nichtnominierung für die Weltmeisterschaft, geht folglich wenigstens teilweise zu Lasten des individuellen Spielers, der sich möglicherweise nicht genügend angestrengt hat.

Nicht jeder Leser wird sich mit den Versatzstücken meiner Interpretation zufriedengeben. Das ist jedenfalls sehr unwahrscheinlich, denn jedes metaphorische Konzept ist vielfältig interpretierbar; eindeutige intersubjektive Deutungen sind daher nicht möglich (Lakoff/Johnson 2014 [1980], S. 21). Im Bewusstsein dieser Unschärfe schlage ich dennoch vor, dass drei strukturelle Komponenten im Fußballdiskurs eine wichtige Rolle spielen: (1) dauerhafte Wachsamkeit, (2) Wettbewerb innerhalb eines Teams sowie mit Konkurrenten und deren Potenzialen sowie (3) verinnerlichter Erfolgswillen der beteiligten Protagonisten.

## *Dauerhafte Wachsamkeit*

Im luftleeren Raum mag die Erwartung, gerade im Zenit der Leistungsfähigkeit sei eine besondere Aufmerksamkeit gefragt, trivial erscheinen. Erstens ist es normal, wenn in einem Wettbewerb unter prinzipiell Gleichen nicht immer eine Mannschaft gewinnt. Und zweitens gilt gerade im Sport das Prinzip von Lebenszyklen (Gumbrecht 2006, S. 85–149), weshalb nicht nur die größte Sportlerkarriere, sondern auch die prominenteste Sportart sich einmal irgendwann erschöpfen wird. Jeder Fußballinteressierte ist sich daher der Vergänglichkeit berühmter Spieler bewusst. Selbst absolute Spitzenathleten ihrer Zeit wie Michael Ballack können innerhalb weniger Monate ihren Rang weitgehend einbüßen. Dasselbe gilt für Mannschaften. Nach den goldenen fünfziger Jahren kehrte die ungarische Nationalmannschaft nie wieder in den Kreis europäischer Spitzenmannschaften zurück. Der einstige deutsche Re-

kordmeister 1. FC Nürnberg ist Lichtjahre von einer er-
neuten deutschen Meisterschaft entfernt. Ein ähnlicher
Niedergang könnte derzeit dem niederländischen Fußball
drohen.

Aber nicht nur aus diesem Grund ist wenig verwunderlich, wenn den Mahnungen Löws – erhöhte Wachsamkeit auch in Friedenszeiten! – zunächst nicht auf breiter
Front widersprochen wird. Die Geschichte des deutschen
Fußballs zeigt, dass sich mit den Sorgen über einen möglichen sportlichen Bedeutungsverlust mehr verbindet als
das Abrutschen in einer Tabelle. Nicht selten standen
mit dem Ende einer Spitzenmannschaft ganze Lebensmo-
delle zur Disposition. Die Weltmeistermannschaft von
1954 etwa fiel mit ihren bodenständigen Halbprofis nicht
nur in den Jahren 1958 (Platz 4) und 1962 (Ausscheiden
im Viertelfinale) zurück. Der Abschwung symbolisierte
zugleich das erfolglose Festhalten an einem im Vergehen
begriffenen Werte- und Erfolgsmodell. Die Gründung
der Bundesliga stand vor der Tür, traf aber bei vielen Verfechtern des Amateurgedankens auf entschiedenen Widerstand (Havemann 2013, S. 55). Während die Mannschaft von 1954 über den 1. FC Kaiserslautern deutlich
in der Provinz verankert gewesen war, rekrutierten sich
nur kurze Zeit später viele Spieler aus den Großstadtver-
einen in Köln, Hamburg, München und Gelsenkirchen.
Mit den neuen Vermarktungsmöglichkeiten der Bundesliga reichte das wirtschaftliche Potenzial selbst in einer
Stadt mit großen mittelständischen Unternehmen (z. B.
Pfaff Nähmaschinen oder Eisenwerke Kaiserslautern) nicht
mehr für eine Spitzenmannschaft aus (Herzog 2004).

Auch die Nationalmannschaft der frühen siebziger Jahre, die zwei Mal Europa- und ein Mal Weltmeister wur-

de, löste sich im Kontext schwankender gesellschaftlicher Rahmenbedingungen auf. Besonders der heute vielfach heroisierte Sieg von 1972 fiel zusammen mit einer Reihe von Ereignissen, die die Ausrichtung des Fußballs an kurzfristige Erfolge und an der Verschmelzung mit kommerziellen Interessen anzeigten. Im sogenannten Bundesliga-Skandal hatten regional verwurzelte Vereinspräsidenten der Vereine Arminia Bielefeld und Rot-Weiß Oberhausen Spieler anderer Mannschaften bestochen, um den Abstieg aus der Bundesliga zu verhindern (Havemann 2013, S. 209-226). Im Jahr 1973 hatte ein – aus heutiger Sicht niedliches – Erdbeben die Bundesliga erschüttert, als die Mannschaft des Bundesligisten Eintracht Braunschweig mit Trikotwerbung (der Marke Jägermeister) auflief.

Es folgte eine erste Auswanderungswelle prominenter deutscher Nationalspieler. Franz Beckenbauer wechselte nach New York, Gerd Müller nach Fort Lauderdale (ebenfalls in den USA), Günter Netzer, Paul Breitner und Uli Stielike zu Real Madrid. Diese vielfältigen Herausforderungen für das herkömmliche Modell eines klaren Nationen-Fußballs führten dazu, dass die Jahre nach dem WM-Gewinn 1974 – obwohl es durchaus weitere sportliche Erfolge gab – hierzulande heute als Phase des Niedergangs wahrgenommen werden. Parallelen lassen sich hier auch zu der Phase nach 1990 ziehen, als die Europäisierung und Globalisierung des Fußballs trotz glänzender Prognosen eine unbeständige Periode des deutschen Fußballs einleiteten.

Ein Bewusstsein für das Verblassen fußballerischer Glanzepochen ergibt sich ebenso, wenn die Geschichte der Bundesliga aus der Perspektive von Aufstieg und Niedergang betrachtet wird. Nur die ersten Jahre nach der Gründung 1963/64 waren von wechselnden Meistern und einem allgemeinen Auf und Ab einzelner Mannschaften geprägt. Der Meister des Jahres 1967/68, der 1. FC Nürnberg, stieg in der darauffolgenden Saison sogar ab. Danach setzte eine Reihe von Phasen ein, in denen immer nur zwei oder drei Mannschaften für die Meisterschaft infrage kamen. Zwischen 1968/69 und 1976/77 wechselte die deutsche Meisterschaft zwischen Bayern München und Borussia Mönchengladbach; beide Vereine waren zudem auf europäischer Ebene sehr erfolgreich. Im Anschluss wurde die Bundesliga für einige Jahre von der Dauerkonkurrenz zwischen dem 1. FC Köln, dem Hamburger SV und dem FC Bayern München geprägt. Anschließend waren der FC Bayern und Werder Bremen für einige Jahre auf Augenhöhe – eine Konstellation, die sich im ersten Jahrzehnt des 21. Jahrhunderts noch einmal wiederholte. Zeitweilig lebte die Bundesliga von der Konkurrenz zwischen Borussia Dortmund und Bayern München.

Die Phasen veranschaulichen, dass es in Deutschland unterschiedliche Abnehmer für die Mahnung gibt, auch in Erfolgsphasen »nicht nachzulassen«. Es ist hierzulande nicht wie in Italien oder Spanien, wo seit vielen Jahrzehnten immer wieder dieselben Spitzenklubs die Meisterschaften gewinnen. In Deutschland scheint lediglich der FC Bayern davor gefeit zu sein, nach Erfolgsphasen nicht wieder im Mittelfeld der Tabelle zu verschwinden. Anhänger von Vereinen wie Borussia Mönchengladbach, dem 1. FC Köln, dem Hamburger SV oder Werder Bremen können sich vielleicht damit trösten, dass auch andere renommierte europäische Klubs wie der AS St. Étienne,

Roter Stern Belgrad, Ajax Amsterdam oder Dynamo Kiew das Schicksal erlitten haben, in die relative Bedeutungslosigkeit versunken zu sein. Ein weiterer Trost kann für literaturinteressierte Fußballromantiker darin bestehen, dass gerade der Abstiegskampf Erlebnisse von besonderem emotionalen Wert schafft (so eine der leidgetränkten Thesen in Nick Hornbys *Fever Pitch*, 1997).

Nüchterne Beobachter werden allerdings auch analysieren, welche Gründe jeweils zum Bedeutungsverlust geführt haben. In manchen Fällen (Kaiserslautern, St. Étienne, Bremen, Mönchengladbach) lässt sich anführen, dass es an einem finanzstarken Umfeld mangelt. Bei Vereinen wie dem 1. FC Köln oder dem Hamburger SV stöhnt der Boulevard über das vermeintlich unzulängliche Management bzw. über vermeintlich unzeitgemäße Vereinsstrukturen. In wieder anderen Fällen (Amsterdam, Belgrad, Kiew) könnte man aufgrund der geringen Größe des heimatlichen Marktes bzw. der heimatlichen Liga von Globalisierungsverlierern im Feld des Fußballs sprechen. Noch so wachsame Trainer und Spieler können nicht in allen Fällen einen Bedeutungsverlust verhindern, und es ist möglicherweise kein Zufall, dass es im Wesentlichen Vereine aus wirtschaftsstarken Metropolen waren, die den europäischen Fußball der beiden letzten Jahrzehnte dominiert haben (Barcelona, Madrid, München, Mailand, London, zukünftig eventuell Paris).

Mit diesen Ausführungen ist die Bedeutung des Wachsamkeitsdiskurses noch nicht vollständig ausgeleuchtet. Denn ähnlich wie Bayern München steht ja auch die deutsche Nationalmannschaft, deren Abschwung Jogi Löw mit allen Mitteln zu verhindern sucht, in der Position eines überaus mächtigen Akteurs. Der FC Bayern hat fast die Hälfte aller möglichen Bundesliga-Titel gewonnen (26 seit 1968/69), und die Nationalmannschaft hat seit 1966 nicht nur drei Weltmeistertitel erringen können, sondern war mehrere Male Vizeweltmeister (1966, 1982, 1986, 2002) und Europameister (1972, 1976, 1996). Nur bei wenigen Gelegenheiten gelang es nicht, wenigstens ins Halbfinale eines Großturniers vorzudringen.

Die größte Durststrecke gab es zwischen 1994 (Ausscheiden im Viertelfinale der WM gegen Bulgarien) und 2004 (Ausscheiden in der Gruppenphase der Europameisterschaft in Portugal; das Gleiche war bei der EM 2000 in Belgien und den Niederlanden passiert). Diese Misserfolge wurden allerdings begleitet vom Gewinn der Europameisterschaft 1996 sowie der Endspielteilnahme bei der WM 2002 (Japan/Südkorea). Insgesamt haben deutsche Nationalmannschaften nur ganze zwei Mal Qualifikationsspiele für Welt- oder Europameisterschaften verloren.[16] In der Bundesliga spielen regelmäßig 17 andere Mannschaften, bei Weltmeisterschaften gibt es mittlerweile noch deutlich mehr Konkurrenten. Der FC Bayern und die deutsche Nationalmannschaft können mithin als zentrale, wenn nicht gar hegemoniale, Akteure in ihren jeweiligen Wettbewerbsräumen angesehen werden.

Nun wissen wir, dass diskursiv gestützte Machtpositionen Gegendiskurse hervorrufen (Laclau/Mouffe 1985). Genauso interessant wie die machtausübenden Akteure sind die Herausforderer, deren Deutungen und Zuschreibungen

---

16 Und zwar im Jahr 1985 gegen Portugal und im Jahr 2001 gegen England. In beiden Fällen gelang dennoch die WM-Qualifikation – Deutschland hat noch nie eine Weltmeisterschaft verpasst, für die es sich hätte qualifizieren können.

ärgerlicherweise (für den Marktbeherrscher) in der Regel die Sympathien des unbeteiligten Publikums zufliegen.

Der FC Bayern ist so ein Fall: Ab den siebziger Jahren kristallisierten sich ablehnende Positionen, die eine deutungskulturelle Aufladung erfuhren. Zunächst entbrannte die Auseinandersetzung um die vermeintliche Dichotomie zwischen Pragmatismus und Ästhetik, die als Charakteristikum der Konkurrenz zwischen Bayern München und Borussia Mönchengladbach gesehen wurde. Der FC Bayern hatte sich in den siebziger Jahren als führender Verein Europas etabliert. In der Saison 1971/72 wurde der Klub Meister und Pokalsieger, die Meisterschaft wurde ebenso in den beiden darauffolgenden Jahren errungen. Von 1974 bis 1976 gewann der Verein drei Mal nacheinander den Europapokal der Landesmeister, und bei der Europameisterschaft 1972 sowie der Weltmeisterschaft 1974 bildeten Spieler der Bayern das Rückgrat der jeweiligen Mannschaften.

Übermäßig beliebt waren allerdings weder der Verein noch das Ensemble der Spieler. Der Stil des FC Bayern wurde mit Begriffen wie Nüchternheit, Funktionalität, Erfolg, Konservatismus und »Aussitzen« belegt, während Mönchengladbach für Radikalität, Reform, Utopie, Schönheit und Progressivität stand (vgl. Havemann 2013, S. 184-185). Mit dem Modell FC Bayern etablierte sich eine Art Abbild der Bundesrepublik der mittleren Jahre. Es gab höhere Gehälter als bei der Konkurrenz, Wettbewerbsfähigkeit wurde international definiert. Und bei alledem: Erfolg auf allen Ebenen, von dem ausgehend auf bisweilen arrogante Art auch der Anspruch formuliert wurde, die Geschicke des deutschen Fußballs maßgeblich zu bestimmen.

Borussia Mönchengladbach dagegen bestach durch

Provinzialität und Leichtfüßigkeit. Bei einer Einwohnerzahl der Doppelstadt Mönchengladbach/Rheydt von etwas mehr als 200 000 kam nicht der Verdacht auf, von hier werde die Welt regiert. Stattdessen versammelte sich in der berühmten Mannschaft der frühen siebziger Jahre die wenig glanzvolle Vielfalt der deutschen Gesellschaft. Der Werkzeugmacher Berti Vogts hatte als Jugendlicher beide Eltern verloren, Günter Netzer betätigte sich nebenbei als Unternehmer und betrieb eine Diskothek, Herbert Wimmer half seinem Vater noch während der Profizeit im Tabakwarengroßhandel. Durch seine Verankerung in der weiteren Gesellschaft wurde Borussia Mönchengladbach zu einem Gegenbild des durchorganisierten FC Bayern. Hier manifestierte sich die »materielle Gleichheitssehnsucht« (Havemann 2013, S. 404) der bundesdeutschen Bevölkerung, die im kleinen und provinziellen Mönchengladbach ein Ideal von Nivellierung und Ästhetik verwirklicht sah.

Es spielte keine rechte Rolle, dass diese Zuordnung nur begrenzt der Realität entsprach. Der Porschefahrer Günter Netzer bekannte freimütig, sein Auto bedenkenlos in der Fußgängerzone zu parken, und der Trainer Hennes Weisweiler trat in der Öffentlichkeit mit sehr traditionellen Vorstellungen über das Führen von Fußballmannschaften auf (vgl. Giersberg et al. 2014). Der einzige Spieler, der sich tatsächlich öffentlich für eine am Ideal der Gleichheit orientierte Politik starkmachte, war der selbsterklärte Maoist Paul Breitner. Der allerdings spielte nicht in Mönchengladbach, sondern in München.

Auch in den folgenden Jahrzehnten kristallisierten sich rund um die Widersacher Deutungen, die einen Gegensatz zu den stets erfolgreichen Bayern (über-)betonten.

Bayern München verfügte über den kostspieligeren Spielerkader und zugleich – insbesondere getragen durch Uli Hoeneß – über eine öffentliche Rhetorik, die den ökonomischen Vorrangstatus offensiv vertrat. In der Zeit vor und nach der deutschen Wiedervereinigung war Werder Bremen der wichtigste Opponent. Der Verein stand für hanseatischen Kaufmannsgeist, die Entwicklung technisch versierter Spieler wie Johan Micoud, Mesut Özil oder Diego und für kommunikative Zurückhaltung. Durch den der CSU zugeneigten Uli Hoeneß und den dezidierten Sozialdemokraten Willi Lemke hatte die Auseinandersetzung auch eine politische Ebene (vgl. Seitz 1997, S. 216-226). Die Großentwicklung verlief dabei allerdings kontraintuitiv. Mit Uli Hoeneß und Bayern waren es gesellschaftspolitisch konservative Kräfte, die sich in München über fehlende Wertschätzung beklagten und mit jammerndem Unterton Unterstützung durch die Politik forderten. In Bremen hatten indes gerade Sozialdemokraten vorgemacht, dass Spitzenfußball durchaus nicht der Subventionierung durch die öffentliche Hand bedurfte (vgl. Havemann 2013, S. 411). Inzwischen ist der Kampf entschieden. Nach etwa einem Jahrzehnt des Erfolgs fiel Werder wieder ab und kämpft nun schon seit mehreren Jahren immer wieder gegen den Abstieg.

Am dramatischsten betroffen von der Gefahr des Bedeutungsverlusts war allerdings Borussia Dortmund. Die Mannschaft war 1994/95 sowie 1995/96 Deutscher Meister geworden und hatte 1997 die Champions League gewonnen. Die im Jahr 1999 gebildete Kapitalgesellschaft ging ein Jahr später an die Börse; bei einem Ausgabepreis von elf Euro pro Aktie beliefen sich die Einnahmen auf etwa 130 Millionen Euro. Doch war man auf die darauffolgenden Jahre schlecht vorbereitet. Eine Kombination von ausbleibenden sportlichen Erfolgen und teuren Spielerverpflichtungen führte im Jahr 2005 fast zur Insolvenz.

Weiter unten werde ich noch auf einen Widerspruch eingehen, der wegweisend für das gesamte Fußballfeld ist: nämlich jener zwischen realer Vereinsstrategie und diskursiver Wahrnehmung. Denn die Strategie des BVB in den Jahren von 1995 bis 2005 kann nicht anders denn als ultrakapitalistisch bezeichnet werden. Trotz dieser Umstände gelang es Borussia Dortmund aber, das Image des emotionalen, heimatverbundenen Klubs erfolgreich zu etablieren. Das ist durchaus verwunderlich: Die Strategie des Vereins bestand darin, sich Geld zu leihen, es zu verschleudern und anschließend eine innige Beziehung zwischen Gläubiger und Schuldner zu formen. Was in anderen gesellschaftlichen Bereichen wohl zum Scheitern verurteilt wäre, entwickelte sich in Dortmund zur Basis für eine zweite Erfolgsgeschichte mit Meisterschaften in den Jahren 2010/11 und 2011/12 sowie vielen hochemotionalen Siegen auf der europäischen Bühne.

Wenn sich mit Borussia Mönchengladbach gesellschaftliche Utopie und mit Werder Bremen kaufmännische Gelassenheit verbinden, dann stellen der kapitalistische Rausch und die Magie des Augenblicks das Substrat von Borussia Dortmund dar. Alle drei Abbilder funktionieren einerseits für sich allein. Sie haben in ihren Epochen ein weithin sichtbares Identitätsangebot geschaffen, das regionale Lokalitäten mit jeweiligen gesellschaftlichen Entwicklungen verknüpft und so in einem gewissen Sinn realitätsbildend gewirkt hat. Andererseits entfaltet sich das sinnstiftende Potenzial des Fußballs nicht zuletzt im Angesicht des Ganzen. Die Gegenbilder der Utopie, der Gelassenheit und des Rausches gewannen ihre Bedeutung in den jeweiligen Epochen gerade vor dem Hintergrund, dass der hegemoniale Frame – verkörpert durch Bayern München – in Ambivalenz getaucht war.

Im Kern geht es dabei um die Wettbewerbskonstellation, die dem professionellen Fußball innewohnt. Zwar war und ist der FC Bayern erfolgreich, aber die Begleiterscheinungen sind nicht unproblematisch. Der erfolgsmaximierende Pragmatismus ging und geht zulasten der Konkurrenz. Das aggressive Geschäftsgebaren der Bayern zwang nicht wenige Herausforderer, Ambitionen für den längerfristigen Aufbau einer Spitzenmannschaft zu begraben. Die hegemoniale Strategie der Bayern bestand und besteht darin, zentrale Spieler von direkt konkurrierenden Spitzenmannschaften abzuwerben. Beispiele sind Lothar Matthäus und Stefan Effenberg (Borussia Mönchengladbach), Olaf Thon (Schalke 04), Mario Basler (Werder Bremen), Giovane Élber (VfB Stuttgart), Michael Ballack (Bayer Leverkusen) und Mario Götze sowie Robert Lewandowski (Borussia Dortmund). Das jüngste Beispiel ist in der gezielten Schwächung der TSG Hoffenheim zu sehen, der zur Saison 2017/18 Niklas Süle und Sebastian Rudy abgeworben wurden.

Vor diesem Hintergrund erscheinen nun die neueren Herausforderer für den FC Bayern, die TSG Hoffenheim und Rasenballsport Leipzig, in einem etwas anderen Licht als zuvor Mönchengladbach, Bremen und Dortmund. Mit Hoffenheim und Leipzig haben sich zwei Vereine etabliert, die sich in das finanzkapitalistische Zeitalter der letzten 20 Jahre einbetten. Nicht mehr ein einmaliger Börsengang wie bei Borussia Dortmund, sondern der kontinuierliche Zugang zu frischem Kapital ebnet nun den Pfad zum ersten Herausforderer des Hegemons. Es ist nicht zu übersehen, dass in diesem Szenario der FC Bayern zum ersten Mal nicht mit einem Gegenbild konfrontiert ist, das (auch) regressiv veranlagt ist. Mönchengladbach verkörperte die bedrohte Heimat, Werder Bremen das grundständige Wirtschaften mit regionalem Zuschnitt, Borussia Dortmund die Flucht in Rausch und Irrationalität. Alle drei Visionen haben mit der Hoffnung zu tun, die Uhr anzuhalten oder gar etwas zurückdrehen zu können. Hoffenheim und Leipzig dagegen agieren als Herausforderer auf der Höhe der Zeit, die die produktiven Wirkungen des Kapitals mit in sich schlüssigen Ausbildungs- und Entwicklungskonzepten verknüpfen. Sollten beide Vereine in der Lage sein, nachwachsende Spieler mittelfristig an sich zu binden, könnten an beiden Standorten neue Gegengewichte zum FC Bayern entstehen.

Daher lohnt ein etwas genauerer Blick. Die TSG Hoffenheim lebte in den Anfangsjahren allein vom Mäzenatentum des SAP-Mitbegründers und ehemaligen Vorstandsvorsitzenden Dietmar Hopp. In 25 Jahren investierte Hopp etwa 350 Millionen Euro in den Verein, bei dem er als Jugendlicher selbst Fußball gespielt hatte. Mit diesen Mitteln brachte es der Verein innerhalb weniger Jahre vom unterklassigen Amateurverein zum Teilnehmer der Champions League (Wikipedia DE 2018h). RB Leipzig wurde als Verein im Jahre 2009 gegründet und übernahm das Spielrecht eines kleinen Leipziger Vereins in der Oberliga Nordost. 2014, nachdem man bereits in der Zweiten Bundesliga angekommen war, wurde die Rasenballsport Leipzig GmbH gegründet, die zu 99 Prozent der Red Bull GmbH gehört, zu einem Prozent dem Verein (Wikipedia DE 2018ad). Über die genaue Höhe der Zufinanzierung durch Red Bull und deren Haupteigentümer Dietrich Mateschitz lässt sich bisher wenig erfahren, was sich angesichts der hohen Umsätze der Kapitalgesellschaft allerdings in den nächsten Jahren ändern müsste. In der Saison 2017/18 spielte der Verein – zusammen mit Hoffenheim – erstmals in der Champions League.

Beide Vereine, das sollte vielleicht eigens hervorgehoben werden, stehen freilich vor allem deswegen so sehr im Scheinwerferlicht, weil sie sportlich so erfolgreich sind. Auch andere deutsche Vereine – der TSV 1860 München oder der Hamburger SV sind einschlägige Beispiele – haben den Weg gewählt, sich bei einzelnen Mäzenen Unterstützung zu holen. Wenn wir uns vergegenwärtigen, dass Dietmar Hopp sowie Dietrich Mateschitz ihr Engagement mit eher geringen Summen begonnen haben, wird der Kern des Erfolgs jener beiden Vereine deutlich. Von Anfang an handelte es sich im Grunde um Projekte, die auf Nachhaltigkeit angelegt waren, bei denen eine intensive und quasiprofessionelle Nachwuchsarbeit im Mittelpunkt stand. Dadurch konnte man wenigstens zeitweise nicht nur junge Talente, sondern ebenfalls engagierte Trainer an die Vereine binden.

Bei der TSG Hoffenheim gelang die Umstellung vom Mäzenatenspielzeug à la FC Chelsea zum mäzenatengestützten Ausbildungsverein. Die Funktion Hopps hat sich damit deutlich verändert, obwohl er noch immer als Vorsitzender der TSG Hoffenheim GmbH agiert und seit 2015 – nach 20 Jahren Investorentätigkeit – auch die Mehrheit der Stimmanteile hält. Vor allem haben sich durch die Strategieveränderung die beiden Narrative angenähert, die der Verein seit seinem Aufstieg in die Bundesliga selbst gepflegt hat: den Drang nach einem internationalen Spitzenrang und die Berufung auf eine starke Verankerung im Rhein-Neckar-Raum. Letzteres zeigt sich in vielen Facetten. So hat die Dietmar Hopp Stiftung bis zum Jahr 2017 erkleckliche 500 Millionen Euro an gemeinnützige Einrichtungen aus den Bereichen Sport, Medizin, Soziales und Bildung im Rhein-Neckar-Raum ausgeschüttet.

Stiftungen in den Händen von Milliardären dienen zwar immer auch der Steueroptimierung, was das vermeintliche Wohltätigkeitsmotiv trübt. Das sportliche Mäzenatentum von Hopp erstreckt sich allerdings nicht nur auf die Herrenmannschaft der TSG. Auch die Frauen spielen in der Bundesliga und werden entsprechend finanziert. Zu Buche schlagen außerdem Zuwendungen an andere Vereine, z. B. Astoria Walldorf, der immerhin auf dem Niveau eines Regionalligisten unterhalten wird. Das ehemalige Zweitligastadion der Hoffenheimer wird von der zweiten Mannschaft der TSG – ebenfalls in der Regionalliga – sowie von Jugendmannschaften und der Frauenmannschaft genutzt. All diese Tätigkeiten haben Hopp im Jahr 2016 den Ehrenpreis des Landessportverbandes Baden-Württemberg eingebracht (Daten in diesem Absatz bei Wikipedia DE 2018h; Wikipedia DE 2018ai).

Für den FC Bayern ist damit eine Konstellation entstanden, die die bisherige, auf Marktbeherrschung fußende, Strategie ernsthaft auf den Prüfstand stellen könnte. Durch die in Spanien und England wesentlich höheren TV-Einnahmen wird der Verein auf absehbare Zeit nur begrenzt dazu in der Lage sein, um die allerteuersten Spieler in Europa mitbieten zu können. In der Bundesliga verlagern sich dagegen die Bedingungen, zu denen zukunftsfähige Spieler an Vereine gebunden werden können. Es kommt nicht nur auf eine erfolgreiche Nachwuchsarbeit an, auf die der FC Bayern ebenso wie die TSG Hoffenheim mit Stolz blicken können.[17] International marktreif werden Spieler erst, wenn sie sich in deutschen Spitzenmannschaften haben etablieren können oder z. B. in der Champions League auf sich aufmerksam machen. Im Vergleich zu früheren Zeiten besteht aber heute – aus Sicht des FC Bayern – eine ungleich höhere Gefahr, solche wertvollen Zukunftsaspiranten an Vereine eben in Spanien und England zu verlieren. Daher ist es sicherlich kein Zufall, dass der FC Bayern im Sommer 2017 immerhin 70 Millionen Euro in ein neues Nachwuchsleistungszentrum investiert hat (*Frankfurter Allgemeine Zeitung* 2017a).

Angesichts der erheblichen Investitionssummen mag diese Strategie geeignet sein, auch mittel- und langfristig die Vorherrschaft des FC Bayern im deutschen Fußball zu sichern. Immerhin erfolgt der Ausbau der Jugendarbeit vor dem Hintergrund eines schuldenfreien Vereins, bei dem auch viele sonstige Rahmenbedingungen stimmig erscheinen. Für den sportlichen Erfolg ist allerdings auch wichtig, dem Potenzial der Konkurrenz Aufmerksamkeit entgegenzubringen. Die Rekrutierung von Perspektivspielern, die in bestimmten Ländern oder Ligen gute Leistungen erbringen, aber von den großen Vereinen noch nicht entdeckt wurden, hat mit den Scouts eine eigene relevante Gruppe hervorgebracht, die aus dem Profifußball nicht mehr wegzudenken ist. Der ökonomische Wert dieser Tätigkeit lässt sich daran erahnen, dass Arsenal London den langjährigen Chefscout von Borussia Dortmund, Sven

---

17 Beide Vereine sind häufig als Finalisten oder Sieger der Deutschen Meisterschaft der A-Junioren zu finden; siehe Wikipedia DE (2018g).

Mislintat, im Herbst 2017 für ein kolportiertes Jahresgehalt von 1,5 Millionen Euro abgeworben hat (*Frankfurter Allgemeine Zeitung*, 21.11.2017, S. 32).

Mit alledem sollte deutlich geworden sein, dass das Pochen von Bundestrainer Löw auf stetige Wachsamkeit nicht allein an die Furcht vor dem Ausbleiben sportlicher Erfolge geknüpft ist. Es geht auch um die Durchsetzung etablierter – weil einmal erfolgreich gewesener – sozialer Modelle gegen Infragestellungen durch Alternativen, die in der (verklärten) Vergangenheit ebenso liegen wie in der (unsicheren) Zukunft. Dem Appell an die Wachsamkeit wohnt daher immer die Sorge inne, trotz der unverkennbaren Erfolge im eigenen Wirken nie auf der sicheren Seite zu sein.

Auf der Ebene der Trainingsorganisation zieht der Wachsamkeits- und Leistungsgedanke spezifische Formen der Arbeit nach sich. Während Nationalmannschaften durch seltene, aber intensive Zeiten des Zusammenkommens geprägt sind, investieren Vereine in systemische Formen des Trainings und der Vorbereitung. Am genauesten ist diesbezüglich die Arbeit von Josep (»Pep«) Guardiola in Barcelona und München beleuchtet. Ihm geht es darum, die Fußballwelt durch ausschweifendes Tüfteln, genaue Gegneranalyse und das Aufsaugen von Informationen aus anderen Sportarten zu beherrschen (Schulze-Marmeling 2013; Reng 2016).

Löw und Guardiola gelten innerhalb ihrer Zunft auch deshalb als besonders akribische Arbeiter, weil sie früher als andere computergestützte Technologien verwendet und ihre Weiterentwicklung betrieben haben. Löw führte die biomechanische Bewegungsanalyse in das Training der Nationalmannschaft ein, verbesserte die koordinativen Fähigkeiten seiner Spieler und kooperierte mit der Sporthochschule Köln, um die taktischen Konzepte möglicher Gegner vorausschauend zu entschlüsseln. Im Jahr 2010 vermerkte er zufrieden, von der Ballannahme bis zum Abspiel in seiner Mannschaft dauere es mittlerweile nur noch 1,1 Sekunden – 2005 waren es noch 2,8 Sekunden, bei der EM 2008 1,7 Sekunden gewesen (*Frankfurter Allgemeine Sonntagszeitung*, 03.06.2012, S. 15). Etwa zur selben Zeit hatte Guardiola in Barcelona jenes Kurzpassspiel perfektioniert, mit dem er zwei Mal die Champions League und 2008/09 sogar sechs Vereinstitel gewann.

Allerdings wäre es ganz falsch, Löw und Guardiola eine exklusive Akribie zuzuschreiben. Heute können die allermeisten Profitrainer als Taktik- und Mannschaftsentwickler charakterisiert werden. Gerade in der Bundesliga existiert hier eine lange Tradition, die vielleicht 1968 mit der Berufung des Jugoslawen Branko Zebec als Trainer bei Bayern München begann. Er trat mit dem Anspruch eines taktisch geschulten Spiels an und bekam zunächst Widerspruch – unter anderem vom damals 22 Jahre alten Franz Beckenbauer: »Wenn man sich im Spiel überlegt, welchen Trick wende ich jetzt an, dann ist es von Haus aus schon zu spät. Nur der Instinkt kann während des Spiels darüber entscheiden, was ich als Nächstes mache« (zitiert nach Redelings 2012, S. 42). Doch Zebec setzte sich durch und wurde zu einem Rollenbild vieler erfolgreicher Trainer von Felix Magath über Thomas Schaaf bis zu Ralf Rangnick, für den sich Erfolg dann einstellt, wenn »Vereine einen Plan haben, den sie mit hervorragenden Spielern hervorragend umgesetzt haben« (zitiert nach *Frankfurter Allgemeine Zeitung*, 07.05.2014, S. 32).

Und so winkt möglicherweise selbst hinter der un-

glaublichen Erfolgsgeschichte des Fußballs die große Er-
nüchterung. Und solche Entwicklungen hat es auch in
Deutschland durchaus schon gegeben, man denke z. B.
an den Bedeutungsverfall des Tennis, den Popularitätsver-
lust des Radsports oder den Relevanzabschwung der
Leichtathletik. Sie alle haben damit zu tun, dass sportliche
Erfolge ausblieben und damit, dass Sportfunktionäre nicht
in der Lage waren, Bedrohungsszenarien für die eigene
Sportart angemessen zu antizipieren. Es lohnt sich mithin, wachsam zu sein. Die Angst vor dem nächsten Turnier berechnet mit ein, dass mit einem Misserfolg auch
die Fundamente des eigenen Daseins ins Wanken geraten
könnten.

Dass solche Sorgen nicht nur eine psychologische Größe darstellen, lässt sich etwa an dem jüngsten Großpro-
jekt des DFB, der neuen Zentrale auf dem Gebiet der
früheren Frankfurter Trabrennbahn, erkennen. Der DFB
plant das Projekt, das im Jahr 2020 abgeschlossen sein soll,
seit einigen Jahren. Die neue Zentrale soll die Eigenschaften einer Akademie, eines Forschungsinstituts, eines High-
Tech-Leistungszentrums und einer Kreativstätte erfüllen:
»Es wird eine neue, innovative Heimat für den Fußball.
Ein Ort, an dem Theorie und Praxis auf höchstem Niveau
zusammengeführt werden« (so der damalige DFB-Präsident Wolfgang Niersbach, zitiert nach *Frankfurter Allgemeine Zeitung*, 06.12.2014, S. 40). Im Dezember 2014,
ganz als habe es den WM-Gewinn im Sommer nicht gegeben, begründete DFB-Generalsekretär Helmut Sandrock,
der Deutsche Fußball-Bund solle mit dem Projekt ein
»Global Player« werden: »Wir sehen, dass wir nicht allein
auf der Welt sind. Wir dürfen den Anschluss nicht verpas-
sen« (ebd.). Für dieses Ziel nahm die Stadt in Kauf, die

150 Jahre alte Tradition des Galopprennsports in Frankfurt zu beenden. Die Akademie wird auf dem Gelände der ehemaligen Pferderennbahn, die verkehrsgünstig zwischen Flughafen und Innenstadt liegt, gebaut. Im Juni 2015 versuchte eine Bürgerinitiative das Vorhaben über einen Bürgerentscheid zu stoppen, scheiterte aber an einer zu geringen Wahlbeteiligung (Wikipedia DE 2018f).

## Unbedingter Wettbewerb

Folgen wir Jogi Löws oben zitierten Worten weiterhin, dann kommt nun der Modus in den Blick, mit dem das Abrutschen verhindert werden kann: der *unbedingte Wettbewerb*, der innerhalb der sozialen Gruppe mit dem Namen Die/The/La »Mannschaft« sowie zwischen an einer Meisterschaft beteiligten Teams ausgetragen wird.

Auch wenn es trivial erscheint, sollten wir uns noch einmal ins Gedächtnis rufen, dass der professionelle Wettbewerb nicht der einzige Modus ist, in dem sich Fußball spielen lässt. In seiner Geschichte hat dieser Sport die Funktionen der Persönlichkeitsentwicklung junger Männer, der (militärischen) Leibesertüchtigung, der aktiven und passiven Freizeitbeschäftigung und der nationalen Integrationsmaschine übernommen – und damit ist die Liste noch lange nicht erschöpft (vgl. Bausenwein 2006, Teil III). Wie in der Einleitung ausgeführt, wurde das Spiel damit zu einem guten Teil als außerhalb des »gewöhnlichen Lebens«, als »außerhalb des Prozesses der unmittelbaren Befriedigung von Notwendigkeiten und Begierden« charakterisiert (Huizinga 2004 [1938], S. 17). Sein ästhetischer wie kultureller Wert kann auch darin bestehen, dass er sich aus einer übergeordneten Perspektive beurteilen lässt: »›Von oben‹ ist das Spiel nicht nur für die erfolgreiche Mannschaft schön. Sondern weil die Widerstände gegen das Schöne im Fußball so groß sind, weil es stets gefährdet ist, leuchtet es im Gelingen insgesamt« (Gebauer 2016, S. 199). Dem steht das unbedingte Streben nach Erfolg gegenüber – ein Modus, in dem nicht die spielerische Distanz zur realen Welt zählt, sondern das beste Abschneiden zum eigentlichen Indikator für ein gelungenes Spiel wird.

Nun wäre es verfehlt, allen Akteuren des professionellen Männerfußballs zu unterstellen, sie würden ausschließlich die Parameter des absoluten Wettbewerbs kennen und dabei die Motive des reinen Spiels ignorieren. So spricht der damals noch als Trainer aktive Otmar Hitzfeld in einem Vorwort zu einem prominenten Einführungsbuch in moderne Fußballtaktik von der »Liebe zu ihrem Sport«, die »den Trainer auf der Bank, die Spieler auf dem Platz, die Fans auf den Rängen« und Sportjournalisten verbindet (Biermann/Fuchs 2002, S. 15-16). Selbst Urväter des *catenaccio* – der vermeintlich zerstörerisch defensiven Variante des Fußballs – wie Karl Rappan, Nereo Rocco und Helenio Herrera propagierten immer wieder, wie wichtig Kreativität und Leichtigkeit auf dem Platz seien. Herrera hatte in der Umkleidekabine von Inter Mailand ein Poster aufgehängt mit dem Spruch: »Wer für sich selbst spielt, spielt für den Gegner. Wer für die Mannschaft spielt, spielt für sich selbst« (Wilson 2011, S. 233).[18]

18 Karl Rappan war zwischen 1937 und 1963 mehrfach Trainer der Schweizer Nationalmannschaft. Nereo Rocco trainierte in den fünfziger und sechziger Jahren zwei Mal den AC Mailand. Hele-

Es wäre also ein Zerrbild, die Forderungen nach dem Wettbewerb auf jenen unbedingten Siegeswillen zu reduzieren, der in einem berühmten Zitat von Oliver Kahn anklingt: »Wir müssen weitermachen. Immer weitermachen. Immer weiter« (zitiert nach Redelings 2012, S. 335). Kahns Worte datieren von den Minuten unmittelbar nach der dramatisch errungenen Meisterschaft 2000/01, als ein Tor von Patrik Andersson in der Nachspielzeit dem FC Schalke 04 den bereits sicher geglaubten Titel entriss. Im emotionalen Eifer des Erfolgs betonte Kahn mit dem Personalpronomen »wir«, ähnlich wie Herrera, das mannschaftliche Element als Voraussetzung für einen erfolgreichen Wettbewerb. Und auch Löw hatte davon gesprochen, dass »*wir* [Hervorh. d. Verf.] wie bisher konsequent alles […] dem großen Ziel unterordnen« (Sportschau.de 2017c). Der unbedingte Siegeswille lässt sich – das ist der erste Bestandteil der Wettbewerbsmetapher im Fußball – nur gemeinsam, d.h. im Rahmen der Spieler und des verantwortlichen Trainer- und Betreuerstabs verwirklichen.

Wenn die Gemeinschaft um des Erfolgs willen zusammenhalten muss, wie wird dann das interne Leben so organisiert, dass der Wettbewerb nicht die Grundlagen der Gemeinsamkeit angreift? Zunächst muss man davon ausgehen, dass die meisten Akteure im professionellen Fußball den Zustand des Dauerwettbewerbs seit ihrer Kindheit kennen. Der überwiegende Teil der Spieler durchläuft hochkompetitive Jugendmannschaften und Leistungszentren, in denen am Ende einer jeden Saison viele Spieler aussortiert werden, um nachrückenden Talenten Platz zu

nio Herrera war der Trainer von »La Grande Inter« in den sechziger Jahren. Dazu ausführlich Wilson (2011, S. 217-249).

machen. Das Ziel besteht darin, jene jungen Sportler zu selektieren, für die sich der Aufwand des großen Betreuerstabs und der sonstigen Ressourcen lohnt. Laut Ralf Rangnick, seit einigen Jahren Sportdirektor bei RB Leipzig, geht es darum, durch das Bereitstellen von technischem Material und Manpower Ausnahmetalente in die Lage zu versetzen, »ihrem Sport optimal nachgehen [zu] können. […] Wir haben extrem gute Rahmenbedingungen, die nur Sinn machen, wenn wir sie den besten und größtmöglichen Talenten zur Verfügung stellen« (zitiert erneut nach *Frankfurter Allgemeine Zeitung*, 07.05.2014, S. 32). Nicht nur in diesem Zitat zeigt sich übrigens eine für das gesamte Diskursfeld charakteristische Reihe von Formeln, die auf Maximalismus abheben: »optimal«, »extrem gut«, »größtmögliches Talent« etc. Eine Eigenart der Maximalismus-Metaphern besteht darin, mögliche kontingente Entwicklungen sprachlich auszublenden.

Der Wettbewerb zwischen den »besten« Jugendlichen verschärft sich dabei nach einem Prinzip sich ausweitender konzentrischer Kreise. Bei jüngeren Kindern rekrutieren sich die Spitzenvereine ihren Nachwuchs aus der Nachbarschaft und selektieren durch die probeweise Teilnahme am Training. Schon bei älteren Kindern kommen Scouts zum Einsatz, die den Vereinen zuarbeiten und den Jugendtrainern Hinweise auf talentierte Spieler in der weiteren Umgebung geben. Etwa ab dem Alter von 12 bis 14 Jahren werden die jungen Spieler selbst zu Handelnden. Dann nämlich haben sie sich als Talente so weit gefestigt, dass die Vereine ihrerseits ein attraktives Umfeld bieten müssen, um für sie (und ihre Eltern) interessant zu sein. Ab hier lässt sich von einem Markt sprechen, in dem die Angebots- und Nachfrageperspektive gleichermaßen eine Rolle spielen. In dieser Phase betreten dann sogenannte Berater die Arena, um den Jugendlichen und deren Eltern beizustehen. Die Berater sind es auch, die später den geografischen Raum erweitern. Denn durch sie werden den Vereinen in den älteren Jahrgängen Talente beispielsweise aus Südosteuropa, Afrika und Lateinamerika angeboten.

Die Sozialisierung junger Spieler für die Welt des Fußballs ist von zahlreichen Mythen umwoben. Sie haben mit der abgeschirmten Welt zu tun, die Internaten und anderen exklusiven Orten der Jugend eigen sind. Aus guten Gründen kommt nicht jeder hinein, der sich gerne einmal umsehen würde.

Ein wichtiger Ausgangspunkt für die Mythenbildung ist die Ausbildungsakademie des FC Barcelona mit dem Namen La Masia, die im Jahr 1978 gegründet wurde (für das Folgende siehe Burns 2012, S. 304-311). Für das kosmopolitische Selbstverständnis des Vereins ist es nicht unerheblich, dass die Gründung mit Bezug auf das holländische Vorbild der sechziger und siebziger Jahre erfolgte – Rinus Michels war, mit Unterbrechungen, von 1971 bis 1978 Trainer des FC Barcelona gewesen; in derselben Phase spielte dort auch Johan Cruyff. Das katalanische Wort *masia* bedeutet »Zuhause«, womit eine Verbundenheit der Nachwuchsspieler, der Profimannschaft, der Fans sowie der lokalen und regionalen Kultur angedeutet werden soll.

In interessierten Kreisen war La Masia seit ihrer Gründung eine bekannte Einrichtung. Weltberühmt wurde die Akademie im Jahr 2010, als drei Absolventen auf den ersten drei Rängen der Wahl zum Weltfußballer des Jahres landeten: Lionel Messi, Andrés Iniesta und Xavi. Die

Wahl war eine Folge des technisch anspruchsvollen und überaus erfolgreichen Fußballs, der dem FC Barcelona zwischen 2006 und 2011 drei Mal den Champions-League-Titel einbrachte. In diesem Zusammenhang wurde häufig hervorgehoben, dass in La Masia die Ausbildung am Ball im Vordergrund stünde, die Spieler zu umfänglichen Persönlichkeiten entwickelt würden und hier der Schlüssel für den Erfolg liege. In der Regel wird zudem erwähnt, wie der junge Pep Guardiola in La Masia mit katalanischer Poesie und Protestkultur in Berührung kam.

Dabei sollen allerdings die Übungen in regionaler Gemeinschaftlichkeit nicht so weit gehen, dass sich die Jugendlichen allzu heimisch fühlen. Carles Folguera, der langjährige Leiter von La Masia, betont in einem Interview:

Das Lehrpersonal und ich versuchen so viel wie möglich mit den Schülern zu interagieren, um ihnen ein Set grundlegender Werte zu vermitteln, die mit Respekt für andere Menschen, sei es nun der Koch oder der Leiter der Schule, zu tun haben. Dann führen wir sie an die Erkenntnis heran, dass es nicht jeder schaffen wird, der hierherkommt, so dass sie ihren Aufenthalt nicht als selbstverständlich ansehen. Es ist ungemein wichtig, dass die Schüler verstehen, dass ihre Talente nichts wert sind, wenn diese nicht mit Werten wie Verbindlichkeit, Disziplin, Solidarität und Kameradschaft einhergehen (zitiert nach Burns 2012, S. 307 [Übers. d. Verf.]).

Der in diesen Zeilen durchscheinende psychische Druck, dem sich junge Spieler ausgesetzt sehen, steht bei anderen Darstellungen der Jugendausbildung im Fußball noch stärker im Vordergrund.

In diesem Bereich existieren Ansätze eines Gegendiskurses, der sich vor allem an den vom System Ausgestoßenen orientiert. Mir ist keine auf Deutschland bezogene Publikation bekannt. Allerdings hat der preisgekrönte

Journalist Michael Calvin eine lange Reportage vorgelegt, die sich einfühlsam mit den Facetten des Nachwuchsfußballs in Großbritannien auseinandersetzt. Hier finden wir die Information, dass 98 Prozent der Jugendspieler, die im Alter von 16 Jahren fußballbezogene Stipendien erhalten – und dadurch an englische Leistungszentren gebunden sind –, im Alter von 18 Jahren nicht in einer der obersten fünf Ligen des englischen Fußballs spielen. Calvin zitiert außerdem eine jüngere Studie, der zufolge von 400 Spielern, die im Alter von 18 Jahren einen Profivertrag in der Premier League erhalten, im Alter von 22 Jahren nur noch acht in der höchsten englischen Liga spielen (Calvin 2017, S. 6-7).

Zusammengehalten wird dieses Rekrutierungssystem mit seinen überaus hohen Ausschussraten durch materielle und soziale Träume. So kolportiert Calvin jährliche Zahlungen von 24 000 Britischen Pfund an einen Neunjährigen und einen Wochenlohn von 45 000 Britischen Pfund an einen 15-Jährigen in England (Calvin 2017, S. xix). Man fühlt sich erinnert an das vermeintliche norwegische Supertalent Martin Ødegaard, das vor einigen Jahren im Alter von 16 Jahren zu Real Madrid wechselte und dort angeblich eine Jahresgage von fünf Millionen Euro erhielt (*Frankfurter Allgemeine Zeitung*, 26.01.2015, S. 27).

Die ersten viel diskutierten Verpflichtungen von Jugendspielern in Deutschland waren wohl Roque Santa Cruz und Owen Hargreaves Ende der neunziger Jahre bei Bayern München. Beide Fälle wirken im Vergleich wie blitzsolide Ausbildungsverträge. Die Spieler blieben dem Verein lange erhalten, wenngleich sie nicht die ganz großen Stars wurden – ähnlich wie vermutlich Ødegaard, der nach zwei Jahren in Madrid erst einmal an den niederländischen Erstligisten SC Heerenveen verliehen wurde (Wikipedia DE 2018t).

Ødegaard droht – nach zehn Millionen Euro kumuliertem Einkommen vor Eintritt der Volljährigkeit – wohl kaum das Schicksal, bei einem etwaigen Scheitern seiner Karriere ins soziale Nichts zu fallen. Und in der Tat zeigen einschlägige Publikationen, dass es sich im Jugendfußball um ein häufiges Motiv handelt, durch frühe und hohe Einkommen einen sozialen Aufstieg zu begründen. Nicht selten setzen auch in westlichen Gesellschaften ganze Familien ihre Hoffnung in das zukünftige Einkommen des Nachwuchses. Ein englischer Nachwuchstrainer gibt seinen jungen Spielern folgende Worte mit, um die Disziplin hochzuhalten: »Verknüpft den Fußball mit der Pflege eurer Mutter und dem Wohlergehen eurer Familie. Er ist eure Möglichkeit, auf eigenen Beinen zu stehen, selbst für Lebensunterhalt zu sorgen. Geld ist nicht unser Gott, aber wir müssen es nun mal verdienen« (zitiert nach Calvin 2017, S. 170 [Übers. d. Verf.]).

Aus der Sicht der Vereine rentieren sich die Zahlungen in den Jugendfußball in der Regel. Für Spieler aus dem eigenen Jugendbereich müssen keine Ablösesummen gezahlt werden. Daher richtet sich bei der möglichst frühen Verpflichtung von Spielern die Hoffnung darauf, weniger für fremde Spieler ausgeben zu müssen. Die Regeln der Uefa Champions League sehen darüber hinaus vor, dass eine Mindestzahl an Spielern im Profikader im eigenen Verein ausgebildet worden sein muss.[19] Aber auch die Erlösseite

19 Siehe dazu den Text »Schutz junger Spieler« auf der Website der Uefa: {http://de.uefa.com/insideuefa/protecting-the-game/pro

spielt eine Rolle. Vereine können selbst ausgebildete Spieler an andere Vereine verkaufen, eine durchaus häufige Praxis. Nach den Uefa-Statuten gilt ein Spieler als in einem Verein ausgebildet, wenn er im Alter zwischen 15 und 21 Jahren mindestens drei Jahre dort gespielt hat. Beim Transfer von Spielern wird diese Ausbildungszeit mitberücksichtigt, so dass auch spätere Vereinswechsel eigener Jugendspieler finanziell interessant sein können.

Angesichts dieses Geflechts wird nun deutlich, dass die Organisation des Wettbewerbs zwischen Spielern bereits im Jugendbereich ein erhebliches Maß an Professionalität erfordert. Vereine übernehmen weitreichende Verpflichtungen gegenüber ihren – im Großen und Ganzen zum Scheitern verurteilten – Nachwuchsspielern und müssen die Balance zwischen Vereinsinteressen und den Interessen der Jugendlichen stets neu ausloten.

Zu einem wichtigen Bindeglied in der professionellen Jugendarbeit sind dabei Spielerberater geworden, die sich bereits um Klienten in jungen Jahren bemühen. Ähnlich wie die Vereine hoffen sie den einen Juwel zu finden, welcher die eigene Reputation in die Höhe treibt und zudem in manchen Fällen sogar ein eigenes Auskommen ermöglicht. Das Beratermilieu, das durch ein schwaches Lizenzierungswesen gekennzeichnet ist, wird häufig als halbseiden dargestellt. Eine vor einigen Jahren veröffentlichte Untersuchung streicht indes heraus, dass es sich bei den meisten etablierten Beratern um professionelle Akteure handelt, die die Fußballszene genau kennen und über die Fähigkeit verfügen, Entwicklungschancen von Spie-

tection-young-players/index.html?redirectFromOrg=true}
(Stand Februar 2018).

lern und Vereinen adäquat einzuschätzen (vgl. Psotta 2016).

Das Geschäft mit jungen Menschen im Fußball hat sich allerdings, und damit verkompliziert sich das Bild erheblich, in den letzten beiden Jahrzehnten internationalisiert. Schon wenige Minuten der samstäglichen *Sportschau* genügen, um zu erkennen, dass die ethnische und kulturelle Vielfalt von Profifußballern weit ausgeprägter ist als in der deutschen (oder jeder anderen europäischen) Gesellschaft als Ganzer. Mittlerweile gelangt kaum noch ein Spieler durch Zufälle in die Bundesliga, so wie es etwa bei dem Dortmunder Spieler Neven Subotić der Fall war, der als minderjähriger Kriegsflüchtling nach Deutschland kam und heute als eine Leitfigur der multikulturellen Integrationsgesellschaft fungiert (vgl. Subotić 2017). Vielmehr sind auch hier Ausbildungsmodelle am Werk, die mit einem überwiegend ökonomischen Interesse auf die Märkte des Profifußballs in Europa operieren.

Bekannt ist in diesem Zusammenhang die Firma Traffic Sports Marketing, die in Porto Feliz in der Nähe von São Paolo junge Spieler vor allem aus Brasilien ausbildet. Dazu hat das Unternehmen die Academia Traffic de Futebol gegründet, die auf sieben Fußballplätzen immer etwa 60 minderjährige Fußballer pro Jahr aufnimmt, um sie später gewinnbringend zu transferieren. Hier existieren Strukturen, die jedenfalls der deutsche Fußball bisher noch nicht kennt und die einmal mehr zeigen, dass Prozesse der Globalisierung außerhalb der Industriestaaten stärkere Auswirkungen haben als innerhalb.

Die Ausbildung an der Akademie kostet die Firma etwa 25 000 US-Dollar, die sich rentieren müssen. Traffic Sports Marketing behält in der Regel lebenslang 50 Prozent der

Verkaufsrechte an einem Spieler, so dass auch spätere Vereinswechsel noch Geld in die Firmenkasse spülen. Die Firma besitzt mit den Klubs Desportivo Brasil, Ituano FC (beide in unterklassigen brasilianischen Profiligen), den Fort Lauderdale Strikers (zweite US-amerikanische Liga) sowie G. D. Estoril Praia (Primeira Liga in Portugal) vier Vereine, in denen die firmeneigenen Talente eingesetzt werden können. Außerdem verfügt die Akademie über eine Ausbildungspartnerschaft mit Manchester United (Hartmann 2013).

Ein anderes Beispiel für eine professionelle Ausbildung junger Fußballer existiert in Katar. Dort wurde vor einigen Jahren die Aspire Academy mit dem Ziel gegründet, ambitionierte Sportler aus der Region auszubilden. Die Errichtung des Komplexes kostete angeblich über eine Milliarde US-Dollar (Wikipedia DE 2018d). Eine überregionale Bedeutung erlangte die Akademie während der Bewerbung Katars für die Fußball-WM 2022, als das Emirat das Projekt »Aspire Africa Football Dreams« initiierte. Die Pläne sahen vor, 6000 Scouts in 700 Regionen in Algerien, Kamerun und fünf weiteren afrikanischen Staaten auszusenden, um aus insgesamt 500 000 Sichtungen 50 Talente pro Land nach Doha einzuladen und so eine Handvoll »Supertalente« im katarischen Sportinternat zu rekrutieren (Blake/Calvert 2015, S. 27). Auch hier wurden Strukturen geschaffen, mit denen traditionelle Ausbildungsvereine wie der SC Freiburg oder der VfB Stuttgart[20]

---

20 Mit jeweils zehn bzw. sieben Deutschen Meisterschaften im Bereich der A-Junioren bzw. der B-Junioren ist der VfB Stuttgart gewissermaßen Jugend-Rekordmeister; siehe den Eintrag »Die Ausbildungskonzeption des VfB Stuttgart« auf der Website des

kaum noch mithalten können, was das Geschäftsmodell solcher Vereine infrage stellt.

Die Konstrukte von Traffic Sports Marketing sowie der Aspire Academy sind Lehrstücke für das prekäre Verhältnis zwischen individuellen Träumen und systemischen Renditeerwartungen in einem globalen Kontext. Den jugendlichen Spielern werden während der Ausbildung Vergütungen gezahlt, die deutlich über dem jeweils heimischen Durchschnittslohn liegen. Das Ausbildungsziel besteht darin, die Spieler der Akademien an Profivereine in der ganzen Welt zu verkaufen, wobei die Transfereinnahmen im Mittelpunkt stehen. Insgesamt handelt es sich offenbar um ein tragfähiges Geschäftsmodell (Psotta 2016, S. 206-212).

Das Geschäft mit Humankapital wird freilich unterschiedlich bewertet. Vereine und Spielerberater, also die Profiteure eines erfolgreichen Ausbildungsmodells, können darauf verweisen, dass hier Jugendliche ihre Träume verwirklichen, dass der Zugang zum Profifußball in gewisser Weise zivilisiert wird und dass mit den Profivereinen Sprungbretter vorhanden sind, mit deren Hilfe die Absolventen der Akademie in eine vorteilhafte Position versetzt werden: »Wir maximieren hier die Chancen dieser Jungs, einmal Profistatus zu erreichen. Wir haben die beste Infrastruktur, solche Bedingungen können manche Klubs nicht mal ihren Profis bieten«, wie es einer der Verantwortlichen im branchenüblichen *maximum speech* ausdrückt (Hartmann 2013).

Die Gegenposition stößt sich am Transferieren von min-

Vereins: {http://www.vfb.de/de/1893/junge-wilde/jugendkon zept/seite/konzeption/} (Stand Februar 2018).

derjährigen Spielern an Vereine im In- und Ausland, wobei nicht selten von »Kinderhandel« oder auch »Sklavenhandel« die Rede ist (zitiert nach Psotta 2016, S. 206).[21] Das aufgeladene Vokabular verweist auf einen tiefen und nicht auflösbaren Konflikt. Auf der einen Seite finden sich Träume und Ideale. In seiner olympischen Tradition besteht die Symbolik des Sports nach wie vor darin, »der schlechten Gesellschaft einen idealen Gegenentwurf vorzuhalten, eine utopische Welt, die inmitten einer kriegerischen, rassistischen, vom Geld verdorbenen Welt einen Ort darstellt, an dem die Gesetze des reinen Wettkampfs, die freie Anerkennung von Regeln und Anstandsgeboten Geltung [besitzen]« (Gebauer 2006, S. 21). Auch in seiner spätmodernen Variante der professionalisierten Jugendausbildung lebt die Sehnsucht nach dem »Paradies« (der Titel des Buches von Michael Calvin lautet: *No Hunger in Paradise*).

Aber der Weg zu einem Spiel, das wegen seiner Athletik und Ästhetik für eine große Masse an Zuschauern attraktiv ist, wird auf der anderen Seite mit den Zumutungen der Bestenauslese gepflastert. Gerade im Zeitalter der medialen Globalisierung verlangt das Publikum danach, die bes-

---

21 Der Firmenname Traffic Sports Marketing weist eine bemerkenswerte Doppelbödigkeit auf. »Traffic« liegt nahe an *trafficking* und bildet eine handfeste metaphorische Brücke zu Menschen- und Drogenhandel. In den Sinn kommt auch der Film *Traffic* von Steven Soderbergh aus dem Jahr 2000, in dem der ermittelnde mexikanische Polizist Javier Rodriguez (gespielt von Benicio del Toro) dem Drogenhandel nur mit zweifelhaften Mitteln begegnen kann. Die von ihm illegal eingezogenen Gewinne aus Drogengeschäften investiert er zum Ende des Films in einen Sportplatz.

ten Spieler zu sehen (Markovits/Rensmann 2010, S 104). Daher ist die Art von sportlichem Wettkampf, die den utopischen Fluchtpunkt verkörpert, auf einen Unterbau angewiesen, in dem die Prinzipien von Anstand und Marktferne besonders leicht verletzt werden können.

Und noch schlimmer: Durch die Auswüchse, die das Einimpfen des totalen Wettbewerbs von Kindesbeinen an dem Fußball beschert, werden dessen spätere Protagonisten nicht unbedingt an das edle Menschenbild herangeführt, das Romantiker des Sports sich herbeisehnen. Jedes Wochenende können professionelle Spieler dabei beobachtet werden, wie sie Verletzungen und Fouls simulieren, sich Vorteile erschleichen und auf sonstige Weise »unsportlich« handeln. Oder nehmen wir den Stürmer von Bayern München, Robert Lewandowski, der auf eine Frage nach der – aus seiner Sicht nicht gegebenen – Überkommerzialisierung des Fußballs zu Protokoll gab: »Um es kurz zu machen: Es interessiert mich einfach nicht, wer das Geld hat, woher es kommt und wohin es geht. […] Ist es nicht besser, wenn ich versuche, meine Karriere zu genießen und nicht allzu viel nachzudenken, was um mich herum passiert?« (zitiert aus einem Interview in *11Freunde*, Nr. 191, Oktober 2017, S. 31)

Aus Sicht der Protagonisten des Fußballs verkörpert ihr Sport die Grundlage für das eigentlich kaum Unerreichbare: Ansehen und Reichtum. Als Idole ganzer Gesellschaften werden die Stars, die es beispielsweise von Porto Feliz in die brasilianische Nationalmannschaft oder in europäische Spitzenklubs schaffen, zu Symbolen für spätmoderne Versprechen von Selbstverwirklichung und Authentizität. Lassen wir beiseite, dass vielen Lesern dieser Zeilen andere Lebensideale als teure Autos und Designer-Accessoires vor Augen stehen. In Ländern und/oder Gesellschaftsschichten mit geringer Ausstattung an sozialem oder kulturellem Kapital stellt die Aussicht auf den Erwerb großer Villen und das Leben mit einer abgesicherten Gesundheitsfürsorge eine große Hoffnung dar, die beim Eintritt in das Wettbewerbskarussell des professionellen Fußballs am schönen Horizont aufscheint.

Im Feld des Fußballs existiert allerdings auch ein gewisses Bewusstsein, dass der harte Selektionsprozess eine Verliererseite hat. Sichtbar wird dies beispielsweise an den karitativen Aktivitäten einiger deutscher Nationalspieler. So betreiben Philipp Lahm, Per Mertesacker, Manuel Neuer und Lukas Podolski Stiftungen, die Kinder und Jugendliche aus schwierigen Verhältnissen unterstützen. Jérôme Boateng fördert ein Projekt namens Mitternachtssport, das 2014 mit dem Bambi ausgezeichnet wurde und im selben Jahr auch den DFB-Integrationspreis erhielt (vgl. *Frankfurter Allgemeine Zeitung*, 30.06.2014, S. 27).

Wenn nun Jogi Löw im Vorfeld eines Länderspiels den Wettbewerb zum dominanten Handlungsmodus erklärt, dürfte er allerdings nur zum Teil an die – zugleich verwirklichten und zerstobenen – Träume im Jugendbereich denken. Zwar wird Löw allgemein als »Entwicklungstrainer von ganzem Herzen« gesehen, der in der Lage ist, »eine Mannschaft mit Mentalität und Klasse zu formen« (*Frankfurter Allgemeine Zeitung*, 01.09.2017, S. 32). Zudem scheint er einen guten Teil seines Selbstbildes aus der Aufgabe abzuleiten, den »Traum vom perfekten Spiel« mit Schutzräumen für seine Mannschaften und die dazugehörigen jungen Menschen zu verbinden (vgl. Bausenwein 2011). Als Trainer einer Spitzenmannschaft hat er mit seiner Referenz an das Kompetitive aber zugleich die arrivierten Spieler im Kopf, die in ihren Vereinen allesamt eine gewichtige Rolle spielen, in der Nationalmannschaft indes mit einer weiteren Wettbewerbsebene konfrontiert sind.

Wie wird diese Ebene moderiert? Zunächst spielt hier eine Rolle, dass sich seit der Einführung der Champions League im Jahr 1992 der Kalender für internationale Topspieler erheblich verdichtet hat. Zwischen September und Dezember gibt es in Europa kaum noch Phasen ohne Spiele unter der Woche. Seit Gründung der Europa League im Jahr 2008 gilt dasselbe, wenigstens für die Spitzenspieler, auch für das Frühjahr, da nun wesentlich mehr Mannschaften an Ausscheidungsspielen beteiligt sind. Durch diese Neuerungen sind selbst Stars daran gewöhnt, an der Rotation innerhalb von Mannschaften beteiligt zu werden.

Mehr noch: Da die wichtigsten Spiele für Reputation und Marktwert im letzten Saisondrittel stattfinden, haben die weitsichtigeren unter den Topspielern ein Interesse daran, ihre Kräfte zu dosieren. Damit wird der Wettbewerb innerhalb von Mannschaften zu einem gewissen Grade entschärft, denn es gibt im Laufe einer Saison viele Gelegenheiten, sich auszuzeichnen. Andererseits haben sich durch diese Entwicklungen die Möglichkeiten für junge Spieler vervielfacht, sich im entscheidenden Moment an etablierten Spielern vorbeizuschieben. Das Verbreitern der Wettbewerbe hat einen gewissen Einheitsbrei geschaffen, aus dem nur noch wenige Höhepunkte herausragen – insbesondere die Spiele der letzten acht oder vier Mannschaften in der Champions League oder anderen Pokalwettbewerben und die Endrunden von Europa- oder Weltmeisterschaften. Da sich also die Kader und die Zahl der Spiele vergrößert haben, wird das Gedränge um diese

Ereignisse umso größer. Während es bei nachrangigen Spielen darum geht, »den Spagat hinzubekommen zwischen vollständiger Erfolgsorientierung und Schonung der wichtigsten Spieler« (Sportschau.de 2017b), zielen Topspieler darauf, bei den Höhepunkten präsent zu sein.

Dieser Mechanismus begrenzt auch das Potenzial der Nachwuchsarbeit, die Vereine an anderer Stelle mit großem Aufwand betreiben. So lässt sich etwa an der Arbeit von Pep Guardiola in München oder Manchester leicht beobachten, dass das Hinzukaufen etablierter Spieler eine größere Rolle gespielt hat als die Rekrutierung aus der eigenen Jugend. Hier ist/war die eigene Erfahrung in La Masia dann doch nicht mehr wegweisend. Die Zahl wichtiger deutscher Spieler, die noch in der Jugend des jeweils eigenen Vereins gespielt haben, kann man an wenigen Fingern abzählen; bekannte Beispiele sind Thomas Müller (Bayern München), Philipp Ochs (TSG Hoffenheim), Fabian Lustenberger (Hertha BSC Berlin), Robin Knoche und Maximilian Arnold (beide VfL Wolfsburg) oder Marcel Schmelzer (Borussia Dortmund). Ein Blick auf die Kaderzusammensetzungen in der Bundesliga-Saison 2017/18 zeigt, dass in keinem Verein mehr als zwei oder drei Spieler aus der eigenen Jugend im engeren Kader stehen. Das Hauptgeschäft vieler Vereine besteht zwar durchaus darin, junge Spieler zu verpflichten – aber dann doch nur in geringem Maße solche mit eigenem Stallgeruch.

Die eben genannten Namen signalisieren auch, dass – vor dem Hintergrund der deutschen Migrationsgesetzgebung – vereinseigene Nachwuchsarbeit, jedenfalls in den jüngeren Jahrgängen, eine Domäne deutscher Staatsbürger ist. Erst mit dem Übergang in den Seniorenbereich entfaltet sich die internationale Konkurrenz in vollem

Maße, bricht dann aber offenbar durch und verdrängt den eigenen Nachwuchs. Noch im Jahr 2001 war es allen Medien eine Nachricht wert, als der FC Cottbus in einem Bundesliga-Spiel elf Spieler mit nichtdeutscher Staatsbürgerschaft einsetzte (dafür stand mit Eduard Geyer ein urdeutscher Trainer am Spielfeldrand, vgl. *Frankfurter Allgemeine Zeitung* 2001). Mittlerweile gilt es als nicht mehr ungewöhnlich, wenn nur noch wenige deutsche Spieler in einem Bundesliga-Stadion auflaufen.

In einem gewissen Sinn ist damit ein Phänomen zu beobachten, das auch andere Branchen wie etwa das Gaststätten- oder Baugewerbe seit vielen Jahren erfasst hat. Die Bundesliga ist – z. B. im Vergleich mit ost- oder südosteuropäischen Ligen – ein Hochlohnstandort, in dem im Zuge der Globalisierung und Europäisierung ausländische Arbeitnehmer tätig werden. Eintracht Frankfurt hatte zu Beginn der Bundesliga-Saison 2017/18 einen Kader, in dem Spieler aus insgesamt 17 Nationen vereint waren. Niko Kovač, ein in West-Berlin geborener Kroate, erfolgreicher Bundesliga-Spieler unter anderem bei Bayern München und seit 2016 Trainer bei Eintracht Frankfurt, führte hierzu in ungewöhnlicher Klarheit aus:

Ich finde die unterschiedlichen Typen, Charaktere und Sprachen bei uns sehr schön. Das ist mal etwas anderes als fader Einheitsbrei. [...] Es ist wie in der normalen Wirtschaft auch: Wenn Sie einen deutschen Handwerker nehmen, kostet der wahrscheinlich mehr als einer aus dem Ausland – aber die Qualität ist dieselbe. [...] Ich glaube nicht, dass Sie sich ein Haus von demjenigen bauen lassen, der teurer ist (*Frankfurter Allgemeine Zeitung*, 26.08.2017, S. 34).

Im Grunde muss überraschen, in welch geringem Umfang diese Dimension des Wettbewerbs um Arbeitsplätze im Fußball eine Rolle in der öffentlichen Debatte in Deutschland spielt. Schließlich wissen wir nicht erst seit den Wahlerfolgen der Alternative für Deutschland (AfD), sondern seit vielen Jahren, dass bis zu einem Fünftel der deutschen Bevölkerung über latent rechtsradikale bzw. rechtspopulistische Einstellungsmuster verfügt (Zick/Küpper/Krause 2016). Wie in vielen Nachbarstaaten existiert ein ausgeprägtes fremdenfeindliches Potenzial, das nur auf seine Aktivierung wartet (Heitmeyer 2002-2011). Und doch sind nur selten chauvinistische Töne zu hören, wenn es um den Wettbewerb um Arbeit zwischen deutschen und nichtdeutschen Fußballern geht.

Auf diesen Punkt wird weiter unten noch einzugehen sein. An dieser Stelle lässt sich lediglich mutmaßen, dass die vielfältigen Bemühungen von Vereinen und Verbänden wie dem DFB, der Uefa und der Fifa Früchte getragen haben, rechtsradikale Äußerungen und einschlägiges Handeln – wenn vielleicht auch nicht immer mit letzter Konsequenz – zu unterbinden. Jedenfalls findet ein wichtiger Unterschied der Wettbewerbsposition von Profifußballern kaum diskursive Resonanz: Innerhalb der Nationalmannschaft konkurrieren Deutsche mit Deutschen, in den Ligen konkurrieren Deutsche und Nichtdeutsche mit Deutschen und Nichtdeutschen.

## *Verinnerlichter Erfolgswillen*

Dass der unerbittliche Wettbewerb um Arbeitsplätze im Fußball nicht zu erbitterteren Konflikten führt, ist zum einen sicherlich auf das Gehaltsniveau zurückzuführen. Eine Recherche des deutschen Onlinedienstes spox.com ergab, dass selbst in der dritten deutschen Liga das durchschnittliche Jahresgehalt 116 000 Euro beträgt (Stand: 2017).[22] In der Zweiten Bundesliga gibt es laut derselben Quelle jährlich 450 000 Euro zu verdienen, in der Ersten Bundesliga im Durchschnitt 1,34 Millionen Euro – das sind 112 000 Euro pro Monat. In einem solchen Umfeld fällt ein Scheitern, etwa durch die Nichtverlängerung eines Vertrags, leichter als in anderen Branchen.

Zum anderen scheint der Wettbewerb im Fußball durch die innere Überzeugung im Grunde aller Protagonisten abgesichert zu sein. Alle Beteiligten handeln nach der Maßgabe, dass nicht lakonisches Abwarten Erfolg bringt, sondern ein aktives Arbeiten an den Grundlagen und Feinheiten des individuellen und mannschaftlichen Spiels. Erneut lässt sich stellvertretend ein Zitat von Niko Kovač anführen:

Organisation, Verantwortung, Disziplin – damit kann man viel erreichen. Ich habe nichts in meinem Leben geschenkt bekommen und musste mir alles erarbeiten. Ich hatte Talent, aber ich musste immer mehr machen als andere. Deshalb sage ich meinen Spielern: Das eine ist das Talent, das euch der liebe Gott mitgegeben hat, aber das Arbeitstalent ist ein viel wichtigeres. […] Wenn man weniger leistet als der Gegner, wird man überflügelt. Deswegen wollen wir mehr machen, um vorbeizuziehen. Es gibt kein perfektes Spiel, also muss man stets weiter arbeiten, um das nächsthöhere Level zu erreichen (erneut zitiert nach *Frankfurter Allgemeine Zeitung*, 26.08.2017, S. 34).

Hier haben wir es mit einer Konkretisierung der Erwartung zu tun, »jeden Tag ein bisschen besser zu werden« (Jogi Löw) – wobei Löw ebenso wie Kovač nicht durch-

22 Siehe »Die Gehälter im deutschen Profifußball: So viel verdienen Profis in Deutschland« auf spox.com: {http://www.spox.com/de/sport/fussball/1706/Artikel/bundesliga-2-liga-3-liga-gehalt-durchschnitt-top-verdiener.html} (Stand Februar 2018).

gängig am Maximalen orientierte Formeln verwendet, sondern auf relationale Verhältnisse abstellt (»viel/weniger/mehr«, »nächsthöheres Level« etc.).

Erinnern wir uns aber vor allem an Löws Zusatz, die Spieler wüssten selbst, »was ich von ihnen erwarte« (Sportschau.de 2017c). Die Verlagerung der Erwartungshaltung nach innen stellt ein zentrales Moment des Neoliberalismus dar, der aber in der Tradition von Michel Foucault zum Gegenstand einer heftigen Kritik geworden ist. Nach diesem Denkrahmen richten Machthaber im Sinne der Biopolitik (*biopouvoir*) ihre Politik gegenüber Herrschaftssubjekten so aus, dass Normen um Subjekte herum angeordnet werden, indem Diskurse entsprechend geführt werden (Foucault 1979; Foucault 2006). Durch die weiche Form der Herrschaftsanordnung – eben über diskursiv erzeugte Normen – lassen sich die Subjekte gewissermaßen von allein auf die vermittelten Normen ein, ohne dass Gewalteinwirkung notwendig wäre. So kommt es zu den »Techniken des Selbst«: zu »gewusste[n] und gewollte[n] Praktiken, mit denen die Menschen nicht nur die Regeln ihres Verhaltens festlegen, sondern […] aus ihrem Leben ein Werk zu machen suchen, das gewisse ästhetische Werte trägt und gewissen Stilkriterien entspricht« (Foucault 1986, S. 18).

Da sich im gesamten Feld des (professionellen) Fußballs keine Personen finden, die die Rhetorik und die Praktiken von Leistungsbereitschaft und Leistungsmaximierung ablehnen, lässt sich mit Recht von einem verinnerlichten Wissensbestand sprechen. Regelmäßige Zuschauer von Fernsehübertragungen mit ihren unvermeidbaren Interviews müssen vielleicht erst daran erinnert werden, dass es jenseits des Sports fast nicht möglich ist, das Leistungsprinzip im Sinne einer idealen Leistungsgesellschaft plausibel darzustellen (Väth 1994, S. 186). Das Propagieren einer reinen Leistungsideologie im Sinne von »[nur] Leistung muss sich lohnen« ist in der Regel allein schon deshalb zum Scheitern verurteilt, weil es in der Praxis schwierig ist, Veranlagungen oder Talent von zielgerichtetem, mit Anstrengung verbundenem, Einsatz zu trennen. Daher wird »in der öffentlichen Beurteilung Leistung oft mit Erfolg gleichgesetzt« (Väth 1994, S. 188; ähnlich Pilz 1994, S. 188). Für Individuen, die sich nicht regelmäßig in Bereichen mit extremen Leistungserwartungen bewegen, ist ein genereller Leistungsdiskurs in der Regel schnell entlarvt. Jeder erlebt in seinem eigenen Umfeld, dass z. B. finanzieller, beruflicher oder ästhetischer Erfolg nur bedingt etwas mit Leistung zu tun hat. Relevanter sind dagegen Talent, gute (oder schlechte) Ausgangsvoraussetzungen und jede Menge Kontingenz, was im Alltagsdiskurs auch Glück oder eben Pech genannt wird.

Die Akteure des Fußballs können sich der Forderung allerdings nicht entziehen, selbst – und zwar mit Wachheit und Leistungsbereitschaft – dazu beizutragen, die eigenen Anlagen »möglichst optimal« auszunutzen. Schon im Bereich des Jugendfußballs sind Metaphern des Maximalismus präsent.[23] Für die Spieler tut sich damit ein emi-

---

23 Einschlägig – aber nur ein Beispiel unter vielen – ist eine Ausbildungsanweisung auf der Homepage des DFB: »Eine allgemeine individuelle Förderung der Spieler stellt ein festes Fundament für darauffolgende Ausbildungsstufen dar. Durch frühzeitiges und effizientes Erlernen verschiedener Stile des Anbietens und Freilaufens werden technische Fehler minimiert und Spielhandlungen *möglichst optimal* vorbereitet« (»Anbieten und Freilaufen: Clever mit den Räumen spielen«, online verfügbar unter: {https://www.dfb.de/news-detail/?tx_news_pi1%5Bnews%

nentes Problem auf. Einerseits sind alle Beteiligten dem Leistungsprinzip verpflichtet – bzw. dem Erfolg. Andererseits ist durch die Regeln des Spiels vorgegeben, dass Erfolge im Sport eine natürliche Grenze haben. In Spielen mit einem Sieger gibt es automatisch einen Verlierer, und Unentschieden stehen seit Einführung der Drei-Punkte-Regel im Jahr 1995/96 näher an einer Niederlage als an einem Sieg.

Vielleicht ist es übertrieben, hier von der kollektiven Selbstverleugnung eines ganzen Berufszweigs zu sprechen. Schließlich wissen die Beteiligten um unterschiedliche Spielstärken: Gegen den FC Bayern sind viele Mannschaften schon über ein Unentschieden froh. Dennoch ist kaum zu übersehen, dass der Umgang mit Misserfolg im Profisport eine delikate Angelegenheit ist. Rechnerisch müsste die Regel eigentlich lauten, dass sich Gewinnen und Verlieren die Waage halten. Faktisch ist das Selbstbild von Profis indes auf Leistung und Erfolg geeicht; Verlieren als Normalfall kann eigentlich nicht akzeptiert werden. Der professionelle Fußball beruht auf der kognitiven Dissonanz, dass das kollektiv Erreichbare den kumulierten Erfolgserwartungen der Individuen nicht entspricht (nicht entsprechen kann).

Bereits seit 20 Jahren wird diese Konstellation in der psychologisch interessierten Gesellschaftswissenschaft diskutiert. In den späten neunziger Jahren entwickelte der französische Soziologe Alain Ehrenberg vielleicht als Erster die These, der spätmoderne Kapitalismus treibe seine Subjekte in die permanente Erschöpfung. Dezidiert post-

5D=162952&cHash=8bcf42fe20fdf94aea784875b4c18bbb} [Stand Februar 2018]; Hervorh. d. Verf.).

marxistisch, machte Ehrenberg hierfür allerdings nicht Ausbeutungsverhältnisse durch den Kapitalismus verantwortlich. Stattdessen verlagerte er die Erklärung in das Selbst eines jeden einzelnen Gesellschaftsmitglieds.

Ehrenberg startet seine Analyse ausgehend von der Beobachtung, dass in den Endjahren des 20. Jahrhunderts Depressionen als Erkrankungen rapide zugenommen haben. Er führt sie zurück auf die Müdigkeit aufgrund der Erwartung, man selbst sein zu müssen (Ehrenberg 2008):

Selbstbestimmung verlangt Eigeninitiative, und die depressive Antriebslosigkeit als Pathologie der Handlungsfähigkeit zeugt davon, wie sehr Aktivität bereits normativ geworden ist: Aktivität [...] nicht im Sinne des Funktionierens, sondern der Eigenverantwortung. Die Hauptfrage, die das Handeln des Individuums leitet, ist nicht mehr: was ist erlaubt?, sondern: was ist möglich? Und man erkrankt nicht mehr am erzwungenen Verzicht, sondern an der Illusion, alles sei möglich, man müsse nur imstande dazu sein. [...] Die Psyche wird also zum Aufgabenfeld einer Arbeit an sich selbst (die Zitate entstammen einer Rezension von Ehrenbergs Buch, vgl. Janssen 1999).

Gewendet auf den Fußball können wir in diesem Fahrwasser zunächst fragen, ob und wie sich auch hier Anzeichen der *Müdigkeitsgesellschaft* (Han 2015) zeigen. In der Tat kommen einige sehr prominente Fälle in den Sinn. Der Nationalspieler Sebastian Deisler (Hertha BSC Berlin, später Bayern München) musste im Jahr 2007 wegen einer Depression seine Karriere beenden (Rosentritt 2009). Robert Enke, Torwart bei Hannover 96 und zeitweise auch bei der Nationalmannschaft, nahm sich in einer depressiven Phase im Jahr 2009 das Leben (Reng 2010). Der damalige Trainer des FC Schalke 04, Ralf Rangnick, trat im Jahr 2011 wegen eines Burnout-Syndroms zurück und wechselte in seiner späteren Karriere auf den Posten des Sportdirektors (bei RB Leipzig). Weitere Fälle weniger bekannter Protagonisten ließen sich nennen.

Vor allem aber bestätigen einschlägig arbeitende Psychologen eine hohe Dunkelziffer. Ein Spieler, der unter einer anfänglichen Depression oder an Frühsymptomen eines Erschöpfungssyndroms leidet, hat kaum ein Interesse daran, den Fall öffentlich zu machen. Abgesehen von der gesellschaftlichen Stigmatisierung »psychischer« Erkrankungen sind direkte Auswirkungen auf den Marktwert eines Spielers zu erwarten – weshalb auch der beteiligte Verein an einem offenen Umgang wenig Interesse zeigen wird. Nur selten werden überzogene Leistungserwartungen an junge Fußballspieler zurückgewiesen; wenn es passiert, wird dies zu einer eigenen Meldung.[24]

Indes scheint mir die Frage, welche einzelnen Protagonisten des Fußballs unter psychischer Ermüdung leiden, nicht von besonderem soziologischem Interesse. Jeder einzelne Krankheitsfall ist zu spezifisch, als dass sich daraus allgemeine Rückschlüsse ziehen lassen könnten. Daher wende ich mich wieder der Ebene jenseits der – bedauerlichen – Einzelfälle zu.

Mitunter ist zu lesen, dass psychische Krankheiten im bezahlten Fußball in etwa so häufig vorkommen wie in der Normalbevölkerung – so Karl-Jürgen Bär, ein Psychia-

---

24 Ein Beispiel ist eine Pressekonferenz des Trainers der Zweitligamannschaft von Eintracht Braunschweig, Torsten Lieberknecht, im Sommer 2017. Ein Video der Pressekonferenz ist online verfügbar unter: {http://www.spiegel.de/video/torsten-lieberknecht-von-eintracht-braunschweig-flippt-aus-video-1791405.html} (Stand Februar 2018).

ter an der Universitätsklinik Jena (*Spiegel Online* 2017g). Damit ist der Querschluss zulässig, dass eben auch im Fußball eine Vervielfachung von Depressionen, Burnouts und anderen Symptomen von psychischem Stress stattgefunden hat. Eine solche lässt sich in der Bundesrepublik mit Daten der Krankenkassen belegen. Während psychische Erkrankungen vor 20 Jahren noch »nahezu bedeutungslos« waren, sind sie heute die dritthäufigste Diagnosegruppe bei Krankschreibung bzw. Arbeitsunfähigkeit (Knieps/Pfaff 2016). Die durch psychische Krankheiten verursachten Krankheitstage haben sich »in den letzten vierzig Jahren verfünffacht.«[25]

Im Fußball allerdings treffen diese alarmierenden Entwicklungen auf ein organisatorisches Umfeld, in dem diese Auswüchse nicht durch Bescheinigungen über Arbeitsunfähigkeiten sichtbar werden. Ein unter Erschöpfung leidender Spieler kann nicht einfach zum Arzt gehen, dafür ist sein Korsett von Obhut und Betreuung zu eng. Für die gesundheitliche Betreuung ist ein Mannschaftsarzt zuständig, der zwar einerseits seinen ärztlichen Gelübden verpflichtet ist, andererseits aber vom Verein durchaus dafür bezahlt wird, dass das teure Personal auf dem Platz steht und nicht daneben. Im Jahr 2015 kam das latente Spannungsverhältnis prominent an die Öffentlichkeit, als die Vereinsärzte des FC Bayern sich zurückzogen, weil insbesondere Pep Guardiola der medizinischen Abteilung vor-

[25] Die beiden direkten Zitate finden sich auf den Seiten des vom Bundesministerium für Arbeit und Soziales geförderten Programms »Psychische Gesundheit in der Arbeit«; siehe {http://psyga.info/psychische-gesundheit/daten-und-fakten/} (Stand Februar 2018).

geworfen hatte, die Spieler verletzten sich zu oft oder seien nach Verletzungen nicht schnell genug wieder fit (*Spiegel Online* 2015b).

Analoges gilt für die mittlerweile durchaus existente psychische Betreuung von Spielern. Von Vereinen angeheuerte Sportpsychologen verfügen in der Regel nicht über eine therapeutische Ausbildung, sondern »werden von den Vereinen hauptsächlich zur Leistungsoptimierung eingestellt« (*Spiegel Online* 2017g). Wenn die Beobachtung Ehrenbergs korrekt ist, dürfte das medizinisch-psychologische Betreuungsprogramm des Profifußballs eher verstärkend wirken: Im Mittelpunkt des Interesses von Vereinen, und selbst der medizinischen Betreuer, steht die Strategie, statt weniger gerade mehr Leistung zu ermöglichen. Vermutlich gibt es kaum einen schlechteren Ort als eine Profifußballabteilung, um an einem Erschöpfungssyndrom zu leiden.

Zugleich stehen die Lebensbedingungen von Profifußballern, wie oben bereits angedeutet, in einem eigentümlichen Kontrast zur in der Spätmoderne formulierten Erwartung, das Leben in die eigenen Hände – oder an die eigenen Füße – zu nehmen. Eine hohe Autonomie wird von den Subjekten des Fußballs auf der Output-Seite erwartet, während den Spielern auf der Input-Seite wenig zugetraut wird. In Leistungszentren und Sportinternaten sind die Tagesabläufe streng vorgegeben; für das Entwickeln eigener Lebensschwerpunkte bleibt wenig Raum. Das Leben ist allgemein von geringer Selbstverantwortlichkeit gezeichnet. Die Verträge mit den Vereinen werden von Beratern ausgehandelt, die ihre Spieler häufig auch in Fragen des alltäglichen Lebens eng begleiten (siehe nochmals Psotta 2016). Dass es sich um eine abgefederte Scheinwelt handelt, wird vielen Sportlern erst in Krisensituationen bewusst, die die Fürsorgekapazitäten arbeitsvertraglicher Partner – wie es Berater und Vereine nun einmal sind – übersteigen. Ähnlich wie viele Arbeitnehmer in anderen Branchen gegen die Überlast von Erfolgserwartungen keine Abwehrmechanismen entwickeln können, tritt dann auch im Fußball das allgemeine Erfolgsnarrativ mit der im Einzelfall gegebenen Krisenwahrnehmung in Widerspruch.

Welche Gegenstrategien existieren, wenn die naheliegende Option – ein vorübergehender Rückzug aus der Erfolgsmühle – kaum zur Verfügung steht? Zunächst lassen sich ausgeprägte Taktiken der Verdrängung beobachten. Ralf Rangnick, der vergleichsweise offen mit seiner Krankheitsbewältigung umging, hat beispielsweise allen Ernstes falsche Ernährung für den Ausbruch des Burnouts verantwortlich gemacht (vgl. *Express* 2012). Ein anderes Beispiel für massive Verdrängung besteht in der nachträglichen Idealisierung der harten Ausbildungsbedingungen. Während Pep Guardiola heute (bei gelegentlichen Vorträgen) an die unbedingte Hingabe der Schüler von La Masia für den Fußball appelliert, erinnert sich sein Vater an die vielen Tränen, die der junge Pep am Telefon vergoss, weil er sich einsam und überfordert fühlte: »Das machte uns immer wieder schwer zu schaffen« (zitiert nach Psotta 2016, S. 177). In diesem Kontext passt, dass dem deutschen Profifußball attestiert wird, auch nach dem tiefen Einschnitt durch den Selbstmord von Robert Enke lediglich oberflächliche Anstrengungen unternommen zu haben, um junge wie gestandene Spieler bei psychischen Erkrankungen zu unterstützen (*Spiegel Online* 2017g).

Weiterhin finden sich im deutschen Fußball, besonders

bei der Nationalmannschaft, Anstrengungen, das gemeinsame mannschaftliche Erleben zu stärken. Wie am Beispiel des Campo Bahia bereits erörtert, werden nicht nur auf der sportlichen und medizinischen Ebene die besten Bedingungen geschaffen. Vielmehr wird bei der Planung zusätzlich darauf geachtet, dass sich die Spieler mit ihren spezifischen Bedürfnissen wohlfühlen. In Santo André wurden in den Bungalows Wohngemeinschaften gegründet, in denen sich zwischenmenschliche Bindungen entwickeln konnten.[26] Zur Heimweltmeisterschaft 2006 wurde die Mannschaft nicht in einem Trainingszentrum einquartiert, sondern im Schlosshotel, einem »Treffpunkt der internationalen Bohème«.[27] Seinerzeit wurden im Hotelpark Zonen eingerichtet, in denen sich die Spieler an der Playstation miteinander messen konnten.

Während der Europameisterschaft in Frankreich gab es Fahrradausflüge (natürlich mit den neuesten Accessoires) und in Brasilien in der Nähe einen Golfplatz, zu dem sich die Spieler ein Mal mit dem Hubschrauber bringen ließen. Die Beispiele entstammen den beiden Dokumentarfilmen *Das Sommermärchen* von Sönke Wortmann und *Die Mannschaft* von Martin Christ, Ulrich Voigt und Jens Gronheid. Sie vermitteln vielleicht mehr als andere Doku-

---

26 Aufgrund des großen Interesses sah sich der DFB schließlich veranlasst, die Zusammensetzungen der Wohngemeinschaften auf seiner Homepage öffentlich zu machen; siehe {https://www.dfb.de/news/detail/geheimnis-gelueftet-der-wg-plan-im-campo-bahia-60609/?no_cache=1} (Stand Februar 2018).

27 So die Selbstdarstellung auf der Homepage des Hotels; siehe {http://www.schlosshotelberlin.com/de/overview/hotel.html} (Stand Februar 2018).

mente die vielen gemeinschaftsbildenden Maßnahmen, die der drohenden Vereinzelung der miteinander konkurrierenden Jungmillionäre entgegenwirken sollen.

Zu dieser Strategie scheint im Übrigen zu gehören, im Umfeld der »Mannschaft« auf Kontinuität zu setzen. Jogi Löw und Oliver Bierhoff sind seit 2004 dabei, Mannschaftsarzt Hans-Wilhelm Müller-Wohlfahrt seit 1995. Die langjährigen Vertrauensverhältnisse werden ergänzt durch hierarchisch-freundschaftliche Beziehungen zwischen Löw und seinen direkten Assistenten, zunächst Hansi Flick und dann Thomas Schneider. Beide stammen ebenso wie Löw aus Südwestdeutschland und verbrachten dort einen guten Teil ihrer Spieler- und Trainerkarrieren, beide traten in ihrer Trainerausbildung durch besonders gute Leistungen hervor, beide waren – z. B. bei der TSG Hoffenheim und beim VfB Stuttgart – in Vereinen mit herausragenden Jugend- und Entwicklungsabteilungen tätig (Wikipedia DE 2018q; Wikipedia DE 2018ah). Zusammen betrachtet ergeben die auf gegenseitiger Loyalität und persönlicher Verlässlichkeit fußenden Verhältnisse ein männerbündisches Element, zu dem die wochenlangen gemeinsamen Sommeraufenthalte in luxuriösen Hotels in mondänen Orten wie Evian (Frankreich) oder Sotschi (Russland) gut passen. Sie offenbaren den auf schnellen Wettbewerb geeichten Spielern ein auf Kontinuität setzendes Gegenmodell.

In welchem Maße der DFB die Organisation der Nationalmannschaft mit gesamtgesellschaftlichen Entwicklungen in Verbindung bringt, wird vielleicht am deutlichsten von Oliver Bierhoff verkörpert, dem Manager der Mannschaft seit dem Jahr 2004 (für das Folgende vgl. Osang 2014). Wiederholt und in unterschiedlichen Zusammenhängen ist deutlich geworden, dass Bierhoff seine Suche nach perfekten Bedingungen für die Mannschaft mit Fragen verknüpft, die (auch) für die Spieler als gesellschaftlich eingebettete Subjekte relevant sind. So war Bierhoff in den ersten Jahren seiner Tätigkeit, als Spieler wie Gerald Asamoah, Miroslav Klose oder David Odonkor das vormals ethnisch deutsche Gesicht der Nationalmannschaft zu verändern begannen, stark mit dem Thema der gesellschaftlichen Integration befasst. Als etwas später Spieler mit multiethnischem Hintergrund wie Sami Khedira, Jérôme Boateng oder Mesut Özil zu Leistungsträgern heranwuchsen, war damit ein Grundstein dafür gelegt, unterschiedliche Lebensentwürfe zu integrieren und das Konfliktpotenzial innerhalb der Mannschaft zu minimieren. Wenn man sich das Gegenbeispiel der französischen Nationalmannschaft vor Augen führt (siehe unten, Kap. 5), dann wird sehr deutlich, wie sehr das Management der deutschen Mannschaft das Wohlergehen ihrer Spieler in den Mittelpunkt gestellt hat, um innere Konflikte des Multikulturalismus zu vermeiden.

Im zweiten Jahrzehnt des 21. Jahrhunderts wechselte Bierhoff den Fokus und reflektierte, in welcher Organisationsform die auf Selbstverwirklichung setzenden Spieler am besten aufgehoben seien. Schließlich konnte man schon lange nicht mehr davon ausgehen, dass der Spielertypus des neuen Jahrtausends mit wochenlangem Skat- und Pokerspielen – wie einst am berüchtigten Schluchsee in der Vorbereitung auf die Weltmeisterschaft 1982 – bei Laune zu halten war. Allein durch den Drang zur Selbstdarstellung im Zeitalter von Instagram & Co, aber auch durch immer vielfältigere Vertragsverpflichtungen der Spieler musste überlegt werden, wie ihre zusätzlichen Ak-

tivitäten neben Training und Regeneration zu ermöglichen seien. Die Einrichtung des Campo Bahia mit seinen
vielen gemeinschaftlichen Räumen sah Bierhoff nicht zuletzt vor diesem Hintergrund als gelungen an:

Es gab [...] im Campo Bahia noch einen ganz besonderen Moment.
In diesem Augenblick fand dort das Leben genau so statt, wie ich es
mir erträumt hatte. Es war der Tag nach einem Spiel. Per Mertesacker bereitet das Eisbecken am Pool vor; der Scout sitzt mit einem
Spieler draußen und geht mit ihm die Partie durch; Mesut Özil spielt
mit den Zwillingen von Jérôme Boateng. Da kam [der damalige Assistenztrainer – Anm. d. Verf.] Hansi Flick zu mir und sagte: »Schau
dir das an. Oliver, wir sind eine Familie.« [...] Arbeiten. Entspannen.
Miteinander sein. Trotzdem jedem seinen Freiraum lassen. Das war
perfekt, das war die moderne Arbeitswelt. Und da habe ich gemerkt:
Es läuft hier (zitiert nach *Frankfurter Allgemeine Sonntagszeitung*,
28.12.2014, S. 13).

Die Ambivalenz dieser Aussage ist nicht zu übersehen. Einerseits zeigt sich erneut, mit welch vorausschauender
Perspektive hier der potenzielle Widerspruch zwischen
den Bedingungen der Gemeinschaft und den Anforderungen des Wettbewerbs eingefangen wurde. Anstatt in
ihren Zimmern über ihre – nun einmal nicht wegzudisku-
tierende – Konkurrenzsituation in der deutschen Innen-
verteidigung zu brüten, stellt sich Per Mertesacker in den
Dienst der gesamten Mannschaft, während Jérôme Boateng sich privat ablenken kann.

Andererseits übersieht Bierhoff bei seinen Schwärme-
reien für die »Nationalmannschaft als Spiegelbild der deutschen Gesellschaft« (Osang 2014, S. 99), dass die materiellen
Bedingungen wohl doch etwas zu üppig sind, um sie ge-
samtgesellschaftlich verallgemeinern zu können. Normale
Arbeitnehmer oder durchschnittliche Selbständige müssen sich mit bescheideneren Rahmenbedingungen zufrie-

dengeben, um ihren subjektiven Erfolgserwartungen in der »modernen Arbeitswelt« gerecht zu werden.

\*\*\*

Ich hoffe in diesem Kapitel gezeigt zu haben, dass die Protagonisten des heutigen professionellen Fußballs – von den Spielern über die Trainer bis zu den Managern – einem bestimmten Leitbild folgen. Dieses besteht in einem stark überhöhten Erfolgs- und Wettbewerbsdruck, der in produktive Formen des Zusammenlebens überführt werden muss, wozu die innerhalb des Feldes existierenden Konflikte in die Innenwelt der Gemeinschaften/Mannschaften sowie der Spieler verlagert werden. Dabei handelt es sich nicht um theoretische Gedankenspielerei, sondern um funktionale Notwendigkeiten des gesellschaftlichen Subsystems Fußball. Es bedarf biopolitisch einschlägig geprägter Akteure, damit das prekäre Verhältnis zwischen (sportlichem) Wettbewerb und (akkomodierendem) Gemeinschaftsleben kein Übergewicht in die eine oder andere Richtung erhält.

Dem professionellen Männerfußball ist es bisher gelungen, diese Balance zu wahren. Besser: Hier hat sich, anders als etwa im steroidbeladenen American Football oder im dopingbelasteten Radsport, eine Deutungslinie halten können, die die gemeinschaftliche Qualität der Sportart unterstreicht. Die Ästhetik des Spiels, das Spektakuläre oder auch das Heroische einiger Superstars, reichen nicht aus, um die anhaltende Popularität des Fußballs zu erklären (so in der Tendenz aber Gebauer 2006). Die Magie, die der Fußball in einigen seiner aufregenden Spiele ausstrahlen kann, soll dabei nicht in Abrede gestellt werden. Nur:

Solche Momente gibt es auch in anderen Ballsportarten wie etwa Volley- oder Basketball, die indes (in Europa) weit davon entfernt sind, dieselbe gesellschaftliche Bedeutung zu erlangen wie der Fußball.

# 3. Politik jenseits politischer Institutionen: Fußball als organisationelles Feld

Die traditionelle Politikwissenschaft hat sich bisher mit der Analyse von Sport- oder gar Fußballpolitik zurückgehalten. Das mag daran liegen, dass sich die epistemologische Grundposition der Disziplin meistens noch immer in einem institutionell angereicherten methodologischen Institutionalismus erschöpft (paradigmatisch Scharpf 2000). Daran ist nicht prinzipiell etwas auszusetzen, allerdings eignet sich dieser Ansatz nur begrenzt für Politikfelder, in denen sich (gewählte oder administrative) politische Akteure relativ fern vom eigentlichen Geschehen befinden. Angesichts der viel propagierten – und nur teilweise eingehaltenen, siehe unten – Autonomie des Sports kommt eine konventionelle Politologie dann an Grenzen, wenn sich wichtige Regeln eines Feldes nicht aus Gesetzen oder Verordnungen ableiten.

Dabei bewegt sich der Fußball selbstverständlich nicht im rechtsfreien Raum. Seine Rahmenbedingungen werden zu guten Teilen im Bereich des europäischen Binnenmarktes festgelegt. Ob es um Arbeitnehmerrechte, öffentliche Subventionen, Werbung, Medienrechte oder Diskriminierung geht: Stets herrschen Regeln, die nicht eigens für den Fußball entworfen wurden und keine eigene staatliche Fußballpolitik ermöglichen. Nicht einmal für die Stadionsicherheit sind staatliche Stellen in vollem Umfang zuständig, denn in den meisten Fällen verfügen die Vereine (oder andere Stadionbetreiber) als Veranstalter über das Hausrecht, das unterhalb der strafrechtlich relevanten Ebene eine Vielzahl von Handlungsmöglichkeiten gegenüber den Zuschauern einräumt. Die Polizei, die normalerweise die Geltung allgemeinverbindlicher Regeln sicherzustellen hat, wird nur in Ausnahmefällen gerufen – selbst wenn man dies als Fernsehzuschauer mitunter nicht recht glauben mag.

So hat sich der Fußball einzureihen in die große Zahl von Politikbereichen, für die dieser Begriff eigentlich nur noch eingeschränkt zutrifft, weil sich nämlich maßgebliche politische Akteure entschieden haben, dem Marktgeschehen die Hoheit zu überlassen. In der Sozial- und Arbeitslosenpolitik haben wir z. B. erleben können, wie gültige Standards zugunsten von Marktmechanismen ausgehöhlt wurden: Aus einstmals »aktiven« wurden »halbsouveräne Wohlfahrtsstaaten« (Leibfried/Pierson 1998). Auch in der Geldpolitik haben sich – aus etwas anderen Gründen – politische Akteure zurückgezogen, um bürokratischen Einrichtungen wie dem Internationalen Währungsfonds, der Europäischen Kommission oder der Europäischen Zentralbank das Ruder zu überlassen (Scharpf 2011a; Scharpf 2011b). Mithin spielt der Fußball gar nicht unbedingt in einer eigenen Liga, was die Politikferne angeht. Die Öffentlichkeit hat sich bei der Betrachtung des Fußballs lediglich besser darauf eingestellt, dass andere Akteure als gewählte Politiker das Heft in der Hand haben.

Anders als in den genannten Politikfeldern haben Politikwissenschaftler allerdings bisher weitgehend darauf verzichtet, für die Analyse der Fußballpolitik Ansätze zu verwenden, die der Ferne von den politischen Institutionen genügend Rechnung tragen. Von dem Sportsoziologen Sven Güldenpfennig existiert ein Aufsatz aus dem Jahr 2002 mit dem Titel »Plädoyer für eine Politikwissenschaft des Sports« (Güldenpfennig 2002). Systematisch ist dieser Anspruch, soweit ich es sehe, vor allem in einer Monografie des Birminghamer Politologen Jonathan Grix eingelöst worden (Grix 2016).

Dieser behandelt in einer zuerst im Jahr 2015 erschienenen Studie die verschiedenen Felder, in denen politische Akteure und Institutionen mit dem Sport zu tun haben. Im Gegensatz zu einer Reihe anderer Publikationen laufen seine Schlussfolgerungen darauf hinaus, dass (quasi-) staatliche Akteure in der Sportpolitik in den letzten Jahrzehnten gestärkt wurden – angetrieben unter anderem durch die Internationalisierung des Sports im Zuge transnationaler Spielermärkte und dem erhöhten Interesse internationaler Akteure an der Ausrichtung von Sportgroßveranstaltungen. Grix' Buch bietet einen eindrucksvollen Überblick, kann aber viele Einzelaspekte in den recht kurzen Kapiteln nur anschneiden. Als dezidiert politikwissenschaftliche und zusammenhängende Studie stellt sie dennoch ein unverzichtbares Werk dar.

In einem jüngst erschienenen Literaturüberblick von Ralf Kleinfeld bestätigt sich, dass sich die Politikwissenschaft bei der Analyse von Sportpolitik bisher in einzelnen Aufsätzen oder Herausgeberbänden erschöpft (Kleinfeld 2018). In Nachbardisziplinen sieht die Sache anders aus. Die Soziologie oder die Geschichtswissenschaft haben sich dem Sport mit den Standards ihrer jeweiligen Disziplinen gewidmet. In der Politik ist das aber nur am Rande geschehen; mit dem Fokus auf Fußball noch am ehesten in den Bereichen der Governance-, der Policy- sowie der Europäisierungsforschung (Gammelsæter/Senaux 2011). Auch Grix widmet der Governance des Sports ein eigenes Kapitel (erneut Grix 2016, S. 123-138).

Als in gewisser Weise paradigmatisch für die jüngere

Zeit kann ein Aufsatz von Peter Lösche gelten, der den politischen Charakter des Sports darin begründet sieht, dass es innerhalb der Sportverbände und ihrer gesellschaftlichen Verflechtungen »um Macht und Einfluss gehen kann«, während »die Sportorganisationen ihre je spezifischen Interessen gegenüber dem Staat oder doch bezogen auf den Staat vertreten« (Lösche 2002, S. 46). In der Terminologie der Verbändeforschung würde damit nach innen die »Mitgliederlogik« überwiegen, während nach außen vor allem die »Einflusslogik« gepflegt wird, mit der politische Akteure zu Politiklösungen zum Wohle des Fußballs gebracht werden sollen (Schmitter/Streeck 1999).

Gewissermaßen klassisch fährt Lösche dann damit fort, die Fußballpolitik auf den Ebenen *polity*, *politics* und *policy* zu untersuchen. Diese Ausrichtung auf den Staat schwächte sich bei späteren Schriften wieder etwas ab, als – nicht zuletzt in der Folge der Urteile um Jean-Marc Bosman und Igor Simutenkov[28] – die Europäische Union für den Fußball in Europa relevant wurde (siehe hierzu Mittag 2007).

Aber nicht nur im Hinblick auf die Beschäftigungsverhältnisse von Fußballspielern wuchs die Bedeutung der EU. Insgesamt galt dies für »Regelungskompetenzen zu Themen wie Wettbewerbsrecht, Freizügigkeit, Gesundheit sowie der zunehmenden internationalen Dimension

---

28 Simutenkov setzte im Jahr 2005 durch, dass er als Russe in den Genuss derselben allgemeinen Arbeitsrechte kam wie EU-Spieler, da seine Beschäftigung beim spanischen Klub CD Teneriffa durch die damals bestehende Ausländerklausel beeinträchtigt wurde. Nach seiner Karriere als Fußballer wurde Simutenkov Trainer in Russland, unter anderem der Juniorennationalmannschaft und Assistenztrainer bei Zenit St. Petersburg; vgl. Wikipedia EN (2018a).

des Sports mit seinen Problemen Gewalt, Korruption, Doping und Wettbetrug« (Kleinfeld 2018, S. 11).

Die Forschung hat auf diese Entwicklung mit zwei unterschiedlichen Formeln reagiert. Jürgen Mittag spricht auf der einen Seite von der »konstitutionellen Erfassung des Sports«, womit die stärkere Einbindung des Fußballs in rechtliche Normen gemeint ist. Nicht nur das Bosman-Urteil, sondern auch das neue Interesse von EU-Institutionen an dem Sport stehen hier für eine Steuerung des Fußballs durch Recht und dazu autorisierte politische Akteure (Mittag 2010). In eine ähnliche Richtung denkt Peter Lösche, wenn er von der Kommune als wichtigster Instanz für die Sportpolitik spricht (Lösche 2002, S. 52).

Eine andere Facette rückt Grix in den Mittelpunkt, der von Investitionen staatlicher Akteure in Sportstätten und allgemein in den Spitzensport spricht (Grix 2016, S. 101-122). Einen zentralen Ort nehmen (quasi-)staatliche Akteure auch in einem Sammelband über die Europäisierung des Fußballs von Arne Niemann und anderen ein (Niemann/García/Grant 2011).

Auf der anderen Seite wird dagegen in den Vordergrund gerückt, dass die spezielle Lage des Sports zwischen Ökonomie, Gesellschaft und Staat Letzteren an den Rand gedrängt habe. Auch wenn die These selten eindeutig formuliert wird, spielen staatliche Akteure in diesem Zweig der Sportpolitikanalyse eine letztlich nachrangige Rolle. Sie sind lediglich als Teil eines sportpolitischen Netzwerks zu begreifen. Entsprechend entsteht seit einigen Jahren eine größere Zahl an Schriften, die den Governance-Ansatz auf die deutsche und europäische Sportpolitik anwenden (Ronge 2010; García 2011). Dort ist dann folgerichtig von Regulierung und Deregulierung die Rede (Meier 2010).

Der Governance-Ansatz wird in diesem Strang als aussichtsreichstes Konzept zur Analyse von Sportpolitik angesehen, da mit diesem »Aspekte der gemeinsamen Steuerung mindestens teilautonomer Akteure in variablen Netzwerken und über mehrere Politikfelder und Politikebenen hinweg« behandelt werden können (Kleinfeld 2018, S. 10).

Auch wenn das spezifische Gewicht des Staates in der Sportpolitik umstritten ist, so muss man doch festhalten, dass die Mehrheitsmeinung der sport- oder fußballorientierten Politikwissenschaftler staatliche Institutionen als relevant ansieht: einerseits als Regelgeber durch ein Zusammenspiel staatlicher Organe wie dem Europäischen Gerichtshof und der Europäischen Kommission, andererseits als Instanzen in einem Netzwerk, in dem nichtstaatliche Akteure zwar Autonomie genießen, sich für die rechtliche Fixierung aber an den Staat als Regelsetzer richten. Die gegenläufigen Thesen in der Forschung beziehen sich damit auf die Frage, ob der Staat nun – besonders durch den erhöhten Regelungsbedarf auf der internationalen Ebene – insgesamt an Bedeutung gewonnen hat oder ob er – angesichts der Übermacht nichtpolitischer Sphären wie etwa der Ökonomie – an Relevanz verloren hat.

In diesem Streit sympathisiere ich mit der letztgenannten Position, und zwar aus folgenden Gründen: Zunächst hat es mit der speziellen Lagerung der Fußballpolitik im Vergleich zur allgemeinen Sportpolitik zu tun (die die genannten Autoren und Publikationen meistens als Ganze im Blick haben). Im Feld des Fußballs werden die wichtigsten Entscheidungen wenigstens zum Teil nicht von Politikern und Verwaltungsbeamten gestaltet, sondern von anderen Akteuren. Die Governance-Forschung geht zwar davon aus, dass politische Akteure nicht automatisch in der höchsten Hierarchieebene politischen Entscheidens angesiedelt sind. Doch die Annahme, die (transnationale) Politik sei die einzig relevante Sphäre zur Festlegung allgemeinverbindlicher Entscheidungen, gibt sie nicht auf. Aber genau diese Annahme zeigt sich im Feld des Fußballs als unzureichend. Dort sind die regelsetzenden Akteure Verbandsfunktionäre, Vereinsmanager und andere herausragende Aktive (z. B. Trainer), die beileibe nicht alle auf der internationalen Ebene anzusiedeln sind. Ihr Verhalten wirkt leitend für das gesamte Fußballfeld, wobei die kommunikativen Regeln unter der kräftigen Mithilfe von PR-Experten sowie von Journalisten festgelegt werden.

Diese Akteure des Fußballs verfügen über so umfassende Ressourcen und genießen eine so herausgehobene Aufmerksamkeit, dass sie gerade umgekehrt häufig in der Lage sind, die soziale Wirklichkeit im eigenen Sinne gestalten zu können. Zu prominent sind die durch den Fußball vorgegebenen Rollenbilder und die dort vorfindbaren Modelle zur Lösung inhärenter Konflikte der Spätmoderne. So kommt es, dass sich die Fußballakteure zwar in der Regel an allgemeine gesetzliche Rahmenbedingungen halten. Nicht selten muss aber umgekehrt die Politik mit den im Feld des Fußballs gefundenen Kompromissen leben, wenn die Regelungen den Fußball selbst betreffen. Kurz gesagt: In der Fußballpolitik setzen Fußballakteure die fußballspezifischen Regeln, während der Staat sich auf das allgemeine Rahmenwerk beschränken muss.

Vor diesem Hintergrund greife ich hier noch einmal explizit auf den Feldansatz von Pierre Bourdieu zurück. Dabei beziehe ich mich nicht primär auf Bourdieus sportsoziologische Schriften, in denen körperliche Aspekte sportlicher Praktiken thematisiert und auf ihre Bedeutung für (und Interpretation durch) die Gesellschaft hin untersucht werden (siehe etwa Bourdieu 1988). Eher verwende ich den Ansatz zur Analyse eines genuin politischen Feldes, etwa so ähnlich wie Didier Georgakakis in jüngerer Zeit die europäische Bürokratie untersucht hat (Georgakakis 2012 und 2017).

Die Leistung dieser Arbeiten liegt dabei aus meiner Sicht weniger in einem Zugewinn an analytischer Feuerkraft im Vergleich zu den vielen konventionellen Arbeiten über die europäischen Institutionen, sondern in der Kennzeichnung zahlreicher Rollenverschiebungen. Z. B. haben mir die Schriften von Georgakakis zu der Einsicht verholfen, Europaabgeordnete konsequent als Repräsentanten der EU-Bürokratie anzusehen, da sie sich (fast) vollständig in Netzwerken der Brüsseler Eliten bewegen und über nur sehr begrenzten Kontakt zur Wählerbasis verfügen. Mit einer gewöhnlichen Institutionenanalyse lässt sich diese These kaum formulieren, da die Gewaltenteilungslehre eine Trennung zwischen Exekutive und Legislative voraussetzt und die Lehre des demokratischen Parlamentarismus davon ausgeht, dass Abgeordnete sich auf der Basis des Wählerwillens in oppositionelle und regierende Kräfte unterteilen.

Um eine ähnliche Rollenverschiebung, die erst durch den Wechsel des analytischen Rahmens offengelegt werden kann, geht es bei der Betrachtung von Fußballpolitik durch die Linse der Theorie politischer Felder. So komme ich zu der (weiter unten zu begründenden) These, dass Politik im Bereich des Fußballs von ökonomisch handelnden und denkenden Akteuren ausgeht, die das vor ihnen liegende Feld ihrerseits mit materiellen und immateriellen Ressourcen steuern.

Die These beruht auf der Setzung Bourdieus, dass fast jedes soziale Handeln einen politischen Charakter aufweisen kann. Das politische Feld, ein »autonomer Mikrokosmos« innerhalb der Gesellschaft (Bourdieu 2013b [2000], S. 97), zeichnet sich durch Akteure mit spezifischen Kompetenzen aus. Es ist der

Ort, an dem von den dort befindlichen, miteinander konkurrierenden Akteuren politische Produkte hergestellt werden (Probleme, Programme, Analysen, Kommentare, Konzepte, Ereignisse), unter denen die auf den Status von »Konsumenten« reduzierten gewöhnlichen Bürger wählen sollen (Bourdieu 2013c [1981], S. 45).

Was Bourdieu »politische Produkte« nennt, lässt sich im Rahmen der Feldtheorie in unterschiedlichen Dimensionen identifizieren (vgl. Swartz 2013, S. 57-58). So stellen Felder Arenen dar, in denen Streit über die Kontrolle von Werten und Ressourcen ausgetragen wird. Diese äußern sich in verschiedenen, und nicht immer miteinander verrechenbaren, Arten von Kapital (ökonomisches, kulturelles, soziales Kapital usw.).

Das politische Feld ist durch die Existenz dominanter und untergeordneter Positionen strukturiert. Die innere Strukturierung führt unter anderem dazu, dass Felder gegenüber benachbarten Feldern immer eine gewisse Autonomie genießen, selbst im Falle der Subordination. Außerdem, und das ist der vielleicht wichtigste Punkt, wird in politischen Feldern vorgegeben, worüber gestritten werden kann und worüber nicht. Hier, und nur hier, kann entschieden werden, was innerhalb des Feldes als legitim angesehen wird und was nicht. Diese Legitimität drückt sich nach Bourdieu nicht nur in staatlichen Gesetzen aus, sondern auch in diskursiv erzeugten Normen mit allgemein anerkannter Gültigkeit.

Kritiker des Feldansatzes werden möglicherweise einwenden, dass es in dieser Darstellung an einem Kriterium fehle, mit dem das Politische vom Nichtpolitischen abgegrenzt werden kann. Dieser Einwand trifft dann zu, wenn Politik über die institutionelle Ordnung definiert wird. Wenn der Politikbegriff dagegen primär mit Konflikt und Dissens assoziiert wird, rückt die Frage in den Mittelpunkt, welche Instanzen zur Generierung legitimer – freiwillig befolgter – Normen in der Lage sind (siehe Bröckling/Feustel 2010). Obwohl Bourdieu in der Debatte um »das Politische« nicht als zentrale Figur wahrgenommen wird, können seine Arbeiten genau hier eingeordnet werden: Er beschreibt »das politische Feld als ein Spiel […], bei dem es um die legitime Durchsetzung der Sicht- und Teilungsprinzipien der sozialen Welt geht« (Bourdieu 2013b [2000], S. 110).

Wie das vorherige Kapitel gezeigt hat, ist das Feld des Fußballs von einem eigentümlichen Gegensatz gekennzeichnet. Auf der einen Seite dominieren ichbezogene Erfolgsmenschen – z. B. Spieler, Trainer und Manager – die öffentliche Wahrnehmung. Berufsbedingt exemplifiziert diese Personengruppe in besonderem Maße die Eigenschaften des spätmodernen Lebens, in dem sich hohe Mobilitätsanforderungen mit flexiblen Identitätszuschreibungen von Vereinswechsel zu Vereinswechsel paaren. Auf der anderen Seite steht das Publikum oder, wenn wir den Begriff nicht zu sehr verengen, die Fans.

Fans bilden eine sehr heterogene Gruppe, in der sich verschiedene gesellschaftliche Schichten, Motive des Fanseins und Konsumformen wiederfinden (Sandvoss 2005). Wie Cornel Sandvoss gezeigt hat, besteht ein Kern von *fandom* in der Substitution von Heimat mit dem Objekt der Fanbegierde. Unten (in Kap. 5) werde ich diesen Gedanken noch vertiefen. An dieser Stelle soll der Hinweis genügen, dass Stadien (oder Fanmeilen oder Sports Bars) im Großen und Ganzen von Anhängern besucht werden, die sich emotional der einen oder anderen Mannschaft, wenigstens aber ihrem Sport als Ganzem verbunden fühlen. Das Fußball*publikum* folgt damit einem Identitätskonzept, das zu dem Subjektstatus der Akteure im engeren Fußballfeld durchaus in Spannung steht. Letztere stehen für ein flexibles, Erstere für ein beständiges Konzept von Zugehörigkeit.

Die Politik des Fußballs begegnet nicht nur diesem Spannungsverhältnis. Auch innerhalb des Publikums bestehen deutliche Widersprüche. Wenn wir an jenen Teil denken, der das Stadion besucht, fällt eine Eigenheit auf:

Anders als im wirklichen Leben sind es hier [...] die auf den billigen Plätzen, die das Stadion lautstark als ihren Herrschaftsraum deklarieren. Das bessere Publikum betrachtet das Spiel interessiert-distanziert und begrüßt die Inszenierung des Volkes auf den Rängen als folkloristische Zugabe zu dem Erlebnis, für das man zahlt (Bausenwein 2006, S. 16-17).

Bausenwein deutet hier an, dass es in verschiedenen Ecken von Fußballstadien nicht nur unterschiedlich laut ist. Vielmehr leitet sich aus der Phonstärke auch der Anspruch bestimmter Fangruppen ab, über die Geschicke des Fußballs mitzubestimmen oder wenigstens nicht in ihren zentralen Interessen übergangen zu werden.

Wie also wird der offensichtliche doppelte Konflikt bearbeitet, dass a) die tonangebende Gruppe in den Stadien einer anderen Lebenswelt angehört als die weniger lautstarken, aber möglicherweise faktisch einflussreicheren Zuschauer in den VIP-Logen und dass b) die Gesamtheit des Publikums gewissermaßen einer Illusion anhängt, wenn sie sich in einer festen Identitätserwartung an Objekten orientiert, die ihrerseits nach dem Prinzip loser Zugehörigkeit leben?

Um diese Fragen zu beantworten, gehe ich in drei Schritten vor. Zunächst erörtere ich die Binnenstruktur des politischen Feldes im Bereich des Fußballs. Anschließend werfe ich einen genaueren Blick auf die ökonomischen Akteure innerhalb dieses Feldes und ihr Wirken. Genauer gesagt geht es hier um die ökonomische Dimension des Handelns von Personen und Organisationen, die aus ihrer Ausstattung mit wirtschaftlichem Kapital zugleich politische Ansprüche ableiten. Erst danach kann genauer betrachtet werden, welche autonomen Spielfelder dem Publikum bleiben, um den Meinungsführern im Feld des Fußballs ihre eigenen Diskurse und Praktiken entgegenzusetzen.

## Fußballpolitik: Das institutionelle Gefüge

Die eben vorgestellten Studien zur Fußballpolitik sowie der Feldansatz von Bourdieu stehen in unterschiedlichen Traditionen der Politikanalyse. Allerdings müssen wir uns nicht unbedingt auf die Unterschiede und die vermeintliche Inkommensurabilität konzentrieren. Sowohl die Governance-Forschung wie auch die soziologischen Analysen von Bourdieu sind empirisch orientiert und generieren ihre Thesen in der Regel *nach* der Betrachtung des empirischen Materials. Bourdieus Studien orientieren sich zwar nicht explizit an institutionellen Strukturen, aber institutionelle Gegebenheiten spielen in seinen Analysen politischer Felder durchaus eine Rolle (z. B. Bourdieu 2013c [1981]). Trotz Bourdieus Fokus auf Macht- und Diskursrelationen scheint es daher nicht unangebracht, den Blick auf das Politische im Feld des Fußballs zunächst an einigen genuin politischen Institutionen auszurichten.

Allgemein ist zunächst festzuhalten, dass die rechtlichen Regeln, die den Fußball leiten, sowohl von Organisationen aus dem autonomen Bereich des Sports bzw. des Fußballs als auch von genuin politisch-institutionellen Institutionen ausgereicht werden. Fußballvereine, die in Deutschland im Allgemeinen als größere Mitgliedervereine existieren, müssen ihrerseits Mitglieder bei regionalen und/oder nationalen Dachverbänden wie dem Deutschen Fußball-Bund sein, um am regulären Spielbetrieb teilnehmen zu können. Der DFB wiederum ist Mitglied der Uefa mit Sitz in Nyon in der Schweiz sowie beim Weltfußball-Verband, der Fifa mit Sitz in Zürich. Die Uefa hat ihrerseits ebenfalls einen Status als Mitglied der Fifa, nämlich als einer von insgesamt sechs Kontinentalverbänden. Ein deutscher Bundesliga-Verein mit einer Profimannschaft unterliegt daher einer beträchtlichen Vielfalt an Regelsystemen: im Jugend- und Amateurbereich den Regionalverbänden, im Profibereich dem Ligaverband e.V. und dessen – als Kapitalgesellschaft organisiertem – Tochterunternehmen Deutsche Fußball Liga (DFL), bei einer Teilnahme an der Europa League oder der Champions League der Uefa und bei einer eventuellen Abstellung von Nationalspielern dem DFB im Zusammenspiel mit der Fifa.

In der politischen Sphäre liegen die Dinge ähnlich kompliziert. Für den Jugend- und Breitensport sind die meisten Verantwortlichkeiten auf der kommunalen Ebene angesiedelt. Bund und Länder teilen sich Aufgaben in den Bereichen der Sportinfrastruktur, des Breitensports und der Sportförderung und erfüllen dabei sozialpolitische, wirtschaftspolitische, gesundheitspolitische, bildungspolitische und entwicklungspolitische Funktionen (Tokarski/Blecking 2010). Die für den deutschen Föderalismus typischen Verbundkompetenzen sind weiterhin dadurch gekennzeichnet, dass für jedes der genannten Politikfelder ein umfangreiches Regelwerk auf EU-Ebene existiert, an dem sich Bundes- und Ländergesetze orientieren müssen. Das Bild vereinfacht sich ein wenig, wenn wir den bisherigen Fokus auf den Profifußball beibehalten. Ungeachtet seiner großen Bedeutung für die Populärkultur unterliegt dieser auf politischer Ebene vor allem der wirtschaftlichen Normsetzung, die in der Europäischen Union in erster Linie die Regelung des europäischen Binnenmarkts betrifft. Insofern ist es kein Zufall, dass die einschlägig vorliegenden Analysen der Fußballpolitik vor allem auf die europäische oder die internationale Ebene abheben (Mittag 2007; Mittag/Nieland 2011; Niemann et al. 2011).

Die institutionellen Zuständigkeiten überlappen sich in beiden Sphären also an vielen Stellen und formen einen Kompetenzdschungel. Dennoch gehört die Fußballpolitik nicht zu jenen Bereichen, in denen die institutionelle Komplexität und/oder eine Verflechtung der Ebenen zu tiefgreifenden Dysfunktionen geführt hat. Es mag im Feld des Fußballs einiges im Argen liegen, aber das Thema »Reformstau« gehört nicht dazu. Die Erklärung hierfür liegt in der viel zitierten »Autonomie des Sports«. Diese geht auf das deutsche Vereinsrecht zurück, das eingetragene Vereine im Sinne des § 21 des Bürgerlichen Gesetzbuches unter den Schutz der Vereinigungsfreiheit nach Art. 9

Abs. 1 des Grundgesetzes stellt. Da auch die Fußballverbände im Vereinsregister eingetragen sind, ist es ihnen gestattet, ihr Vereinsleben frei zu gestalten, eigene Werteordnungen »in Satzungen und Vereinsordnungen festzulegen und durchzusetzen und entstehende Streitigkeiten selbst zu entscheiden«. Die Autonomie ist zwar grundrechtlich geschützt, stößt aber an allgemeine Grenzen des staatlichen Rechts und an das Kontrollrecht staatlicher Gerichte, wenn die vereinsspezifischen Zwecke die individuellen Rechte Einzelner beeinträchtigen.[29]

In vielen Sportarten wird die Autonomie des Sports zu einem strittigen Thema, wenn die Rechte von Athleten mit verbandsintern gesetzten Regeln kollidieren, z.B. im Bereich der Berufsfreiheit oder des Dopings. Politiker in Parlamenten und Regierungen spielen hier häufig eine untergeordnete Rolle und werden nur in Ausnahmefällen aktiv, etwa im Rahmen einer Bewerbung um Sportgroßereignisse. Aufgrund seiner gesellschaftlichen Bedeutung liegen die Dinge im Fußball anders. Einzelne Vereine treffen ebenso wie die Dachverbände regelmäßig auf Politiker, wenn es um die Verwirklichung von Vereinsinteressen geht.

Einschlägige Themen sind der Bau oder der Unterhalt von Stadien als Spielstätten, die steuerliche Behandlung an der Schnittstelle zwischen gemeinnützigen Vereinen

29 Das Zitat und die Informationen in diesem Absatz entstammen dem Abschnitt »Darf der Staat in die Verbandsarbeit hineinreden?« aus einer Einführung in das Sportrecht, die auf einer von Bernhard Pfister, Peter W. Heermann und Stephan Götze betriebenen Website über Sportrecht verfügbar ist: {http://sport recht.org/cms/front_content.php?idcat=37&idart=58} (Stand Februar 2018).

und wirtschaftlich arbeitenden Profiabteilungen, der Einsatz von Sicherheitskräften oder auch das Erbringen öffentlicher Aufgaben – z.B. hinsichtlich der gesellschaftlichen Integration – durch Fußballvereine. Wenn also ein Bundesinnenminister wie Wolfgang Schäuble im Jahr 2008 zu Protokoll gibt, »die Politik [solle] den Fußball in Ruhe lassen und [...] auch darauf vertrauen, dass der Fußballsport vieles besser kann als die Politik« (Schäuble 2008, S. 371), dann handelt es sich eher um eine rhetorisch auferlegte Zurückhaltung. In vielen Konstellationen können staatliche Vertreter gar nicht anders, als sich mit den Belangen des Fußballs auseinanderzusetzen.

Dieser kurze Aufriss gibt Hinweise darauf, warum eine primär an formalen Zuständigkeiten orientierte Analyse der Fußballpolitik schnell an ihre Grenzen stößt und mitunter sogar falsche Fährten legt. In der politischen Sphäre sind gewählte oder mit Ämtern ausgestattete Akteure – etwa im Sportausschuss des Bundestages oder in den Sportabteilungen der Innenministerien des Bundes oder der Länder – an Orten platziert, die relativ weit von den Hotspots der Fußball-Politik-Beziehungen entfernt sind. Entscheidender sind dezentral agierende Akteure, z.B. in der Kommunalpolitik beim Stadionbau oder einzelne Landes-Innenminister bei der Frage von Polizeieinsätzen rund um die Stadien.

Die Verantwortlichen in der Sphäre des Fußballs aber können sich stets darauf berufen, ihrerseits in ein transnationales Geflecht wirtschaftlicher Regeln und verbandlicher Zuständigkeiten eingebunden zu sein. Das macht es im Einzelfall schwer bis unmöglich, den Verantwortlichkeiten für fußballpolitische Entscheidungen nachzugehen. Einen prominenten Beleg hierfür lieferte das weitreichende Bosman-Urteil, das den europäischen Fußball in seinen Grundfesten erschütterte, erstaunlicherweise aber von niemandem recht vorhergesehen wurde (siehe nochmals Mittag 2007).

Außerdem stehen die regelsetzenden Institutionen in der Sphäre des Fußballs, also etwa das Präsidium des DFB oder die Geschäftsführung der DFL, in einer Tradition, ihre Verbandsautonomie als politikfern zu inszenieren. Hier spielt in nicht geringem Maße eine Rolle, dass dem DFB in der Nachkriegszeit eine allzu große Nähe zum Naziregime vorgeworfen wurde – eine im Hinblick auf einzelne Personen und Vorfälle naheliegende Haltung (vgl. Heinrich 2000; Havemann 2005). Das Verbandswesen trat diesem Vorwurf mit der Haltung entgegen, man beschränke seine Interessen auf rein sportliche Aspekte. Als Indiz hierfür mag gelten, dass der DFB-Bundestag als »gesetzgebende Versammlung« und »höchstes Gremium des DFB« lediglich alle drei Jahre zusammentritt. Früher fand der ordentliche DFB-Bundestag jährlich statt, ab 1975 im zweijährlichen Abstand und seit 1983 im Rhythmus von drei Jahren.[30] Wenn es hier bedeutende politische Entscheidungen zu treffen gäbe, würde man sich wohl öfter treffen.

Bei aller Unübersichtlichkeit und bei allem Vorrang informeller Institutionen ist es allerdings dennoch möglich, Aussagen hinsichtlich des politischen Wirkens einzelner Akteure bzw. Akteursgruppen zu treffen. Beginnen wir mit dem DFB. Seine Wiedergründung nach 1945 erfolgte –

30 Siehe die Informationen zum DFB-Bundestag auf der Homepage des DFB: {https://www.dfb.de/verbandsstruktur/bundes tag/dfb-bundestag/} (Stand Februar 2018).

wie in der politisch-institutionellen Sphäre – über die Schiene der Länder. Neu gegründete Landesverbände konstituierten im April 1948 den Deutschen Fußball-Ausschuss, der nach der Gründung der Bundesrepublik und im Beisein von Vertretern der Besatzungsbehörden wieder zum Deutschen Fußball-Bund wurde. Dabei existierten durchaus Konflikte zwischen neuen Sportorganisationen und den Vertretern des alten DFB, die vor allem in Nordrhein-Westfalen ihre Basis hatten und einer dezentralen Aufstellung etwas abgewinnen konnten.

Die DFB-Führung unter Peco Bauwens, der dem Verband von 1950 bis 1962 als Präsident vorstand, plädierte dann allerdings angesichts der höheren Schlagkraft für eine zentrale Organisation. Bei der Frage institutioneller und personeller Kontinuitäten zur Nazizeit agierte er mit Zurückhaltung. Bei seinem politischen Agieren stellte er die Werte des Sports in den Mittelpunkt; für ihre Verwirklichung schwebte ihm offenbar kein partizipatives Demokratiemodell vor: »Bei den hohen Idealen, die wir vertreten, hört es mit der Demokratie auf« (Informationen und Zitate bei Heinrich 2000, S. 163-166).

Vor dem Hintergrund der existierenden Literatur ist schwer auszumachen, inwiefern dieses Zitat emblematisch für die damalige Geisteshaltung der DFB-Funktionäre steht oder ob wir es mit einer ungeschickten Äußerung zu tun haben, die sich außerhalb ihres Kontexts leicht skandalisieren lässt. Für Ersteres spricht, dass Peco Bauwens der NSDAP im Jahr 1933 beitrat (oder mindestens beitreten wollte) und wenig später als »regimetreuer Sachverwalter« (Hüser 2006, S. 54) der Nazis im Exekutivkomitee der Fifa saß. Zudem zeigte er auch nach dem Krieg zu verschiedenen Anlässen Sympathien für das Führerprinzip und beklagte sich, »dass unseren Leuten verboten wird, unsere stolze deutsche Fahne zu führen«.[31]

Berühmt-berüchtigt ist ebenso die Rede, die er als DFB-Präsident im Münchener Löwenbräukeller zwei Tage nach dem Gewinn der Weltmeisterschaft 1954 hielt. Dort rief er den Zuhörern im Saal und an den Radiogeräten zu, der Sieg in Bern habe gezeigt, »was ein gesunder Deutscher, der treu zu seinem Lande steht, vermag« (zitiert nach Havemann 2013, S. 438). In der Rede bediente er sich so deutlich eines nationallastigen Vokabulars, dass der Bayerische Rundfunk die Rundfunkübertragung abbrach. Bauwens aber musste nicht etwa zurücktreten, nach dem Ende seiner Amtszeit im Jahr 1962 wurde er gar in den Rang eines Ehrenpräsidenten erhoben.

Auf der anderen Seite betont die jüngere Forschung, dass insbesondere die Münchener Rede von Bauwens bei näherer Betrachtung nicht als späte Referenz an den Nationalsozialismus gedeutet werden kann. Eher handele es sich um einen spontanen Gefühlsausbruch am Ende eines Tages, an dem viel gefeiert wurde und allein für den Abend 40000 Liter Bier bereitstanden (Blecking 2015, S. 1) – leider ist nicht überliefert, für wie viele Personen das Bier gedacht war. Auch seien die vereinzelten Äußerungen von Bauwens oder anderen Personen, die kraft ihres Amtes viel und in unterschiedlichen Kontexten reden

---

31 Unter erneutem Rückgriff auf Lakoff/Johnson (2014 [1980]) ist hier die Vokabel des »Führens« der deutschen Fahne sicherlich als konzeptuelle Metapher zu werten. Eine zusammenhängende Darstellung des Wirkens von Bauwens ist mir nicht bekannt; eine Reihe von Ausführungen findet sich aber bei Havemann (2013, S. 438-443); vgl. auch Wikipedia DE (2018aa).

müssen, in Relation zu stellen zu anderen symbolischen Akten, die auf einen eher gebremsten Nationalismus in Reihen des DFB hindeuten. So wurde in den ersten Jahrzehnten der Bundesrepublik streng darauf geachtet, bei Länderspielen jeglichen Nationalchauvinismus zu vermeiden. Die deutsche Fahne wurde nur bei seltenen Anlässen im Gepäck geführt (vgl. Havemann 2013, S. 435-456). Auch die Diskussion späterer Jahre, ob bei Länderspielen die Nationalhymne von den Spielern mitzusingen sei, wurde in den frühen Jahren der Bundesrepublik nicht aufgeworfen – in der Regel wurde nicht mitgesungen.

Vor diesem Hintergrund wird die gesellschaftspolitische Bedeutung des DFB mittlerweile stärker darin gesehen, dass er nach dem Krieg mithalf, einen gewissen Typus neuer bundesdeutscher Bürgerlichkeit zu etablieren. In ihm spielte die geschichtspolitische Verdrängung gewiss eine Rolle, aber vielleicht nicht in stärkerem Maße, als dies in der Gesamtgesellschaft der Fall war. Zentral wurde indes die integrierende Funktion des Verbands. Bereits im späten 19. und frühen 20. Jahrhundert hatte der Fußball dabei mitgeholfen, beispielsweise das studentische Milieu – von dem noch heute Vereinsnamen wie »Borussia« oder »Alemannia« zeugen – mit den selbständigen und bürgerlichen Schichten zu verknüpfen. Bis heute wird jährlich der »Meister«, also eine zentrale bürgerliche Kategorie, gekürt (Eisenberg 1997a).

Ab den fünfziger Jahren bestand die verbandliche Aufgabe erneut darin, mit dem Fußball der Zerfurchung der deutschen Gesellschaft entgegenzuwirken, die mit regionalen Gegensätzen, der Eingliederung der Vertriebenen und Kriegsgefangenen sowie mit der deutschen Teilung zurechtkommen musste. Nicht nur der Jugend- und Breitenfußball spielte daher aus Sicht des DFB eine Rolle als »Kulturträger«, sondern auch der Leistungsfußball transportierte ein Gefühl der »Volksgemeinschaft« und kameradschaftlichen Solidarität (zitiert nach Havemann 2013, S. 49-50).

Hier deutet sich bereits an, was in den kommenden Jahrzehnten zentral für das gesellschaftliche Bild des Fußballs werden sollte: Er repräsentierte und repräsentiert bis zu einem gewissen Grade weitere gesellschaftliche Entwicklungen. Für die ersten 30 Jahre der Bundesrepublik waren vor allem tastende Versuche der gesellschaftlichen Öffnung prägend. Mit dem bundesdeutschen Zeitgeist hatten sich auch die Einstellungen zur Demokratie gewandelt (Conradt 1980), und der DFB schwamm auf dieser Welle. Schon wenige Jahre nach dem Abtritt von Bauwens, im Jahr 1965, zeigte sich der nächste DFB-Präsident Hermann Gösmann stolz, »dass sich das Leben auch in unserem sportlichen Bezirk nach demokratischen Regeln abwickelt« (zitiert nach Havemann 2013, S. 152).

Nun wies er auf die Vorzüge hin, die bisweilen langwierige Entscheidungsprozesse mit sich brächten. Immer selbstverständlicher wurde, dass hohe Repräsentanten des Staates bei Länderspielen oder wichtigen Bundesliga-Spielen in den Stadien anwesend waren und so ein Einverständnis mit der Repräsentationskraft des größten deutschen Verbandes signalisierten. Zwischen 1950 und heute wuchs die Zahl der Mitgliedsvereine von etwa 13 000 auf etwa 25 000, die Zahl der Mitglieder von einenhalb auf fast sieben Millionen (Wikipedia DE 2018e). Zwar überzeichnen diese Zahlen die tatsächliche gesellschaftspolitische Bedeutung, denn als Mitglied wird vermutlich jeder Jugendspieler (und jede Karteileiche) mit einem Spielerpass gezählt. Aber unbestreitbar gliederte sich der DFB über die Jahrzehnte als bedeutende Instanz in die Verbandslandschaft der Bundesrepublik ein.

Im Laufe der Jahre veränderten sich dabei allerdings die Anforderungen an die Strukturen und das Personal. Die Gründung der Bundesliga im Jahr 1963 hatte den Profifußball eingeführt und zog damit eine neue Art der Geschäftsführung nach sich. Insbesondere mussten der DFB, seine Unterverbände und die Vereine eine Linie finden, wie der gemeinnützige Bereich des Breitenfußballs von den Erfordernissen der wirtschaftsorientierten Geschäftsführung abzugrenzen sei. Die Trennung ist alles andere als trivial, nicht zuletzt da der DFB laut § 5 seiner Satzung »ausschließlich und unmittelbar gemeinnützige Zwecke« verfolgt, was sich mit der individuellen Bereicherung einzelner Personen (Spieler, Trainer, Manager, Funktionäre) nicht immer vereinen lässt.

Zur Bewältigung solcher Probleme wuchs der Bedarf nicht nur an Fachleuten, sondern überhaupt an Personen, die sich hauptberuflich mit den Belangen des Fußballs auseinandersetzten. Ein großer Teil des DFB-Präsidiums ist indes bis heute ehrenamtlich tätig, darunter der Präsident. In § 33 der DFB-Satzung findet sich die Bestimmung, dass (lediglich) »der Generalsekretär, der Vertreter der Nationalmannschaft und die sportliche Leitung des Jugend- und Talentförderbereichs des DFB […] hauptamtlich tätig« sind.

Angesichts der wirtschaftlichen Entwicklung der Profivereine und der Bundesliga als Ganzer erfolgte die Gründung einer eigenen Interessenvertretung recht spät, nämlich erst im Jahr 2000 in Gestalt des Ligaverbands. Im Jahr 2016 wurde dieser in Deutsche Fußball Liga e.V. umbenannt,[32] womit ein Verwechslungspotenzial zur (bereits im Jahr 2000 sogenannten) Deutschen Fußball Liga GmbH besteht – einer hundertprozentigen Tochter der DFL e.V. Die GmbH ist als Kapitalgesellschaft organisiert; alle operativen Geschäfte der Ersten und Zweiten Bundesliga sind hierhin ausgegliedert. Der Präsident und die beiden Vizepräsidenten der DFL GmbH sind – erneut nach § 33 der DFB-Satzung – Mitglieder im Präsidium des DFB und verzahnen so den Profi- mit dem Breitenfußball. In vielen Punkten, die den Profibereich betreffen, hat sich der DFB über die eigene Satzung oder über den Grundlagenvertrag zwischen dem DFB und der DFL GmbH dazu verpflichtet, nicht gegen die geäußerten Interessen der DFL e.V./GmbH zu agieren.

Im Hinblick auf die politische Bedeutung des Fußball-Verbandswesens hat sich damit eine gewissermaßen typisch deutsche Organisationsform herausgebildet. Wie im deutschen Verbundföderalismus werden Zuständigkeiten und Repräsentationsstrukturen zwar einerseits getrennt, andererseits bleiben sie aber institutionell eng miteinander verzahnt. Die Vermengung von Aufgaben und Zwecken, hier in Bezug auf die Trennung wirtschaftlicher und gemeinnütziger Ziele, findet über die Ebenen hinweg ihre Fortsetzung. Nicht nur auf der regionalen und gesamtstaatlichen Verbandsebene, sondern auch bei der Nationalmannschaft bleiben die Verantwortlichkeiten verwischt. Auf der einen Seite entwickelt sich die Nationalmannschaft mit der »Mannschaft« zu einer kommerziellen Marke, die

---

32 Die Umbenennung von Die Liga – Fußballverband e.V. in DFL Deutsche Fußball Liga e.V. wurde auf der DFL-Generalversammlung des Jahres 2016 vollzogen; vgl. DFL (2016, S. 5).

mit einer eigenständigen Logik gemanagt wird. Auf der anderen Seite sind aber wohl die Einnahmen für den Dachverband DFB zu wichtig und die Strahlkraft der Mannschaft(en) zu zentral, als dass man hier eine Trennung vornehmen würde. Außerdem gehört es nach § 4 der Satzung zu den Zwecken des DFB, »Auswahlmannschaften zu bilden, zu unterhalten und Länderspiele der Auswahlmannschaften […] durchzuführen« und mit ihnen »an internationalen Wettbewerben teilzunehmen und internationale Spiele zu bestreiten«; diese Zwecke sind ihrerseits in den Statuten der Uefa wie der Fifa abgesichert.

## Ökonomisches Denken und Öffentlichkeit im Profifußball

Erst auf der Grundlage dieser Darstellung wird verständlich, warum es für alle im Bereich der Fußballpolitik tätigen Akteure einen einfachen Ausweg darstellt, bei der Lösung eminent politischer Fragen die rhetorische Floskel der »Autonomie des Sports« in Anschlag zu bringen. In vielen Fällen handelt es sich um eine Strategie, Regelsetzungsgewalt handhabbar zu halten und sich den vielfältigen Verflechtungen mit der institutionalisierten Politik nicht stellen zu müssen.

Dabei ist nach den Ebenen zu unterscheiden. Wenn rahmenpolitische Fragen zur Debatte stehen, etwa im Hinblick auf die Zulässigkeit bestimmter Formen von Werbung oder die Ausbildungs- und Transferbestimmungen, wird im internationalen Verbund entschieden. Hier ist es für den DFB wichtig, in den entscheidungsrelevanten Gremien von Uefa und Fifa vertreten zu sein, was aber nicht immer gelingen kann.[33] Durch die Selbstbedienungsmentalität der Funktionäre sowohl in der Fifa als auch der Uefa (vgl. unten Kap. 6) ist es zudem mit Risiken verbunden, ausgerechnet die internationale Ebene als Legitimationsressource zu verwenden.

Wenn aber Einzelfragen wie etwa ein Stadionbau zur politischen Entscheidung anstehen, wird die kommunale bzw. verbandsregionale Ebene relevant. Hier stehen Partikularinteressen einzelner Vereine (z. B. Subventionen beim Stadionbau) dem Prinzip der allgemeinen Fairness und Gleichbehandlung gegenüber.

Im Resultat entstehen auf allen Ebenen verborgene und im Ad-hoc-Modus zusammengefügte Entscheidungsstrukturen. Transparenz gegenüber der interessierten Öffentlichkeit wäre zwar einerseits wünschenswert, da man sich im deutschen Verbandswesen immerhin (und im Unterschied zur Fifa) in einem demokratischen Kontext bewegt. Andererseits birgt die Kompetenzüberschneidung bei vielen Fragen die Gefahr, dass das vollständige Offenlegen

---

33 Im Herbst 2017 war Reinhard Grindel als DFB-Präsident im Uefa-Exekutivkomitee vertreten. Im Fifa-Exekutivkomitee war von 2007 bis 2011 auch Franz Beckenbauer, von 2011 bis 2015 Theo Zwanziger. Beide waren in den – nicht vollständig aufgeklärten – Skandal um die Vergabe der WM 2006 in Deutschland verwickelt. Franz Beckenbauer genießt zudem keine weiße Weste im Hinblick auf die Vergabe der WM nach Katar im Jahr 2022; vgl. Blake/Calvert (2015). Daher standen Bemühungen, nach 2015 wieder einen deutschen Vertreter im exklusiven Kreis des 24-köpfigen Fifa-Exekutivkomitees zu installieren, unter keinem guten Stern. Im nunmehr auf 37 Mitglieder erweiterten Fifa-Rat, der 2016 als reformiertes Exekutivkomitee geformt wurde, ist Reinhard Grindel als DFB-Präsident wieder vertreten.

von Entscheidungsprozessen die Entscheidungsfindung lähmen würde.

Im Fußball ist es daher wie an vielen Stellen im deutschen Verbundföderalismus. Es überwiegt die administrative Ebene, weil die politischen Entscheidungsträger zumeist der Exekutive entstammen und mit den Verbänden ein enges, funktionales Arbeitsverhältnis eingehen. Nicht zuletzt aus diesem Grund hat sich eine Diskurskultur über den Fußball gelegt, die die ehemals vorhandene Spontanität des Feldes wie Mehltau überdeckt. Nicht nur der DFB und die DFL, sondern auch viele Vereine kommunizieren in einem Modus mit der Öffentlichkeit, der authentische Äußerungen verhindert und Selbstdarstellungen nur im abgesicherten Modus zulässt.

Hinzu kommt, dass Vereine und Verbände die kommerzielle Verwertbarkeit von Aussagen entdeckt haben, die aus dem Munde von Spielern, Trainern und Funktionären kommen. Daher ist der Einheitssprech, den Fußballakteure so häufig pflegen, nicht nur auf die politisch Verantwortlichen beschränkt. Vielmehr sind ihm auch Spieler und Trainer, also die in der Öffentlichkeit bekanntesten Personen, mehr und mehr verfallen.

Wenn wir kurz auf einen besonders exponierten Fall im Ausland blicken, können wir möglicherweise den Zielpunkt dieser Entwicklung bei Real Madrid entdecken. Der Verein unterhält einen eigenen Fernsehsender, auf dem manchmal Zusammenfassungen der Spiele der A-Mannschaft, alle Spiele der B-Mannschaft (Real Madrid Castilla), vor allem aber Informationen um die Mannschaft und einzelne Spieler angeboten werden.[34] Die Kehrseite der für Fans

34 Siehe {http://www.realmadrid.com/en/real-madrid-tv} (Stand

vielleicht angenehmen Rundumversorgung besteht darin, dass alle Vereinsangestellten verpflichtet werden, sich vorrangig gegenüber »Journalisten« aus dem eigenen Klub zu äußern. Nicht nur innerhalb Spaniens, sondern auch im Ausland, sind Medienkontakte für Spieler strikt reglementiert. Für nichtspanische Nationalspieler (also z. B. für Toni Kroos, der seit 2014 in Madrid spielt) gibt es eine Anweisung, während der Länderspielreisen nicht mit spanischen Medien zu sprechen: Der Klub hat das Ziel, spanischsprachige Inhalte allein den Abonnenten des Senders zu präsentieren. Da die Registrierung beim Onlineauftritt von Real Madrid TV kostenlos ist, geht es weniger um direkte Gebühreneinnahmen als darum, das Angebot zu verknappen und Werbung für die Geschäftspartner des Vereins zu lenken.

Auch die deutschen Bundesligisten bieten TV-Kanäle an. Anders als bei Real Madrid sind die meisten allerdings nur über das Internet zu empfangen; Real Madrid TV wird dagegen selbst in Deutschland über Satellit ins Fernsehnetz eingespeist. Außerdem senden die meisten Bundesligisten nicht rund um die Uhr, sondern bieten lediglich ausgewählte – allerdings selbst produzierte – Inhalte zu einzelnen Aspekten des Vereins (z. B. Spielerinterviews). Von manchen Vereinen wird darüber hinaus die Variante angeboten, gegen Gebühren die Spiele der jeweiligen Mannschaft im Stream ansehen zu dürfen. Bei Borussia Dortmund belaufen sich die Kosten auf 39,09 Euro pro Jahr, bei Bayern München auf 36 Euro.[35]

Februar 2018). Weitere Informationen in diesem und im kommenden Absatz vgl. Horeni (2014b).
35 Siehe die entsprechende Website der Vereine {http://www.bvbto

Das Angebot von Borussia Dortmund setzt – in einer gewissen Analogie zur BVB-Aktie – wohl vor allem auf Wohlgesinnte, die die Investition von einigen Euro pro Monat angemessen finden. Tatsächlich gehen zwar nur wenige Sendungen pro Tag online, die zumeist im Stil der Hofberichterstattung aufgemacht sind. Aber die Kosten sind für den einzelnen Abonnenten nicht hoch. Ebenso beim FC Bayern, der allerdings journalistisch etwas anspruchsvoller arbeitet. Der Verein bietet einen umfänglichen vereinsbezogenen Spartenkanal an, der zwar parteiisch berichtet, aber rund um die Uhr sendet, z.B. Spiele der Jugendmannschaften, der Basketballmannschaft und Streams von Top-Spielen der Fußballmannschaft (diese jedoch nur gegen eine weitere Gebühr in Höhe von 5,95 pro Monat). Auf beiden Plattformen ist zu beobachten, dass Spieler und Verantwortliche exklusiv zu Wort kommen. Journalisten und Redaktionen sonstiger Medien stehen damit vor der Wahl, entweder vorgefilterte Originalstimmen einzufangen oder sich auf wenige offizielle Veranstaltungen wie z.B. Pressekonferenzen zu beschränken.

Für die etablierten Medien ergeben sich aus dieser Konstellation erhebliche Herausforderungen. Eingeschränkt wird zunächst der Spielraum für den Boulevard, der lange Jahre von Äußerungen oder Eindrücken gelebt hat, die gewissermaßen zwischen Tür und Angel stattfanden. Hier kam und kommt es darauf an, jeden Discobesuch eines Spielers zu skandalisieren, jede unbedachte Äußerung aufzublasen, jedes Gerücht aufzugreifen nach dem Motto:

tal.de/} bzw. {https://fcbayern.com/fcbayerntv/} (beide Stand Februar 2018).

»Lewandowski äußert angeblich Wechsel-Wunsch – So reagiert Hoeneß«.[36]

Da diese Art von Berichterstattung stets die Tendenz hat, Unruhe in Vereine und Mannschaften zu tragen, haben Vereinsführungen ein berechtigtes Interesse, die Nebenfolgen des Boulevardjournalismus zu verringern. Die Gründung von eigenen TV-Kanälen ist in dieser Hinsicht für jeden Verein attraktiv. Einerseits wird das Publikum weiter mit menschelnden Geschichten versorgt, es wird sogar eine noch größere emotionale Bindung zwischen Mediennutzern und Vereinen möglich, z. B. durch die Öffnung des medialen Blicks auf weitere Vereinsaktivitäten im Jugendbereich oder bei anderen Sportarten. Zugleich wird durch die per Arbeitsvertrag garantierte affirmative Haltung der Journalisten sichergestellt, dass nur im Sinne des Vereins berichtet wird.

Für Qualitätsmedien mit kritischer Perspektive und einem Blick auf die Verankerung des Fußballs in der Gesellschaft werden dagegen die klassischen Mittel der Recherche aufwändiger, wenn Vereine und Verbände ihre Kommunikationsströme immer stärker kontrollieren. Für viele Protagonisten wirkt das verstärkte Interesse der Öffentlichkeit einschüchternd und einengend. Da Journalisten aus dem Boulevard in der Regel als eine Art Privatdetektiv für Verfehlungen unterwegs sind, besteht der erste

36 Der Artikel »Lewandowski äußert angeblich Wechsel-Wunsch – So reagiert Hoeneß« ist auf der Website der Münchener Boulevardzeitung *tz* verfügbar: {https://www.tz.de/sport/fc-bayern/transfergeruecht-wechselt-robert-lewandowski-vom-fc-bayern-zu-real-madrid-wechsel-wunsch-8689793.html} (Stand Februar 2018).

Impuls in der Abwehr von allzu Neugierigen, wie es Journalisten nun einmal sind.

Die so entstehende Wagenburgmentalität erschwert eine seriöse Recherche zu kritischen Themen, z. B. zum Geschäftsgebaren von Vereinen, zum Umgang mit der großen Zahl scheiternder Karrieren oder mit Gewalt vor und im Stadion. Hier kommt zum Tragen, dass »die größere Publizität auch zu einer Steigerung von Transparenz und Rechtfertigungsdruck innerhalb sportpolitischer Strukturen führt« (Ihle et al. 2016, S. 193). Dem wollen sich Sportverantwortliche – was menschlich verständlich ist – nur bedingt fügen. So werden beispielsweise die meisten Fragen zum Thema Doping routinemäßig abgeblockt,[37] obgleich sich mittlerweile die Indizien für den Einsatz von Dopingmitteln auch im Fußball mehren (Kistner 2015).[38] Ein anderes Beispiel: Die Deutsche Fußball Liga veröffentlicht die Bilanzdaten der einzelnen Bundesligisten nicht (vgl. DFL 2017), obwohl diese für eine seriöse Einschätzung des wirtschaftlichen Potenzials der Bundesliga-Vereine von hohem öffentlichen Interesse wären.

Journalisten von Qualitätsmedien müssen sich mithin immer stärker spezialisieren und professionalisieren. Dadurch hat im Sportjournalismus das Format des Enthüllungsbuches an Bedeutung gewonnen. Der soeben schon zitierte Thomas Kistner hat nicht nur ein Buch zum Doping im Fußball geschrieben, sondern auch ein viel beach-

---

37 So z. B. der ehemalige Sportdirektor des DFB, Robin Dutt: »Doping im Fußball bringt nichts« (*Frankfurter Allgemeine Zeitung* [10.03.2015, S. 32]).

38 Vgl. auch die Ergebnisse der Evaluierungskommission Freiburger Sportmedizin, online verfügbar unter: {https://www.uni-freiburg.de/universitaet/einzelgutachten} (Stand Februar 2018).

tetes Werk zur Fifa vorgelegt (*Fifa-Mafia*, Kistner 2012).
Dem Skandal um die Vergabe der WM 2022 nach Katar
haben sich Heidi Blake und Jonathan Calvert gewidmet,
indem sie nach dem Hinweis eines Whistleblowers über
Monate konspirativ E-Mails und Kontoverbindungen
des katarischen Fußballfunktionärs (und damaligen Vizepräsidenten der Fifa) Mohamed bin Hammam auswerte-
ten (Blake/Calvert 2015).

Kistner, Blake, Calvert und der weiter oben bereits zitierte Michael Calvin (*No Hunger in Paradise*, 2012) verfügen über den Rückhalt starker Sportredaktionen mit
einer investigativen Tradition. Kistner ist Sportredakteur
der *Süddeutschen Zeitung*, Blake und Calvert arbeiten für
die *Sunday Times*, Calvin schreibt für den *Sunday Mirror*
und kann den *Daily Telegraph* und *The Times* in seinem
Lebenslauf vorweisen. Einen illustrativen Kontrastfall
bietet der deutsche Journalist Jens Weinreich, der von
2002 bis 2008 Sportredakteur bei der *Berliner Zeitung*
war und in dieser Zeit häufig eine kritische Meinung gegenüber Verbänden und Einzelpersonen des Sports vertrat. Später arbeitete er für den Deutschlandfunk, wurde
aber im Rahmen seiner Tätigkeiten einige Male in juristische Auseinandersetzungen verwickelt, z. B. mit dem damaligen DFB-Präsidenten Theo Zwanziger. Später trennten sich Weinreich und der Deutschlandfunk aus offenbar
atmosphärischen und redaktionsinternen Gründen.[39] Wenig später führten Recherchen von Weinreich im Rahmen

---

39 Siehe den Beitrag »In eigener Sache« vom 10.08.2012 auf der
   Website des Deutschlandradio {http://www.deutschlandradio.
   de/in-eigener-sache.331.de.html?dram:article_id=220053}
   (Stand Februar 2018).

einer Untersuchung des *Spiegel* zur Aufdeckung unseriöser Zahlungen rund um die WM-Vergabe 2006 (Dahlkamp et al. 2015). In der Folge sah sich DFB-Präsident Wolfgang Niersbach zum Rücktritt gezwungen.

Die Stellung von Spitzenjournalisten wie Weinreich[40] oder dem Doping-Experten Hajo Seppelt[41] verdient einen näheren Blick. Auffällig ist, dass beide den sicheren Versorgungshafen des öffentlich-rechtlichen Rundfunks verlassen haben, sich hier nur noch assoziieren und nun überwiegend als freie Journalisten arbeiten. Aus institutionensoziologischer Perspektive gibt es dafür einen guten Grund. Der öffentlich-rechtliche Rundfunk in Deutschland tritt nicht nur als Kontrollinstanz in Gesellschaft und Politik auf. Zugleich sind insbesondere ARD und ZDF potente Finanzierer des Profifußballs. Für die Erstausstrahlung von Zusammenfassungen der Bundesliga-Spiele am Samstagabend (*Sportschau* ab ca. 18:30 Uhr und *das aktuelle sportstudio* ab ca. 23 Uhr) sowie am Sonntag (Dritte Programme ab 21:45 Uhr) zahlen die Sender deutlich über 100 Millionen Euro jährlich (*Frankfurter Allgemeine Zeitung*, 18.04.2012, S. 31).

Die hohen Summen machen nicht nur den Fußball abhängig vom Fernsehen, sondern dies gilt auch umgekehrt. Wurden erst einmal hohe Ausgaben für Sportrechte getätigt, muss anschließend ein Hochglanzprodukt präsentiert werden. Das gegenseitige Abhängigkeitsverhältnis führt zu einer »engen Zusammenarbeit« zwischen Fernsehen und

---

40 Vgl. seinen informativen Blog {https://www.jensweinreich.de/} (Stand Februar 2018).

41 Siehe seine Homepage {http://hajoseppelt.de/de/} (Stand Februar 2018).

Fußball (Heinecke 2016, S. 213); es ließe sich sogar von einer Symbiose sprechen. Das Profil eines investigativ starken Journalismus, der nicht einmal vor zentralen Figuren des Fußballs zurückschreckt, lässt sich damit nicht sehr gut vereinbaren.

All die geschilderten Umstände aus der Sphäre der Fußballöffentlichkeit laufen darauf hinaus, dass das Potenzial für nichtaffirmative Berichterstattung über den Fußball in den letzten Jahren massiv gesunken ist. Bedenklich daran erscheint, dass im Fußball vorgelebte Praktiken – eben, weil dieser Sport so sichtbar ist – zu Vorbildern für Verhalten in anderen Sphären werden können. In diesem Sinne stellt der kommunikative Teil der Fußballpolitik eine Bürde für die Transparenz- und Teilhabeerwartungen in der breiteren politischen Öffentlichkeit dar.

## Fußball und Staat

Welche Auswirkungen hat die diskursive Schließung des Feldes auf das direkte Verhältnis der Protagonisten aus der Welt der Vereine und Verbände einerseits sowie der Politik andererseits?

Nur wenige Konsequenzen ergeben sich für die seit den sechziger Jahren beliebte Disziplin von Politikern, sich mit Fußballern zu zeigen, um dadurch die eigene Sichtbarkeit zu erhöhen. Aus heutiger Perspektive ist es fast unvorstellbar, dass beim WM-Endspiel 1954 in Bern kein Vertreter der Bundesregierung zugegen war. Zwei Wochen später überreichte allerdings Bundespräsident Theodor Heuss vor 90000 Zuschauern im Berliner Olympiastadion den Spielern und dem Trainer das Silberne Lorbeerblatt.[42] Aber noch bei einem Empfang des ersten Bundesliga-Meisters 1. FC Köln durch Bundeskanzler Ludwig Erhard im Juni 1964 oder den Besuch des Pokal-Endspiels 1965 durch Bundespräsident Heinrich Lübke gab es viele kritische Begleitstimmen (Havemann 2013, S. 143-145). Schon früh zeigte sich in der Bundesrepublik also die generelle Regel, dass »der Fußball [zwar] benutzt werden kann«, dass sich aber »mindestens ebenso viele Beispiele für die Widerständigkeit des Fußballs gegen ideologischen und machtpolitischen Missbrauch« finden lassen (Bausenwein 2006, S. 415).

Ein anderer Bereich mit Überschneidungen zwischen der politischen Sphäre und dem Fußball besteht in der finanziellen Beteiligung staatlicher oder quasistaatlicher Institutionen an den Belangen des Fußballs. Diese ist, wie sich gleich zeigen wird, so ausgeprägt, wie es das oben geschilderte institutionelle Überlappungsverhältnis nahelegt. Verschiedene Ebenen des Bundesstaates stützen den Fußball in fünf Bereichen. Erstens ist das Privileg der Gemeinnützigkeit zu nennen, durch das der Staat auf bestimmte – nicht alle – Steuereinnahmen aus dem Profifußball verzichtet und dabei gleichzeitig in Kauf nimmt, dass Zuwendungen aus der Privatwirtschaft (oder von Privatpersonen) an den DFB, einen seiner Verbände oder seiner Mitgliedsvereine steuerlich begünstigt werden. Dieser Bereich wird im folgenden Kapitel ausführlicher analysiert und soll deshalb hier nur erwähnt werden.

Zweitens ist der Rundfunkbeitrag zu nennen, der in

---

42 Vgl. die bei der ARD eigens eingerichtete Website »Die Helden von Bern« {http://web.ard.de/special/helden1954/pages/gale rie/89_865.php} (Stand Februar 2018).

Deutschland seit dem Jahr 2013 als eine Quasisteuer erhoben wird. Zwar gehen die Gesamteinnahmen von rund 8,3 Milliarden Euro[43] nur zu einem geringen prozentualen Anteil in den Sport. Zu vernachlässigen ist er allerdings auch nicht. Die öffentlichen Rundfunkanstalten schweigen sich bei einem guten Teil ihrer Ausgaben aus, so dass viele Zahlen nur geschätzt werden können. So wird spekuliert, dass von den 628 Millionen Euro, die von 2013 bis 2017 an Fernsehgebühren an die DFL GmbH gezahlt wurden, jährlich etwa 100 Millionen Euro auf die ARD und 20 Millionen Euro auf das ZDF entfielen (*Frankfurter Allgemeine Zeitung*, 18.04.2012, S. 31).

Hinzuzurechnen sind Ausgaben (vor allem des ZDF) für die Senderechte einiger Spiele der Champions League, für den DFB-Pokal sowie für die Übertragung von Europa- und Weltmeisterschaften, die sich ebenfalls in den Rechenschaftsberichten der Sender nicht detailliert auffinden lassen. Es handelt sich um einen der merkwürdigsten Vorgänge der demokratischen Kontrolle in Deutschland, dass sich ARD und ZDF schlichtweg weigern, genaue Angaben über die Höhe der entstehenden Kosten zu machen.

Die drei übrigen Bereiche, in denen politische Institutionen und der Profifußball interagieren, verdienen eine etwas ausführlichere Befassung; es handelt sich um gesellschaftliche Integration, Subventionierung und Sicherheit im Stadion.

43 Die Zahl stammt aus dem *Geschäftsbericht 2014* der GEZ (S. 7). Der Bericht ist online verfügbar unter: {https://www.rundfunk beitrag.de/e175/e1691/Geschaeftsbericht_2014.pdf} (Stand Februar 2018).

Die vielleicht wichtigste Verbindung zwischen Staat und Fußball besteht im politischen Anliegen, Zuwanderung und gesellschaftliche Integration zu steuern. Eine recht umfangreiche Literatur zeigt hier überwiegend in Einzelstudien, wie politische Akteure durch wohlwollende finanzielle und symbolische Begleitung dazu beigetragen haben, dass sich Zuwanderer besser in die Mehrheitsgesellschaft integrieren konnten und können (vgl. z. B. Zifonun 2008; Blecking 2006).

Dabei ist bisweilen argumentiert worden, im Bereich des Amateurfußballs sei die Praxis des Miteinanders deutscher und nichtdeutscher Fußballer weiter entwickelt als im Profifußball. Diese Einschätzungen gehen auf die Zeit vor der Öffnung der Spielermärkte in den späten neunziger Jahren zurück. In der ersten Bundesliga-Saison 1963/64 spielten lediglich fünf Ausländer für deutsche Vereine (Merkel et al. 1997, S. 153). Noch Mitte der siebziger Jahre sprach sich das Bundesministerium für Arbeit gegen einen EG-europäischen Arbeitsmarkt für Fußballspieler aus und argumentierte, dass »das nationale Element in den [deutschen Vereins-]Mannschaften« überwiegen solle, weil sonst die Spielergebnisse »verfälscht« würden. Unterstützt wurde die Bundesregierung dabei vom DFB, der sich für eine restriktive Ausländerklausel aussprach – nicht nur wegen eines zu großen Zulaufs ausländischer Spieler, sondern auch aus Sorge um die Abwanderung prominenter deutscher Spieler ins Ausland (Zitat und Informationen bei Havemann 2013, S. 458-461).

Mit der wachsenden Finanzkraft der Bundesliga, der

Gründung der Europäischen Union, deren verschiedenen Erweiterungsrunden sowie den Bosman- und Simutenkow-Urteilen internationalisierte sich der Profifußball indes erheblich. In den Blick der politischen Akteure geriet dadurch nicht mehr nur die Praxis der Integration im Kleinen, sondern auch die Symbolik, die in Deutschland ansässige Fußballstars mit nichtdeutschen Wurzeln ausstrahlten.

Dabei reagierten die Verantwortlichen des DFB ablehnend auf das Urteil selbst. DFB-Präsident Egidius Braun sagte, man solle »den Sport und die Vereine nicht als reines Unternehmen abstempeln«. Sein Stellvertreter Gerhard Mayer-Vorfelder geißelte einen rechtsprecherischen Fanatismus, der ohne Rücksicht auf Verluste vorgehe, denn es werde mit einem »enteignungsgleichen Eingriff« in die Wirtschaftstätigkeit der einzelnen Vereine hineinregiert (zitiert nach Heinrich 2000, S. 201).

Auch die Bundesregierung ließ sich in diese Argumentation einspannen. Bei der mündlichen Verhandlung in Luxemburg verwies sie – vertreten durch das Wirtschaftsministerium – auf das Subsidiaritätsprinzip und erläuterte, dass sich aus Sicht der Bundesregierung »das Recht auf Freizügigkeit in einem Diskriminierungsverbot erschöpfe, das Transfersystem im Fußball aber keinesfalls diskriminiere« (ebd., S. 205). Dafür bemühte die Regierung Art. 85 des Maastricht-Vertrags (heute Art. 81 des Vertrags über die Arbeitsweise der Europäischen Union), der Praktiken zur Beeinträchtigung des Handels zwischen den Mitgliedstaaten zurückdrängen und Verhinderungen, Einschränkungen oder Verfälschungen des Wettbewerbs bekämpfen sollte. Damit erkannte sie implizit – mit dem Segen des DFB – an, dass das Wettbewerbsrecht ein grundsätzlich geeignetes Instrument zur Regulierung des Fußballs in der sich rapide vertiefenden Europäischen Union sei.

Es waren allerdings nicht nur wirtschaftliche Aspekte zu bedenken. Die Frage nach der Bedeutung nichtdeutscher Spieler in der Bundesliga berührte auf der großen Bühne die Frage, wie offen sich die deutsche Gesellschaft gegenüber Menschen anderer Nationalitäten gibt. Hier wehte in den neunziger Jahren der Wind aus einer Richtung, die das Beharren auf einer überwiegend »deutschen« Liga problematisch machte. Auf einem anderen Feld waren nämlich die Fußballakteure eingespannt in vielfältige Aktivitäten, mit denen man dem offen gezeigten Fremdenhass jener Jahre entgegentreten wollte. Der wichtigste Auslöser waren die fremdenfeindlichen Ausschreitungen in Rostock-Lichtenhagen im Jahr 1992. In der Bundesliga-Saison 1992/93 startete vor diesem Hintergrund die Aktion »Mein Freund ist Ausländer«, bei der an einem Spieltag alle Bundesliga-Mannschaften auf ihre Trikotwerbung verzichteten, um mit ebenjenem Spruch auf ihren Trikots aufzulaufen. Außerdem fand im Oktober 1993 ein Benefizspiel der Nationalmannschaft gegen eine Auswahl nichtdeutscher Bundesliga-Spieler statt (Wikipedia DE 2018u).

Während diese Aktionen von der Politik eher wohlwollend begleitet als aktiv vorangetrieben wurden, zeigten sich politische Akteure mit der Zeit immer aufgeschlossener. Für den gebürtigen Südafrikaner Sean Dundee war das Innenministerium im Jahr 1997 sogar bereit, die Einbürgerungsregeln aufzuweichen, um ihm eine Berechtigung für das Tragen des Nationaltrikots zu erteilen. Ein beschleunigtes Einbürgerungsverfahren wurde wenige Jahre später auch für den Brasilianer Paolo Rink ermöglicht, der im Stammbaum einen deutschen Großvater vorweisen konnte. Über die Sportministerkonferenz (SMK) der Länder appellierten die Landesregierungen an den Deutschen Olympischen Sportbund, die Sportverbände und -vereine, die Bundesregierung und die Bundesanstalt für Arbeit in Integrationsprogramme einzubeziehen. Im Jahr 2004 erklärte die SMK nicht nur »Integration zur dauerhaften gesellschaftlichen Aufgabe«, sondern stellte – trotz der Präsenz mancher Sport- bzw. Innenminister aus christdemokratisch geführten Bundesländern – kurz und bündig fest: »Deutschland ist faktisch seit langem ein Einwanderungsland« (vgl. Merkel 2015, S. 112).

Mit derselben Grundidee nahm die Bundesregierung im Jahr 2015 an einer Kampagne der Deutschlandstiftung Integration mit dem Namen »Geh Deinen Weg« teil, die von der DFL unterstützt wurde. Dank einer Vereinbarung mit der Deutschen Telekom prangte das Logo der Kampagne auf den Ärmeln der Trikots aller Mannschaften und ersetzte dort das Emblem des Telekommunikationskonzerns. In diesem Rahmen besuchte Bundeskanzlerin Angela Merkel das Bundesliga-Spiel Borussia Dortmund gegen Bayer Leverkusen und traf sich vorher »mit Spielern mit und ohne Migrationshintergrund der Jugendmannschaften beider Vereine«. Sie betonte, »Deutschland brauche einen starken Zusammenhalt: ein ›Wir-Gefühl‹«. Im Zuge der Aktion teilte die Bundesregierung auch einige Zahlen mit. Demnach waren zum damaligen Zeitpunkt rund 1,3 Millionen Menschen mit Migrationshintergrund in etwa 26 000 Fußballvereinen angemeldet, was einem Anteil von 19 Prozent entsprach. In der Bundesliga waren in jener Saison Spieler aus 66 Ländern aktiv.[44]

44 Informationen und Zitate aus der Pressedarstellung der Bundes-

Weiterhin profitieren Vereine und Verbände vom Sport-
stättenbau durch den Staat. Im Bereich des Jugend- und
Breitensports gehört die Sportförderung zu den genuinen
Aufgaben des Staates; der organisierte Fußball kann sich
also auf Pflichten des Staates berufen. Anders verhält es
sich aber mit Stadien, die außer durch den Fußball zumeist kaum nutzbar sind. Hier haben in der Vergangenheit alle staatlichen Ebenen den Vereinen in erheblichem
Maße unter die Arme gegriffen, wobei die Weltmeisterschaften 1974 und 2006 mit neun bzw. zwölf Spielorten
einen besonderen Motor darstellten. 1974 wurden das
Gelsenkirchener Parkstadion und das Dortmunder West-
falenstadion neu errichtet, im Vorfeld der WM 2006 entstanden Neu- bzw. vollständige Umbauten in Frankfurt,
Hamburg, Hannover, Kaiserslautern, Köln und Leipzig.
Auch alle übrigen Stadien wurden im Zuge der Weltmeisterschaften modernisiert.

Die Art und Weise, wie die Vereine – die die Stadien anschließend nutzten – unterstützt wurden, sind so vielfältig
wie der deutsche Föderalismus, wobei zu beachten ist,
dass es mehr Bundesliga-Vereine als Bundesländer gibt.
Z.B. existierte in Kaiserslautern im Vorfeld der WM im
Jahr 2006 das Modell, den Verein, das Land Rheinland-
Pfalz und die Stadt Kaiserslautern gleichermaßen an den
Umbaukosten zu beteiligen. Die öffentliche Hand übernahm zunächst laut Planung etwa 29 Millionen Euro

regierung; siehe {https://www.bundesregierung.de/ContentAr
chiv/DE/Archiv17/Artikel/2012/09/2012-09-15-geh-deinen-
weg-fussball.html} (Stand Februar 2018).

und später, als die Baukosten explodierten, noch einmal etwa 19 Millionen Euro. Als der 1. FC Kaiserslautern – noch vor der WM selbst – in finanzielle Schwierigkeiten geriet, kaufte die Stadt über ihr kommunales Unternehmen Fritz-Walter-Stadion Kaiserslautern GmbH dem Verein nicht nur das Stadion, sondern auch das Nachwuchsleistungszentrum Fröhnerhof für zusammen 57,9 Millionen Euro ab. Heute gehört das Stadion noch immer dem städtischen Unternehmen und ist über den Internetauftritt der Stadtverwaltung zu erreichen.[45]

Trotz der erheblichen Finanzspritzen gelang es dem Verein nicht immer, seine Verbindlichkeiten gegenüber der Stadt zu begleichen. Noch im Jahr 2014 entlastete die ihrerseits hochverschuldete Stadt Kaiserslautern den ansässigen 1. FC mit einer Millionensumme durch ein neues Mietmodell, nachdem der Verein zum dritten Mal in vier Jahren in die bilanzielle Überschuldung geraten war. Die Grundpacht wurde von 3,2 Millionen Euro auf 2,4 Millionen Euro gesenkt. Zusätzlich stundete die Stadt andere Mieteinnahmen. Zugleich verkaufte sie den Fröhnerhof für 2,6 Millionen Euro an den Verein zurück – ein Bruchteil der Summe, für den die Stadt die Immobilie wenige Jahre zuvor erworben hatte.

Um die Bilanz des Vereins mit positiven Werten zu bestücken, nahm die Stadt also einen Wertverlust von über 50 Prozent innerhalb weniger Jahre hin, obwohl der Verein bei der Stadt zu diesem Zeitpunkt Schulden in Höhe von ca. 65 Millionen Euro hatte. Die Entscheidungen im

45 Vgl. {https://www.kaiserslautern.de/buerger_rathaus_politik/ stadtverwaltung/beteiligungen/003393/index.html.de} (Stand Februar 2018) sowie Wikipedia DE (2018m).

Stadtrat fielen unter Zustimmung sowohl der CDU als auch der SPD. Kurz zuvor hatte der ehemalige Ministerpräsident Kurt Beck (SPD) den Goldenen Ehrenring des 1. FC Kaiserslautern für die »vorbehaltlose Unterstützung des Vereins« erhalten. Die EU-Kommission, die im Rahmen eines möglichen wettbewerbsrechtlichen Vergehens mit der Angelegenheit befasst wurde, sah im Finanzgebaren der Stadt keine unerlaubte Beihilfe (vgl. *Frankfurter Allgemeine Zeitung*, 01.11.2014, S. 31 sowie 06.03.2017, S. 32).

Im Winter 2017/18 plante die Stadt Kaiserslautern Steuererhöhungen, um die Verluste aus der Vermietung des Stadions an den Verein auszugleichen. Oberbürgermeister Klaus Weichel (SPD) erklärte, hierzu gebe es keine Alternative (*Frankfurter Allgemeine Zeitung*, 27.01.2018, S. 19). Soweit ich dies überblicke, handelt es sich wenigstens in den letzten beiden Jahrzehnten um den einzigen Vorfall in Deutschland, bei dem Steuererhöhungen explizit mit dem Wohlergehen eines Fußballvereins begründet wurden.

In Mönchengladbach einigte man sich ebenfalls um die Jahrtausendwende auf ein anderes Modell mit öffentlicher Beteiligung, obwohl die Stadt kein Spielort der WM 2006 war. Hier stemmte der Verein Borussia Mönchengladbach den Stadionbau mit Kosten in Höhe von 86,9 Millionen Euro allein, erhielt aber vom Land Nordrhein-Westfalen sowie von der Stadt Sicherheiten für hohe Bankdarlehen, die zum Teil bis 2034 zurückgezahlt werden sollen (Wikipedia DE 2018 af). Ähnlich solide verlief der Bau der Münchener Allianz Arena, die vollständig über die Eigentümer der Allianz Arena München Stadion GmbH – zum Zeitpunkt des Baus waren das die FC Bayern

München AG und die TSV München von 1860 GmbH & Co. KGaA – finanziert wurde. Die öffentliche Hand zahlte allerdings 210 Millionen Euro für die Erschließung des Areals sowie einige infrastrukturelle Maßnahmen und nahm darüber hinaus in Kauf, dass der Wert des Grundstücks durch eine Nutzungsänderungsverordnung von 84 Millionen auf 14 Millionen Euro sank. Die Darlehen für den Bau konnte der FC Bayern, der dem TSV 1860 München seine Anteile im Jahr 2006 abkaufte, im Jahr 2014 vorzeitig zurückzahlen, was aber ohne diese indirekten Finanzhilfen kaum möglich gewesen wäre (Wikipedia DE 2018b).

In Hamburg wiederum bestand die finanzielle Unterstützung der Stadt im Jahr 1998 zunächst in der Überlassung des Grundstückes für den Neubau der späteren AOL Arena an der Stelle des alten Volksparkstadions. Zu den Umbaukosten in Höhe von 159 Millionen DM trug die öffentliche Hand mit weiteren 21,3 Millionen DM bei. Zur WM 2006 wurde das Stadion mit geringeren Summen weiter modernisiert, wobei die Stadt noch einmal 3,2 Millionen Euro beisteuerte. Heute heißt das Stadion nach Umbenennungen in HSH Nordbank Arena und Imtech Arena wieder Volksparkstadion (Wikipedia DE 2018aj). Das Schicksal der zwischenzeitlichen Namensgeber symbolisiert die eigentümliche Neigung des Hansestadtvereins, auf sinkende Schiffe zu setzen: Der amerikanische Internetdienstleister AOL musste eine Reihe starker Schrumpfungen überstehen und seine Tätigkeit in Deutschland fast vollständig einstellen, die überwiegend öffentliche HSH Nordbank geriet 2009 durch windige Immobilienkredite in den Sog der Weltfinanzkrise, die niederländische Unternehmensgruppe Imtech meldete im Jahr 2015 Insolvenz an.

Das Engagement der Stadt kann hier mithin als eine Art Ausfallgarantie für marode Unternehmen gewertet werden.

Die Finanzierung von Stadien durch die öffentliche Hand steht im Zusammenhang mit der breiteren Frage, inwiefern Kommunen, Länder und der Bund überhaupt in der Pflicht stehen, Vereinen des Profifußballs mit materiellen Ressourcen unter die Arme zu greifen. Mindestens aus Sicht der Dachverbände ist immerhin zu bedenken, dass sich die unterschiedlichen Praktiken der Zufinanzierung nur schwer mit dem Prinzip der allgemeinen Gleichbehandlung vereinbaren lassen. Nicht zuletzt vor diesem Hintergrund kann indes konstatiert werden, dass letztlich seit der Gründung der DFL das Finanzgebaren der Vereine insgesamt wesentlich solider geworden ist. Bis in die neunziger Jahre agierte eine Reihe von Vereinen – z. B. der 1. FC Nürnberg, der FC Schalke 04 und der TSV 1860 München – mit nicht nachhaltigen Geschäftsmodellen. Man hoffte darauf, im Krisenfall »einfach die Zahlung von fälligen Steuern, Abgaben und sonstigen Gebühren einzustellen« und auf »das Entgegenkommen der Städte« zu warten (Havemann 2013, S. 376). Heute indes gelten Regeln, die ein solides Wirtschaften stärker als früher zur Voraussetzung für die Lizenzerteilung machen.

Letztlich setzte sich mit dem Ligaverband ein Modell der Vereinsführung durch, das sich in einigen – in den jeweiligen Epochen dann auch sehr erfolgreichen – Profivereinen bereits in den siebziger Jahren etabliert hatte. Es verband sich mit herausgehobenen Managern wie Günter Netzer (Hamburger SV), Uli Hoeneß (Bayern München), später Rudi Assauer (Werder Bremen, Schalke 04) sowie Klaus Allofs (Werder Bremen). Dabei handelte es sich um ehemalige Topspieler mit einem großen Netzwerk, das auch ausländische Kontakte umfasste. Sie bewiesen in frühen Karrierephasen ein glückliches Händchen für herausragende Spieler und standen insofern für ein neues Geschäftsverhalten, als sie (wenigstens verbal) die öffentliche Hand bei der Bewältigung von Krisen nicht in die Pflicht nahmen. Im Umgang mit der Politik setzten sie auf Seriosität und symbolisierten – in ihrer jeweiligen Zeit – fortschrittliches Wirtschaftsgebaren, welches die politischen Akteure in Kommunen und Ländern von anderen Vereinen nicht kannten. So orientierten sie sich früher als andere an Marktgegebenheiten – z. B. im Hinblick auf Merchandising oder Fernseheinnahmen – und hatten daher in späteren Jahren einen Wettbewerbsvorteil, als sich die bundesdeutschen Kommunen flächendeckend aus der weiteren Subventionierung des Fußballs zurückzogen (Havemann 2013, S. 311-313).

Hoeneß und Co. lösten im deutschen Fußball ein Führungsprinzip ab, das nicht nur von Peco Bauwens befürwortet wurde, sondern sich auch mit Persönlichkeiten wie Jean Löring (Fortuna Köln), Wilhelm Neudecker sowie Robert Schwan (Bayern München) oder Franz Kremer (1. FC Köln) verbunden hatte. Von Jean Löring stammt das Zitat: »Ich als Verein musste doch reagieren«[46] – getätigt zur Begründung, warum er in der Halbzeitpause eines Spiels den damaligen Trainer von Fortuna Köln, Toni Schumacher, entließ. Alle genannten Vereinspräsidenten führten ihre Vereine nach Gutsherrenart, mit der sie sogar

---

46 Hier zitiert nach *Westdeutsche Zeitung* (31.01.2014), online verfügbar unter: {http://www.wz-sportplatz.de/artikel/ich-als-verein-musste-doch-reagieren/} (Stand Februar 2018).

in Detailfragen entschieden. Die durch die DFL geforderten Vorgaben zur Geschäftsführung lösten diesen Typus ab, ersetzten aber die vorher sichtbaren Präsidenten mit Lokalkolorit durch flexible Manager. Auch diese wechseln heute, wie sich an den Beispielen von Jörg Schmadtke (Hannover 96, 1. FC Köln) oder Horst Heldt (VfB Stuttgart, Schalke 04, Hannover 96) exemplarisch zeigen lässt, bei Bedarf oder Misserfolg die Vereine. In diesem Bereich haben sich die politischen Verantwortlichkeiten also in Richtung eines professionellen Managements verschoben, das mit echten Politikern eher geschäftliche als identitätsbasierte Beziehungen eingeht. Es ist Nils Havemann zuzustimmen, wenn er das offene Propagieren der kommerziellen Prinzipien des Fußballs im Vergleich zur früheren Subventionsmentalität als ehrlichere Variante ansieht (Havemann 2013, S. 478-496).

## Sicherheit im Stadion

Eine letzte Dimension der Fußball-Politik-Beziehungen besteht in der Aufgabe des Staates, die allgemeine Sicherheit der Bürger umfassend und damit auch bei Fußballspielen zu schützen. In der Regel üben die Vereine (oder im Fall von Länderspielen der DFB) in den Stadien das Hausrecht aus. Die Kosten für einfache Ordnerdienste werden also von den verantwortlichen Veranstaltern übernommen. Die Polizeieinsätze betreffen dagegen die Sicherung der An- und Abreise der Zuschauer und den Bereitschaftsdienst bei drohenden oder tatsächlichen Delikten inner- und außerhalb der Stadien. Im Mittelpunkt steht die Fangewalt. Laut der Zentralen Informationsstelle Sporteinsätze gibt es in Deutschland zwischen 4000 und 5000 gewaltbereite und ca. 1500 gewaltsuchende Fans, die (nicht nur) die Polizei in Atem halten (Statista 2017a, siehe unten Kap. 5).

Zur Gretchenfrage zwischen den Verantwortlichen der fußballerischen und politischen Sphären wird, wer die Kosten für diese Einsätze zu übernehmen hat. Nach Berechnungen der Deutschen Polizeigewerkschaft fallen für den Fußball pro Jahr sicherheitsbezogene Kosten in Höhe von 150 Millionen Euro an. Andere Quellen nennen etwas geringere Zahlen, aber es ist klar, dass die staatlichen Ausgaben für die Gewährleistung der Sicherheit des Fußballs erheblich sind. Folgt man dem Verursacherprinzip, dann ist schwerlich einzusehen, warum der DFB oder erst recht die DFL, die Jahr für Jahr Umsatz- und Gewinnrekorde vermelden, sich nicht stärker an den Kosten beteiligen sollten. Ein Blick auf die Nachbarstaaten zeigt, dass genau dies – die Kostenübernahme durch Fußballvereine oder die organisierten Ligen – in England, Frankreich und der Schweiz der Fall ist. In Italien, Schweden und Spanien zahlt dagegen der Steuerzahler, wobei allerdings die Polizei nur außerhalb der Stadien eingesetzt wird (*Frankfurter Allgemeine Zeitung*, 04.08.2014, S. 23).

Die Argumente für und wider die Kostenbeteiligung fußen auf unterschiedlichen Rollenmodellen des Verhältnisses von Staat und Gesellschaft, die nur bedingt miteinander in Einklang zu bringen sind. Das reine Verursacherprinzip hat dabei im bundesdeutschen Kontext weniger Verwirklichungschancen, selbst wenn die Formel »Wer Probleme verursacht, soll auch für sie zahlen« zunächst verführerisch aussieht. Bei genauerer Betrachtung ist allein der Staat dafür verantwortlich, Sicherheit zu garantieren. Schließlich geht, siehe Art. 20 Abs. 2 des Grundgesetzes, alle Staatsgewalt vom Volke aus. Dementsprechend stehen beispielsweise die Innenminister der meisten Länder auf dem Standpunkt, die innere Sicherheit sei als hoheitliche Aufgabe des Staates anzusehen (*Tagesspiegel* 2012). Sollte es Sicherheitsdefizite geben, so müssten sie durch eine bessere Ausstattung des Staates und nicht durch die Übertragung seiner Aufgaben auf Private gelöst werden. Der Fußball kann und darf sich also darauf verlassen, dass die Sicherheit im Umfeld ihres Sports in den allermeisten Fällen durch den Staat gewährleistet wird. Zu diesem Gesamtbild passt, dass einige Akteure wie die DFL GmbH sowie die privaten Großverdiener wie Spieler und Trainer in erheblichem Umfang Steuern zahlen.

Durch diese grundsätzliche Aufgabenteilung ist allerdings noch nicht die Frage geklärt, ob und in welchem Ausmaß sich Veranstalter von öffentlichen Großereignissen an *zusätzlichen* Kosten beteiligen, die nur durch die entsprechende Veranstaltung entstehen. Bei jedem Dorffest werden Abgaben fällig: Warum also nicht auch im hochrentablen Profifußball? Vor diesem Hintergrund beschloss im August 2014 der rot-grüne Senat in Bremen, von der DFL die Entschädigung von Polizeieinsätzen bei sogenannten Risikospielen zu fordern. Die Regelung sollte gelten für gewinnorientierte Großveranstaltungen, die zugleich »die Erwartung erheblicher, gewalttätiger Ausschreitungen« mit sich bringen. Durch den damaligen DFL-Präsidenten Rauball wurde schnell eine Gegenposition formuliert:

Der Bremer Alleingang ist mit unseren verfassungsrechtlichen Grundsätzen nicht vereinbar. Die Gewährleistung der öffentlichen Sicherheit ist unabhängig von der Kassenlage der öffentlichen

Haushalte allein Aufgabe des Staates, zumal Fußball-Vereine und -verbände keinesfalls Verursacher oder Veranlasser von Gewalt sind.[47]

Der letzte Nebensatz von Rauballs Einlassung zeigt in ganzer Deutlichkeit die gewissermaßen zweite Ebene der Auseinandersetzung. Es mag stimmen, dass Vereine und Verbände nicht unmittelbar an Gewalttaten beteiligt sind. Aber in Abrede zu stellen, dass die Notwendigkeit für massive Polizeieinsätze wenigstens an manchen Wochenenden etwas mit Vereinen und Verbänden zu tun hätte, grenzt an Realitätsverleugnung.

Zu dieser Strategie passt das Ansinnen der DFL, die Rechte und Pflichten des eingetragenen Vereins einerseits und der GmbH bewusst zu verschleiern. In der Revisionsverhandlung des Streits um die Kostenbeteiligung der DFL an Hochsicherheitsspielen gab der Prozessvertreter der DFL GmbH an, nicht der Veranstalter von Bundesliga-Spielen zu sein: »Wir organisieren nicht die Bundesliga – wir machen nur Ort und Uhrzeit« (zitiert nach *die tageszeitung* 2018). Das Oberverwaltungsgericht Bremen folgte der Argumentation nicht und verurteilte die DFL dazu, sich an den entstehenden Mehrkosten für Hochsicherheitsspiele beteiligen zu müssen, da »die Fußballspiele auch aufgrund der Sicherheitsleistungen der Polizei wirtschaftlich erfolgreich seien« (*Spiegel Online* 2018). Die DFL kündigte sogleich an, in Revision gehen zu wollen.

Dass die Fußballverantwortlichen keinen Spaß kennen,

47 Das Zitat findet sich auf den Presseseiten der DFB-Homepage; siehe {https://www.dfb.de/news/detail/dfl-gegen-bremer-beschluss-alle-juristischen-moeglichkeiten-ausschoepfen-60989/?no_cache=1} (Stand Februar 2018).

wenn es ums Geld geht, zeigte der Streit um die Kostenbeteiligung in Bremen auch auf einer anderen Ebene. Wenige Tage nach der Ankündigung Bremens im Jahr 2014, die Klage auf Kostenbeteiligung tatsächlich anzustrengen, entzog der DFB der Stadt die fest eingeplante Ausrichtung des EM-Qualifikationsspiels gegen Gibraltar (*Weser-Kurier* 2014). Noch Jahre später wurde Bremen trotz ausreichender Qualifikationen bei der Vergabe der Standorte für die geplante EM 2024 nicht berücksichtigt (*Spiegel Online* 2017i).

Der Vorgang zeigt recht eindrücklich, über welche Machthebel die DFL und der DFB verfügen, wenn sich politische Akteure gegen ihre (finanziellen) Interessen stellen. Im Grunde nehmen deren Verantwortliche hier eine ähnliche Position ein wie Vorstände von Banken oder internationalen Konzernen, die mit Abwanderung drohen, wenn sie mit denselben Maßstäben behandelt werden wie der Rest der sie umgebenden Gesellschaft. Und ganz wie in der unternehmerischen Welt können sich Fußballfunktionäre darauf verlassen, dass sich die Verantwortlichen konkurrierender Standorte wenig zimperlich zeigen. Die Stadt Nürnberg sprang schnell als Austragungsort für das Länderspiel gegen Gibraltar ein; über eventuelle Spiele während der EM 2024 freuen sich die Lokalpolitiker in Düsseldorf statt in Bremen.

***

Zusammengefasst lässt sich nun erkennen, dass die innere Struktur des fußballpolitischen Feldes von einer gegenseitigen Abhängigkeit staatlicher Institutionen und fußballerischer Akteure geprägt ist. Die Gründe für diese Abhängigkeit sind in der ausgesprochen hohen Ausstattung der Fußballakteure mit ökonomischem und sozialem Kapital zu suchen – beide Aspekte werden in den nun folgenden Kapiteln 4 und 5 eingehender betrachtet. Aber auch ohne ausführliche Analyse dieser Gründe lässt sich bereits jetzt feststellen, dass der Fußball einige Lehren für unser Verständnis der Balance zwischen Politik und Gesellschaft bereithält.

Nicht nur die Diskussion rund um die Bremer Forderung nach Kostenerstattung für die Polizeieinsätze bei Bundesliga-Partien zeigt, unter welchen Bedingungen der Staat bei seinen Versuchen, Kosten einzusparen, schnell an seine Grenzen stößt. Auch bei den Rundfunkgebühren dürfte eine große Rolle spielen, dass sich die Fernsehanstalten gegenüber ihren Wettbewerbern in einem – wenigstens im Prinzip – freien Markt bewegen. Es sind sozusagen die Verhältnisse, die die Intendanten dazu treiben, bei der Offenlegung ihrer Bilanzen privatwirtschaftliche Usancen anzulegen und Forderungen der Öffentlichkeit nach größerer Transparenz hintenanzustellen.

Und bei der Frage der Gemeinnützigkeit des Fußballs verfügen die sportseitigen Akteure über symbolisches Kapital, auf das die staatsseitigen Akteure nur ungern verzichten. Der Profifußball generiert seinen Unterbau und seine Ressourcen selbst. Zu einer Konstellation, in der ein Bundesinnenminister »mehr Medaillen« anmahnt und diese Forderung mit einer Reform der Strukturen der Sportförderung verknüpft (*Spiegel Online* 2015 a), kann es im Profifußball einfach nicht kommen. Stattdessen können gewählte Politiker eigentlich nur mit Neid auf die Popularität und Sichtbarkeit der wichtigsten sportlichen Akteure blicken.

Das geschilderte Ungleichgewicht gilt indes nur für Normalzeiten, nicht für Krisenlagen. So wie die EU und deutsche Stellen den Finanzsektor nach 2010 durchaus in Teilen zurückstutzen konnten, so können die letztinstanzlichen Inhaber des Gewaltmonopols auch im Feld des Fußballs sehr wohl Zähne zeigen, wenn sie denn wollen. Die Stadt Kaiserslautern wäre durchaus in der Lage, eine Insolvenz des 1. FC Kaiserslautern herbeizuführen. Und natürlich könnten Bund und Länder den öffentlichen Rundfunk zu einer transparenteren Bilanzführung zwingen, was mit einer gewissen Wahrscheinlichkeit das Ende der Bundesliga im Free-TV nach sich ziehen würde. Beides wird aber nicht geschehen, solange sich die Akteure des Fußballs nicht allzu deutlich zum (auch) kommerziellen Aspekt ihres Handelns bekennen, sondern (vermeintliche) Belange des regionalen wie nationalen Gemeinwohls im Munde führen.

Es existiert also eine Art Gleichgewicht, mit dem politisch organisierte Fußballakteure aufeinander bezogen sind. Für beide kommt es darauf an, dass Auswüchse ausbleiben und die geschilderte Imbalance nicht zu einem eigenen Thema wird. Ein hervorragendes, im folgenden Kapitel zu erörterndes Beispiel besteht in der Transparenzoffensive von DFB und DFL nach den Enthüllungen des *Spiegel* rund um die Vergabe der »Sommermärchen«-WM. In ihren Hochglanzbroschüren stellen DFB und DFL das Offenlegen ihrer finanziellen Binnenstrukturen als Akt gesellschaftlicher Verantwortung dar. Tatsächlich haben sie wohl die Reißleine gezogen, um das Wohlwollen des Staates in anderen Bereichen nicht zu gefährden.

Wenn wir uns von der Empirie ab- und dem Bourdieu'schen Analyserahmen zuwenden, eröffnet sich ein gewisses Muster der Staat-Fußball-Beziehungen. Vereine sind entsprechend ihres jeweiligen Wertes in der Lage, *unter-schiedliche* Sorten von Kapital zu akkumulieren. Die Ausstattung mit sozialem Kapital wird durch Zuschauerzulauf bestimmt und durch Anhängerschaft an anderen Orten als im Stadion, z.B. in den sozialen Medien. Die Höhe der ökonomischen Kapitalausstattung bestimmt sich über Fremdeinnahmen im Zusammenhang mit Werbe- und Ausrüsterverträgen, über Eintrittspreise, die Vermarktung von Stadionrechten, die Höhe von TV-Einnahmen seitens privater Fernsehsender und nicht zuletzt durch Prämien in der Europa League und der Champions League. Politisches Kapital schließlich lässt sich daran bemessen, in welchem Umfang einem Verein direkte oder indirekte Begünstigungen zugutegekommen sind, z.B. in Form von Steuerermäßigungen, öffentlich-rechtlichen Ausgaben für TV-Einnahmen und öffentlichen Beihilfen beim Stadionbau.

Natürlich überlappen sich die Kapitalsorten bei Bourdieu und weisen eine Tendenz zur Kovarianz auf: Je höher die Ausstattung an sozialem Kapital, desto höher wahrscheinlich auch der Marktwert. Entscheidend für unseren Zusammenhang ist aber etwas anderes. Die Abhängigkeit eines Vereins von den politischen Ressourcen sinkt, wenn seine Beliebtheit und sein Marktwert hoch sind. Der FC Bayern und Borussia Dortmund, die in den letzten Jahren immer in einem der beiden großen europäischen Wettbewerbe gespielt und häufig die Gruppenphase überstanden haben, sind dank ihrer internationalen Einnahmen auf TV-Gelder aus dem nationalen Markt nicht mehr existenziell angewiesen. Zudem operieren sie insgesamt in einem derart professionalisierten (und entnationalisierten) Umfeld, dass Fragen der Gemeinnützigkeit ihrer Tätigkeiten nicht mehr im Vordergrund der Geschäftsstrategie stehen. Diese Vereine verfügen daher über die Option, sich ganz überwiegend auf ihr ökonomisches Kapital zu verlassen. Wie am Beispiel von Borussia Dortmund geradezu mustergültig zu sehen ist, birgt diese Strategie nicht nur Segnungen – vielmehr setzt sie einen gesellschaftlichen Verein solchen Risiken aus, die eigentlich für Unternehmen gedacht sind. Zu viel »echte Liebe« kann hier schneller an den Rand des Abgrunds führen, als sich das ehrenamtliche Vereinsvorsitzende vorstellen können.

Andere Vereine dagegen, deren Ansprüche mit dem eigentlich vorhandenen sozialen und ökonomischen Kapital nicht zu decken sind, geraten in Probleme, wenn ihnen politische Ressourcen versagt werden. Nils Havemann hat dies an den Beispielen von Hertha BSC Berlin, dem 1. FC Nürnberg, TSV 1860 München und dem FC Schalke 04 ausführlich erörtert (Havemann 2013). In jüngeren Jahren sind zusätzlich der 1. FC Kaiserslautern mit seinen verfehlten Finanzierungsmodellen sowie der Hamburger SV zu nennen. Es entbehrt nicht einer gewissen Ironie, dass dem letztgenannten Verein für den Betrag von einem Euro eine Immobilie überlassen wurde, die den Namen einer quasiöffentlichen Bank trägt, die ihre Bilanzen mit Immobilienkrediten aus der ganzen Welt aufzuhübschen versucht hatte, die sich später als toxisch entpuppten.[48]

Die Modelle unterscheiden sich in ihren Gefahren vor

---

48 Die HSH-Nordbank ist aus einer Fusion der ehemaligen Landesbanken Hamburgs und Schleswig-Holsteins hervorgegangen und gehört bis heute zu über 90 Prozent öffentlichen oder quasiöffentlichen Körperschaften. Im Februar 2018 wurde sie an amerikanische Finanzinvestoren verkauft; siehe Wikipedia DE (2018r).

allem hinsichtlich der Risiken. Die auskapitalisierten Vereine sind letztlich auf Manager angewiesen, die die leidenschaftlichen Eigenschaften des Fußballs in entscheidenden Momenten zurückstellen können. Risiken bestehen hier darin, den faktischen Vorrang des ökonomischen Kapitals nicht zu akzeptieren – und eine besondere Aufgabe besteht dann für die Vereinsverantwortlichen darin, diesen Zusammenhang rhetorisch zu verdecken.

Die Vereine dagegen, die auf die Umwandlung ihres politischen Kapitals in materielle Ressourcen angewiesen sind, müssen auf Personen setzen, die zwischen der ökonomischen und der politischen Sphäre zu vermitteln in der Lage sind – ein besonders herausstechendes Beispiel ist der Aufsichtsratsvorsitzende der Hannover 96 GmbH & Co. KGaA, Gerhard Schröder.[49] Hier besteht die Herausforderung eher darin, für den Verein eine städtische und regionale Identität zu konstruieren, die neben politischen und gemeinschaftlichen auch ökonomische Akteure umfasst.

So oder so wird jedoch deutlich, dass sich die Akteure des Fußballs eine Position haben erarbeiten können, in der sie über wesentlich mehr Autonomie gegenüber politischen Akteuren verfügen, als dies in anderen Sportarten oder vielen anderen gesellschaftlichen Bereichen der Fall ist. Die Ausstattung mit positiven Identifikationsmerkmalen sowie finanziellen Ressourcen ist so hoch, dass sich der Staat nicht mehr in der Position befindet, gesellschaft-

---

49 Merkwürdigerweise schreiben selbst informierte Medien immer wieder, Gerhard Schröder übe seine Funktion beim »Verein Hannover 96« aus, z.B. die *Frankfurter Allgemeine Zeitung* (2017c). Tatsächlich ist Schröder nicht Aufsichtsratsvorsitzender des Vereins, sondern der ausgegliederten Kapitalgesellschaft, die für den Profifußball verantwortlich ist.

lichen Akteuren die Normen des Handelns vorzugeben. Eine Hierarchie zwischen dem Staat auf der einen und den Fußballvereinen und -verbänden auf der anderen Seite ist nicht zu entdecken.

In der Floskel von der »Autonomie des Sports« verbirgt sich damit ein Anspruch, der in der Spätmoderne immer häufiger gegenüber dem Staat gepflegt wird: Während er als Rahmengeber und eine Art Dienstleister für gesellschaftliche Sicherheit durchaus gefragt ist, werden staatliche Ansprüche an Mitwirkung und Teilhabe nur noch teilweise akzeptiert und im Gegenteil dann zurückgewiesen, wenn sie als direkte Kosten sichtbar werden. Damit ist es nun an der Zeit, uns der ökonomischen Sphäre im Feld des Fußballs etwas genauer zuzuwenden.

# 4. Fußballpolitik und Kommerz: Gemeinwohlorientierung des Fußballs auf dem Prüfstand

Im April 2013 wurde öffentlich, dass der langjährige Manager und spätere Präsident des FC Bayern München, Uli Hoeneß, Steuern in Millionenhöhe hinterzogen hatte. Geschehen war dies über ein Nummernkonto in der Schweiz, auf das sich Hoeneß nicht nur eigenes Kapital, sondern darüber hinaus erhebliche Mittel von Robert Louis-Dreyfus, dem zeitweiligen Vorstandsvorsitzenden von Adidas, transferieren ließ.

Hoeneß hatte sich in den Jahren zuvor häufiger mit erhobenem moralischen Zeigefinger zu ethisch-staatsbürgerlichen Fragen geäußert. Vielleicht mehr dadurch als durch die Steuerhinterziehung an sich wurde seine Glaubwürdigkeit schwer erschüttert – insbesondere weil seine Selbstanzeige erst erfolgte, als ein Steuerabkommen mit der Schweiz, das großzügige Straferlässe vorsah, nicht zustande kam (*Spiegel Online* 2013c).

Auch in der übrigen Führungsriege des FC Bayern sind Verfehlungen durchaus keine Einzelfälle. Der Vorstandsvorsitzende der FC Bayern AG, Karl-Heinz Rummenigge, versuchte im Jahr 2013, zwei Uhren im Wert von insgesamt 100 000 Euro am Zoll vorbeizuschmuggeln, woraufhin er mit einer Strafe von ca. 250 000 Euro belegt wurde und damit als vorbestraft gilt (*Spiegel Online* 2013b). Und die Liste der Vorwürfe gegen Franz Beckenbauer, den langjährigen Präsidenten des FC Bayern München e.V., kann sich ebenfalls sehen lassen. Er fädelte als Chef des Organisationskomitees für die WM 2006 mutmaßlich einen

Stimmenkauf an Jack Warner (den Präsidenten der mittel-, und nordamerikanischen sowie karibischen Fußballföderation) ein und nahm verdeckte Zahlungen in Millionenhöhe von der Fifa an. Beckenbauer war seinerzeit im Exekutivkomitee der Fifa und damit zentral am skandalumwobenen Verfahren beteiligt (Blake/Calvert 2015).

Wie sind diese Vorfälle beim FC Bayern politisch einzuordnen? Als »sehr gutes Beispiel für seriöse und solide Finanzpolitik«, wie Karl-Heinz Rummenigge als Vorstandsvorsitzender der FC Bayern München AG seinen Verein in jüngerer Vergangenheit anpries?[50] Stehen sie stellvertretend für den Kommerz und die Gier, die den modernen Fußball erfasst haben und der – so eine häufig zu hörende Diagnose – »drauf und dran [ist], seine Basis zu verprellen« (Ruf 2017, S. 177)?

Haben die drei Personen, die absolute Spitzenspieler und Topverdiener waren sowie als langjährige Funktionäre Macht ausüben konnten, den Sinn für die Verhältnisse verloren und meinen daher, nicht länger an gesellschaftlichen Anstand und staatliche Gesetze gebunden zu sein? Oder sollten wir sie eher als private Ausrutscher ansehen, die mit dem großen Ganzen wenig zu tun haben?

Auf Letzteres werde ich in diesem Kapitel jedenfalls nicht schließen. Dagegen spricht nicht nur die Häufung der Delikte, sondern vor allem der Umgang mit ihnen. Franz Beckenbauer etwa äußert sich nicht zu den Vorwür-

---

50 Siehe die Meldung »FC Bayern stellt neue finanzielle Bestmarken auf« vom 21.10.2017 auf Homepage des Vereins {https://fcbayern.com/de/news/2017/10/pressemitteilung-fc-bayern-stellt-neue-finanzielle-bestmarken-auf} (Stand Februar 2018).

fen und nährt damit die Vermutung, dass er sie als fundamental ungerecht ansieht. Anlass dazu gibt auch, dass er sich weigerte, Auskunft über Unregelmäßigkeiten während seiner Zeit im Fifa-Exekutivkomitee zu geben; selbst eine Strafe der Fifa-Ethikkommission schreckte ihn nicht (*Frankfurter Allgemeine Zeitung* 2014a). Ähnlich sieht es Uli Hoeneß, der den investigativen Ansatz der Medien zur Person Franz Beckenbauer als »Riesenschweinerei« ansieht – ganz als ob Beckenbauer als Privatperson und nicht als Funktionär eines Verbands in einer Demokratie gehandelt hätte.[51] Uli Hoeneß offenbart zudem im Hinblick auf seine eigenen Steuervergehen eine selektive Sichtweise: »Ein Freispruch wäre völlig normal gewesen« (*Spiegel Online* 2017e).

Ebenso denkwürdig wie die Selbsteinschätzungen der Beschuldigten sind die Reaktionen des Publikums. Den besten Einblick geben einige Videos von Versammlungen des FC Bayern München e.V. in den Jahren 2013 und 2014. Zum ersteren Zeitpunkt war die Anklage gegen Uli Hoeneß wegen Steuerhinterziehung bereits seit einigen Monaten auf den Weg gebracht. Hoeneß hatte bei mehreren Gelegenheiten angeboten, von seiner Funktion als Vereinspräsident zurückzutreten. Auf der Jahreshauptversammlung im November 2013 jubelten ihm jedoch die etwa 3500 anwesenden Vereinsmitglieder, darunter viele örtliche Honoratioren aus Wirtschaft und Politik, vorbehaltlos zu. Während einer Rede von Karl-Heinz Rummenigge verlor Hoeneß die Fassung. Ihm kamen zwei Minuten lang die

---

51 Das Zitat von Hoeneß entstammt dem ARD-Dokumentarfilm *Franz Beckenbauer – der Fall des Kaisers*, ausgestrahlt am 19.12.2017, Minute 29:30.

Tränen, während die Mitglieder aufstanden und ihn am Ende mit Sprechchören feierten.

Nachdem er einige Monate später, im März 2014, zu einer Freiheitsstrafe von drei Jahren und sechs Monaten verurteilt worden war und nicht in Revision gegangen war, legte Hoeneß seine Ämter beim FC Bayern nieder. Eine außerordentliche Mitgliederversammlung des Vereins fand in der Person von Karl Hopfner einen Nachfolger für den Vereinsvorsitz. Die Videoaufzeichnung der Versammlung ist ein zeitgeschichtliches Dokument der patriarchalen Sukzession im deutschen Vereinswesen.[52]

Hopfner hob das »Lebenswerk« von Hoeneß hervor und vermied, den Grund für die vorzeitige Wahl des Vorsitzes allzu eindringlich zu thematisieren. Er sprach von »Verfehlungen im privaten Bereich« und leitete bereits im nächsten Satz zur »oft nicht mehr akzeptablen […] Ausschlachtung« dieser Verfehlungen durch die Medien über. Hopfner kritisierte die Öffentlichkeitsarbeit des zuständigen Gerichts und merkte an, politische Entscheidungsträger hätten eingreifen müssen: »Auch im Falle eines Uli Hoeneß gilt: Die Würde eines Menschen darf nicht missachtet werden.« Im Anschluss bekam Hoeneß selbst das Wort. Die Vereinsmitglieder erhoben sich zu seinen Ehren zu einem minutenlangen Applaus, den der Geehrte dankbar entgegennahm und dann ausführte (vgl. *Süddeutsche Zeitung* 2014):

Das wird jetzt eine schwere Rede. Zunächst einmal, lieber Karl [Hopfner], vielen Dank für deine einfühlsamen Worte. Sie haben gut getan, wie mir eben alles gut tut, was vonseiten des Clubs, der

---

52 Die Aufzeichnung ist auf YouTube verfügbar: {https://www. youtube.com/watch?v=wVI66SLıbiY} (Stand Februar 2018).

Mitglieder, vieler Fans seit Monaten an mich und meine Familie herangetragen wird […]. Viele sagen, Uli Hoeneß hat mit seinem Fehler sein Lebenswerk zerstört. Ich sehe das nicht so. Mein Lebenswerk ist aufgebaut auf drei Fundamenten. Das erste ist die Familie. Diese Familie hat sich in diesen 14 Monaten in einer Art und Weise bewährt, besser geht es nicht, das war unglaublich. Wir sind noch mehr zusammengewachsen, wir sind ein Bollwerk, es ist eine unglaubliche Erkenntnis, dass man innerhalb einer Familie so stark sein kann. […] Das zweite Standbein ist die Firma, die immer das Lebenselixier unserer Familie war. Das Geld, das ich im Fußball verdient hatte und auch durch Spekulationen verdient und danach verloren habe, war nie Basis unserer Familie. Das war immer die Firma. Die läuft.

[…]

Das dritte Standbein, das seid ihr, das ist der FC Bayern, das ist ein Traum. Wenn ich den FC Bayern irgendwann hätte malen müssen […], dann hätte ich ihn so gemalt, wie er sich jetzt darstellt, den FC Bayern als große Familie, der FC Bayern demnächst als größter und mitgliederstärkster Verein der Welt, in dem die Mitglieder wirklich etwas zu sagen haben. Wir wollten kein Moloch sein, der die Mitglieder fremdbestimmt und vor vollendete Tatsachen stellt. Wenn ich jetzt gehe, dann gehe ich mit ruhigem Gewissen.

[…]

Ich habe in den letzten Monaten etwas an mir entdeckt, was ich nie hatte: Hass! Hass ist nicht gut! Hass ist kein guter Ratgeber! Hass ist kein Wegbegleiter, und ich hoffe, dass ich in den nächsten Monaten dazu komme, dieses Wort wieder aus meinem Kopf rauszubringen. Ich werde mich sehr darum bemühen. Was viele Leute mit meiner Familie und mir angestellt haben, ohne uns zu kennen, die meisten Journalisten, die darüber berichtet haben, hatten mich noch nie im Leben gesehen. Es werden fünf Bücher über mich geschrieben, alle diese Leute haben mit mir kein Wort gewechselt. Es wird nicht darum gehen, dass man informieren will, nein, man will Kohle verdienen – und das ist frevelhaft […]. Und dann, wenn ich zurück bin, werde ich mich nicht zur Ruhe setzen. Das war's noch nicht! Eines muss ich ganz klar sagen. Ich mache mir um diesen Verein überhaupt keine Sorgen […]. Und ich hoffe sehr, wenn ich zurück bin, wenn dieses Trauma für mich zu Ende ist, dass wir uns in aller Gesundheit wiedersehen. Vielen Dank.

Hoeneß' Einlassung trägt nicht nur wegen des inneren Dramas einen filmreifen Charakter. Schon die Nennung seines Namens zu Beginn der Veranstaltung hatte einen Jubelsturm im Saal ausgelöst. Seine Ansprache wurde vielfach von Applaus und zustimmenden Zwischenrufen unterbrochen, an ihrem Ende gab es erneut Sprechchöre. Auf der Rückkehr zu seinem Platz wurde Hoeneß kurz von Edmund Stoiber, dem ehemaligen Ministerpräsidenten von Bayern, Mitglied des Aufsichtsrats der FC Bayern München AG und Vorsitzenden des Verwaltungsbeirats des FC Bayern München e.V., umarmt. Anschließend spendeten die Mitglieder erneut und stehend minutenlangen Applaus.

Wenn wir den Vorfall einzuordnen versuchen, dann lassen sich mehrere Bedeutungswelten unterscheiden, innerhalb derer sich eine Reihe von Akteuren bewegen. Innerhalb der »Familie« des FC Bayern scheint man sich darauf geeinigt zu haben, die Leistungen des Spielers, Managers und Vereinspräsidenten in den Vordergrund zu stellen und seinen Klagen über Anfeindungen mit Empathie zu begegnen. In scharfem Kontrast dazu stehen die ablehnenden Kommentare, die Hoeneß offenbar selbst erreicht haben und die z. B. als Kommentare zu den genannten YouTube-Videos bis heute der Öffentlichkeit zugänglich sind. Hier manifestieren sich sachlich-ablehnende Hinweise, aber auch zahlreiche Kommentare nach dem Motto »ja genau, gerade der heult das fette verbrecherschwein«.[53]

---

[53] So lautete nur einer der Kommentare zu dem YouTube-Clip »Uli Hoeneß weint auf der Jahreshauptversammlung 2013 des FC Bayern München«; siehe {https://www.youtube.com/watch?v=KiLeihJY010} (Stand Februar 2018).

Der Deutungsrahmen erstreckt sich allerdings nicht nur auf private und menschliche Belange. Auf den genannten Versammlungen und in der öffentlichen Debatte der damaligen Jahre, wird Hoeneß' menschliche Schwäche in Kontrast zu seinen sportlichen und wirtschaftlichen Erfolgen gesetzt. Nicht nur die vielen Titel, sondern die kaufmännischen Errungenschaften wie die strategische Suche nach Investoren, der Bau des neuen Stadions und die Schuldenfreiheit prägen das Bild. Seine Fassung verliert Hoeneß im Herbst 2013 in dem Augenblick, als mit Rummenigge nicht nur sein erklärter »Freund«, sondern gleichzeitig der Vorsitzende der FC Bayern München AG die Erfolgszahlen des vorangegangenen Geschäftsjahrs präsentiert. Die Gemeinschaft, innerhalb derer sich Uli Hoeneß geborgen fühlt, ist *wegen ihres ökonomischen Fundaments* stabil und Trost spendend.

In der geschilderten Episode zeigen sich die Dimensionen der Verwirtschaftlichung des deutschen (und des europäischen) Fußballs wie unter einem Brennglas. Auf der einen Seite stehen Individuen mit sportlicher und wirtschaftlicher Verantwortung, die im Fokus der Öffentlichkeit erhebliche Beträge umsetzen. Ihr Agieren entscheidet über Erfolg und Misserfolg, der sich allerdings nicht nur in Pokalen und Vereinsbilanzen niederschlägt, sondern darüber hinaus gemeinschaftsbildend wirkt – und zwar in einem Maße, wie wir es aus wenigen anderen gesellschaftlichen Bereichen kennen.

Die Fußballwelt verfügt aber offenbar über ihre Schattenseiten, wenn die Erträge des erfolgreichen Wirtschaftsmodells eingesetzt werden.[54] Nicht nur ragt das Motiv der

54 Uli Hoeneß ist, wie er in seiner zitierten Rede andeutet, auch als

Gier hervor, worauf Hoeneß' Spielsucht und Rummenigges Zollbetrug hindeuten. Mitunter fehlt darüber hinaus die Demut, wenn fußballfremde Instanzen aus Politik, Justiz oder Medien dann als illegitim dargestellt werden, wenn sie den partikularen Interessen einzelner Akteure oder Vereine zuwiderlaufen.

Wenn ich mich im Folgenden an einer Analyse der ökonomischen Gegebenheiten des (deutschen) Fußballs versuche, sollen diese vielschichtigen Implikationen der ökonomischen Kapitalisierung des Fußballs mit in den Blick kommen. Dafür benötigt es einen Ansatz, der über das Weltbild des Homo oeconomicus – das die meisten ökonomischen Analysen des Fußballs prägt – hinausgeht.

Ich knüpfe daher erneut an den biopolitischen Ansatz an, den Michel Foucault Ende der siebziger Jahre in einigen Vorlesungen am Collège de France in Paris entwickelte (Foucault 2006). »Biopolitik« bezeichnet bei Foucault eine »historisch spezifische, [...] zunehmend demokratische Politisierung und zugleich eine kapitalistische Inwertsetzung von Lebensweisen, die in okzidental-modernen Regierungstechniken entstehen« (Lorey et al. 2012, S. 188). Von diesem Ansatz erhoffe ich mir, das machtausübende Element der ökonomisch bedeutsamen Akteure im Feld des Fußballs einfangen zu können. Dabei geht es mir notabene nicht darum, die gesamte Analyse unter den

Unternehmer (Produktion von Wurstwaren) erfolgreich. Insofern erscheint sein Hinweis korrekt, er habe für seine Börsenspekulationen private Mittel eingesetzt und dem FC Bayern oder dem Fußball insgesamt keinen konkreten Schaden zugefügt. Für ein umfassendes Porträt der vielschichtigen Person Uli Hoeneß, die unter anderem einen Flugzeugabsturz überlebte; siehe Bausenwein (2014).

Leitstern Foucault'scher Prämissen zu setzen. Attraktiv sind Begriff und Ansatz der Biopolitik, weil Politik, Ökonomie und Lebenswelt unmittelbar einleuchtend in einen gemeinsamen Bezug gesetzt werden.

Vor allem aber liefert der biopolitische Ansatz die einschlägige Blaupause für die Denkhaltung, die eine schleichende Durchdringung von Diskursen und Praktiken durch ökonomische Prämissen beinhaltet: den Neoliberalismus. Bereits in Kapitel 2 habe ich ausgiebig erörtert, wie die sportlichen Akteure im Feld des Fußballs sich dem Leistungsparadigma verschrieben haben und sich zugleich ihrem inneren Willen und den äußeren Erwartungen unterwerfen, um im und mit dem Fußball Erfolg zu haben. Eine analoge Konstellation zeigt sich, wie ich in Kapitel 3 argumentiert habe, ebenfalls auf der nächsthöheren Ebene der Vereine und Verbände. Hier beherrschen neoliberale Elemente das Feld in dem Sinne, dass »eine Ordnung normativer Vernunft […] an Einfluss gewinnt, die Form einer Regierungsrationalität annimmt und eine bestimmte Formulierung ökonomischer Werte, Praktiken und Metriken auf jede Dimension des menschlichen Lebens ausdehnt« (Brown 2015, S. 32).

Bevor ich die ökonomische Seite des Fußballs ausführlicher untersuche, sei mir allerdings ein Vorgriff auf die These dieses sowie des folgenden Kapitels erlaubt. Sie läuft darauf hinaus, dass die Erzählung des Neoliberalismus zwar auf der einen Seite weite Teile des ökonomischen Geschehens einzufangen in der Lage ist. Die Entwicklung des professionellen Fußballs ist in den letzten Jahrzehnten untrennbar mit dessen Ökonomisierung verbunden, die aus Vereinen Kapitalgesellschaften gemacht und einen vormals kritischen Journalismus in eine durch »TV-Gelder«

finanzierte Hofberichterstattung verwandelt hat. Die neoliberale Verwirtschaftlichung ist dabei zugleich Ergebnis und Voraussetzung eines vormals »populären« Spiels, das mittlerweile fast nur noch in Bestleistungen, Benotungen, Verkaufswerten von humankapitalisierten Spielern, Benchmarks und anderen vermeintlich objektivierten Erfolgskriterien gemessen wird.

Auf der anderen Seite sollte nicht übersehen werden, dass das neoliberale Denken im Feld des Fußballs durch einen kräftigen Gegendiskurs herausgefordert wird. Dieser besteht nicht nur in jener Kommerzkritik, auf die ich schon mehrmals hingewiesen habe und auf die weiter unten (Kap. 5) noch ausführlicher einzugehen sein wird. Er äußert sich außerdem in einer ästhetischen Dimension, in der die Ideale des Gemeinsamen hochgehalten werden. Immer wieder scheint die Gemeinschaft von Mannschaften und Vereinen als nicht eingelöstes Versprechen auf und verhindert widerborstig die vollständige Maschinisierung des Spiels. Diese, und das ist die Pointe dieses Kapitels, äußert sich nicht nur auf der Seite des Gegendiskurses. Im Gegenteil: Der vollständigen Neoliberalisierung von Vereinen und Verbänden steht eine mächtige immaterielle Kraft entgegen, die sich aus den imaginierten Familien des Fußballs selbst nährt. Hier werden genau jene Sünder aufgenommen und geläutert, die sich an Verheißungen des totalen Erfolgs die Finger verbrannt haben.

## Vereine und DFL: Professionalisierung der Finanzierungsstrukturen

Die wichtigsten Entwicklungen hinsichtlich der ökonomischen Verfasstheit des Fußballfeldes in Deutschland lassen sich nach Phasen gliedern. Die Jahre bis zur Saison 1963/64 waren formal vom Amateurfußball geprägt, der allerdings schon lange zuvor mühsam als Fassade aufrechterhalten werden musste. Die Spieler waren zwar formal bei Unternehmen oder bisweilen bei Stadtverwaltungen angestellt, mussten dort jedoch nicht ihrer eigentlichen Arbeit nachgehen. Sie hatten dies auch nicht nötig, da sie verdeckte Zahlungen erhielten, die deutlich über den durchschnittlichen Angestelltengehältern lagen. Diese Form des Sponsoring spielte sich damit häufig jenseits der Grenzen der Legalität ab und hatte aus Sicht der Sponsoren wie auch der Vereine den Nachteil, als heimlich ausgezählte Prämien in den Taschen der Spieler zu landen, ohne weiteren wirtschaftlichen Nutzen zu entfalten.

Nach der Gründung der Bundesliga im Jahr 1963 wandelte sich der Geschäftsbetrieb beträchtlich (vgl. Havemann 2013). Die Vereine richteten Lizenzspielerabteilungen ein, innerhalb derer betriebliche Grundsätze galten, aber es wurde nicht angezweifelt, dass diese neuen Bereiche in (gemeinnützigen) Sport- oder Fußballvereinen verwurzelt waren. Über die Jahre wandelten sich allerdings die Anforderungen an die Geschäftsstellen, z. B. durch eine immer weitere Ausdehnung der Werbung, den Beginn von vergüteten Fernsehübertragungen und das steigende Volumen von Spielertransfers. Insgesamt wurden die Spieler immer mobiler, so dass die Zusammensetzung von Spielerkadern in immer kurzfristigeren Horizonten stattfand. An die Stelle von Mannschaften, die sich aus regional rekrutierten und ihren Vereinen langjährig verbundenen Spielern zusammensetzten, trat der Vereinswechsel aus Prinzip: »Ein Markt war entstanden, auf dem solide Profifußballer von Schalke nach Duisburg, von Duisburg nach Hamburg und von Norwegen oder Belgien in die Bundesliga verkauft wurden« (Reng 2013, S. 245).

Erst in diesem Kontext entstand das Tätigkeitsprofil von Fußballmanagern, die – am besten mit einem dichten nationalen und internationalen Netzwerk ausgestattet – Mannschaften zusammenstellten und hierfür die nötigen ökonomischen Grundlagen schaffen mussten. Dass dafür sportliche und wirtschaftliche Kompetenzen zusammenfließen mussten, zeigen die Karrieren der erfolgreichsten Manager. Uli Hoeneß baute mit seinem betriebswirtschaftlichen Wissen, das er als freier Unternehmer gewonnen hatte, die Instrumente des Marketings und der strategischen Sponsorensuche systematisch aus (Bausenwein 2014, Kap. 3-7). Günter Netzer stieg nach dem Ende seiner Tätigkeit als Manager des Hamburger SV in das Geschäft mit der Vermarktung von Medienrechten im Fußball ein; als Inhaber einer Diskothek hatte er sich schon während seiner aktiven Laufbahn unternehmerisch betätigt (Netzer 2009). Klaus Allofs optimierte einige Zeit seine Fähigkeiten als gelernter Versicherungskaufmann, um auf der Basis von Wertsteigerungen wichtiger Spieler wie Johan Micoud, Miroslav Klose oder Per Mertesacker in Bremen eine Spitzenmannschaft zu formen. Und vergessen wir nicht, dass Oliver Bierhoff als Manager der Nationalmannschaft zwar 26 Semester studiert hat, sein Stu-

dium aber ernsthaft betrieb und als diplomierter Betriebs-
wirt abschloss.[55]

Mit den genannten Personen und Vereinen hatte sich
die Bundesliga erheblich in Richtung einer allgemeinen
Vermarktung bewegt. Umso drängender wurde die Frage,
wie im Spitzenfußball das Verhältnis von regionaler Er-
dung und kommerziellem Potenzial beschaffen sein sollte. Beantwortet wurde sie mit einer weiteren Professionalisierung des Feldes, die sich nach dem Bosman-Urteil von
1995 indes plötzlich nicht mehr in einem überwiegend nationalen Rahmen abspielte. Bis (ungefähr) zu diesem Zeitpunkt konnten Gegengewichte zur Ökonomisierung des
Fußballs national gesetzt oder wenigstens imaginiert werden. In Städten wie Nürnberg, Gelsenkirchen, Kaiserslautern, Duisburg oder Köln, in denen sich im deutschen
Nachkriegsfußball Spitzenmannschaften etabliert hatten,
hatten beim Abebben der jeweiligen Erfolgsphase weiterhin regional geerdete Mannschaften gestanden. Zentrale
Spieler wie die Walter-Brüder (Kaiserslautern), Wolfgang
Overath (Köln), Manfred Kaltz (Hamburg) oder Bernhard
Dietz (Duisburg) verließen ihre Vereine erst mit dem Kar-
riereende oder dem Abstieg aus der Bundesliga.

Insofern stand die sukzessive Beschleunigung durch den
Kommerz durchaus noch in einem Kontrast zu Symbolen
der Beständigkeit. Während auf der einen Seite Gewinn-
sucht und Größenwahn zunahmen, fanden sich auf der

---

55 Bereits bei seinen Stationen als Spieler in Ascoli, Udine und Mailand hatte es Bierhoff offenbar darauf angelegt, einen Sicher-
heitsabstand zu Bologna zu wahren; siehe Wikipedia DE (2018x)
sowie das kurze Porträt auf der Homepage der Fernuni Hagen
{http://www.fernuni-hagen.de/universitaet/stimmen/bierhoff.
shtml} (Stand Februar 2018).

anderen Seite Lichtfiguren des Bodenständigen. Erst vor diesem Hintergrund ist die ungemeine Popularität etwa von Fritz Walter und später Uwe Seeler zu erklären – Spielern, die ihren Heimatvereinen treu blieben, ein einfaches Arbeitsethos pflegten und so (vermeintlich) die Bindung zur Mehrheitsgesellschaft nicht verloren (Havemann 2013, S. 112-123). Durch Walter und Seeler, aber auch durch die anderen genannten Spieler, brach sich ein öffentliches »Bedürfnis nach möglichst geringen sozialen Unterschieden« (ebd., S. 124) Bahn, von dem sich der Bundesliga-Fußball allerdings mit der Zeit immer weiter wegentwickelte.

In der alten Bundesrepublik lässt sich daher von einem *Nebeneinander* von ökonomisiertem Leistungsprinzip und regional inspirierter Gemeinschaftssehnsucht sprechen. Zwar sehnte sich das Publikum »zur Befriedigung seiner Identifikationsbedürfnisse nach einem reinen Kulturgut Fußball frei von kommerziellen Einflüssen« (ebd., S. 528). Zugleich sprechen aber der ab den achtziger Jahren einsetzende Zuschauerboom und die zunehmende Bedeutung des Fußballs in Rundfunk und Fernsehen dafür, dass das Leistungsprinzip akzeptiert wurde und mit ihm die Idee, den Fußball als Geschäft anzusehen, in dem Wettbewerbsfähigkeit zentral ist. Die innere Verbindung von sportlichem Erfolg und dem zunehmenden Gewicht kaufmännischer Prinzipien in der Bundesliga wurde weitgehend akzeptiert, vermeintliche Auswüchse wie schwerreiche Jungfußballer und betrügerische Verwerfungen zu Zeiten des Bundesliga-Skandals heftig abgelehnt.

Es erscheint nun allerdings verfehlt, den Übergang zum »offenen Kommerz« (ebd., S. 478) in den neunziger Jahren allein am Bosman-Urteil festzumachen. Die Macht der

Spieler, ihre Ansprüche an Bezahlung und sportlichen Erfolg immer kurzfristiger auszurichten, hatte sich schon innerhalb der Bundesliga durchgesetzt und man darf nicht vergessen, dass es auch vor Bosman Regeln gegeben hatte, die ausländischen Spielern Vereinswechsel erlaubten – nur eben in geringerem Umfang. Zudem orientierten sich die Akteure immer stärker an Praktiken und am Vokabular des Wirtschaftslebens. Im Jahr 1990, kurz nach dem Gewinn der Weltmeisterschaft, äußerte der DFB-Präsident Egidius Braun, man habe »das Bestreben, einen so guten Weltrang zu bekommen wie Mercedes Benz« (Eisenberg 1997a, S. 120). Der Vorsitzende von Bayer Leverkusen, Gert-Achim Fischer, sah keine »Schmerzgrenze«, wenn es um die Ablösesumme eines Spielers ging: »Wir haben grundsätzlich keine Schmerzen, wir haben Aspirin« (zitiert nach Redelings 2012, S. 271). Der Wille, wirtschaftliches Potenzial rücksichtslos einzusetzen, zeigte sich auch am Ausverkauf der DDR-Liga, an dem sich die meisten Bundesligisten ohne Skrupel beteiligten.

Man könnte Dutzende weitere Beispiele anführen, mit denen sich ein immer stärkeres Einsickern ökonomischer Werte, Praktiken und Metriken auf jede Dimension des Fußballs belegen ließe. Einen zentralen Kulminationspunkt stellte wohl das Engagement von Jürgen Klinsmann als Trainer der Nationalmannschaft ab 2004 dar. Er wurde nach der aus deutscher Sicht missglückten Europameisterschaft in Portugal engagiert und machte gleich zu Beginn deutlich, dass er ein Umkrempeln auch der verbandlichen Strukturen des DFB als Grundlage für den künftigen Erfolg ansah (*Spiegel Online* 2004b). Klinsmann bezeichnete sein Wirken von Anfang an als »Projekt« im Hinblick auf die Heimweltmeisterschaft 2006 und meinte damit ein am Erfolg zu messendes zeitlich begrenztes Engagement. Dies gelang ihm so erfolgreich, dass das »Klinsmann-Projekt« seit etwa 2008 zum festen Begriff im betriebswirtschaftlichen Change Management geworden ist (Jenewien 2008).

Schon vorher hatte sich aber in Deutschland ein Bruch zwischen dem landsmannschaftlich und überwiegend ehrenamtlich organisierten DFB und den Vereinen des Profifußballs aufgetan. Im aufziehenden Zeitalter des Finanzkapitalismus sahen die Vereine ein enormes wettbewerbliches Potenzial in einer kapitalbasierten Wirtschaftsweise. Nachdem, wie wir im letzten Kapitel gesehen haben, die verdeckte Finanzierung durch den Staat an ihre Grenzen gestoßen war, drängte sich die Kapitalisierung über Aktien gewissermaßen von selbst auf. Der Fußball vollzog damit analog zur Gesamtwirtschaft den Schritt von der »Krise des Steuerstaats« zum »Schuldenstaat« (Streeck 2011 und 2013) und hatte es – nebenbei gesagt – fortan auch mit einer kräftigen Ausdehnung der fußballspezifischen Geldmenge zu tun. Wo in den Zentren der allgemeinen Schuldenpolitik die Immobilienpreise explodierten, vervielfachten sich im Fußball die Spielergehälter.

Formal spiegelte sich der Wunsch der Vereine nach erweiterten Finanzierungsmöglichkeiten in einer Statutenänderung des DFB im Jahr 1998 wider, die es neben eingetragenen Vereinen nun auch kapitalbasierten Organisationsformen gestattete, an der Bundesliga teilzunehmen (vgl., auch für das Folgende, *Tagesspiegel* 2015). Als Voraussetzung hierfür wurde formuliert, dass bei Aktien- oder Kommanditgesellschaften die Mehrzahl der Stimmanteile im Besitz des Stammvereins bleiben müsse – die berühmte 50+1-Regel. Freilich war bereits damals klar, dass diese Regel nicht auf alle Bundesligisten anwendbar sein würde. Vereine wie Bayer Leverkusen, Bayer Uerdingen oder der VfL Wolfsburg befanden sich faktisch in vollständiger Abhängigkeit von Großkonzernen. Für sie wurde eine Zusatzregel für Werksvereine vereinbart, die rasch zur Gründung von Gesellschaften mit beschränkter Haftung (GmbHs) in den genannten Städten führte; Ähnliches geschah später in Ingolstadt und Hoffenheim. Im Jahr 2011 wurde diese Regel im Prinzip auf alle Eigentümer – ob Unternehmen oder Einzelpersonen – ausgedehnt, die sich länger als 20 Jahre in substanzieller Weise finanziell bei einem Verein engagieren. Ein Profiteur war im Jahr 2015 Dietmar Hopp bei 1899 Hoffenheim.

Insgesamt sind in der Bundesliga mehrere Organisationsformen etabliert, die den Kapitalbedarf und die Geschäftsführung des Profifußballs konfigurieren. Nur wenige Bundesligisten treten noch als reine Vereine an, in denen vereinsintern gemeinnützige Aspekte wie der Breitensport von unternehmensähnlichen Praktiken der Lizenzspielerabteilungen getrennt werden müssen. Als Ausnahmen sind (in der Saison 2017/18) nur noch der SC Freiburg, Mainz 05 und Schalke 04 zu nennen. Diese Vereine leben erstens mit dem strukturellen Problem, dass bei einer eventuellen Insolvenz der Profiabteilungen der Stammverein für die Verluste haften muss. Dadurch sind zweitens die Möglichkeiten sehr begrenzt, strategische Investoren an den Verein zu binden.

Daneben existieren Kommanditgesellschaften auf Aktien (GmbH & Co. KGaA). Die Konstruktion bietet sich an, wenn die Stammvereine die vollständige Kontrolle über die Geschäftstätigkeit behalten wollen. Etabliert hat sie sich vornehmlich in Traditionsvereinen, die in ihren Regionen verwurzelt sind und daher darauf hoffen können, sozusagen in Eigenregie, genügend Kapital auftreiben zu können: Hertha BSC Berlin, Werder Bremen und der 1. FC Köln sind einschlägige Beispiele. Im Fall des FC Augsburg finden sich sogar 100 Prozent der Aktien beim Stammverein.

Ebenfalls eine Sonderrolle spielt Borussia Dortmund, das im Jahr 2000 an die Börse ging. Hier befinden sich größere Aktienpakete in den Händen von drei Firmen (Evonik, Signal Iduna, Puma), einer Einzelperson (Bernd Geske) und dem Verein BVB 09. Über 60 Prozent der Aktien sind im Streubesitz, was angesichts der großen Fansympathien eine einigermaßen sichere Hürde für eine feindliche Übernahme darstellen dürfte.[56] Attraktiv wäre eine Übernahme sowieso nur in einem begrenzten Sinn, denn die zur Geschäftsführung berechtigte Komplementärin, die Borussia Dortmund Geschäftsführungs-GmbH, verfügt über 100 Prozent der Stimmrechtsanteile.

Hannover 96, ebenfalls als GmbH & Co. KGaA organisiert, steht im Zuge der 50+1-Regel möglicherweise vor der Übernahme durch seinen Hauptsponsor Martin Kind. Der langjährige Präsident des Vereins erreichte im Jahr 1999 die Ausgliederung der Lizenzspielerabteilung und übernahm mit der Hannover 96 Sales & Services GmbH & Co. KG (S&S) 84 Prozent der Anteile. S&S wiederum war und ist mittlerweile im Besitz von vier Gesellschaftern, darunter Martin Kind und der Drogeriekettenbesitzer Dirk Roßmann. Beide führen Unternehmen, deren Konzernzentralen sich in Burgwedel in der Nähe von

---

56 Siehe die Informationen auf der eigens für die BVB-Aktie eingerichteten Website {http://aktie.bvb.de/BVB-Aktie/Aktionaers struktur} (Stand Februar 2018).

Hannover befinden; die Unternehmenschefs spielen miteinander Tennis.

Im Kontrast zu diesen übersichtlichen Verhältnissen steht die Eigentümerstruktur des Gesamtvereins – sie ist so kompliziert, dass der Verein auf seiner Homepage ein erläuterndes Schaubild anbietet.[57] Umstritten ist die Konstruktion nicht nur wegen ihrer Komplexität, sondern vor allem wegen des zu eigenmächtigen Handlungen neigenden Martin Kind. So kam zwei Mal erst nach Monaten heraus, dass er seine Anteile an S&S und an der Hannover 96 GmbH & Co. KGaA stillschweigend erhöht hatte (vgl. *Frankfurter Allgemeine Sonntagszeitung*, 09.08.2015, S. 32, sowie *Hannoversche Allgemeine* 2016). Ein Unterschied zwischen Hopp in Hoffenheim und Kind in Hannover besteht zudem darin, dass Kind dem Verein wohl eher als eine Art Geschäftsführer gedient hat, während Hopp als Mäzen tätig war bzw. ist.[58]

Die Aktiengesellschaft bietet sich als Rechtsform dagegen für solche Vereine an, die auf den Einstieg strategischer Investoren hoffen. Diesen können so zum einen mehr Stimm- und Kontrollrechte zugestanden werden, vor allem durch die Wahl des Aufsichtsrats, der von den Aktionären bestimmt wird. Zum anderen entfällt die Verpflichtung aus dem Kommanditgesellschaftsrecht, wonach ein Eigentümer unbeschränkt haftbar ist. Obwohl diese Konstruktion also für Konzerne attraktiver ist, bleibt die 50+1-Regel

---

57 Siehe {https://www.hannover96.de/ueber-96/klub/struktur.html} (Stand Februar 2018).

58 Zum Redaktionsschluss dieses Buches im Februar 2018 zeichnete sich noch nicht endgültig ab, ob sich Martin Kind mit seinen Plänen wird durchsetzen können.

unberührt. Sie ist allerdings in Verbindung mit der 20-Jahres-Regel nicht ohne Tücken. Nicht sonderlich erprobt ist nämlich – jedenfalls in der Bundesliga – die Praxis der Mitsprache durch juristische Personen, also z. B. durch Unternehmen.

Solange Vereine tatsächlich über die Stimmenmehrheit verfügen, ergibt sich kein Problem. Im Jahre 2021 aber wäre theoretisch die Firma Adidas berechtigt, bei einem Kauf der Aktienmehrheit der FC Bayern München AG auch die entsprechenden Stimmanteile zu übernehmen. Gegenwärtig liegt ihr Anteil aber ebenso wie bei den übrigen Anteilseignern Audi und Allianz bei jeweils 8,33 Prozent der Aktien (Wikipedia DE 2018j).

Eintracht Frankfurt, der Hamburger SV und in jüngster Zeit der VfB Stuttgart sind weitere Vereine, deren Profiabteilungen auf Aktiengesellschaften setzen.

| Eingetragener Verein | Kommanditgesellschaft auf Aktien (GmbH & Co. KGaA) | Aktiengesellschaft | Gesellschaft mit beschränkter Haftung (GmbH) |
|---|---|---|---|
| SC Freiburg Mainz 05 Schalke 04 | FC Augsburg Hertha BSC Berlin Werder Bremen Borussia Dortmund Hannover 96 1. FC Köln | Eintracht Frankfurt Hamburger SV Bayern München VfB Stuttgart | TSG Hoffenheim RB Leipzig Bayer Leverkusen Bor. Mönchengladbach VfL Wolfsburg |

*Tabelle 1*: Organisationsformen der Profiabteilungen in der Bundesliga, Saison 2017/18.

GmbHs werden als Organisationsform dann eingesetzt, wenn weder kurz- noch langfristig die Absicht besteht, sich über die Ausgabe von Aktien zu finanzieren. Gewählt wurde das Modell in der Bundesliga von Vereinen wie Wolfsburg, Leverkusen, Hoffenheim und Leipzig; Vereinen also, die aus historischen Gründen über einen Hauptsponsor verfügen, der an der gleichberechtigten Partnerschaft mit weiteren Sponsoren nicht interessiert ist. Auch Borussia Mönchengladbach hat seine Lizenzspielerabteilung im Jahre 2003 in eine GmbH umgewandelt, was im Kontext des damaligen Stadionneubaus »Borussia-Park« und den daraus erwachsenden finanziellen Risiken zu sehen ist, vor denen der Gesamtverein zu schützen war. Während der VfL Wolfsburg und Bayer Leverkusen oft als Werksvereine gesehen werden, liegen die Verhältnisse bei der TSG Hoffenheim komplizierter. Der Vorstandsvorsitzende von SAP, Dietmar Hopp, stieg in den neunziger Jahren als Financier bei dem Dorfverein ein, bei dem er selbst als Jugendlicher gespielt hatte (siehe oben, Kap. 2).

Die Debatten um Einzelmäzene wie Dietmar Hopp, Martin Kind oder Klaus-Michael Kühne (der den Hamburger SV geld- und wortreich alimentiert) stellen eine Art Treibstoff für Zeitungsredaktionen und Fanforen dar. Mit ihren ebenso selbstbewussten wie sperrigen Persönlichkeiten bedienen sie Bedürfnisse der medialen Erlebnisgesellschaft, die sich leichter an Personen und Skandalen als an wenig spektakulären Strukturen orientiert (Meyer 2001; Dörner 2001).

In wirtschaftlichen Zusammenhängen kann ihr Wirken allerdings durchaus differenziert betrachtet werden, denn die Organisationsform des jeweiligen Bundesligisten bedingt wichtige Unterschiede. Im Vergleich zu anderen Finanzierungsformen genießen GmbHs das Privileg, sich nicht einerseits wie in Aktiengesellschaften von Aktionären abhängig zu machen und sich andererseits nicht auf eine einzelne juristische oder natürliche Person konzentrieren zu müssen, wie es bei Komplementären in Kommanditgesellschaften der Fall ist. Beides sollte eigentlich im Sinne von Verfechtern traditionalistischer Modelle der Fußballfinanzierung sein, da Fremdbestimmung zurückgedrängt und stark konzentrierte Risiken vermieden werden. Mir scheint es daher kein Zufall zu sein, dass das allgemeine Unbehagen gegenüber den Geschäftsmodellen von Bayer Leverkusen, dem VfL Wolfsburg und der TSG Hoffenheim in den vergangenen Jahren zurückgegangen ist. Eigentlich handelt es sich um recht nachhaltige Modelle, die im Prinzip das Potenzial haben, längerfristig gemeinschaftsbildend zu wirken – wenn auch vielleicht eher in einem regional begrenzten Umfeld.

Nicht in diese Interpretationslinie passt allerdings der RB Leipzig. Wie in Hannover gilt hier die Devise, nur vorstandskonformen Mitgliedern im Verein ein Mitspracherecht zuzugestehen. Geregelt wird dies beim RB Leipzig e.V. durch die offen kommunizierte Praxis des Vereinsvorstands, entsprechende Mitgliedsanträge abzulehnen – das Argument lautet, möglicherweise gewaltaffine Ultra-Strukturen in Leipzig verhindern zu wollen (*Sport Bild*, 08.05. 2013, S. 36). Im Zuge eines Lizenzierungsverfahrens 2014 eröffnete der Verein die Möglichkeit einer Fördermitgliedschaft und erweiterte den Kreis der regulären, also stimmberechtigten Mitglieder auf 17.[59] In diesem Verein besteht bis auf Weiteres das nicht zu vernachlässigende Risiko,

59 Vgl. »RB Leipzig hat jetzt 17 Mitglieder«, in: *RP Online* (02.03.2016), online verfügbar unter: {http://www.rp-online. de/sport/fussball/rb-leipzig/rb-leipzig-hat-jetzt-17-mitglie der-aid-1.5807569} (Stand Februar 2018).

dass sich der Hauptsponsor Red Bull aus dem Geschäft zurückzieht, falls sich dessen übergeordnete Geschäftsstrategie einmal ändern oder der Konzern in finanzielle Schwierigkeiten geraten sollte.

Damit weist Leipzig eine ähnlich prekäre Konstellation auf wie Hannover 96. Dieser Verein, der als Kommanditgesellschaft auf Aktien aufgestellt ist, kann sich wirtschaftlichen Unwägbarkeiten schlecht entziehen. Mithin ist der Verein in starkem Maße vom Willen Kinds sowie dem Wohlergehen von dessen Hörgerätekonzern abhängig. Das Engagement Kinds bekommt daher aus systematischen Gründen einen ökonomisierten Charakter. Entsprechend richtet Kind sein Denken und seine kommunikativen Botschaften aus. Der Vorwurf der existenziellen Verwirtschaftlichung des Vereinslebens erscheint mir in diesem Fall viel gerechtfertigter und sie treibt auch viel extremere Blüten als an anderen Standorten. So hat der Verein die Ablehnung von insgesamt etwa 120 Mitgliedsanträgen veranlasst, da es Hinweise darauf gab, dass diese gegen die im Jahr 2019 anstehende Übernahme der Stimmrechte durch Kind opponieren könnten (*Zeit Online* 2017).

Vor diesem Hintergrund entsteht in Hannover in den kommenden Jahren die spannende Frage, ob ein deutscher Traditionsverein von (s)einem Chozjain grundlegend gewandelt werden kann. In der Saison 2017/18 äußerte sich der Konflikt bereits darin, dass große Teile der Fans die Mannschaft nicht mehr vorbehaltlos unterstützten. Sollten diese Anhänger dauerhaft verprellt worden sein, steht durchaus die Entwicklung zu einem Retortenklub à la RB Leipzig im Raum.

Bisher wurde die ökonomische Professionalisierung des Fußballs vor allem aus der Sicht der Vereine betrachtet. Doch welche Sponsoren sind besonders aktiv und aus welchen Branchen kommen sie? Zunächst fällt der Automobilsektor ins Auge. Zu nennen sind die Unterstützung von Daimler-Benz für die Nationalmannschaft (bis 2017) und beim VfB Stuttgart mit der Mercedes-Benz-Arena sowie das Sponsoring von Borussia Dortmund durch die Opel AG. Die Volkswagen AG mischt gleich an mehreren Fronten mit. 2017 übernahm man die Partnerschaft mit der Nationalmannschaft von Daimler. Die Anteile an der VfL Wolfsburg-Fußball GmbH werden zu 100 Prozent vom Konzern gehalten; das Stadion trägt den Namen Volkswagen Arena. Darüber hinaus ist der Konzern seit 2012 offizieller Partner des DFB-Pokals, was die direkte und in reiner Werbesprache gehaltene Präsenz auf der Homepage des DFB nach sich zieht – ein Privileg, das sich das Unternehmen mit Bitburger Pilsener, der Deutschen Post, Engelbert Strauss, Ergo und der Targobank teilt.[60] Hinzu kommen die Marken Audi, MAN und Seat, so dass der Gesamtkonzern im Jahr 2015 immerhin 16 der 36 Erst- und Zweitligisten unterstützte (*Süddeutsche Zeitung*, 29.05.2017, S. 14). Eine Tochtergesellschaft von Audi ist mit 20 Prozent an der FC Ingolstadt 04 Fußball GmbH beteiligt, der Mutterkonzern mit 8,33 Prozent an den Aktien der FC Bayern München AG (die die Audi AG 90 Millionen Euro kosteten). Um einer drohenden Wettbewerbsverzerrung aus dem Weg zu gehen, terminiert die DFL Spiele von Bayern München gegen Wolfsburg nicht zu nah am Saisonende.

Eine weitere Branche, die sich in den vergangenen Jahren stark im Fußball engagiert hat, ist die Banken- und Fi-

60 Siehe {https://www.dfb.de/dfb-pokal/partner/} (Stand Februar 2018).

nanzbranche. Einer Erhebung zufolge wurden im Jahr 2015 141 Millionen Euro an Sponsorenzahlungen seitens des Banken- und Versicherungssektors geleistet. Im Einzelnen trat die Commerzbank offensiv mit der Frauen-Nationalmannschaft auf, Borussia Mönchengladbach warb für die Postbank, VfB Stuttgart für die Mercedes-Benz-Bank, Werder Bremen für die Citibank (jeweils Trikotwerbung). Weitere Verbindungen betreffen Stadionnamensrechte, z. B. die Allianz Arena in München oder die Commerzbank Arena in Frankfurt (*Frankfurter Allgemeine Zeitung*, 16.05.2017, S. 31).

Eine bescheidene Alternative zur Finanzierung durch Investoren stellt das Auflegen von Anleihen dar. Vor einigen Jahren wurden Fananleihen von Hertha BSC Berlin, Hansa Rostock, Alemannia Aachen und vom FC St. Pauli ausgegeben. Faktisch handelte es sich oft um Zuschüsse – nicht zuletzt weil die Schuldscheine bei Fans als exklusive Devotionalien angesehen werden: »Ein Trikot gibt es jedes Jahr, aber die Anleihe vielleicht nur einmal im Leben.« Politische Bedeutung erhielten im Jahr 2011 die Anleihen von Alemannia Aachen, als die Stadt Aachen dem Verein eine Bürgschaft in Höhe von 5,5 Millionen Euro unter anderem deshalb zur Verfügung stellte, um die Rückzahlung der 2008 herausgegebenen »Tivoli-Anleihen« zu gewährleisten (Informationen und Zitate vgl. *die tageszeitung*, 10.01.2012, S. 19).

Ungeachtet der häufig zu vernehmenden pauschalen Kritik an der Ökonomisierung des Fußballs lässt sich festhalten, dass zwar die Verwirtschaftlichung auf breiter Front zugenommen hat, zugleich aber in unterschiedlichen Formen daherkommt. Die Zahl potenzieller Gegengewichte zu Managern, Präsidenten oder Mäzenen variiert damit ebenfalls. Mit den sportlichen Erfolgen eines Vereins scheint die Organisationsform nicht direkt und schon gar nicht innerhalb einer einzelnen Saison korreliert zu sein. Bei genauer Betrachtung der Tabelle 1 fällt aber durchaus auf, dass in den Reihen der eingetragenen Vereine sowie der Kommanditgesellschaften einige Mannschaften unterhalb ihres Potenzials agieren, wenn sie in Ballungsgebieten mit erheblicher Wirtschaftskraft angesiedelt sind.

So lässt sich am Beispiel von Schalke 04 spekulieren, ob a) sich die eingetragenen Vereine durch ein zu hohes Maß an Mitbestimmung selbst blockieren, indem sie mutige und/oder nachhaltige Management- und Trainerlösungen verhindern. Damit ist weniger die Mitsprache der einfachen Mitglieder bei Mitgliederversammlungen gemeint, sondern die Besetzung vereinsinterner Positionen mit Veto-Akteuren, die eine effiziente und effektive Geschäftsführung leicht behindern können. Und b) erscheinen die Kommanditgesellschaften anfällig für kurzatmige Entscheidungen, was in Vereinen wie Hertha BSC, Hannover 96 und dem 1. FC Köln jedenfalls phasenweise durchaus zu beobachten war, wenn man z. B. auf die häufigen Wechsel von Managern oder Trainern schaut.

Stellt man die Informationen aus Tabelle 1 und Tabelle 2 (siehe die folgenden Seiten 184-185) gegenüber, dann zeigt sich, dass die Organisationsform nur grobe Anhaltspunkte für den Erfolg eines Vereins liefert. Zwar sind die Vereine mit der höchsten Ausstattung an ökonomischem Kapital überwiegend als Aktiengesellschaften oder GmbHs organisiert. Die Kommanditgesellschaft in Dortmund rangiert aber an zweiter, Schalke 04 als eingetragener Verein (in der Saison 2016/17) bereits an dritter Stelle. Wichtig für die Unterschiede zwischen den einzelnen Mannschaften sind vor allem Einnahmen aus Eintrittskarten, internationale Fernseheinnahmen, Prämien in internationalen Wettbewerben und Werte von Spielern, die sich in (potenziellen) Transfereinnahmen spiegeln. All diese Kennzahlen lassen sich nur durch langfristige Investitionen erreichen, z. B. durch einen sukzessiven Ausbau von Stadionkapazitäten und vor allem das kluge Zusammenstellen international konkurrenzfähiger Mannschaften.

Nationale Einnahmen fungieren dabei als eine Art Ausfallgarantie. Brechen in einer international unglücklich verlaufenen Saison einmal Einkünfte weg, können Eintrittskartenerlöse in großen Stadien oder Erfolge im DFB-Pokal die Lücke vorübergehend füllen. Ein Verein wie Werder Bremen hat es insofern schwerer als z. B. der FC Schalke 04, da sich hier ein teurer Kader nur über deutlich kürzere Perioden zwischenfinanzieren lässt. Müssen aber erst einmal die teuersten Spieler veräußert werden, bleibt Vereinen mit einem vergleichsweise schwachen wirtschaftlichen Fundament wenig anderes übrig, als sozusagen von unten wieder anzufangen.

Vor allem aber spiegelt Tabelle 2 das enorme wirtschaftliche Wachstum der Bundesliga in jüngeren Jahren wider. Während das private Onlineportal Statista für die Saison 2016/17 auf Gesamteinnahmen aller Bundesligisten in Höhe von 1,9 Milliarden Euro kommt, zählt die Deutsche Fußball Liga für die Saison 2015/16 sogar einen Umsatz von 3,24 Mrd. Euro (vgl., auch für die folgenden Angaben, DFL 2017). Nach Angaben der DFL stellte dies den zwölften Umsatzrekord in Folge dar, bei dem mittlerweile 13 von 18 Bundesligisten einen Umsatz von mehr als 100 Millionen Euro aufweisen. Das immer weitere Wachstum fügt sich dabei in den internationalen Kontext. In der

| Verein | Gesamteinnahmen | Spielbetrieb Bundesliga | TV-Einnahmen national | TV-Einnahmen international | DFB-Pokal | Champions und Europa League | Transfers | Sponsoring (Ausrüster, Trikots, Stadionrechte) |
|---|---|---|---|---|---|---|---|---|
| Borussia Dortmund | 326 673 547 | 42 057 279 | 40 059 000 | 21 994 772 | 14 136 991 | 63 625 504 | 111 500 000 | 33 300 000 |
| Bayern München | 304 635 709 | 39 600 349 | 41 122 000 | 33 040 536 | 9 325 310 | 68 247 514 | 52 300 000 | 61 000 000 |
| Schalke 04 | 204 084 638 | 32 051 529 | 37 932 000 | 19 897 310 | 4 206 899 | 20 696 900 | 59 300 000 | 30 000 000 |
| VfL Wolfsburg | 193 981 739 | 15 469 356 | 35 805 000 | 8 286 296 | 2 321 087 | 0 | 9 660 000 | 35 500 000 |
| Borussia Mönchengladbach | 180 684 810 | 27 189 134 | 36 868 000 | 7 860 792 | 7 246 272 | 44 420 612 | 45 100 000 | 12 000 000 |
| Bayer Leverkusen | 148 673 152 | 15 009 899 | 38 995 000 | 18 343 456 | 636 345 | 40 488 452 | 23 700 000 | 11 500 000 |
| 1899 Hoffenheim | 96 480 666 | 14 866 126 | 32 614 000 | 2 500 000 | 1 100 539 | 0 | 36 900 000 | 8 500 000 |
| Eintracht Frankfurt | 95 236 360 | 25 918 817 | 28 998 000 | 5 396 473 | 11 373 070 | 0 | 12 050 000 | 11 500 000 |
| 1. FSV Mainz 05 | 93 090 337 | 15 362 668 | 34 336 000 | 2 915 036 | 646 293 | 6 130 340 | 25 700 000 | 8 000 000 |
| Werder Bremen | 92 360 815 | 21 585 265 | 31 480 000 | 2 500 000 | 295 549 | 0 | 27 220 000 | 9 300 000 |
| 1. FC Köln | 87 819 960 | 26 173 501 | 26 233 000 | 2 500 000 | 2 413 459 | 0 | 19 000 000 | 11 500 000 |

| Verein | Gesamteinnahmen | Spielbetrieb Bundesliga | TV-Einnahmen national | TV-Einnahmen international | DFB-Pokal | Champions und Europa League | Transfers | Sponsoring (Ausrüster, Trikots, Stadionrechte) |
|---|---|---|---|---|---|---|---|---|
| Hamburger SV | 84 009 373 | 27 636 323 | 27 651 000 | 2 500 000 | 4 072 950 | 0 | 5 650 000 | 16 500 000 |
| FC Augsburg | 75 025 923 | 14 875 165 | 33 297 000 | 2 500 000 | 1 603 759 | 0 | 15 050 000 | 7 700 000 |
| Hertha BSC | 72 832 367 | 26 541 210 | 30 274 000 | 2 500 000 | 2 801 727 | 1 065 430 | 350 000 | 9 300 000 |
| RB Leipzig | 55 812 272 | 21 887 967 | 20 561 000 | 2 500 000 | 563 304 | 0 | 0 | 10 300 000 |
| SC Freiburg | 50 372 969 | 12 660 370 | 24 815 000 | 2 500 000 | 757 598 | 0 | 5 150 000 | 4 500 000 |
| FC Ingolstadt | 42 316 099 | 7 723 155 | 23 397 000 | 2 500 000 | 645 944 | 0 | 4 550 000 | 3 500 000 |
| SV Darmstadt 98 | 41 748 315 | 8 845 631 | 21 979 000 | 2 500 000 | 523 685 | 0 | 5 100 000 | 2 800 000 |
| | | | | | | | | |
| Gesamt | 1 919 165 504 | 353 386 466 | 526 357 000 | 120 739 899 | 50 532 890 | 181 049 249 | 433 700 000 | 253 400 000 |
| Schnitt | 106 620 306 | 19 632 581 | 29 242 056 | 6 707 772 | 2 807 383 | 10 058 292 | 24 094 444 | 14 077 778 |

*Tabelle 2:* Schätzung der Einnahmen der Bundesligisten in der Saison 2016/17; Quelle: Statista (2017c).

Champions League waren in der Saison 2010/11 Preisgelder von 754 Millionen Euro zu verteilen, 2017/18 belief sich die Summe auf 1,3 Milliarden Euro. Die Ausschüttung für alle Klubwettbewerbe der Uefa – also auch die Europa League und den Uefa Super Cup – summierte sich in jenem Jahr auf 2,35 Milliarden Euro.[61] Aber nicht nur auf Vereinsebene lässt sich der starke Wachstumstrend beobachten: So konnte die Fifa ihre Einnahmen über die letzten Vierjahresperioden beständig steigern (vgl. Conn 2017). Gleiches gilt für die Uefa insgesamt sowie für die nationalen Verbände, d. h. in Deutschland für die DFL.

Angesichts dieser exorbitanten Wachstumsraten des gesamten Fußballsektors erscheint es plausibel, dass die beteiligten Wirtschaftssubjekte Gewinne erzielten. Und in der Tat schlossen 16 von 18 Vereinen der Ersten Bundesliga die Saison 2015/16 mit einem Gewinn ab; auch die beiden übrigen kamen vor Abzug von Zinsen, Steuern und Abschreibungen auf ein positives Ergebnis. Die allein von der Ersten Bundesliga gezahlten Steuern und Abgaben beliefen sich auf über eine Milliarde Euro; die Zahl der direkt durch den Profifußball Angestellten liegt bei mehr als 53 000. Ebenso als Erfolg verbucht die DFL die sogenannte Personalkostenquote, die sich auf 32,6 Prozent belief – mehr als zwei Drittel der Ausgaben beziehen sich also nicht auf Spieler-, Trainer- und Betreuergehälter (vgl. erneut DFL 2017).

61 Die Informationen stammen von der Website der Uefa. Für die Saison 2017/18 siehe {http://www.uefa.com/uefachampionslea gue/news/newsid=2493261.html}, für die Saison 2010/11 siehe {http://www.uefa.com/insideuefa/about-uefa/news/new sid=1661038.html#/} (beide Stand Februar 2018).

Vor dem Hintergrund früherer Entwicklungen lassen sich diese Meldungen der DFL zweifellos als Erfolge werten. Nils Havemann (2013) hat minutiös dargelegt, wie die meisten Bundesliga-Vereine jahrzehntelang über ihren Möglichkeiten gelebt und sich letztlich darauf verlassen haben, ihre Schulden von Gönnern, durch die öffentliche Hand oder nicht selten durch finanzielle Rettungsaktionen seitens der Vereinsfans loswerden zu können. Hier haben die Gründung der DFL GmbH und damit die Einführung kapitalgesellschaftlicher Regeln entgegen aller Unkenrufe zu einer Mäßigung unverantwortlicher Geschäftspraktiken geführt. Nicht zuletzt die Beschäftigtenzahlen zeigen, dass der Profifußball mittlerweile – und zwar trotz der explodierenden Spielergehälter – eine gesündere volkswirtschaftliche Struktur aufweist, da das florierende Kapital nicht (mehr) nur einigen wenigen Personen zugutekommt.

Dennoch gibt es eine Reihe problematischer Entwicklungen. Die erste besteht in der nicht nur in Deutschland zu beobachtenden Oligarchisierung des Profifußballs. Gleichzeitig mit der Erhöhung der Umsätze hat sich der Abstand zwischen den Spitzenvereinen und dem unteren Drittel der Liga enorm vergrößert. Sogar die DFL selbst thematisiert diesen Missstand in ihrem Jahresbericht 2017, in dem sie drei Cluster ausweist: jeweils sechs Klubs mit Personalausgaben für den Spielbetrieb von über 54 Millionen Euro (Cluster 1), zwischen 36 und 54 Millionen Euro (Cluster 2) und unter 36 Millionen Euro (Cluster 3). In Cluster 1 werden 186 Prozent des Bundesliga-Durchschnitts erlöst/eingenommen, in Cluster 2 lautet der Wert 69 Prozent, in Cluster 3 46 Prozent. Die Aufwendungen liegen dagegen bei 184 Prozent des Bundesliga-Durchschnitts für Cluster 1, bei 72 Prozent für Cluster 2 und bei 44 Prozent für Cluster 3. Diese Daten werden anschließend mit den tatsächlich erreichten Tabellenplätzen in Verbindung gebracht; im Großen und Ganzen decken sich sportlicher Erfolg und Finanzkraft (DFL 2017, S. 30-31).

Der DFL kann man sicherlich zugutehalten, dass sie das Problem des ungleichen Wettbewerbs anspricht. Die Methode allerdings, einfach drei gleich große Cluster mit jeweils sechs Klubs zu bilden, hat eine weichzeichnerische Wirkung. Wie nämlich in Tabelle 2 zu sehen ist, besteht zwischen den Einnahmen von Borussia Dortmund und Bayern München und den Einnahmen der nächstplatzierten Vereine (Schalke 04, VfL Wolfsburg) ein Abstand von mehr als 100 Millionen Euro.[62]

Zwischen den ersten beiden genannten Vereinen und dem Einnahmen-Mittelfeld der Liga besteht ein Verhältnis von 3:1, zwischen der Spitze und den letzten drei Bundesligisten (Freiburg, Ingolstadt, Darmstadt) ein Verhältnis von etwa 6:1. Die Konsequenzen sind in den Bundesliga-Tabellen der letzten Jahre leicht zu sehen. Es steht mehr oder weniger fest, welche Vereine über kurz oder lang wieder absteigen werden. Und auch an der Spitze sind die Ergebnisse wenig überraschend. Seit der Saison 2012/13 gewann der FC Bayern alle Deutschen Meisterschaften. Besonders auffallend war dabei der stets riesige Punktevorsprung: 25 Punkte im Jahr 2013, dann 19 im Jahr 2014,

62  Hier wäre es natürlich besser gewesen, weiter mit der Bilanz der DFL selbst zu argumentieren, anstatt sich (wie in Tabelle 2) auf die Angaben eines privaten Unternehmens zu beziehen. Die öffentlich zugänglichen Daten werden allerdings nicht nach einzelnen Vereinen ausgewiesen und auch auf Nachfrage nicht mitgeteilt.

jeweils 10 in den Jahren 2015 und 2016, schließlich 15 in der Saison 2016/17. Selbst in seinen schlechtesten Jahren hätte der FC Bayern München drei Mal mehr pro Saison verlieren können und am Ende dennoch vorne gelegen.

Ein Blick über den deutschen Tellerrand hinaus zeigt, dass die Bundesliga damit dem Trend einiger anderer ausländischer Ligen folgt, die nur noch von wenigen – aber dafür von den immer selben – Spitzenmannschaften dominiert werden.

Kann die Bundesliga attraktiv bleiben, wenn nur noch wenige Vereine – eigentlich nur noch einer – Meister werden können? Bis zur Saison 2016/17 ist dies jedenfalls gelungen, weil ja nicht nur Umsatzrekorde zu verzeichnen waren, sondern auch die Zuschauerzahlen mehr oder weniger stabil geblieben sind. Allerdings gibt es in Europa durchaus warnende Beispiele, wie es Ligen ergeht, in denen die Vereine zu weit auseinanderdriften und die zudem weniger finanzstark sind als andere. Etwa in den historischen Fußballnationen Niederlande, Portugal und Schweden hat sich die Bedeutung der nationalen Ligen stark zurückentwickelt. Da der Umsatz der Premier League den der Bundesliga in der Saison 2015/16 um fast das Doppelte übertraf (4,87 Milliarden Euro versus 2,71 Milliarden Euro, vgl. *Kicker* 2017), besteht die akute Gefahr, dass bald nur noch einige wenige deutsche Vereine in der Endrunde der Champions League mitspielen können, der Rest der Bundesliga dagegen im Mittelmaß versinkt.

Maßgeblich hierfür sind nicht zuletzt internationale Fernseheinnahmen, vor allem in der Champions League. Borussia Dortmund und Bayern München erwirtschafteten in der Saison 2016/17 zusammen 131 Millionen Euro – mehr als alle anderen deutschen Vereine zusammen (siehe

Tabelle 2). In den kleineren Ligen Europas, die wenige Teilnehmer in der Champions League stellen, sind die Einnahmen entsprechend geringer. Durch die Qualifikationsrunden steht zudem von vornherein fest, dass nicht aus allen nationalen Ligen Vereine an den Fernseheinnahmen der Champions League beteiligt werden. Ein mehrfaches Scheitern eines Landesmeisters in der Qualifikation verfestigt den wirtschaftlichen Abstand zu den großen Ligen, so dass Vereine etwa aus Polen und Bulgarien in den letzten 20 Jahren nur jeweils drei Mal in der Hauptrunde der Champions League vertreten waren (Biermann 2017b).

Damit ist eine zweite Kehrseite der Ökonomisierung des deutschen Fußballs benannt, die Konzentration des Erfolgs nicht nur in Deutschland, sondern auch in den einzelnen Ligen Europas. 54 Prozent der Umsätze in allen Profiligen Europas fallen in den fünf Topligen an; neben England und Deutschland in Spanien, Italien und Frankreich (*Kicker* 2017). In diesen Ländern dominieren wiederum wenige Spitzenklubs den Markt, was vielleicht den eigentlichen Kern der Oligarchisierung des europäischen Fußballs ausmacht. Denn diese ist dadurch strukturell abgesichert, dass es für die dominanten – und in einigen Fällen hegemonialen – Vereine und Ligaverbände keinen Grund gibt, ihre eigenen Interessen zurückzustellen. Mehr noch: Durch ihre feste Positionierung in einem ökonomischen Umfeld müssen auch die weiteren ökonomischen Akteure im Feld des Fußballs bedient werden. Es entsteht »die Verpflichtung« der DFL und der Klubs, »einen entsprechenden Gegenwert zu liefern, nachdem die Medienpartner mit hohen Investitionen eine große Vorleistung erbracht haben« – so Christian Seifert, der Geschäftsführer der Deutschen Fußball Liga (DFL 2017, S. 3).

Vor diesem Hintergrund ist überhaupt nicht ausgemacht, dass die erhebliche Erhöhung und die Konzentration der Kapitalflüsse im Profifußball den deutschen Fußball vor einem relativen Bedeutungsverlust schützen können. Durchaus denkbar ist auch das portugiesische oder belgische Szenario. Dieses besteht darin, junge Spieler, nicht nur aus dem eigenen Land, zu konkurrenzfähigen Profis auszubilden, die dann in jungen Jahren ihre Heimatvereine zugunsten der wirklich großen Ligen verlassen. Während die Bundesliga in früheren Zeiten in der Lage war, selbst zum Zielort für angehende internationale Stars zu werden, wie die Beispiele Robert Lewandowski (heute Bayern München), Henrikh Mkhitaryan (heute Manchester United) oder Kevin de Bruyne (heute Manchester City) zeigen, hat sich das Bild inzwischen gewandelt.

Die Beispiele der ehemaligen Dortmunder Spielers Ousmane Dembélé und Pierre-Emerick Aubameyang aus der Saison 2017/18 zeigen: In Zeiten der Hyperkapitalisierung des Fußballs kann sich nicht einmal ein internationaler Spitzenverein wie Borussia Dortmund mit einem Einnahmevolumen von über 300 Millionen Euro jährlich sicher sein, dass seine wertvollsten Spieler nicht aus dem laufenden Betrieb herausgekauft werden.[63] Ähnlich wie die Verwirtschaftlichung des Fußballs die Spieler auf der Subjekt-

---

63 Ousmane Dembélé wurde trotz eines laufenden Vertrags bei Borussia Dortmund vom FC Barcelona umworben und trat in den Streik, als die Dortmunder Verantwortlichen auf die Erfüllung des Vertrags bestanden. Schließlich wechselte Dembélé für mindestens 105 Millionen Euro nach Spanien; siehe *Spiegel Online* (2017f). Pierre-Emerick Aubameyang trat im Januar 2018 ebenfalls faktisch in Streik und wechselte schließlich zum FC Arsenal London; vgl. *Die Welt* (2018).

ebene erschöpft (siehe oben, Kap. 2), führt er auf der Ebene der Vereine und Verbände keinesfalls auf den Pfad der Nachhaltigkeit.

## *Profitorientierung versus Gemeinnützigkeit beim DFB*

Laut der Präambel ihrer Satzung ist die Deutsche Fußball Liga überwiegend dem Profifußball verpflichtet: »Aufgabe des DFL e.V. ist es, die ihm zur Nutzung vom Deutschen Fußball-Bund exklusiv überlassenen Vereinseinrichtungen Bundesliga und 2. Bundesliga zu betreiben.« In der Satzung des Deutschen Fußball-Bundes wird dagegen »die Ausübung des Fußballsports in Meisterschaftsspielen und Wettbewerben der Spielklassen des DFB, der Regional- und Landesverbände und der Lizenzligen« als wichtigstes Ziel genannt. Und: »Der DFB handelt in sozialer und gesellschaftspolitischer Verantwortung [...]. Seiner besonderen Förderung unterliegt auch der Freizeit- und Breitensport.«

Aus diesen voneinander abweichenden Zielen ergibt sich ein breiteres Profil des DFB. In seiner Geschichte äußerte sich dies in der Sorge um die »bedrohte Einheit des Fußballsports« (Havemann 2013, S. 57), d.h. unter anderem die gemeinsame Vertretung aller Vereine – mit und ohne Lizenzspielerabteilungen. Über die Jahre seiner Existenz hinweg musste der DFB daher einen Spagat praktizieren, um trotz der gegeneinander laufenden Interessen des Amateur- und Profisports für den gesamten Fußball vertretungsberechtigt zu bleiben. Die in Kapitel 3 diskutierte enge Verzahnung der DFL mit dem DFB kann vor diesem Hintergrund durchaus als Erfolg des DFB bewertet werden; z. B. genießt die Vertretung der englischen Premier League ein viel größeres Maß an – auch wirtschaftlicher – Autonomie gegenüber dem Verband Football Association (Grant 2011; Goldblatt 2015, Kap. 6).

Durch die Gründung der DFL hat sich der DFB der wirtschaftlichen Verantwortung für den Profifußball weitgehend entledigt und damit die Grundlage für das ambivalente Verhältnis von wirtschaftlichem Aufschwung und wettbewerblicher Verarmung der Bundesliga gelegt. Allerdings sind ihm dennoch zwei Bereiche mit einer nicht unerheblichen wirtschaftlichen Bedeutung verblieben: der DFB-Pokal mit hohen Zuschauerzahlen und einem eigenen Anteil an der Fernsehvermarktung sowie die Nationalmannschaft. Beide Bereiche werden vom DFB reguliert, was ihm erhebliche Einnahmen beschert. Diese werden zwar zu einem guten Teil wieder an die beteiligten Vereine, Spieler und Trainer ausgeschüttet. Sie berühren aber durch ihren überwiegend marktorientierten Charakter eines der ökonomisch-gesellschaftlichen Kernprinzipien des Fußballs: die Gemeinnützigkeit der fußballtreibenden Vereine und Verbände.

Wie nutzt der Deutsche Fußball-Bund als eingetragener Verein die Vorteile der Gemeinnützigkeit? Zunächst einmal muss der DFB keine Gewerbe- oder Körperschaftssteuern zahlen. Dies gilt allerdings nur eingeschränkt für Einnahmen aus solchen Bereichen, die auch einer gewinnorientierten, also wirtschaftlichen Motivation unterliegen – also z. B. dem Geschäft der Nationalmannschaft mit deren Sponsoren sowie dem Geschäft mit Lizenzrechten, Fernsehverträgen und der Verpachtung der Bundesliga-Rechte an die DFL. Der DFB bewegt sich somit auf zwei Plattformen: der gesellschaftsorientierten Organisation des Spielbetriebs auf der einen und einer normalen Geschäftätigkeit auf der anderen Seite. Welcher Bereich des DFB welcher Plattform zuzurechnen ist, lässt der Verband in offiziellen Verlautbarungen – wenn er sie überhaupt herausgibt – im Ungefähren. Dabei bewegt er sich auf dem soliden Boden des Vereinsrechts, denn als Verein ist der DFB nur in begrenztem Maße verpflichtet, einer breiten Öffentlichkeit seine Geschäftszahlen offenzulegen. Obwohl gemeinnützig, erhält somit ausschließlich das zuständige Finanzamt einen Einblick in das tatsächliche Finanzgebaren des Vereins.

Wenngleich nicht anzunehmen ist, dass die Finanzbeamten dem DFB in ungesetzlicher Weise entgegenkommen, so wird der Kämmerer der Stadt Frankfurt am Main seinem potenziellen Gewerbesteuerzahler doch mit ambivalenten Gefühlen gegenübertreten. Einerseits freuen sich dem Staat verpflichtete Beamte über gemeinnützige Tätigkeiten, mit denen der DFB wie kaum ein anderer eingetragener Verein das Gesicht der Bundesrepublik prägt. Auch ist nicht zu verachten, dass viele der etwa 300 hauptamtlich Angestellten des DFB ihre Einkommenssteuer in Frankfurt oder Umgebung zahlen. Es handelt sich um 240 Verwaltungsmitarbeiter, 31 Trainer, 29 Stützpunktkoordinatoren und sechs Auszubildende (vgl. DFB 2017, S. 48). Da der DFB mehr als 44 Millionen Euro an Löhnen und Gehältern auszahlt (ebd., S. 40), lassen sich durchschnittliche Jahresgehälter von mehr als 140000 Euro und damit ansehnliche Einkommenssteuersätze errechnen. Andererseits dürfte dieselben Beamten durchaus die Frage bewegen, welche seiner wirtschaftlich relevanten Tätigkeiten der Verband in die DFB Wirtschaftsdienste GmbH –

eine Unterorganisation des Deutschen Fußball-Bunds – ausgelagert hat. Denn auf Erträge von wirtschaftlichen Aktivitäten, bei denen das nicht geschieht, spart der DFB Steuern, die eigentlich der Allgemeinheit zustünden.

Wer sich der Sache über die Einnahmenseite der Stadt Frankfurt nähert, könnte zunächst annehmen, das Finanzamt müsse versuchen, möglichst viele der Aktivitäten in jenen Bereich zu verschieben, in dem Gewinnerzielung – und damit eine wirtschaftliche Tätigkeit – im Vordergrund steht. Mit seinen erheblichen Einnahmen könnte der DFB substanziell zum Steueraufkommen der Stadt beitragen. Diese Erwartung würde aber verkennen, dass der DFB für Frankfurt einen wichtigen symbolischen Wert darstellt. Dieser wiegt möglicherweise höher als zusätzliche Steuereinnahmen, die winken könnten, wenn der DFB entschlossen unter Druck gesetzt würde, all seine wirtschaftlich orientierten Tätigkeiten als solche zu deklarieren.

Deutlich wurde dies beispielsweise, als der Verband im Vorfeld der Standortentscheidung für seine neue Akademie Alternativen zum Gelände der Frankfurter Trabrennbahn prüfte. Gegen solche Überlegungen wandte sich unter anderem Frankfurts Oberbürgermeister Peter Feldmann. Man wolle »die international wahrgenommene Hauptstadt des Fußballs und der Sportverbände werden […]. Das ist eine Wucht, das ist ein Hammer. Der DFB ist ein Weltkonzern, ein Imagetreiber für die gesamte Region« (vgl. *Frankfurter Allgemeine Zeitung*, 06.12.2014, S. 40). Hier greift das Abwanderungstheorem von Albert O. Hirschman (1974). Wenn die Heimatkommune des Verbands nicht die gewünschten Rahmenbedingungen zur Verfügung stellt, wird es bestimmt andere Gemeinden (und Finanzämter) geben, die bei der Trennung vereinsrechtlicher und geschäftlicher Bereiche einen pragmatischeren Weg gehen.

Wie groß ist aber das wirtschaftliche Potenzial des DFB und wie ist es verteilt? Seit Jahren gibt es breite Kritik an der Informationspolitik des Verbands. Selbst seriöse Journalisten können an vielen Stellen nur spekulieren, wie der DFB wirtschaftet (vgl. Ashelm 2015). Seit einigen Jahren veröffentlicht der Verband allerdings einen einigermaßen detaillierten Geschäftsbericht – nicht ohne zu betonen, dass dies aus »gesellschaftlicher Verantwortung« und auf freiwilliger Basis geschehe (DFB 2017, S. 34, 42).

Im Geschäftsjahr 2016 standen demnach Erträgen von etwa 290 Millionen Euro Aufwendungen in Höhe von etwa 295 Millionen Euro gegenüber. Ein »Gewinn« – den ein gemeinnütziger Verein natürlich nicht als solchen ausweisen kann – in Höhe von etwa 7,8 Millionen Euro ergab sich durch die Auflösung von Rücklagen in einer saldierten Höhe von ca. 12 Millionen Euro. Positiv schlagen sich in der Bilanz der »Spielbetrieb und die Vermarktung der Nationalmannschaften« (35 Millionen Euro), Einnahmen aus Wettbewerben wie vor allem dem DFB-Pokal (7 Millionen Euro), »Sponsoring und Vermarktung« (50 Millionen Euro) und eben die »Rücklagenauflösung« nieder. Einen negativen Saldo weisen dagegen »Talententwicklung und Trainerwesen« (-14 Millionen Euro), »Verbandstätigkeit/Nachhaltigkeit«[64] (-17 Millionen Euro), »Admi-

64 Hier verbergen sich Posten wie »Freizeit- und Breitensport« (übrigens mit einem relativ kleinen Negativsaldo von 1,5 Millionen Euro), »Sicherheit und Prävention«, »Ehrenamt«, »gesellschaftliche Verantwortung« sowie »Verbände und sonstige Beziehungen«.

nistration« (-57 Millionen Euro) und »Projekte« auf (-2 Millionen Euro). Die ausgewiesenen Steuerzahlungen des DFB beliefen sich im Jahr 2016 auf 3,7 Millionen Euro (siehe ebd., S. 17-18).

Der Geschäftsbericht eröffnet, dass die Steuern für die »wirtschaftlichen Geschäftsbetriebe« anfallen, die »zur Finanzierung des ideellen Bereichs« unterhalten werden. Es handelt sich um den »Spielbetrieb u. a. [der] National-mannschaften, Sponsoring, Mehrheitsbeteiligungen«. Explizit heißt es im Geschäftsbericht, »aus den Ergebnissen des wirtschaftlichen Geschäftsbetriebs [seien] Körper-schaftsteuer und Solidaritätszuschlag an das Finanzamt sowie Gewerbesteuer an die Stadt Frankfurt am Main zu bezahlen« (ebd., S. 32). Wenn sich diese auf 3,7 Millionen Euro belaufen, könnten sie sich zunächst auf den aus-gewiesenen Gewinn in Höhe von 7,8 Millionen Euro be-ziehen. Dann ergäbe sich eine Gewinnbesteuerung um die 47 Prozent.

Ein genauerer Blick in den Geschäftsbericht eröffnet je-doch, dass der quasibilanzielle Erlös nicht die Grundlage für die Steuerzahlungen sein kann. Denn dieser ergibt sich, wie erwähnt, vor allem aus einer Auflösung der Rückla-gen in Höhe von 12,3 Millionen Euro, die für die ideellen Zwecke des DFB getätigt wurden (ebd., S. 33).

Was ist aber dann die Bezugsgröße für die Körper-schaftsteuer? In den Bereichen »Spielbetrieb und die Ver-marktung der Nationalmannschaften« beläuft sich – wie bereits berichtet – der Saldo auf 34,8 Millionen Euro, im Bereich »Sponsoring und sonstige Vermarktung/Dienst-leistungen« auf 49,7 Millionen Euro, die Erträge aus Be-teiligungen auf 6,4 Millionen Euro (ebd., S. 17-18, 34). Zu-sammen ergeben sich 90,9 Millionen Euro. Dabei ist noch zu berücksichtigen, dass allein die A-Nationalmannschaft einen Saldo von 50,6 Millionen aufweist – die Erträge aus dem Spielbetrieb sind nur deshalb mit 34,8 Millionen wesentlich niedriger, weil im Geschäftsbereich »Spielbetrieb« auch die U21-, Frauen-, die Junioren- und Juniorinnen-Nationalmannschaften mit einem Negativertrag von etwa 16 Millionen Euro mit einfließen (ebd., S. 16).

Wenn den Erträgen aus den genannten Bereichen in Höhe von 90,9 Millionen Euro Steuerzahlungen in Höhe von 3,7 Millionen gegenüberstehen, kann die Schlussfolgerung nur lauten, dass ein großer Teil auch der im Finanzbericht »geschäftlich« genannten Bereiche in Wirklichkeit keiner Steuerpflicht unterliegt. Es scheint dem DFB also gelungen zu sein, gegenüber dem Finanzamt Frankfurt auch *innerhalb* der Geschäftsfelder »Spielbetrieb und Vermarktung Nationalmannschaften« sowie »Sponsoring und sonstige Vermarktung« bestimmte Bereiche als gemeinnützig auszuweisen.

Leider ist durch den Geschäftsbericht – und auch durch Rechercheanfragen – nicht in Erfahrung zu bringen, ob z. B. der Ticketverkauf für die Nationalmannschaft oder die Vermarktung von TV-Rechten zur Unterstützung ideeller Zwecke oder mit überwiegender Gewinnerzielungsabsicht geschehen. Denkbar ist zunächst beides: Die entstehenden Erträge könnten in den Nachwuchsbereich oder soziale Projekte fließen, sie könnten aber ebenso gut für das Zahlen der Angestelltengehälter verwendet werden. Der Transparenz wäre wohl am meisten gedient, wenn der DFB in seinem Geschäftsbericht die Bereiche identifizieren würde.

Die Größenordnung, in der dem DFB Steuern erlassen werden, dürfte bei etwa 20 Millionen Euro jährlich liegen.

Dafür gibt es einige Indizien. Vor einigen Jahren hat der DFB angeblich eine interne Berechnung anstellen lassen, der zufolge der finanzielle Vorteil aus der Gemeinnützigkeit (damals) bei 15 bis 20 Millionen Euro jährlich lag (vgl. Ashelm 2015). Und im Zuge der Bestechungsaffäre Dreyfus/Beckenbauer um die WM-Vergabe 2006 hat das Finanzamt Frankfurt dem DFB für das Jahr 2006 die Gemeinnützigkeit nachträglich entzogen und im Oktober 2017 eine Steuernachforderung in Höhe von 19,2 Millionen Euro gestellt (*Spiegel Online* 2017b).

Die Wirtschaftsprüfer, die den DFB-Geschäftsbericht erstellt haben, hatten diesen Punkt schon vorsorglich in ihr Prüfungsurteil aufgenommen (DFB 2017, S. 50). Man mag darüber streiten, wieso sie das Ansinnen des DFB billigen, trotz eines drohenden (rückwirkenden) Entzugs der Gemeinnützigkeit keine Rücklagen zu bilden (ebd.). Angesichts der soliden Recherchen und des systematischen Schweigens aller beteiligten Protagonisten erscheint recht offensichtlich, dass es im Vorfeld der WM-Vergabe dunkle Machenschaften bis hin zu einem möglichen Stimmenkauf gegeben hat.

Aus meiner Sicht bergen die Zahlen des DFB indes ein anderes Problem, das systematischer Natur ist und deshalb die außergewöhnlichen Vorgänge rund um die Heim-WM letztlich in den Schatten stellt. Es besteht darin, dass die entgangenen Steuereinnahmen zu einem nicht unerheblichen Teil solchen Personen und Unternehmen zugutekommen, die es nicht unbedingt nötig haben: den gut verdienenden Nationalspielern mit ihrem Trainer- und Managerstab und den Kapitalgesellschaften der Profifußballvereine. Zudem sei wiederholt, dass sich aus dem Geschäftsbericht ein Durchschnittsgehalt von mehr als

140 000 Euro jährlich für die DFB-Angestellten ergibt (siehe ebd., S. 40), was mit einem unscheinbaren Satz aus § 5 der DFB-Satzung in einem Reibungsverhältnis steht: »Der DFB ist selbstlos tätig.«

Das Argument wird deutlich, wenn wir uns den Einzelposten des Geschäftsberichts etwas detaillierter zuwenden. Die Erträge im Bereich »Sponsoring und Vermarktung« lagen bei 113,1 Millionen Euro, die Aufwendungen bei 63,4 Millionen Euro. Im Teilbereich »Sponsoring« wurden 58,4 Millionen Euro eingenommen, davon aber 23,4 Millionen Euro an die Spieler weitergegeben. Im Lizenzgeschäft nahm der DFB 8,4 Millionen Euro ein; davon gingen 3,1 Millionen Euro an »Spieler, Trainer, Manager«. Den Einnahmen von 26,1 Millionen Euro aus dem Grundlagenvertrag mit der DFL steht eine pauschale Abführung von 20 Millionen Euro an die Deutsche Fußball Liga – wohl an die GmbH – für die Sicherstellung der Abstellung der Nationalspieler durch die Vereine und ihre Kapitalgesellschaften gegenüber. Von den Einnahmen aus der sonstigen Vermarktung (insbesondere TV-Rechte) in Höhe von 9,8 Millionen Euro werden 6,8 Millionen Euro an Empfänger im DFB und »vor allem die Teilnehmer am DFB-Pokal« ausgeschüttet (DFB 2017, S. 25.).

Aus diesen Daten ergibt sich zunächst der interessante Befund, dass ein guter Teil der Aufwendungen in der Bilanzabteilung »Sponsoring und sonstige Vermarktung/Dienstleistungen« letztlich in Werbe- und Entschädigungszahlungen an Spieler, Trainer und Manager der Nationalmannschaft bestehen – nämlich eine Summe um die 26 Millionen Euro. Ein weiterer Batzen wird an die Vereine abgeführt; mangels einer detaillierten Auflistung lässt sich dieser Betrag mit ca. 27 Millionen nur schätzen. Davon kommt im

Bereich des DFB-Pokals ein gewisser Anteil den Amateurmannschaften zugute, der Rest fließt jedoch über die DFL an die Erste und Zweite Bundesliga. Von den 63,4 Millionen Aufwendungen im Bereich Sponsoring verbleiben mithin drei Viertel nicht beim DFB, sondern gehen an Personen oder Organisationen im Profifußball.

Der Anteil mit eindeutig ideellem bzw. gemeinnützigem Charakter ist dagegen eher gering. Es werden zwar – laut der Bilanz des Jahres 2016 – etwa 14 Millionen Euro in die Talentförderung, 1,5 Millionen Euro in den Freizeit und Breitensport sowie weitere 1,4 Millionen Euro in die Bereiche Amateurschiedsrichter, Ehrenamt und Schulfußball gesteckt, und es ließen sich in der Bilanz noch einige weitere Posten mit gemeinnützigem Charakter finden.[65] Wie man es aber dreht und wendet: Die direkt in den Männerprofifußball weitergeleiteten Ausgaben liegen bei den oben geschätzten 50-60 Millionen Euro und werden flankiert von immerhin 56,8 Millionen Euro für den Bilanzposten »Administration und Kommunikation«. Man lehnt sich mit der Feststellung, dass nur ein Bruchteil der Aufwendungen des DFB tatsächlich in genuin gemeinnützige Bereiche fließt, nicht aus dem Fenster.

Problematisch ist dies nicht nur wegen einer möglichen (indirekten) Zweckentfremdung öffentlicher Gelder, sondern auch wegen der ordnungswirtschaftlichen Fehlanreize, die aus der für zu viele Bereiche gewährten Gemein-

---

65 Anhänger*innen und/oder Gegner*innen des Gender-Mainstreaming seien informiert, dass der Spielbetrieb des Frauen und Juniorinnenfußballs mit insgesamt etwa 7,3 Millionen Euro bezuschusst wurde; siehe DFB (2017, S. 18, 22). Dem stehen (vermutlich) Einnahmen beim Sponsoring gegenüber; diese sind im Bericht nicht detailliert aufgeführt.

nützigkeit entstehen (vgl. Ashelm 2015). Die entgangenen Steuerzahlungen seitens des DFB sind nur ein Aspekt. Spenden an gemeinnützige Vereine können abgesetzt werden, so dass andere Steuerzahler eine geringere Steuerschuld begleichen müssen. Wenn Spenden oder spendenähnliche Zahlungen – nicht zuletzt durch Sponsoren des DFB – geleistet werden, treten Wettbewerbsverzerrungen unter anderem im Bereich der Werbewirtschaft auf. Diese Schieflagen mögen nicht die ordnungspolitischen Grundlagen der deutschen Wirtschaft erschüttern. Sie sind aber vor dem Hintergrund fragwürdig, dass der Fußball überall dort auf Autonomie pocht, wo er seine wirtschaftlichen Interessen als angegriffen ansieht. Diese Autonomie gefährdet der DFB damit, dass er allgemeine gesellschaftliche Regeln – in diesem Fall der Steuergesetzgebung – auf sich selbst bezogen als nur selektiv gültig ansieht.

\*\*\*

Wie die Ausführungen zu den ökonomischen Aspekten des deutschen Fußballs zeigen, weist die Verwirtschaftlichung des Fußballs viele Facetten auf. Sie stellt sich in München anders dar als in Leipzig, in Dortmund anders als in Hoffenheim, bei Hertha BSC anders als bei Union Berlin und auf der europäischen Ebene anders als auf der globalen. Verbände wie der DFB oder die DFL müssen sich in unterschiedlicher Weise auf das Primat der Ökonomie einstellen. Auch hat sich – in der Zusammenschau mit den Kapiteln 2 und 3 – herausgestellt, dass weder Vereine noch Verbände allein als Antreiber der Ökonomisierung gelten können. Vielmehr betten sie sich ein in das Selbstverständnis einer breiteren Öffentlichkeit, die Leistung und Erfolg zu wichtigen Maßstäben der Selbstverwirklichung ernannt hat.

Insofern handeln die Verantwortlichen aller soeben genannten Vereine und Verbände nicht *gezwungenermaßen*, etwa im Sinne einer aufoktroyierten Neoliberalisierung. Im Gegenteil erfolgt die Anpassung an wirtschaftliche Praktiken und die Durchdringung mit werbewirtschaftlichen Grundsätzen aus der *Überzeugung*, das Beste und vielleicht einzig Mögliche für das Florieren des Fußballs getan zu haben und weiter zu tun.

Natürlich gibt es auch nachdenkliche Stimmen, wie etwa die des Freiburger Trainers Christian Streich, der sich besonders prononciert zu dem Reibungsverhältnis zwischen dem Freiburger Ausbildungsmodell und den steigenden (internationalen) Transfersummen geäußert hat (vgl. RP-Online 2017). Solche Stimmen sind wichtig für den Gesamtdiskurs des Fußballs, allerdings handelt es sich schwerlich um systemoppositionelle Äußerungen. Das Gesamtsystem des ökonomisierten Fußballs stellen sie nicht generell infrage. Die Vorstellung, dass der professionelle Fußball auf dem Fundament wirtschaftlichen Handelns ruht, wird durch die Einlassungen Streichs sogar eher gestützt, denn jede Kritik bestätigt zunächst einmal die Existenz eines gedanklichen Bildes (die sogenannte »Neinsager-Falle«, siehe Wehling 2016, S. 52-57).

Spätestens seit der globalen und europäischen Finanzkrise wird in der Befassung mit dem Neoliberalismus geschlussfolgert, dass seine Ausbreitung vor allem zu Lasten solcher gesellschaftlicher Schichten ginge, die sowieso schon unter Benachteiligung leiden (Stiglitz 2002; Scholte 2005; Streeck 2013). Auch im Fußball lassen sich dysfunktionale Entwicklungen als Folge einer ungebremsten Verwirtschaftlichung ausmachen, aber sie betreffen gewissermaßen die Akteure der Ökonomisierung selbst – und weniger etwaige Nichtbeteiligte. Es gibt kein Prekariat, das sich wegen des Siegeszugs der Ökonomie im Fußball von gesellschaftlichen Belangen exkludiert sehen muss. Genau besehen ist sogar das Gegenteil der Fall: Selbst relative Geringverdiener im Feld des Fußballs verdienen weit mehr als das gesellschaftliche Durchschnittsgehalt, ganz abgesehen von der sehr überdurchschnittlichen Ausstattung mit sozialem und symbolischem Kapital.

Folglich entbrennt die Kritik am neoliberalen Modell des Fußballs an einer anderen Stelle. Die problematischen Folgen zeigen sich in der Ausdünnung des Wettbewerbs und einer zunehmenden Distanz zwischen Betrachtern (z. B. Journalisten, engagierten Fans) und den Hauptprotagonisten (mehr dazu im nächsten Kapitel). Qualifikationsspiele zur Europa League oder der Champions League finden nur begrenzten Zuschauerzuspruch, und auch in der Gruppenphase der Europa League sieht man häufig leere Ränge. Zuletzt, im November 2017, blieben beim Länderspielklassiker Deutschland gegen Frankreich in Köln 10 000 Plätze frei (*Spiegel Online* 2017b). Der fortgeschrittene und stets beschleunigte Wettbewerb im Fußball beraubt ihn zu einem gewissen Teil seiner Faszination. Innerhalb einer Saison stehen nur noch wenige Spiele an, deren Ausgang entscheidende Weichen stellt; die dem Spiel innewohnende Spannung hat sich durch Übersättigung und Oligopolisierung verringert. Der Fußballkapitalismus könnte schon begonnen haben, seine eigenen Kinder zu fressen.

Diese Entwicklung trifft, wie gesehen, die Vereine in nationalen Ligen in unterschiedlicher Weise. Während sich geschätzte zwei Drittel der Bundesligisten im Laufe einer

Saison Sorgen um den Abstieg machen müssen, ballt sich das wirtschaftliche Potenzial eines selbst von der DFL ausgewiesenen oberen Drittels um vier Plätze in der Champions League und ein bis drei Plätze in der Europa League – wobei es seit der Finanzkapitalisierung der Bundesliga kaum noch eine Saison gegeben hat, in der mehr als zwei Vereine ernsthaft um die Meisterschaft konkurriert hätten.[66]

Vor diesem Hintergrund entsteht zwar keine Zweiklassengesellschaft in einem engeren Sinne. Die Beispiele Hoffenheim und Leipzig zeigen, dass es durchaus möglich ist, eine Zeit lang mit einer Mischung aus solider Kapitalisierung und intelligentem Ausbildungsfußball erfolgreich zu sein. Dennoch treiben die vom Vereinsfußball ausgehenden Identifikationsangebote auseinander. Auf der einen Seite stehen wenige Erfolgsklubs, auf der anderen die weit größere Gruppe der übrigen Vereine, für die das obere Tabellendrittel bei realistischer Betrachtung kein Saisonziel darstellt.

Vor diesem Hintergrund sollte nun die überbordende Sympathie, die Uli Hoeneß seitens seines Vereins in den Jahren 2013 und 2014 entgegengebracht wurde, nicht als gewöhnliches Ereignis im Feld des Fußballs verstanden werden. Vielmehr handelte es sich um eine Huldigung des Marktführers, der von Neidern als »FC Buyern« verspottet wird,[67] dessen eigene Anhänger allerdings die ab-

---

66 Am Ende der Saison 2008/09 trennten lediglich sechs Punkte den Erst- vom Viertplatzierten (Meister Wolfsburg, Vierter Hertha BSC Berlin). Die Saison 2006/07 war die letzte, in der die Meisterschaft erst am finalen Spieltag entschieden wurde (Meister VfB Stuttgart).
67 So der Titel eines parodistischen Twitter-Accounts; siehe {https://twitter.com/fcbuyernmunich} (Stand Februar 2018).

solute Vormachtstellung ihres Vereins im zweiten Jahrzehnt des 21. Jahrhunderts begrüßen. Hier findet sich eine bemerkenswerte Eigenschaft neoliberaler Regime, denen die Kritiker des Neoliberalismus wenig Aufmerksamkeit schenken. Die Konzentration wirtschaftlicher Ressourcen auf wenige Akteure in einem oligopolistischen Markt bewirkt offenbar eine heftige emotionale Hinwendung gerade zu den Gewinnern des Wettbewerbs. Verschiedene Rankings zeigen, dass der FC Bayern München als unbestrittener Spitzenverein der Bundesliga über die prozentual meisten Fans verfügt, mehr als doppelt so viele Fanklubs (4000) führt wie der nächstfolgende Verein (Köln, 1500) und auch die mit Abstand meisten Vereinsmitglieder aller Bundesligisten hat.[68] Dieser identifikatorische Effekt des Erfolgs verdient nähere Betrachtung, was im folgenden Kapitel geschehen soll.

68 Siehe die Übersicht über »Mitglieder, Fanclubs und Jahresbeiträge in der Bundesliga und 2. Bundesliga (2015/16)« auf der Website des Informationsdienstleisters Sponsors {https://www.sponsors.de/sites/default/files/mitglieder_fanclubs_und_jahres beitrage_in_der_bundesliga_und_2._bundesliga_201516_0.pdf} sowie die »Fan-Tabelle der 1. Bundesliga« auf der Homepage der Zeitschrift *Sport Bild* {http://sportbild.bild.de/bundesliga/ 2017/bundesliga/rb-ueberraschend-beliebt-das-fan-ranking-der-bundesliga-49785738.sport.html} (beide Stand Februar 2018).

# 5. Gemeinschaftsbildung durch Fußball: Ein inhärenter Widerspruch?

Im letzten Abschnitt seiner zu Beginn des vorangegangenen Kapitels zitierten Rede spricht Uli Hoeneß davon, wie er angesichts des über ihn hereinbrechenden Unglücks – der Nichtgültigkeit der Selbstanzeige, der folgenden (Vor-)Verurteilung und des Gangs ins Gefängnis – »Hass« empfindet. Das Entstehen dieses Gefühls verbindet er mit »Journalisten«, die »mich noch nie im Leben gesehen« haben und denen er unterstellt, sie wollten nicht »informieren […], nein, man will Kohle verdienen – und das ist frevelhaft« (vgl. *Süddeutsche Zeitung* 2014).

Vor dem Hintergrund des Werdegangs von Hoeneß erscheinen diese Worte zunächst verdunkelnd. Als millionenschwerer Fußballer, geschäftstüchtiger Fleischwarenfabrikant und erfolgreicher Manager im unübersichtlichen Fußballgeschäft erscheint die pauschale Verdammung des Geldverdienens einigermaßen rätselhaft. Immerhin nennt Hoeneß zwei Bedingungen für die von ihm unterstellte Frevelhaftigkeit: fehlende Kontaktaufnahme seitens der Journalisten, die über ihn schreiben, und das Zurückstellen der vermeintlichen Hauptaufgabe von Journalisten, nämlich neutral zu informieren. Hier scheint das Rollenverständnis mit einer Portion Hybris angereichert zu sein.

Interessanter aber als eine psychologische Ferndiagnose ist, dass es vielleicht gerade die öffentlich verkündete moralische Überlegenheit war, die multiple Gegenreaktionen nach sich zog. Im Frühjahr 2017, also nach dem

Absitzen der Haftstrafe und der Rückkehr in die Vereins-
ämter des FC Bayern, äußerte Hoeneß: »Ich habe über
40 Millionen Strafe gezahlt. Trotzdem entschied ich mich,
ins Gefängnis zu gehen« (*Spiegel Online* 2017e).

Die Aussage, selbst wenn sie im Eifer eines Interviewge-
fechts gefallen sein sollte, ist emblematisch für die Sicht
einer breiten Öffentlichkeit nicht nur auf Uli Hoeneß,
sondern auf den FC Bayern insgesamt: Sowohl eine ver-
ständnisvolle wie auch eine verurteilende Haltung können Plausibilität für sich beanspruchen. Auf der einen Seite steht die ökonomische und sportliche Strahlkraft der
Marke FC Bayern, nicht zuletzt im Kontrast zu weniger
umsichtig wirtschaftenden Teilen der Branche. Die hohe
Erfolgsorientierung und das zur Schau getragene Leistungsethos stehen für den Verein wie auch die Privatperson Hoeneß. Und mehr als das: Innerhalb der »Familien«,
sowohl von Uli Hoeneß persönlich als auch der des Fußballvereins, herrschen Gesetze der Mitmenschlichkeit, auf
deren Grundlage man einander beschützt und sich gemeinsam gegen äußere Widersacher wappnet – und das besonders in schweren Zeiten.

Als erfolgreiche familiäre Gemeinschaft ist der FC
Bayern so zu einem fast universalen Symbol geworden,
das wie kein anderes im deutschen Vereinsfußball Sympathien auf sich zieht. Uli Hoeneß stellt in diesem System
den Chozjain bzw. den »Patriarchen« – so der Titel eines
im ZDF ausgestrahlten Hoeneß-Dokumentarfilms von
Christian Twente aus dem Jahr 2015. Dabei handelt es sich
natürlich um einen zentralen Baustein der Metapher »Familie«.

Nur: Soll über all dies die Gegenperspektive gänzlich
verschwinden? Diese rückt in den Vordergrund, dass der

Erfolg des FC Bayern in nicht geringem Maße auf einer Schwächung der Konkurrenz beruht, sei es durch gezielte Spielerkäufe, sei es durch rhetorische Strategien der Verunsicherung. Und es geht nicht nur um das gezielte Einsetzen der eigenen Marktmacht: Die Familie FC Bayern hat vorgemacht, was passiert, wenn die eigene Hegemonialposition doch einmal zur Disposition stehen sollte. Im Zusammenhang mit der Affäre Hoeneß wurden allgemeine Regeln wie die Unabhängigkeit des Journalismus oder die Regelsetzungsmacht der politischen Sphäre mit großer Selbstverständlichkeit infrage gestellt. Diese Eigenschaften bescheren dem FC Bayern und seinen Leitfiguren in erheblichem Maße Antipathien, da sie Rücksichtslosigkeit und das Ausnutzen von Machtpositionen repräsentieren. Der FC Bayern steht hier natürlich nicht allein. Kritische Beobachter haben in vielen Zusammenhängen festgehalten, dass Akteure des Fußballs schnell bereit sind, bei den Grundsätzen der Gleichbehandlung und der Fairness ein Auge zuzudrücken, wenn es opportun ist (Goldblatt 2008, S. 513-679; Kuhn 2011, S. 51-104).

In gewisser Weise erinnert das clanartige Verhalten der Bayerngrößen bei der Ehrerbietung gegenüber Hoeneß an Mafiafilme, z. B. die Unterstützung des geschwächten Patriarchen Don Vito Corleone in *Der Pate*. Mit dem Hinweis auf die Mafia möchte ich nicht andeuten, dass die Leitfiguren des FC Bayern über die eingangs des letzten Kapitels genannten Verfahren hinaus in strafbare Tätigkeiten involviert sind oder waren. Entscheidend erscheint mir vielmehr die Strukturierung des Fußballfeldes in Familien und Gegenfamilien inklusive der dazugehörigen Narrative und Gegennarrative.

Wenngleich mitunter von der »Familie des Fußballs« als

ganzheitlicher Gemeinschaft die Rede ist,[69] so lässt sich kaum verkennen, dass es Reibungen auf und jenseits des Platzes sind, die die Spannung und den Reiz der fußballerischen Lagerbildung ausmachen. Fußball ist und bleibt ein mannschaftlicher Wettbewerb, bei dem Unentschieden zwar möglich sind, bei dem es letzten Endes aber auf Sieg oder Niederlage und Hierarchien in Tabellen ankommt. Und hierfür ist die Ausbildung starker innerer Gruppenidentitäten nötig. »Mit der Ausbildung eines besonderen Gruppenethos im Fußball sichern sich Vereine und Verbände Kontrolle über das Verhalten der Spieler: Was loyales Verhalten ist, wird von ihnen festgelegt« (Gebauer 2016, S. 278).

Die Loyalitäten im Fußball sind somit notwendig mit Gegenloyalitäten verbunden. Ohne die Existenz des Anderen ergeben Selbst- und Identitätsbestimmung schlichtweg keinen Sinn (Barth 1969). Die Frage nach dem Gemeinschaftlichen im Fußball kann sich also in mehreren Dimensionen abspielen (vgl. Sonntag 2008). Es gibt a) einen integrierenden Aspekt bei der inneren Gruppenbildung, b) einen abgrenzenden Aspekt gegenüber »anderen« Gruppen und c) einen übergeordneten Aspekt, in dem das Für und Wider der beiden ersten Aspekte zueinander in Beziehung gebracht wird. Die Ebenen sollten nicht nur wegen der analytischen Hygiene auseinandergehalten werden, sondern auch, weil ihre wichtigsten Parameter recht unterschiedlicher Natur sind. Auf der ersten Ebene steht das kollektive Selbst im Mittelpunkt und damit Mechanismen der emotionalen Konstruktion von Eigenbildern. Auf

---

69 Die Metapher wird besonders häufig von Funktionären der Fifa verwendet; siehe Conn (2017).

der zweiten geht es entsprechend mehr um Fremdbilder und daher nicht zuletzt um deren verzerrende Eigenschaften wie Vorurteile, Wut und (auch) Gewalt. Die dritte Ebene ist durch den Diskurs und dessen Analyse repräsentiert.

Wenn wir uns der Identität im Fußball mit einem Fokus auf die integrierte Gemeinschaft nähern, dann lässt sich diese mit der Vorstellung der Gesellschaft als geschlossenes organisches Ganzes im Sinne von Georg Simmel fassen. Die Perspektive auf die von der Gemeinschaft Ausgeschlossenen verknüpft sich dagegen mit der Idee der Alterität, die ein konstitutives Außen im Sinne von Jacques Derrida erfordert (vgl. Moebius 2003). Noch einmal sei unterstrichen, dass beide Aspekte voneinander abhängen. Ohne Abgrenzung nach außen ergibt sich keine integrierte Entität nach innen. Vorstellungen über die Zugehörigkeit und Nichtzugehörigkeit zum »organischen Ganzen« befinden sich allerdings in permanenter Bewegung; sie werden imaginiert bzw. konstruiert.

## Gruppen in der Wir-Perspektive: Sportlicher Erfolg, Integration und das Management von Diversität

Ein positiver Begriff von Gemeinschaft lässt sich im Fußball mindestens auf drei Ebenen finden: im Hinblick auf einzelne Städte, auf Regionen sowie auf Länder oder Nationen. Zum Bezugspunkt werden können also z. B. Schalke 04 für Gelsenkirchen,[70] Athletic Bilbao oder der FC Barcelona für das Baskenland bzw. Katalonien (Nili 2009)

70 Schalke und Schalke-Nord sind Stadtteile von Gelsenkirchen.

oder Les Bleus als Nationalmannschaft für Frankreich (Beaud 2011, Sonntag 2008).

Weder Theorien der Identität noch der offensichtliche Augenschein legen dabei nahe, die Identifikation mit verschiedenen Fußballmannschaften als einander ausschließend zu betrachten (Coser 1956). Die Existenz der drei Ebenen signalisiert vielmehr, dass Individuen auf mehr als ein Identifikationsangebot eingehen können. Anhänger des 1. FC Nürnberg sehen sich in der Bundesliga als Gegner des FC Bayern München, unterstützen den letztgenannten Verein aber möglicherweise in der Champions League. Zugleich sind sie in der Regel Fans der deutschen Nationalmannschaft, obwohl in der eigenen Mannschaft meistens kein Nürnberger Spieler aufläuft, dafür aber mehrere des FC Bayern München. Wenn es beim Konzept der Identität darum geht, die »›Passung‹ zwischen autonomen Individuen und gesellschaftlichen Erwartungen zu formulieren« (Reckwitz 2008b, S. 76), dann bietet der Fußball den Individuen eine Möglichkeit, sich mit *mehreren* imaginierten Gemeinschaften zu identifizieren. Gelingt eine solche Identifikation in dem Sinne, dass sich die Individuen über ein Wir-Gefühl selbst identifizieren, hat sich ein Prozess gesellschaftlicher Integration vollzogen.

Die Dynamik der Vorstellungswelt allein um »uns« und »sie« ist damit recht widersprüchlich. Einerseits konstituiert sie den Identitätsraum »Fußball«. Andererseits existieren viele Zwischenzustände, in denen keine eindeutige Selbst- und Fremdzuordnung stattfindet. Schon die Entstehung des Fußballs war von – in diesem Fall ethnischer – Hybridität gekennzeichnet. Fast überall auf der Welt begann sein Siegeszug mit Spielen, an denen Engländer mit temporärem oder dauerhaftem Wohnsitz in dem jeweiligen Land beteiligt waren; auch in Deutschland war dies so (siehe Beiträge in Eisenberg 1997b). Allerdings geschah die Emanzipation von England relativ rasch, woran die Indienstnahme des Fußballs durch das deutsche Militär ihren Anteil hatte – schließlich befand sich das Kaiserreich vor 1914 in strikter Gegnerschaft zu Großbritannien (Bausenwein 2006, S. 308-310; Eisenberg 1997a).

In Deutschland stand aber zunächst nicht die Entwicklung einer dezidiert nationalen Fußballkultur auf der Agenda. Stattdessen bildeten sich regionale Hochburgen, z. B. in Berlin, Nürnberg oder Gelsenkirchen, die wegen ihrer Erfolge als Magneten des Interesses fungierten. Die Vereine dieser Städte – es ließen sich leicht ein Dutzend weitere nennen – rekrutierten Spieler überwiegend aus dem eigenen Umland und wiesen deshalb deutliche Unterschiede auf. Hertha BSC und einige andere Berliner Vereine standen für »Hauptstadtfußball«,[71] Nürnberg repräsentierte das industrialisierte Franken (und bildete damit den Gegensatz zum kulturell geprägten München), Schalke 04 war die fußballerische Verlängerung des Bergbaus. Die Anziehungskraft der genannten Städte für Arbeitsmigranten gestaltete sich höchst variabel und trug transnationale sowie klassenübergreifende Züge:

Viele Menschen […], die […] an ihrer sozialen Deklassierung litten und denen man aus den sogenannten besseren Kreisen gewöhnlich nur Geringschätzung und Verachtung entgegenbrachte, erfüllte es mit unbändigem Stolz, als sich Sportler aus ihren Reihen höchstes Ansehen erwarben (Gehrmann 2004, S. 170; siehe auch Gömmel 2004; Herzog 2004).

71 So der Titel einer Museumsausstellung im Jahr 2017 in Berlin; siehe die dazugehörige Website {https://www.hauptstadtfuss ball.berlin/} (Stand Februar 2018).

Natürlich hinterließen dann die Machtergreifung durch die Nationalsozialisten und ihr Drang nach nationaler Vereinheitlichung ihre Spuren im deutschen Fußball. Der 1900 gegründete Deutsche Fußball-Bund stellte sich nach 1933 zügig in den Dienst der Nazis (siehe für das Folgende Havemann 2005; Budraß 2007).

Dies hatte aber nicht nur ideologische Gründe. Vielmehr vermochte der neue Reichssportführer Hans von Tschammer und Osten, den DFB vor der drohenden Spaltung zu bewahren, als er sich gegen die Bemühungen einiger großer Vereine für die Einführung des Profifußballs wandte. Gleichwohl spielte die Aussicht auf die Olympischen Spiele 1936 in Berlin eine wichtige Rolle, wo eine gute Platzierung in der populärsten deutschen Sportart angestrebt wurde – bekanntlich war die Teilnahme an den Amateurstatus geknüpft. Der seit 1925 amtierende DFB-Präsident Felix Linnemann übertrug das Führerprinzip im Sommer 1933 auf den DFB, um diesen zu zentralisieren und der als hemmend empfundenen Föderalisierung entgegenzutreten: »Wir waren früher ein Verband, der sich auf dem alten Recht gegründet hat und sich liberalistisch aufbaute. Heute haben wir die selbstverständliche Pflicht, von diesem Wege abzugehen und die vom Staat ganz neu gestellte Ordnung, das Prinzip der Führerschaft, zu übernehmen« (zitiert nach Havemann 2006, S. 36).

Die Geschichte des DFB, der nach den Olympischen Spielen 1936 zerschlagen wurde, ist allerdings trotz solcher Äußerungen ebenso von wenig eindeutigen Brüchen geprägt wie der deutsche Fußball insgesamt. Die Erfolge des 1. FC Nürnberg beispielsweise, der in den zwanziger Jahren mehrere deutsche Meisterschaften erringen konnte, gingen unter anderem darauf zurück, dass mit Péter

Szabó, Alfréd Schaffer und dem Trainer Izidor Kürschner ungarische Spitzenkräfte gewonnen werden konnten und gewissermaßen Aufbauhilfe für den deutschen Fußball leisteten (Wikipedia DE 2018a).

Auch der berühmte »Schalker Kreisel« der dreißiger Jahre, eine auf kurzen Pässen basierende Spieltaktik, wies nationale Zweideutigkeiten auf (vgl. Wikipedia DE 2018k). Spieler wie Ernst Kuzorra und Fritz Szepan waren Kinder von Einwanderern aus Masuren. Nach der Meisterschaft von 1934 schrieb die polnische Sportzeitung *Przegld Sportowy*: »Die deutsche Meisterschaft in den Händen von Polen! – Triumph der Fußballspieler von Schalke 04, der Mannschaft unserer polnischen Landsleute« (*Ruhrnachrichten* 2012). In Deutschland wurde Schalke von seinen Gegnern als »Polackenverein« geschmäht (Blecking 2006).

Das nationalsozialistische Regime dagegen sah in den Spielern, die sich selbst als Ostpreußen und damit eher als Deutsche denn als Polen definierten, ein willkommenes Instrument, um die hegemonialen Ansprüche Deutschlands in Europa herauszustreichen. Im Grunde ließ sich so schon vor dem Zweiten Weltkrieg ein Muster der öffentlichen Rezeption wiederfinden, das bis heute andauert: Im Fall des sportlichen Erfolgs wird ethnische Diversität als Bereicherung angesehen und entsprechend propagiert. Zugleich bestehen jedoch politische Akteure – und hier sind auch entscheidungsrelevante Akteure des Fußballfeldes gemeint – darauf, Vielfalt nur auf dem Boden der jeweils »eigenen« Nation zuzulassen.

Nach dem Krieg spielt natürlich das oft beschworene »Wunder von Bern« eine zentrale Rolle bei der gemeinschaftsbildenden Funktion des deutschen Fußballs. Das

Ereignis hat unzählige Deutungen erfahren: von der vermeintlichen Wiederherstellung der deutschen Würde zum eigentlichen Gründungsmythos der Bundesrepublik, von der Reinstitution des Kameradschaftsgedankens bis zur Verkörperung der nachkriegsdeutschen Leistungsgesellschaft (Kasza 2004; Brüggemeier 2004; Heinrich 2004). Der Gewinn des Weltmeisterschaftstitels 1954 ist ein gut dokumentiertes und vielfältig interpretiertes Ereignis der deutschen Nachkriegsgeschichte; man denke nur an den Film *Das Wunder von Bern* von Sönke Wortmann oder die eigene Homepage zum Thema.[72] Natürlich darf auch ein Wikipedia-Eintrag mit 44 Einzelnachweisen und einer ausführlichen Literaturliste nicht fehlen (Wikipedia DE 2018ak).

Vor diesem Hintergrund verzichte ich darauf, das »Sommermärchen« von 1954 an dieser Stelle näher zu analysieren. Es sei lediglich auf einen Nebenaspekt verwiesen: die territoriale Integrationsleistung durch die Weltmeistermannschaft. Die Bundesrepublik bestand bekanntlich aus einem Rumpfgebiet des Deutschen Reichs und der Weimarer Republik. Die Deutschen Meister der letzten Nazijahre, Rapid Wien (1940/41) und der Dresdner SC (1942/43 sowie 1943/44) kamen aus Städten, die nicht zur Bundesrepublik gehörten. Wofür stand also der deutsche Fußball nach dem Krieg in territorialer Hinsicht? Der Kader von 1954 könnte einer föderalistischen Werbekampagne entsprungen sein: Mit Augsburg, Dortmund, Düsseldorf, Essen, Frankfurt, Fürth, Gelsenkirchen, Hamburg, Kassel, Kaiserslautern, Köln, München, Nürnberg und Pir-

---

72 Siehe {http://www.das-wunder-von-bern.de/} (Stand Februar 2018).

masens war im Prinzip die ganze Bundesrepublik vertreten.[73] Der Grundgedanke findet sich auch etwas später bei der Gründung der Bundesliga, um deren Zusammensetzung lange gerungen wurde. Letztendlich waren in der Saison 1963/64 zehn von elf Bundesländern vertreten; lediglich aus Schleswig-Holstein fehlte ein Verein.

In jedem Fall spielte der Fußball somit eine Rolle für die Perzeption und Selbstreflexion des geteilten, aber zugleich föderalen deutschen Staates. Zwei Deutungslinien waren von besonderer Bedeutung: das Vermächtnis des Nationalsozialismus sowie das Aufweichen des Nationenprinzips durch – damals sogenannte – Spieler aus dem Ausland. Was den ersten Punkt angeht, lassen sich im Fußball der Nachkriegszeit durchaus Anlässe finden, die für Kontinuitäten zum deutschen Brachialnationalismus der Vergangenheit standen.

Auf den Trikots der deutschen Nationalmannschaft von 1954 prangte nach wie vor der Reichsadler. Viele der etwa 25 000 deutschen Zuschauer sangen bei der Siegerehrung im Berner Wankdorf-Stadion die erste Strophe des Deutschlandlieds. Die Siegesfeier des DFB nach dem WM-Sieg fand in München ausgerechnet in einem Bierkeller statt, als ob es die Verkündung des NSDAP-Programms durch Adolf Hitler im Hofbräuhaus im Jahr 1920 nie gegeben hätte. Darüber hinaus bemühte DFB-Präsident Bauwens in seiner Rede zum selben Anlass das »Führerprinzip« unter Sepp Herberger. Die rhetorische Abrüstung dauerte einige Jahre: Noch 1962 sah die *Bild-Zeitung* angesichts des

73 Siehe die Spielerübersicht auf der Website »Das Wunder von Bern: WM 1954« {http://www.das-wunder-von-bern.de/hel den_mannschaft.htm} (Stand Februar 2018).

Aufeinandertreffens mit Jugoslawien im Viertelfinale der Weltmeisterschaft in Chile den »Endsieg« kommen (Beispiele bei Brändle/Koller 2002, S. 153-168).

Aus diesen und anderen Ereignissen wurde hergeleitet, dass der Fußball in Deutschland ein Spielfeld für den Nationalismus darstellt, der in den Köpfen und Herzen vieler Fans und Funktionäre weiterschwelt, aber an fußballfremden Orten nicht ausgelebt wird oder ausgelebt werden darf (so der Tenor bei Heinrich 2000). Obwohl es eigentlich an konkreten Anlässen für einen aggressiven Nationalismus deutscher Fußballrepräsentanten mangelt, können einige Beispiele unangemessenen Verhaltens – oder unangemessener Aussagen – seitens Fußballoffizieller benannt werden.

Viele Fußballrepräsentanten hatten etwa kein Problem mit den Menschenrechtsverletzungen des argentinischen Regimes vor und während der Weltmeisterschaft 1978. Im Laufe des Turniers konnte sich der Verdacht gegenüber dem diktaturaffinen deutschen Fußball bestätigen, da mit Hans-Ulrich Rudel ein nach Südamerika geflüchteter Nazi Zugang zum WM-Quartier fand, um seinen alten Sportkameraden Helmut Schön zu treffen. DFB-Präsident Hermann Neuberger wehrte sich gegen Kritik an Rudel, indem er in den Raum stellte, er »hoffe doch nicht, dass man ihm seine Kampffliegertätigkeit aus dem Zweiten Weltkrieg vorwerfen« wolle. Auch Helmut Schön wollte von der offenen Sympathie Rudels mit dem Nationalsozialismus wenig wissen und äußerte stattdessen, er könne begrüßen, wen er wolle; außerdem habe Rudel »im Krieg Hervorragendes geleistet« (zitiert nach Havemann 2013, S. 258). Die Arroganz des Nationaltorhüters Toni Schumacher nach seinem berüchtigten Foul am französischen Nationalspieler Patrick Battiston bei der WM in Spanien 1982 ließ sich ebenfalls in den Deutungsrahmen eines zum Überlegenheitsgefühl neigenden Deutschtums einordnen. Und dieser tauchte auch nach dem WM-Titel von 1990 wieder auf. Damals verstieg sich Franz Beckenbauer zu der Äußerung, das deutsche Team werde »in den nächsten Jahren nicht zu besiegen sein«.[74]

Die These, der deutsche Fußball stehe im Grunde für eine Kontinuität von Überlegenheitswahn und Arroganz, wurde allerdings in den letzten 20 Jahren deutlich seltener geäußert als zuvor. Wenige Jahre nach der Wiedervereinigung rutschte der deutsche Fußball in eine Krise, die zu einem mehrmaligen Scheitern in relativ frühen Phasen bei Europa- oder Weltmeisterschaften führte. Vermeintliche Überlegenheitsdiskurse liefen damit ins Leere.

Eher ließ sich im deutschen Fußball eine Reihe von Ereignissen beobachten, die in Kontrast zum unterstellten Nationalwahn standen. Bereits in Kapitel 3 wurde auf einige Aktionen hingewiesen, die – z. B. nach dem Pogrom in Rostock im Jahr 1992 – Ausländerfeindlichkeit und Extremismus entgegenwirken sollten. Während des »Sommermärchens« von 2006 war Deutschland in die Farben Schwarz-Rot-Gold getaucht; es waren aber keine dominant nationalistischen Töne zu vernehmen. Innerhalb Deutschlands stieß die Heim-WM einen Selbstfindungsprozess an, den Thomas Brussig auf die Formel brachte:

74 Von Beckenbauer mit eigentümlich ernster Miene in einer Pressekonferenz nach dem Finale gegen Italien vorgetragen, ein Video von der Pressekonferenz ist auf YouTube verfügbar: {https://www.youtube.com/watch?v=ajbzkzMiID8} (Stand Februar 2018).

»Wenn die Nationalmannschaft spielt, erleben wir uns als Deutsche« (Thomas Brussig in Kauffmann 2009, S. 20).

Insgesamt scheint mir vor diesem – sehr kursorischen – Überblick die These gerechtfertigt zu sein, dass der deutsche Fußball für einen gemäßigten Nationalismus steht, der von seinen Protagonisten jedenfalls mit geringerer Verve vertreten wird als in vielen Nachbarstaaten. Es ist eher so, dass sich aus einer apolitischen Masse von Fußballakteuren eine insgesamt überschaubare Anzahl von nationalkonservativen Persönlichkeiten und Aussagen herausfiltern lassen. Einen offen oder auch nur verdeckt propagierten Rechtsradikalismus hat es im bundesdeutschen Fußball (außer in Fankurven, dazu unten mehr) genauso wenig gegeben wie Anzeichen dafür, dass eine schweigende Mehrheit die unvorsichtigen Aussagen etwa von Helmut Schön oder das rüpelhafte Verhalten eines Toni Schumacher insgeheim billigen würden. Ausrutscher in der jüngeren Vergangenheit – etwa der Verweis auf den vermeintlichen »inneren Reichsparteitag« von Miroslav Klose angesichts eines Torerfolgs bei der WM 2010 in Südafrika – wurden ebenfalls nicht unwidersprochen hingenommen (vgl. *Spiegel Online* 2010b).

Auch begann erst vor etwa zehn Jahren die Praxis, zum Auftaktspiel der Bundesliga – das typischerweise im Free-TV zu empfangen ist – die Nationalhymne abzuspielen und von einer/m Sänger/in begleiten zu lassen. Nach mehreren als peinlich empfundenen Versuchen verzichtete man in der Saison 2013/14 auf Gesang und holte sich die Begleitung vom Band. Verantwortlich für das Procedere war und ist die DFL, die bei der Einführung 2006 explizit dem Vorbild US-amerikanischer Sportereignisse folgte (*Handelsblatt* 2006). Die Vermarktung des Produkts Bundesliga kann daher als eigentliche Triebkraft für die Einführung des vermeintlich patriotischen Akts gesehen werden.

Im Hinblick auf nationalistische Haltungen spielte der Fußball damit – so die These – eine eher begrenzte Rolle. Vom gedankenlosen Geschwätz mancher Funktionäre in den fünfziger Jahren bis zum fröhlichen (und ebenfalls häufig selbstvergessenen) Patriotismus des »Sommermärchens« repräsentierte der Nationalismus im Fußball eher das, was in der weiteren Gesellschaft ebenfalls gerade üblich war. Es handelte sich um einen defensiven Nationalismus, dessen Zurschaustellung zurückgehalten wurde (vgl. Thränhardt 1996; Recker 2009; Wehler 2011).

Viel eher fungierte der Fußball als Vorreiter in einem anderen Bereich, nämlich bei der Definition, wer zur deutschen Nation gehört und wer nicht. In Kapitel 4 habe ich schon diskutiert, auf welche Weise sich im deutschen (und im europäischen) Fußball nach und nach die Beschäftigungsrestriktionen für ausländische Spieler gelockert haben. Als wesentliche Triebkraft hat sich dabei der Wunsch von Vereinen und Spielern erwiesen, grenzübergreifende Arbeitsbeziehungen einzugehen. Die Auswirkungen blieben allerdings nicht auf den sportlichen Bereich beschränkt. Vielmehr hatten sich die Deutschen an externe Einflüsse zu gewöhnen, die letztlich zu einem wesentlichen Faktor für ihre Selbstzuschreibungen, also für ihre Identität, wurden.

Der Fokus lag dabei in den sechziger Jahren zunächst auf »Ausländern«, also Vereinsspielern, die zuvor in ihrer Karriere in anderen Ländern Fußball gespielt hatten und nun in der Bundesliga aufliefen. In dieser Zeit gab es nur eine Handvoll solcher Spieler; am prominentesten war der Torwart von 1860 München Petar Radenković, der mit seinem Klub DFB-Pokalsieger (1964) und Deutscher Meister (1966) wurde und es außerdem ins Endspiel des Europapokals der Pokalsieger schaffte (Wikipedia DE 2018 ab).

Weitere bekannte Spieler waren der Niederländer Willi Lippens (Borussia Dortmund), der Österreicher Hans Ettmayer (VfB Stuttgart), der Belgier Roger van Gool (1. FC Köln), der Engländer Kevin Keegan (Hamburger SV) und der Däne Allan Simonsen (Borussia Mönchengladbach). Die Brasilianer Carlos Dunga (VfB Stuttgart) und Giovane Élber (VfB Stuttgart, FC Bayern München) sind ebenso zu nennen wie der Ghanaer Anthony Yeboah (Eintracht Frankfurt). Bis zum Bosman-Urteil handelte es sich häufig um wichtige Spieler der entsprechenden Mannschaften; ihre Zahl blieb aber begrenzt.

Heute ist die Zahl der Bundesliga-Spieler ohne deutschen Pass weit höher als die der Spieler mit deutschem Pass.[75] Wegen der ausgeprägten Sichtbarkeit seiner Protagonisten hat der Fußball damit der Mehrheitsgesellschaft und ihren Minderheiten geholfen, »Diversität zu imaginieren« (Zifonun 2008).

Ein Aspekt des Zusammenschrumpfens des ethnisch deutschen Anteils am Pool der Bundesliga-Spieler besteht darin, dass sich die Bundesrepublik seit den späten sechziger Jahren faktisch zu einem Einwanderungsland entwickelt hatte, ohne flankierende Schritte in der Gesetzgebung zu unternehmen. Erst im Jahr 2000 trat ein Staatsangehörigkeitsgesetz in Kraft, das das Geburtsortprinzip einführte und damit den Kindern der sogenannten Gastarbeiter und

75 Ein informativer Überblick findet sich auf der Homepage der Bundeszentrale für politische Bildung; siehe {http://www.bpb.de/fsd/bundesliga/auslaenderanteil/} (Stand Februar 2018).

sonstigen Zugewanderten die deutsche Staatsbürgerschaft (unter bestimmten Bedingungen) garantierte (Storz/Wilmes 2007). Anders als etwa in Frankreich, Belgien oder den Niederlanden spielten (und spielen) daher in der Bundesliga Personen als »Ausländer«, die hierzulande geboren wurden und ihre gesamte Schulbildung erhalten haben. Für die Vereine stellte dies nur bis zum Bosman-Urteil ein gewisses Problem dar. Der Nationalmannschaft entging allerdings eine Reihe von Perspektivspielern, die später in anderen Nationalmannschaften durchaus eine Rolle spielten; man denke an den gebürtigen Lüdenscheider Nuri ahin (Wikipedia DE 2018w).

Seitens des DFB wurde das Staatsbürgerschaftsgesetz nicht aktiv, jedenfalls nicht offen sichtbar, gefördert. Einige – wenn nicht die meisten – seiner Spitzenfunktionäre standen der CDU nahe, waren zum Teil sogar aktive Politiker der Partei.[76] Zwar schloss sich meines Wissens kein DFB-Funktionär der Kampagne des hessischen Ministerpräsidenten Roland Koch gegen den Doppelpass im Jahr 1999 an, aber ein aktives Mitwirken an der Öffnung der Staatsbürgerschaft war keinesfalls zu verzeichnen – obwohl die Vorteile für die Nationalmannschaft klar auf der Hand lagen. Einer weitgehenden Öffnung des Ligafußballs begegnete die politische Führung des DFB im Gegenteil eher mit Skepsis. Sie hing bis in die späten neunziger Jahre einem Leitbild an, das der damalige DFB-Präsident

---

76 Gerhard Mayer-Vorfelder amtierte als Kultusminister in Baden-Württemberg, Theo Zwanziger war Regierungspräsident von Koblenz, Reinhard Grindel war Bundestagsabgeordneter – alle als Mitglieder der CDU. Da auch andere DFB-Präsidenten entsprechende Sympathien bekundeten, gibt es auch das Wort vom DFB als der »Außenstelle der CDU«; vgl. Osterhaus (2012).

Hermann Neuberger schon lange vor dem Bosman-Urteil formuliert hatte:

Die schrankenlose Zulassung von ausländischen Spielern würde zur völligen Strukturveränderung des Fußballsports führen. Es ist eine Identitätsfrage des Fußballsports, dass er überwiegend von den Angehörigen der eigenen Nation ausgeübt und präsentiert wird [...]. Er enthält seine Eigenart und damit seine Akzeptanz gerade durch das ausschließliche oder stark überwiegende nationale Element (zitiert nach Heinrich 2000, S. 202).

Die eigentlichen Einwände des DFB bestanden somit weniger in wirtschaftlichen Befürchtungen, sondern fußten auf der Sorge nach dem Identifikationspotenzial des Fußballs. Es ging um Bindungen langfristiger Art, und zwar nicht nur auf der Ebene der Unterstützung vermeintlich national denkender Fans für Mannschaften mit einer überwiegend deutschen Färbung. Gerade die großen Vereine, so die Befürchtung, könnten fortan auf Bemühungen zur Ausbildung in den Jugendmannschaften verzichten.

Und in der Tat wird man im Rückblick sagen können, dass es zwischen dem WM-Titel von 1990 und ungefähr 2005 große Rückstände in der Nachwuchsarbeit gab. 1994 und 1998 schied die Nationalmannschaft frühzeitig bei Weltmeisterschaften aus, bei den Europameisterschaften 2000 und 2004 jeweils sogar in der Vorrunde. 2002 gelangte man ins WM-Finale, genoss dabei aber großes Losglück und spielte einen ideenlosen Fußball.

Interessant und charakteristisch ist, dass sich die Vorbehalte des DFB hinsichtlich des ethnischen Erscheinungsbilds des Fußballs als Antwort auf den Leistungsknick nach dem Bosman-Urteil abschwächten. Zwar mussten einige Jahre vergehen, bis der damalige Schalker Gerald Asamoah im Jahr 2001, wenige Wochen nach seiner Einbürgerung, in die Nationalmannschaft berufen wurde (Wikipedia DE 2018p). Aber spätestens unter dem polyglotten Jürgen Klinsmann hatte es manchmal den Anschein, er setze dunkelhäutige Spieler auch deshalb ein, um Denkgewohnheiten im DFB zu durchbrechen: »Wichtig ist, dass der DFB in einigen Bereichen offener wird« (zitiert nach *Spiegel Online* 2004a). Die Berufung des vorher fast unbekannten David Odonkor in den WM-Kader 2006 kann getrost in diesen Kontext eingeordnet werden.

Die Nominierungen von Asamoah, Odonkor und dem Bremer Patrick Owomoyela brachten den DFB allerdings bald in eine Situation, in der er seine Nationalspieler gegen rassistische Anfeindungen schützen musste. Verunglimpfungen und gezielten Provokationen rechtsradikaler Kräfte trat der Verband entgegen. Z. B. zeigte er im Jahr 2006 die NPD wegen Volksverhetzung an[77] und stellte sich – wie auch die betroffenen Vereine der Bundesliga – hinter seine Spieler. Kurz vor dem Halbfinale der EM 2008 (gegen die Türkei) lancierte der DFB einen halbminütigen Werbeclip, in dem sich die Eltern der Nationalmannschaftsspieler zum gemeinsamen Grillen und Fernsehen eines deutschen Spiels treffen. Die Eltern werden in einem multikulturellen Kontext gezeigt, und erst am Ende wird deutlich, worum es geht: »Was haben diese Frauen und Männer gemeinsam? Ihre Kinder spielen in der deutschen Fußballnationalmannschaft.« Dann wird kurz die Nationalhymne eingespielt, die abgelöst wird von einem Overdub:

---

77 Die Partei hatte in einem Spielerkalender eine böse Anspielung auf die dunkle Hautfarbe Patrick Owomoyelas gemacht und sich »für eine echte NATIONAL-Mannschaft« ausgesprochen; siehe *Frankfurter Allgemeine Zeitung* (2009).

»DFB. Mas integración«, während im Clip folgende Botschaft eingeblendet wird: »Fußball ist Zukunft« (*Tagesspiegel* 2008).[78]

Insgesamt vertreten die Funktionäre des DFB damit seit mindestens zehn Jahren die – z. B. in Teilen der CDU/CSU – gewiss nicht unumstrittene Position, über die Zugehörigkeit zur Nation entscheide die Staatsbürgerschaft. Dunkelhäutige Spieler oder generell solche mit Migrationshintergrund registrieren die Klimaveränderung und vermerken, dass sich »schon relativ viel verändert hat, in der Gesellschaft, im ganzen Verhalten von vielen Deutschen« (Addo 2008, S. 462, vgl. Wikipedia DE 2018z). Zu ähnlichen Befunden kamen in verschiedenen Einlassungen der serbische Bosniake Neven Subotić (2017) oder auch Jérôme Boateng. Letzterer war im Jahr 2016 Opfer einer gezielten Verunglimpfung durch den AfD-Politiker Alexander Gauland geworden und äußerte sich anschließend in einem Interview mit der *Frankfurter Allgemeinen Zeitung* nachdenklich, betonte aber die Fortschritte beim Kampf gegen Fremdenfeindlichkeit im Fußball (*Frankfurter Allgemeine Zeitung*, 01.06.2016, S. 32, vgl. auch Horeni 2014a).

Augenfällig ist nun die Funktionalität, die die Politik der versuchten Exklusion und später der aktiven Inklusion »Anderer« oder »Fremder« ganz eindeutig aufweist. In einer naiven Sichtweise könnten sich leicht zwei Thesen aufdrängen. Erstens könnte die Öffnung angesichts der Unausweichlichkeit des Bosman-Urteils als quasi naturgegeben angesehen werden. Das Beispiel Spanien zeigt allerdings, dass die deutsche Praxis, die Beschränkung bei

---

78 Der Clip ist auf YouTube verfügbar: {https://www.youtube.com/watch?v=T3m4c8j78oE} (Stand Februar 2018).

Nicht-Uefa-Ausländern vollständig aufzuheben, keineswegs zwingend ist. In der spanischen Primera División dürfen nur drei Ausländer aus Nicht-EU-Staaten im Kader gelistet sein.[79]

Zweitens könnte die offensive Haltung des DFB zur realen und symbolischen Integration nichtdeutscher Spieler einem moralischen Impetus folgen, der sich möglicherweise aus der Einsicht in die deutsche Schuld während der Nazizeit ableiten ließe. Aber auch diese Schlussfolgerung wäre voreilig, denn einen Höhepunkt gewalttätiger Akte gegen »Ausländer« und »Asylbewerber« gab es – siehe Solingen, Mölln und Rostock-Lichtenhagen – zu Beginn der neunziger Jahre, während die Umarmungsstrategie des DFB erst mehrere Jahre später begann.

Es erscheint viel plausibler, die Einsicht in das sportliche Potenzial von Fußballern aus Einwandererfamilien mit dem relativ schwachen Bild des deutschen Fußballs in den neunziger Jahren sowie im ersten und zweiten Jahrzehnt des 21. Jahrhunderts zu erklären. Nicht zuletzt Spieler mit Migrationshintergrund führten dann zu einer Renaissance ab etwa der Weltmeisterschaft 2006 – mit dem berühmten »Wendepunkt« kurz vor dem Schlusspfiff des Spiels gegen Polen (dem Geburtsland von Miroslav Klose und Lukas Podolski), als der Deutsch-Ghanaer David Odonkor dem Deutsch-Italiener Oliver Neuville[80] den

79 Siehe die Meldung »Brexit: Bale vierter Nicht-EU-Ausländer im Kader von Real« vom 24.06.2016 auf dem Portal transfermarkt. de {https://www.transfermarkt.de/brexit-bale-vierter-nicht-eu-auslander-im-kader-von-real/view/news/240246} (Stand Februar 2018).

80 Oliver Neuville verfügt über die deutsche und die italienische Staatsbürgerschaft, wurde allerdings in Locarno in der Schweiz

Ball zum entscheidenden 1:0 auflegte. Es folgte die Europameisterschaft der U21-Nationalmannschaft im Jahr 2009 mit Spielern wie Jérôme Boateng, Mesut Özil und Sami Khedira – dem Rückgrat der Weltmeistermannschaft von 2014. Die eigentliche Versöhnung der maßgeblichen deutschen Fußballakteure wurde über den sportlichen Erfolg gesteuert.

## *Wankelmütige Gemeinschaftsbildung: Das Extrembeispiel der französischen Nationalmannschaft*

Die Präsenz nichtdeutschstämmiger Spieler im deutschen Fußball und insbesondere in der Nationalmannschaft fällt, wie bereits angedeutet, in eine Phase außergewöhnlichen Erfolgs. Bei allen Europa- und Weltmeisterschaften seit 2006 ist Deutschland immer mindestens bis in das Halbfinale vorgedrungen. In der Champions League haben in den allermeisten Jahren immer mindestens zwei Bundesliga-Mannschaften die Gruppenphase überstanden, selbst wenn die Saison 2017/18 weniger erfolgreich ausfiel. Häufig standen Borussia Dortmund und/oder Bayern München auch hier in Halbfinalspielen. Bayern München erreichte 2010 und 2012 jeweils das Endspiel der Champions League. 2013 gab es ein rein deutsches Finale, das Bayern München mit 2:1 gegen Borussia Dortmund gewann. In einer solchen Phase lässt sich die gemeinschaftsbildende Funktion des Fußballs leicht behaupten, da echte Belastungspro-

geboren und trägt den Namen seines belgischen Großvaters; vgl. Wikipedia DE (2018y).

ben ausfallen oder jedenfalls in Deutschland ausgefallen sind.

Ob eine Gesellschaft aber über hinreichenden sozialen Kitt verfügt, lässt sich besser in Krisenzeiten beobachten. Von Jérôme Boateng ist das folgende Zitat überliefert:

Wenn du für Deutschland spielst, wie Mesut [Özil], Sami [Khedira] oder ich, und alles läuft positiv, dann sagt man: »Das sind Deutsche. Die haben viel Deutsches.« Aber wenn etwas Schlechtes passiert [wie das Foul von Kevin-Prince Boateng an Michael Ballack im Vorfeld der WM 2010; Anm. d. Verf.], sieht man plötzlich die andere Seite. Über Kevin wurde dann geschrieben: »Wie konnte der schon mal für Deutschland spielen?« Das ist dann alles nicht mehr deutsch. Wenn es gut läuft, liegt es an den deutschen Eigenschaften, wenn es schlecht läuft, sind es die ausländischen (zitiert nach Horeni 2014a, S. 65).

Dass es sich bei der Beobachtung Boatengs nicht um eine aus der Luft gegriffene Unterstellung handelt, kann wegen des Erfolgs des deutschen Fußballs nicht gut gezeigt werden. Am Beispiel der französischen Nationalmannschaft, die in den letzten 20 Jahren zahlreiche Auf und Abs erlebte, lässt sich dagegen besser belegen, wie (perzipierter) Erfolg und die Positiv- bzw. Negativbewertung ethnisch gemischter Nationalmannschaften zusammenhängen. Deswegen möchte ich hier kurz die Entwicklung im Nachbarland nachzeichnen. Dabei wird vor allem deutlich, dass der spezifische Charakter von Vor- und Nachurteilen ebenso eine Rolle spielt wie das Verhalten der Medien – die über die Macht verfügen, einzelne Aspekte des großen Ganzen hervorzuheben und den Gang der Dinge maßgeblich zu beeinflussen.

Für den Stellenwert des französischen Fußballs gilt es zu berücksichtigen, dass dieser erst nach dem Zweiten Weltkrieg zu einem gesamtfranzösischen Phänomen wurde.

Vorher konzentrierte sich der professionelle Fußball auf den Norden und Osten des Landes; Vereine aus Marseille, Lyon oder St. Etienne spielten nur von Zeit zu Zeit eine Rolle (Ravenel 1998, S. 25-43; Parmentier 2004). Bis zu den achtziger Jahren, als Frankreich bei den Weltmeisterschaften 1982 in Spanien und 1986 in Mexiko jeweils das Halbfinale erreichte, blieben größere Erfolge auf internationaler Ebene weitgehend aus. Als Ausnahme lässt sich der vierte Platz bei der WM 1958 in Schweden nennen, der eng mit der Durchschlagskraft des Stürmers Just Fontaine verbunden war. Diese durchwachsene Bilanz führte dazu, dass »der französische Fußball […] nicht zu einer nationalen Angelegenheit wurde« (Lanfranchi 1997, S. 56-57).

Gleichwohl wurde der Fußball zu einem Feld, auf dem nationale Befindlichkeiten symbolisch verhandelt wurden. Anlass war die Dekolonialisierung und hier vor allem die Rolle Algeriens, auf dessen Territorium Frankreich ab 1954 den (in Frankreich sogenannten) Algerienkrieg führte. Es handelte sich nicht um einen typischen Kolonialkrieg, denn wichtige Teile des algerischen Territoriums waren ab 1881 als Départements geführt worden und galten damit – jedenfalls aus der Sicht des französischen Staates – als integrale Bestandteile Frankreichs. Die legitimen Forderungen nach einem Ende der kolonialen Unterdrückung sowie politischer Unabhängigkeit standen in Algerien in besonderem Kontrast zu den Schutzpflichten, die Frankreich als Kolonialstaat gegenüber seinen eigenen Staatsbürgern im kolonisierten Gebiet hatte.

Wem hatten also auf diesem Spielfeld die Sympathien zu gelten? Die Frage spitzte sich mit der zunehmenden Militanz der (aus algerischer Sicht so bezeichneten) Unabhängigkeitsbewegung zu. Drei französische Nationalspieler mit algerischen Wurzeln – nämlich Rachid Mekhloufi (AS Saint-Étienne), Abdelaziz Ben Tifour und Mustapha Zitouni (beide AS Monaco) – entschieden sich im April 1958, für die Équipe du Front de libération nationale algérien de football anzutreten. Damit unterstützten sie die algerische Nationale Befreiungsfront, was der französische Fußballverband nicht akzeptierte und die drei Spieler deshalb kurz vor der Weltmeisterschaft suspendierte. Der erste größere Erfolg der französischen Nationalmannschaft – der vierte Platz in Schweden – baute also auf der unmittelbaren Erfahrung der Spieler mit den innerfranzösischen Wirren jener Zeit auf (Wikipedia DE 2018o). In gewisser Weise konnte der besondere Teamgeist sogar als innere Gegenwehr der Spieler gegen die Zumutungen der instabilen und der an zunehmender Kohäsion leidenden Vierten Republik interpretiert werden.

In den Folgejahren stützte sich die französische Nationalmannschaft vorwiegend auf Spieler, die vom französischen Festland stammten. In den Erfolgsmannschaften, die Frankreich ab den achtziger Jahren entwickelte, spiegelte sich die koloniale Vergangenheit nur zurückhaltend wider. In der Mannschaft, die 1984 Europameister wurde, verwies lediglich der in Mali geborene Jean Tigana auf das koloniale Erbe. Auch bei anderen Turnieren jener Jahre waren bei Weitem solche Spieler in der Überzahl, die im französischen Kernland geboren worden waren. Erst in den neunziger Jahren besann sich der französische Fußballverband darauf, verstärkt auf Spieler insbesondere mit algerischen Wurzeln oder familiärer Herkunft aus den Überseegebieten zu setzen (Überblick bei Gastaut 2011). Schon bald registrierte die radikale

Rechte die Veränderung und kritisierte in Person des Parteiführers des Front National, Jean-Marie Le Pen, dass Spieler »aus dem Ausland eingekauft« seien (zitiert nach Blanchard et al. 2016, Minute 3:30). Im Jahr 1996, als Le Pen diese Behauptung äußerte, spielte allerdings nur ein Spieler in der Nationalmannschaft, der nicht in Frankreich geboren worden war. Da das *ius solis* zu den Fundamenten des französischen Nationsverständnisses gehört (Minkenberg 1998, S. 127-132), wurde schon damals deutlich, um was es der radikalen Rechten ging, nämlich um die Definition der französischen Identität als ethnisch homogener Gemeinschaft.

Der im Jahr 2016 erschienene Dokumentarfilm *Les Bleus* von Pascal Blanchard, Sonia Dauger und David Dietz untersucht auf hochinstruktive Art, welchen Balanceakt der französische Fußball aufgrund dieser Reibungsverhältnisse meistern muss (Blanchard et al. 2016). Bei der Europameisterschaft 1996 in England spielten mehrere Spieler mit – wie man es in Deutschland ausdrücken würde – Migrationshintergrund, unter anderem Marcel Desailly, Lilian Thuram und Zinédine Zidane. Die Leistungsfähigkeit der neuen *équipe tricolore* war allerdings schwer einzuschätzen. Zwar erreichte die Mannschaft das Halbfinale, hatte sich dabei aber im Achtel- und Viertelfinale erst im Elfmeterschießen durchgesetzt. Für die Heimweltmeisterschaft 1998 musste das Team keine Qualifikation absolvieren. Es fehlte an Spielen unter Wettkampfbedingungen. Trainer Aimé Jacquet wurde schon im Voraus zum Sündenbock für ein befürchtetes schlechtes Abschneiden gemacht (Altwegg 2008, S. 399).

Entgegen dieser Befürchtungen gewann die Mannschaft bekanntlich das Finale am 12. Juli 1998 gegen Brasilien.

Zwei der drei Tore erzielte der in Marseille als Kind algerischer Eltern geborene Zinédine Zidane. Während des Turniers hatten darüber hinaus weitere Spieler aus den Überseegebieten durch starke Leistungen auf sich aufmerksam gemacht, z.B. Thierry Henry mit einem Vater aus Guadeloupe und einer Mutter aus Martinique oder Lilian Thuram (Eltern aus Guadeloupe). Mit David Trezeguet (argentinischer Vater) und Youri Djorkaeff (Mutter aus Armenien) verfügten weitere Spieler über Stammbäume, die nicht allein an Frankreich gebunden waren. Und insgesamt war die Vielfalt noch größer, wie Youri Djorkaeff ausführte: »Es gab den Guyaner, den Westinder, den Armenier, den Araber, den Basken, den Ghanaer, den Portugiesen. So nannten wir uns selbst« (Blanchard et al. 2016, Minute 14:00 bis 14:30).[81] Die 1,5 Millionen Franzosen, die den Weltmeistertitel auf dem Champs-Élysées feierten, schwärmten mit der berühmten Formel *black-blanc-beur* von einer Mannschaft, in der Schwarze, Weiße und Araber gemeinsam auftraten.

Die neue Dreifarbenlehre, abgeleitet von der Bezeichnung *bleu-blanc-rouge* für die französische Nationalfahne, wurde als Verkörperung eines Frankreich angesehen, »das durch Vermischung stark geworden war« (ebd., Minute 18:20). Das Land stürzte in eine neue Phase der Selbstbestätigung, in der vorher wenig an Fußball Interessierte in Massen an die Fahrtstrecke des Mannschaftsbusses pilgerten, um den Spielern zuzuwinken und ihnen Glück zu wünschen. »Monatelang dauerte das Stimmungshoch – die Ge-

---

81 Zusätzlich zu den Angaben aus *Les Bleus* habe ich die (französischen) Wikipedia-Einträge der im Absatz genannten Spieler konsultiert, um die jeweilige familiäre Herkunft zu ermitteln.

burtenzahlen gingen hoch, die Arbeitslosigkeit ging zurück« (Altwegg 2008, S. 399). Das Bild der in ethnischen Gegensätzen vereinten Nation dominierte bis ins Jahr 2000, als Frankreich mit etwas Glück und mit Hilfe zweier Golden Goals Europameister wurde.

Durch die Überhöhung als *black-blanc-beur* war aus der französischen Nationalmannschaft ein soziales Projekt geworden, das die (öffentlich kaum aufgearbeitete) Kolonialgeschichte und die gesellschaftliche Integration in aller Sichtbarkeit aufeinander bezog. Anlässlich einer Länderspielreise nach Südafrika im Herbst 2000 wurde die Mannschaft von Nelson Mandela empfangen, der im WM-Sieg Frankreichs im Jahr 1998 einen »Sieg über den Rassismus« sah (Blanchard et al. 2016, Minute 22:30).

Die Idealisierung ignorierte, dass sich die soziale Realität in Frankreich nicht in denselben Pfaden bewegte. Jugendliche nichtfranzösischer Herkunft lebten überwiegend in den Banlieues der Großstädte, litten dort unter einer Erosion des Bildungssystems, überhaupt einer kulturellen wie materiellen Vernachlässigung durch die Mehrheitsgesellschaft und einer weit überdurchschnittlichen Arbeitslosigkeit von etwa 50 Prozent (Kempf 1997, S. 356). Das Zusammenspiel der Fußballer, von denen ein guter Teil ebenjenen Banlieues entstammte, mochte zu Erfolgen geführt haben – ein breit verankertes Gesellschaftsmodell repräsentierte es keineswegs.

Der Widerspruch zwischen dem dominanten Narrativ und der gesellschaftlichen Realität entlud sich am 6. Oktober 2001 in Paris, als es zum ersten offiziellen Fußballspiel zwischen Frankreich und Algerien seit dem Ende des Algerienkriegs 1962 kam. Im Stade de France befanden sich, obwohl es sich um ein »französisches« Heimspiel handelte, offenbar weit mehr Unterstützer der algerischen Mannschaft, die zudem ihre Abneigung gegenüber der französischen Mannschaft offen kundtaten. Während der französischen Nationalhymne entbrannte ein wütendes Pfeifkonzert, anwesende Politiker wurden geschmäht (*Spiegel Online* 2001).

Im Fokus vieler Verunglimpfungen stand Zinédine Zidane, der an dem Abend der einzige Spieler mit algerischen Wurzeln in der französischen Mannschaft war. Vor dem Spiel hatte er noch geäußert: »Wenn es je ein Spiel gab, bei dem ich mir ein Unentschieden wünschen würde, wäre es dieses Spiel. Gleichzeitig werden wir alles tun, damit Frankreich gewinnt« (Blanchard et al. 2016, Minute 25:30). Obwohl Zidane hier eher von seiner individuellen Perspektive gesprochen hatte, konnte er im öffentlichen Diskurs nur Negativpunkte sammeln. Seitens nativistischer Algerier stand die Selbstverpflichtung Zidanes, für Frankreich siegen zu wollen, für eine Missachtung des Unabhängigkeitskampfs. Französische Nationalisten dagegen sahen bereits in der ambivalenten Gefühlslage Zidanes einen Beleg für unzureichenden Patriotismus.

Das Spiel endete in einem Spielabbruch nach etwa 75 Minuten, weil erst einige, dann immer mehr Fans mit algerischen Trikots den Platz stürmten. Die Atmosphäre war dabei eher ausgelassen als bedrohlich. Allerdings wurden der Fußballverbandspräsident sowie die Sportministerin ausgepfiffen, als sie sich mit Appellen an die Fans wandten; schließlich schickte der Schiedsrichter die Spieler in die Kabinen. Die heute noch auf YouTube verfügbaren Bilder lassen erahnen,[82] dass es sich wohl eher nicht um

---

82 Siehe {https://www.youtube.com/watch?v=K25aNJfSgjU} (Stand Februar 2018).

einen lange vorher geplanten Platzsturm gehandelt hat. Begünstigt wurde das Treiben durch das Fehlen von Absperrungen zwischen den Tribünen und dem Spielfeld im Stade de France. Der französische Nationaltrainer Roger Lemerre forderte schon nach wenigen Sekunden Unterbrechung vom Schiedsrichter, das Spiel zu beenden. Auch ein schnelles Interview auf der Pressetribüne, das auf der Tonspur der Übertragung durch den ersten französischen Fernsehkanal zu hören ist, legt nahe, dass die Innenministerin und der Präsident des französischen Fußballverbands, Claude Simonet, sich jedenfalls nicht gegen den endgültigen Abbruch des Spiels stemmten. Simonet verlieh allerdings seinem Ärger Ausdruck, dass die französische Mannschaft nicht von allen anwesenden Franzosen hinreichend respektiert wurde.

Die Ereignisse auf dem Feld signalisierten den französischen Verantwortlichen, dass sich wenigstens ein Teil der algerischstämmigen Bevölkerung nur sehr begrenzt mit Frankreich identifizierte. Anders als im fußballerischen Milieu von *black-blanc-beur* fühlten sich nichtethnische Franzosen nicht akzeptiert: »Es ist nicht, ein Spiel zu verlieren, es ist eine Erniedrigung, wieder einmal, es ist ein bisschen, wie einen Krieg zu verlieren […]. Falls die Regierung glaubt, sie könnte uns mit einem netten Match besänftigen, hat sie sich getäuscht« (*Tagesspiegel* 2001).

Nachhaltiger noch als das Voraugenführen der unvollkommenen Integration nehmen sich allerdings im Rückblick die Reaktionen eines Teils der französischen Mehrheitsgesellschaft aus. Im Zusammenspiel mit den Anschlägen auf das World Trade Center im September 2001 gewannen politische Positionen Auftrieb, die die Sicherheit in den Mittelpunkt stellten und – nun auch in Frankreich – Muslime als potenziellen Unsicherheitsfaktor darstellten.

Die rechtsradikale Rhetorik Bruno Mégrets, einem vormaligen Generalsekretär des Front National und späteren Gründers der rechtsextremen Partei Mouvement national républicain, wurde gesellschaftsfähig. Mégret wählte – wenige Wochen nach dem Spiel gegen Algerien – bewusst den Vorplatz des Stade de France, um seine Präsidentschaftskandidatur für die Wahlen von 2002 zu verkünden. Mit konkretem Bezug auf die Weigerung der Algerien-Franzosen, die französische Nationalhymne zu singen, begründete er sein Programm, »die Ordnung wiederherzustellen« (zitiert nach Blanchard et al. 2016, Minute 33:30). Das Vordringen von Jean-Marie Le Pen in die zweite Runde bei den Präsidentenwahlen im Jahr 2002 markierte den endgültigen politischen Durchbruch des Front National (Minkenberg 2002).

Die eigentliche Brisanz erhält der französische Fall nun, weil auf den Doppeltriumph der Jahre 1998 und 2000 mehrere sportliche Niederlagen folgten. Bei der Weltmeisterschaft 2002 schied man nach Niederlagen gegen den Senegal (0:1) und Dänemark (0:2) sowie einem torlosen Unentschieden gegen Uruguay aus; der Weltmeister kehrte ohne Torerfolg heim. Zwar reüssierte Frankreich in der Qualifikation zur Europameisterschaft 2004 und beendete in Portugal auch die Gruppenphase souverän auf dem ersten Platz. Im Viertelfinale gab es dagegen eine Niederlage gegen Griechenland; erneut war Frankreich als Titelverteidiger einigermaßen klanglos ausgeschieden.

Die politischen Folgen waren erheblich. Dieselbe Mannschaft, die noch wenige Jahre zuvor für die Symbiose von ethnischer wie gesellschaftlicher Diversität und sportlichem Erfolg gestanden hatte, wurde nun als Team angesehen, das in entscheidenden Situationen dem Druck nicht standhalten könne. Wenn sich die Beobachtung allein auf die Welt des Sports beschränken ließe, würde es sich kaum um einen besonders relevanten Befund handeln. Entsprechende Beispiele gibt es zuhauf. Durch die spezifische Konstruktion von *black-blanc-beur* war allerdings das Nationalteam selbst zur Verkörperung eines gesellschaftlichen Wertzustands geworden.

Zinédine Zidane, aber auch viele andere mit dem Fußball verbundene Akteure, hatten sich dahingehend geäußert, dass mit einem Sieg Le Pens in der zweiten Runde der Präsidentenwahl die Grundwerte der französischen Republik verraten würden (Blanchard et al. 2016, Minute 34:30). Jacques Chirac, der die Wahl mit 82 Prozent gewann, interpretierte seinen Erfolg als »Sieg der Republik«. In Wahrheit aber stand er einem Land vor, in dem ein Teil der Wähler auf einer ethnischen Definition der Nation beharrte und ein anderer Teil der Gesellschaft sein Nationalbild mit Diversität verknüpfte, deren vielleicht wichtigster Symbolträger sich von einer Enttäuschung zur nächsten hangelte.

Nur wenige Jahre später, im Herbst 2005, offenbaren die Unruhen in verschiedenen Banlieues französischer Großstädte erneut die tiefen Gräben innerhalb der Gesellschaft. Nicolas Sarkozy, damals amtierender Innenminister, bezeichnete die protestierenden Jugendlichen als *racaille*, also als Abschaum, der mit dem Hochdruckreiniger aus der französischen Gesellschaft entfernt gehöre. In seltener Deutlichkeit offenbarte er auf diese Weise, wie der Status des *Black-beur*-Teils einzuordnen sei – einer Sicht, die von einem bedeutenden Segment der französischen

Gesellschaft geteilt wurde, sonst wäre ebenjener Nicolas Sarkozy nicht wenige Jahre später zum Präsidenten der Republik gewählt worden.

Anders als von Chirac im Jahr 2002 angesichts einer Unterstützung von 82 Prozent beim zweiten Wahlgang unterstellt wurde, stehen Wahlen in Frankreich schon seit Langem nicht mehr für eine imaginierte republikanische Einheit. Mit ihren scharfen Auseinandersetzungen und unversöhnlichen Gegensätzen repräsentieren sie eher die Teilung des Landes in zwei unterschiedliche Vorstellungen von Republikanismus: einem ethnisch-nationalen auf der einen und einem emanzipatorisch-egalitären auf der anderen Seite (Chabal 2015).

Zu dieser Konstellation trug nun der französische Fußball der Jahre 2005-2010 erneut in erheblichem Maße bei. Die erste Generation der *black-blanc-beur* war in traditionellen Arbeitervierteln der französischen Städte und durchaus nicht nur in Großstädten aufgewachsen. Nur bei Zinédine Zidane (Algerien), Robert Pires (Portugal) und Patrick Vieira (Senegal) handelte es sich um Einwanderer im Sinne des Wortes; alle übrigen Spieler waren in Frankreich geboren und lebten in Vorstädten, die in den siebziger und achtziger Jahren noch nicht die spätere Segregation zur Mehrheitsgesellschaft aufwiesen. Die Spieler dagegen, die – wie Djibril Cissé, Abou Diaby, Lassana Diarra, Patrice Évra und andere – ab etwa der Mitte der Nullerjahre zur *équipe tricolore* stießen, wuchsen tatsächlich in den Banlieues der Großstädte auf, die spätestens seit den Unruhen von 2005 in der Innen- und Außenwahrnehmung zu Ghettos der Hoffnungslosigkeit verkommen waren (Beaud 2011, S. 143-167).

Diese soziostrukturellen Veränderungen in Verbindung

mit den fluiden Projektionen, die auf die französische Nationalmannschaft gerichtet wurden, bereiteten den Boden für weitere Wallungen, die den französischen Fußball in den letzten zehn Jahren begleiten.

Bemerkenswert war die Reaktion der französischen Öffentlichkeit auf den Kopfstoß Zidanes gegen den italienischen Abwehrspieler Marco Materazzi, der dem Franzosen in der Verlängerung des WM-Endspiels von 2006 eine rote Karte einbrachte. Italien entschied anschließend das Finale im Elfmeterschießen für sich. Nur vereinzelt wurde Zidanes Unbeherrschtheit kritisiert; stattdessen erntete er viel Verständnis. Bei der Rückkehr der Mannschaft wurde er mit Sprechchören gefeiert. Staatspräsident Chirac bedankte sich beim Empfang der Mannschaft im Élysée-Palast ausdrücklich bei Zidane und drückte im »Namen ganz Frankreichs« unverhohlene Bewunderung aus (Blanchard et al. 2016, Minute 52:00). Vor dem Centre Pompidou in Paris wurde ein fünf Meter hohes Denkmal des algerischen Künstlers Adel Abdessemed aufgestellt, das Zidanes Kopfstoß und Materazzis schmerzverzerrtes Gesicht zeigt (*Spiegel Online* 2012d).

Die Überhöhung Zidanes entfaltete sich nicht nur auf dem Skulpturenmarkt. Zu faszinierend erschien seine geheimnisvolle Aura; eine Biografie spricht vom »geheimen Leben« Zidanes, das trotz aller Öffentlichkeit entschlüsselt gehöre (Lahouri 2016). Der belgische Schriftsteller Jean-Philippe Toussaint schrieb im Jahr 2006 einen Essay über die »Melancholie Zidanes«, in dem der Kopfstoß Zidanes als Akt der Selbstvergewisserung konstruiert wird (Toussaint 2006). Zidanes sphinxhaften Bewegungen auf dem Platz, die fast übermenschliche Ballsicherheit und nicht zuletzt das enigmatische öffentliche Auftreten regten die

Fantasie an. Eine weitere Biografie nähert sich dem Phänomen, indem sie es bei jeder neuen Auflage mit einem neuen Titel versucht: von *Zidane, der bescheidene König* (2002) über *Zidane, von Yazid zu Zizou* (2006)[83] zu *Die zwei Leben des Zidane* (Philippe/Fort 2017).

Schon vor der WM 2006 hatte es den kunstprojektartigen Film *Zidane – Ein Porträt im 21. Jahrhundert* von Douglas Gordon und Philippe Parreno gegeben. Das Projekt bestand darin, Zidane während eines spanischen Ligaspiels im Jahr 2005 mit 17 Kameras zu filmen und die Aufnahmen so zu schneiden, dass – so weit wie möglich – Zidane allein im Bild zu sehen war. In einer eigentümlichen Parallele zum WM-Endspiel ließ sich Zidane kurz vor Ende des Spiels auf eine Rangelei ein und sah auch hier die rote Karte. Mit seiner Aktion am 9. Juli 2006 in Berlin unterstrich der dreimalige Weltfußballer mithin recht deutlich seinen Charakter als Kunstfigur, die sich in einem selbstzerstörerischen Akt unsterblich macht.

Die nächsten Dramen entfalteten sich in den Jahren 2008 und vor allem 2010. Wie schon 2004 endete die Europameisterschaft in Österreich und der Schweiz (2008)

---

83 »Yazid« bezieht sich auf die arabische Transliteration »Zain ad-Dīn al-Yazīd Zidane«; vgl. Wikipedia DE (2018al). Der Titel der Auflage von 2006 macht damit auf die bedeutsame Verschiebung aufmerksam, der viele Migranten in den Banlieues und anderswo ausgesetzt sind: Obwohl die Viertel und sozialen Räume von hoher Diversität geprägt sind, werden sie in der Außensicht arabisiert. Die künstliche Homogenisierung, die offenbar den Kategorisierungsbedürfnissen der Mehrheitsgesellschaft (nicht nur in Frankreich) entspricht, verschiebt den Sohn eines eingewanderten Berbers aus der Kabylei (Nordalgerien) hin zum Stereotyp des »muslimischen« Arabers aus einem französischen »Problemviertel«, eben von Yazid zu Zizou.

mit einem recht kläglichen Ausscheiden mit lediglich einem Punkt aus drei Spielen. Die Ereignisse bei der Weltmeisterschaft 2010 in Südafrika gerieten noch mehr zum öffentlichen Spektakel. Bereits die Qualifikation atmete den Geist des Skandals, da Thierry Henry im entscheidenden Spiel gegen Irland nach einem offensichtlichen Handspiel die Vorlage zum rettenden Ausgleich gegeben hatte. Seine Stellungnahme im Nachhinein wies eine gewisse Entfernung zum Geist des Fair Play auf: »Natürlich war es ein Handspiel, aber ich bin nicht der Schiedsrichter« (vgl. Bock 2016). Auch andere Protagonisten der *équipe tricolore* waren moralisch anfechtbar: Franck Ribéry und Karim Benzema standen unter Anklage, Sex mit einer minderjährigen Prostituierten gehabt zu haben (sie wurden später freigesprochen, vgl. *Frankfurter Allgemeine Zeitung* 2014b).

Die ersten Tage in Südafrika waren von Konflikten mit vom Training ausgeschlossenen Fans und einem verbalen Scharmützel mit Rama Yade, der Staatssekretärin für Sport, geprägt. Mit dezidiert bürgerlich-konservativen Einlassungen – im Kontext der Präsidentschaft von Nicolas Sarkozy und einer auf Identitätsfragen setzenden konservativen Regierung – hatte sie sich im Kreis der Spieler unbeliebt gemacht. Einem geplanten gemeinsamen Besuch im Township von Knysna stimmten Letztere nicht zu und blamierten so die Regierung. Die Distanz zu den weit gereisten Fans hätte ebenso als Besinnung auf das Wesentliche interpretiert werden können wie der Versuch, sich nicht vor den Karren einer konservativen Ministerin spannen zu lassen (es sei an die Beschimpfung als »Abschaum« durch ihren Parteifreund Nicolas Sarkozy erinnert). Stattdessen setzte sich, transportiert vor allem über die französischen

Medien, ein Bild arroganter und parvenühafter Fußball-millionäre durch (Blanchard et al. 2016, Minute 01:01:00 bis 01:03:00).

Nach dem zweiten Spiel eskalierte der latente Konflikt zwischen den negativ eingestellten Journalisten und der verunsicherten Mannschaft. In der Kabine kam es zu einer Beleidigung, deren genauer Adressat ebenso wie der Wortlaut bis heute unklar ist. Die Sportzeitung *L'Équipe* machte daraus die Schlagzeile »Va te faire enculer, sale fils de pute«. Die Zeitung unterstellte, Nicolas Anelka habe mit diesen derben Worten (»Fick dich selbst, dreckiger Hurensohn!«) den Trainer Raymond Domenech direkt beleidigt. Präsident Sarkozy gab während eines Staatsbesuchs in Russland ein markiges Statement ab, der Verband schloss Anelka von der Mannschaft aus. Diese solidarisierte sich aber mit der Begründung, die Worte seien so nicht gefallen und seien vielmehr als gezielte Diskreditierung zu werten. Am folgenden Tag boykottierte sie das Training; die WM in Südafrika hatte – nicht zuletzt vor dem Hintergrund mangelnder sportlicher Attraktivität – ein schönes Gesprächsthema. Das letzte Gruppenspiel gegen Südafrika, das vor dem Turnier als neues Symbol für eine durch Diversität gestärkte Nationalidentität gehandelt worden war (aber ebenfalls in der Vorrunde ausschied), ging mit 1:2 verloren.

Der Skandal schlug hohe Wellen in der französischen Gesellschaft und Politik. Direkt vom Flughafen wurde die Mannschaft nach der Rückkehr in den Élysée-Palast beordert, um sich eine Standpauke von Staatspräsident Sarkozy abzuholen. In der Folge wurde ein parlamentarischer Untersuchungsausschuss einberufen. Die öffentliche Aufarbeitung geschah vor dem Hintergrund, dass mehrere Spieler äußerten, sie hätten die Tragweite ihres Handelns erst erkannt, als es zu spät war.[84] Wenig reflektiert wurde, dass der Auslöser des Skandals ein im Grunde erfundenes Zitat gewesen war – die Journalisten von *L'Équipe* hatten mindestens genauso unbedacht und unredlich gehandelt wie die Spieler, die sie ins Zentrum des Sturms der Kritik gerückt hatten. Ihrer Rolle als »wichtiges Strukturelement für die Fans der französischen Nationalmannschaft« (Mignot 2016, S. 187) sind sie hier jedenfalls in einer recht destruktiven Weise gerecht geworden.

Dabei ist die Soziologie des Streiks von Knysna vergleichsweise einfach nachzuvollziehen (für das Folgende siehe Beaud 2011). Innerhalb der Mannschaft gab es eine nicht unerhebliche Gruppenbildung, die Spielern wie Betreuern bewusst war und auf die die Mannschaft plausibel reagierte, nämlich mit symbolischen Akten im Dienste der Gruppensolidarität nach innen. Die Mannschaft agierte nicht als »Verräter an der Nation« (so ein häufig gehörter Vorwurf). Sie kam eher mit der widersprüchlichen Erwartung nicht zurecht, einerseits als Symbol eines verfemten und verdrängten Gesellschaftssegments – der Bevölkerung der Banlieues – Ablehnung auf sich zu ziehen, andererseits aber als vermeintliche Botschafterin eines in Diversität geeinten Frankreich gelten zu müssen.

Außerdem darf man nicht übersehen, dass Akteure der Fußballpolitik, von gewählten Politikern über Verbandsrepräsentanten bis hin zu den Journalisten, ihre eigene unheilvolle Rolle spielten. Nicht nur Sarkozy und Staatsministerin Yade, sondern eine ganze Reihe konservativer

---

84 So etwa der Spieler Sidney Govou: »Ich gebe zu, dass ich ein Vollidiot war«; siehe Blanchard et al. (2016, Minute 01:08:30).

Politiker gaben immer wieder Äußerungen von sich, in denen massives Unverständnis gegenüber dem Lebensstil junger Menschen mit einem Hintergrund nicht nur in den Banlieues, sondern auch der frühen Quasiinternierung in Fußballschulen – allein unter jungen Männern – durchdrang. Hier wurde gewissermaßen die Erwartung geäußert, allein durch den wirtschaftlichen Erfolg (z. B. durch hohe Gehälter) hätten sich die Spieler den Geschmäckern und Gepflogenheiten der mittelständischen Mehrheitsgesellschaft anzupassen.

Die Medien überhöhten die Helden von 1998 und 2000, sprachen aber im Zusammenhang der Ereignisse in Südafrika von einem »nationalen Desaster«, einer »Staatsaffäre« und einem »moralischen Bankrott« (Beaud 2011, S. 7); es fehlte mithin an Augenmaß.

Raymond Domenech, ein für Fußballverhältnisse ungewöhnlich belesener und aufgeklärter Mann, bot eigene Angriffsflächen, indem er seiner Frau – einer Fernsehjournalistin – bevorzugten Zugang zu einzelnen Spielern gewährte und mit ihr zusammen für einen Mobilfunkanbieter warb (Altwegg 2008, S. 400). Sobald die Selbstüberschätzung auf allen Seiten mit sportlichen Misserfolgen zusammenkam, stellte sich im französischen Fußball der Befund ein: »Wenn sie gewinnen, sind sie *black-blanc-beur*. Wenn sie verlieren, sind sie Abschaum aus dem Ghetto.«[85] Am Beispiel der französischen Nationalmannschaft zeigt sich, dass »multiple Interpretationen« (Sonntag 2008, S. 53) erheblich zu instabilen Identifikationsmustern bei-

---

[85] So Éric Cantona, ehemaliger französischer Nationalspieler und heute im Hauptberuf Schauspieler, in *Les Bleus*; Blanchard et al. (2016, Minute 01:10:00).

tragen, wenn aus einstmals ethnisch homogenen Nationalstaaten multikulturelle Gebilde werden.

## Gruppen als »Andere«: Fußballfans und Gewalt

Die bisher genannten Beispiele aus Deutschland und Frankreich lassen bereits Zweifel aufkommen, ob der professionelle Fußball – oder der Sport allgemein – zu einer unkon-
ditionierten Gemeinschaftsbildung taugt. Zwar lässt sich
der Fußball mit intensiven Wir-Gefühlen in Verbindung
bringen, etwa in Deutschland nach 1954, im Ruhrgebiet
im Zusammenhang mit Schalke 04, Borussia Dortmund
und einer Reihe anderer Vereine, in Dänemark nach dem
EM-Sieg 1992 oder in Frankreich nach der Weltmeisterschaft 1998.

Allerdings tragen sogar die größten Erfolge den Makel
der Vergänglichkeit mit sich. Kaum ein abgestiegener Bundesliga-Verein kann seine Zuschauerzahlen in der Zweiten Liga halten, alle vermeintlich aus regionaler Verantwortung handelnden Sponsoren stellen ihre Verträge auf den
Prüfstand. Anhänger des Fußballs etwa in Jena, Magde-
burg oder Duisburg haben erleben müssen, wie der Fußball in ihrer Heimat von einer internationalen zu einer regionalen Angelegenheit wurde. Ganz offenbar sind der
Identifizierungskraft des Fußballs Grenzen gesetzt. Und
die vorherstehenden Abschnitte haben gezeigt, dass die
Muster von Selbst- und Fremdidentifikation in Zeiten
von Globalisierung und Europäisierung offenbar zunehmend instabil sind.

Daher muss die Botschaft wohl lauten: Über integrie-
rendes Potenzial verfügt der Profifußball bei Erfolgen von

Mannschaften, die bestimmte soziale Einheiten repräsentieren. Bleiben diese Erfolge aus, können desintegrierende Tendenzen vom Fußball ausgehen, die die Gräben innerhalb einer Gesellschaft möglicherweise sogar vertiefen.[86]

Zu dieser pessimistischen Botschaft muss nun noch ein Aspekt gezählt werden, der das Vertrauen in die gemeinschaftsbildende Kraft des Fußballs zusätzlich relativiert. Die Rede ist von der antagonistischen Identifikation, die der Gegnerschaft entspringt, die für bestimmte Konstellationen im Fußball charakteristisch ist: Niederlande versus Deutschland, Schalke 04 versus Borussia Dortmund, Celtic Glasgow versus Glasgow Rangers, das sogenannte ewige Derby zwischen Partizan und Roter Stern Belgrad, der *clásico* zwischen Real Madrid und FC Barcelona. Einen Teil ihrer Faszination beziehen diese Auseinandersetzungen aus dem in der Regel hochklassigen Sport und aus der Tradition, die sich im Sinne einer Selbstvergewisserung von beiden Seiten aktivieren lässt. Diese Eigenschaften lassen sich zweifellos auch als eine Form produktiver Gemeinschaftsbildung interpretieren. Die direkte Konkurrenz zwischen den beteiligten Mannschaften trägt aber genauso abgrenzende Züge, bei denen das eigene Selbstwertgefühl aus der Ablehnung der Gegenpartei gewonnen wird.

Der soziale Antagonismus an sich steht dabei nicht im Fokus der Kritik. In der Soziologie ist unumstritten, dass

---

86 Anders ist es im Amateurfußball, wo die Kluft zwischen aktiven und passiven Akteuren wesentlich geringer ist und die Schwellen für Zuschauer – z. B. wenn es um das Eintrittsgeld oder den direkten Kontakt mit Fußballprotagonisten geht – niedriger sind als im Profibereich.

das Ego sich seiner selbst überhaupt nur dann bewusst werden kann, wenn es ein Alter gibt. Gesellschaftlicher – interaktiver – Sinn kann überhaupt nur entstehen, wenn »neben der Ego-Perspektive auch eine (oder viele) Alter-Perspektive(n) Berücksichtigung finden« (Luhmann 1981, S. 119). Und zu den Eigenarten des Sports gehört die Auseinandersetzung: »Das Spiel ist ein Kampf um etwas« (Huizinga 2004 [1938], S. 22). Daher hat es wenig Sinn, den Fußball als Angelegenheit ohne antagonistische Grundkonstellation herbeizuwünschen.

Die Frage ist allerdings, wie scharf die dem Fußball innewohnende Konkurrenzsituation ausgelebt werden darf, um nicht zerstörerische Funktionen für die Gesellschaft zu haben. Zunächst ist dabei vielleicht hilfreich, sich die historische Kontingenz der Aggressionstoleranz im Sport zu vergegenwärtigen. Z. B. Norbert Elias schildert in seinen sportsoziologischen Schriften das Ausmaß mit einem gewissen Genuss am Detail:

Arrhachion aus Philgalia, zweifacher Olympiasiger im Pankration [eine Form des Ringens; Anm. d. Verf.], wurde 564 v. Chr. bei seinem dritten Versuch, Olympiasieger zu werden, erdrosselt, konnte jedoch gerade noch vor seinem Tod die Zehen seines Gegners brechen, so daß dieser den Kampf wegen der Schmerzen aufgeben musste. Die Kampfrichter krönten deshalb den Leichnam des Arrhachion und erklärten den Toten zum Sieger. [...] Dies war offensichtlich nicht ungewöhnlich. Wenn ein Mann während eines Wettkampfs bei einem der großen Festspiele getötet wurde, so wurde der Tote zum Sieger bestimmt (Elias 1985, S. 20).

Selbstverständlich unterscheidet sich der moderne Sport von seiner antiken Ausprägung durch eine höhere Affekt- und Selbstkontrolle. Der Fußball allerdings weist von Anbeginn eine gewisse Affinität zur Gewalt auf. Aus dem Jahr 1314 ist das Verbot eines Vorläufers des Fußballs überliefert, weil durch Gewalt die öffentliche Ordnung bedroht werde (Dunning 1985, S. 124). Und bis heute gilt, dass man zum Fußball nicht geht, »weil man sich entspannen will. [Im Gegenteil:] Man will sich erregen, man will mitkämpfen, und so kann es sein, dass man danach – falls das Ergebnis wenig befriedigend war – noch aggressiver ist als zuvor« (Bausenwein 2006, S. 391).

Vor diesem Hintergrund wird deutlich, dass Teile des Fußballs am besten verstanden werden können, wenn sie mit einem spezifischen Fokus auf Aggression und Konflikt betrachtet werden. In der Fußballforschung sind dabei seit Langem zwei Quellen für die Aggressionsbereitschaft von Fußballfans identifiziert worden: zum einen das Spielgeschehen und die Dynamik des Spiels, die sich auf die Ränge überträgt, und zum anderen die Gewalt auf dem Spielfeld als Motivation zum Zuschauen (Pilz 1994, S. 177). Sport kann in diesem Zusammenhang (auch) als »Werkzeug der Aggressionslegitimierung statt zum Mittel der Aggressionskontrolle« (Hacker, zitiert nach Pilz 1994, S. 187) gesehen werden. Antagonistisches Denken und Handeln treten dabei, wie wir sehen werden, nicht nur zwischen Fans gegnerischer Länder oder Vereine auf. Fast noch relevanter erscheinen systematische Konflikte zwischen Fans und Sicherheits- oder Polizeikräften. Zahlreiche Studien haben gezeigt, dass viele Fußballfans der Polizei wegen konkreter schlechter Erfahrungen misstrauen (Schiefer/Stichling 2017).

Im Zusammenspiel zwischen zentralen Akteuren des Fußballfeldes und dem Publikum hat sich in den letzten Jahren eine immer größere Kluft aufgetan. Auf der einen Seite haben die Aktiven eine starke symbolische Aufwertung erfahren, die ihnen nolens volens eine gesellschaftsprägende Wirkung verleiht. Als *objects of interests* unterliegen Spieler und Trainer einer permanenten Beobachtung, auf die viele von ihnen mit einem weitgehenden Rückzug aus der Öffentlichkeit reagieren. Eine Asymmetrie zwischen Spielern und Fans hat es im Profifußball wohl immer gegeben, aber durch die Explosion der Spielergehälter, die Aufmerksamkeitsstruktur der sozialen Medien und die Nervosität der veröffentlichten Meinung ist die Distanz zwischen Fußballakteuren und Fußballbeobachtern in den letzten Jahrzehnten zweifellos gewachsen. Zuschauen beim Training oder ein Plausch mit Spielern und Betreuern nach dem Spiel – Praktiken der Fanbindung, die es in der Vergangenheit gegeben hat – sind bei den großen Vereinen heute kaum noch üblich.

Fußballfans sind im Zuge dieser Entwicklung in eine eigentümliche Position geraten. Auf der einen Seite sind Formen der aktiven Teilhabe verschwunden; sie reduzieren sich häufig auf den Stadionbesuch. Auf der anderen Seite sind die Fans aus Sicht der Vereine ein wichtiges Moment. Über Identifikation wird eine positive Grundstimmung erzeugt, die für die Leistungsfähigkeit einer Mannschaft nicht unerheblich ist. Auch gilt aus Sicht der Vereine, dass mehr Fans mehr Vermarktungsmöglichkeiten bieten; sei es im Merchandising, sei es als Projektionsobjekte für Sponsoren. Bindungsstrategisch ergibt sich ein Dilemma: Einerseits sollen Fans vom Kerngeschäft ferngehalten, andererseits möglichst viele von ihnen an einen Verein gebunden werden. Der Interessengegensatz ergibt sich nicht aus dem bösen Willen entweder der Fußballakteure oder überfrachteten Erwartungen von Fans/Beobachtern, sondern ist als Konsequenz der Professionalisierung zu begreifen, in denen Spieler als Leistungserbringer und

Vereine wie Verbände als Wirtschaftsakteure auftreten müssen.[87]

Die Gegensätze existieren dabei nicht nur auf der fußballpraktischen Ebene, sondern setzen sich in der allgemeinen Sphäre gesellschaftlicher Deutung fort. Aktive Fans könnten eigentlich als eine Art Idealbild spätmoderner Authentizitätsvorstellungen konstruiert werden. Sie vereinen zahlreiche als positiv angesehene Eigenschaften des selbstbestimmten Menschen auf sich: Mit ihren Choreografien sind sie engagiert und kreativ, mit der Treue zum Verein und ihren Mitstreitern zeigen sie Gemeinschaftssinn, mit ihren Äußerungen (z. B. in Foren oder Stadionzeitschriften) beteiligen sie sich aktiv am gesellschaftlichen Leben, ihre lautstarke Präsenz im Stadion markiert eine egalitäre Gemeinschaft, in der manche soziale Hierarchien außer Kraft gesetzt sind.

Wenn nun aber diese Tätigkeiten und Eigenschaften von Vereinen oder einem »Fanclub Nationalmannschaft powered by Coca-Cola« eingemeindet werden, haben wir es im Grunde mit mehr als einem einfachen Handlungsdilemma zu tun. Ausgestattet mit einem riesigen Pool an materiellen und immateriellen Ressourcen, machen sich die Fußballakteure – jedenfalls in vielen Fällen – daran, die zuvor antimateriellen Autonomievorstellungen ihres Pu-

---

87 Das Wort »müssen« ließe sich hier in Anführungszeichen setzen. Es besteht natürlich weder für Fußballakteure noch für Vereine oder Verbände ein echter Zwang, sich marktgerecht zu verhalten. In den Kapiteln 2 und 4 habe ich aber zu zeigen versucht, dass ein Ausbrechen aus dem allgemeinen Rahmen der Leistungsoptimierung ebenso hohen Sanktionen unterliegt wie eine Vernachlässigung kaufmännischer (und zunehmend finanzkapitalistischer) Imperative.

blikums systematisch in ihrem Kern anzugreifen. Selbst wenn dies in vielen Fällen unbeabsichtigt geschehen sollte, ist das Problem dennoch da. Genau dann, wenn organisierte Fans der reinen Konsumorientierung zu entgehen versuchen, werden sie zu Störfaktoren des Hochglanzprodukts Profifußball. Ein unbefangenes, einfaches Dasein als Fußballfan gehört der Vergangenheit an, was für einen guten Teil des Publikums nicht anders als frustrierend sein kann.

Die Interessengegensätze, die sich aus dieser Konstellation ergeben, schlagen sich nicht zuletzt dann nieder, wenn es im Zusammenhang mit Fußballspielen zu Gewaltausbrüchen kommt. Fangewalt an und für sich stellt sicherlich kein neues Phänomen dar; es begleitet die Bundesliga spätestens seit den siebziger Jahren. Bereits in der sogenannten »Kölner Studie« von 1979 zur Fangewalt wurden Gewaltvergehen rund um den Fußball akribisch festgehalten (Hahn et al. 1988). Hier und später zeigten sich zwei Strategien, mit denen der Gewalt im Kontext des Profifußballs begegnet werden kann: ein pädagogischer Ansatz sowie strafrechtliche Bekämpfung (vgl. Havemann 2013, S. 235).

Der pädagogische Strang des Umgangs mit Fangewalt setzt auf den Gedanken, die eigene Anhängerschaft lebensweltlich einzubinden und so Aggressionen oder Gewaltausbrüchen vorzubeugen. Lange Zeit hatten sich Vereine und Verbände auf den Standpunkt gestellt, mit ihrer Jugendarbeit oder dem Engagement im Breitensport sowieso schon einen wichtigen Beitrag zur Befriedung und Integration der Gesellschaft zu leisten. Im Zuge der allgemeinen Diskussion um Corporate Social Responsibility begann aber ein Umdenken – ob nun aus gesellschaftlicher Verpflichtung oder der Sorge um den Unternehmens- bzw.

Sponsorenwert, der bei negativer Berichterstattung unterhalb seines Potenzials bleibt.

Es wurde versucht, dem Phänomen der Gewalt mit Gemeinschafts- und Bildungsmaßnahmen zu begegnen. Z. B. richtete Borussia Dortmund ein sogenanntes Lernzentrum ein, das nach eigenen Angaben »der gesellschaftlichen Verantwortung des Massenphänomens Fußball nach[kommt]« und dabei »die besondere Faszination des außerschulischen ›Lernortes Stadion‹« nutzt.[88] Die drei inhaltlichen Schwerpunkte des Projekts, das mehrfach ausgezeichnet wurde, sind Antirassismus, Interkulturelles Lernen und Zivilcourage. Ähnliche Ansätze verfolgen auch einige andere Bundesligisten.[89]

Ob allerdings solche Maßnahmen den Kern gewaltaffiner Fans erreichen können, bleibt fraglich. Selbst falls sich – wie es ja in den USA sogar im American Football erreicht wurde – langfristig eine Ächtung von Fangewalt einstellen sollte, blieben die Fußballakteure immer noch mit der Frage konfrontiert, wie in der Zwischenzeit zu verfahren sei. Hierfür muss der strafrechtliche Ansatz herhalten, bei dem nichtstaatliche Akteure das Heft des Handelns zu einem guten Stück aus der Hand geben, denn für die Verfolgung von Straftaten – und für die Definition, welche Akte strafbar sind – ist der Staat zuständig, auch wenn die Vereine in den Stadien in der Regel das Hausrecht genießen und bis zu einem bestimmten Grad Ein-

---

88 Siehe die entsprechende Website {https://www.bvb-lernzentrum.de/} (Stand Februar 2018).
89 Siehe z. B. die Homepage zum Projekt »Schalke macht Schule« {http://www.schalke-macht-schule.de/} (Stand Februar 2018).

fluss darauf nehmen können, welches Verhalten sie tolerieren und welches nicht. Aber es gibt eine recht klar definierte Grenze, die dann greift, wenn Fans innerhalb des Stadionbereichs Taten begehen, die auch außerhalb als Straftaten gewertet würden. Dabei geht es nicht nur um Körperverletzungen, sondern ebenso um Dinge wie gefälschte Eintrittskarten, Beleidigung (insbesondere von Beamten) oder Drogenbesitz.

Im Grundsatz ist davon auszugehen, dass die Vereine (bzw. die Inhaber des Stadionhausrechts) auf der einen sowie Polizei und Staatsanwaltschaft auf der anderen Seite ein Interesse daran haben, beim Umgang mit nichtkonformem Verhalten an einem Strang zu ziehen. Im Prinzip werden im Stadion solche Aktionen verfolgt, die auch in der allgemeinen Öffentlichkeit verfolgt würden.

Für eine abweichende generelle Linie fehlt den Vereinen die Legitimation. Wenn nämlich Ahndungen zu schwach ausfallen (z. B. im Hinblick auf Beleidigungen gegnerischer Mannschaften), steht der Vorwurf der Verharmlosung und eventuell der Strafvereitelung im Raum. Fallen sie hingegen zu stark aus, setzen sich Vereine und Funktionäre dem Verdacht der Willkür aus – schließlich liegt das Gewaltmonopol beim Staat, nicht bei Ausrichtern von Sportveranstaltungen. Deswegen bestehen nur wenige Grauzonen zwischen privater und staatlicher Rechtssetzung, z. B. hinsichtlich der Frage, welche Gegenstände man an einem öffentlichen Ort mit sich tragen darf und welche Akte von Meinungsäußerung auf Bannern erlaubt sind. Im Großen und Ganzen unterscheiden sich die Rechtsräume vor und innerhalb der Stadien aber wenig.

Wie bei anderen Großveranstaltungen können Vereine (bzw. Stadionbetreiber) ihr Hausrecht dazu nutzen, die

Anwesenheit bestimmter Personen zu beschränken, z. B. durch Hausverbote. Für die Durchsetzung benötigt es aber wieder die Polizei, die allein auf einen Strafantrag hin tätig werden kann. In diesem Fall teilen sich Veranstalter und Polizei die Legitimität freiheitseinschränkenden Verhaltens – ohne den Willen des Vereins keine Staatsgewalt. Mitunter kommt es aber zu Unstimmigkeiten zwischen Vereinen und Polizei. Beispielsweise verwahrte sich die Vereinsführung von Schalke 04 im Herbst 2013 gegen den Einsatz der Polizei gegen ein provokatives Banner, mit dem Fans des PAOK Saloniki gereizt werden sollten. Bundesweites Aufsehen erregte der Fall, weil sich die Polizei daraufhin kurzzeitig von ihren Aufgaben im und um das Stadion von Schalke 04 zurückzog.

Gewalttaten im Fußball stellen zwar eher ein Randphänomen dar. Allerdings existiert rund um den Fußball zweifellos ein Milieu, das gewaltaffin ist und sich in einem fast institutionalisierten Konflikt mit Polizei und Staatsanwaltschaft befindet. Über Verantwortlichkeiten bei der immer wieder eskalierenden Gewalt lässt sich trefflich streiten. Instruktiver ist ein Blick auf die Konjunkturen von Gewalt und der medialen Aufmerksamkeit, die diese erfahren.

Eine besondere Häufung ergab sich im Jahr 2012. Im März jenes Jahres griffen Mitglieder der Kölner Ultra-Gruppierung Wilde Horde auf einem Autobahn-Rastplatz einen Reisebus mit Fans von Borussia Mönchengladbach an. Der Verein entzog der Wilden Horde den Fanklub-Status, nachdem bei einer Polizeidurchsuchung »hochexplosive […] Gegenstände wie bengalische Feuer«, weitere Pyrotechnik, Rauschgift, Schlagwerkzeuge und anderes gefunden wurden. Weiterhin wurden mehrere Mitglieder der Gruppe mit Vereinsausschluss bestraft (Bock 2012a). Im Fanumfeld des 1. FC Köln trafen die Maßnahmen, die von der Polizei begrüßt wurden, auf Ablehnung. Alle organisierten Fans verzichteten für den Rest der Rückrunde auf Choreografien in der Südkurve. Die drei Haupttäter wurden im September 2015 wegen Nötigung zu mehrmonatigen Haftstrafen verurteilt, die zur Bewährung ausgesetzt wurden.

Im Mai 2012 entzündeten Fans bei der Meisterfeier von Borussia Dortmund in der Innenstadt bengalische Feuer; der Verein wollte ein Zeichen setzen: Borussia Dortmund verhängte ein Jahr Stadionverbot. Fanvertreter kritisierten die Unverhältnismäßigkeit der Maßnahme – immerhin hatte der Vorfall sich gar nicht auf dem Vereinsgelände abgespielt. Nach Angaben des Vereins dagegen bewegten sich die Sanktionen am unteren Rand des Möglichen (*Der Westen* 2012).

Wenige Wochen später kam es im Juni erneut zu einem medienwirksamen Vorfall, als in Düsseldorf Fans beim Relegationsspiel gegen Hertha BSC Berlin Bengalos anzündeten und den Platz stürmten. Das Spiel musste zur besten Fernsehsendezeit mehrfach unterbrochen werden. Nachdem die Verantwortlichen von Hertha BSC auf dem Platz einer Fortführung des Spiels zunächst zugestimmt hatten, legte der Verein anschließend Berufung gegen dessen Wertung ein – die Partie war mit 2:2 zu Ende gegangen, womit Düsseldorf sich nach dem gewonnenen Hinspiel durchgesetzt hatte. Erst nach dem letztinstanzlichen Urteil durch das DFB-Bundesgericht akzeptierte Hertha BSC den Abstieg. Während in den Medien und vor dem Sportgericht von einem Skandalspiel die Rede war, hielt der Polizeibericht fest, es sei »weder vor, während noch nach dem Spiel zu gravierenden körperlichen Auseinandersetzungen oder Gewalt« gekommen (Wikipedia DE 2018n).

Nach der Sommerpause hielten Gewalt und Skandalisierungen an. Im August 2012 kam es in der Qualifikation zur Europa League anlässlich des Spiels Hannover 96 gegen Gdansk zu verabredeten Kämpfen zwischen gewaltbereiten Ultragruppen beider Vereine. Ebenfalls im August starteten erneut Anhänger des 1. FC Köln eine Internetseite mit dem Titel »Pezzoni und Co. aufmischen«. Durch unglückliche Aktionen in verschiedenen Spielen war der Spieler Kevin Pezzoni ins Visier der Fans geraten, die ihn als einen der Hauptschuldigen für den Abstieg seines Vereins in der Saison 2011/12 ausgemacht hatten.

Nachdem Pezzoni schon im Februar vermutlich seitens eines verärgerten Fans das Nasenbein gebrochen worden war, lauerten ihm nun fünf Personen auf und bedrohten ihn vor seiner Haustür. Pezzoni verließ daraufhin den Verein. In der Folge dieser Episode wurde vor allem diskutiert, welche Fangruppen genau eine aktive Rolle gespielt hatten. Fanvertreter verteidigten zwar nicht die Drohungen, versuchten aber, das Verhalten einzuordnen: »Es ist ein Zeichen von Ohnmacht. Du stehst die komplette Saison in der Kurve und schreist dein Team Spiel für Spiel nach vorne – doch die Spieler kapieren einfach nicht, dass dir der Klub alles bedeutet. Irgendwann bricht die angestaute Wut sich Bahn« (zitiert nach Bock 2012b).

Die beschriebenen Ereignisse zeigen meines Erachtens, dass weder die oben erwähnte Pädagogik- noch die Strafrechtsstrategie Aussicht auf durchschlagenden Erfolg haben. Gewalt von Fußballanhängern ist eine Folge der – von vielen Seiten betriebenen – Anstrengungen, mittels des Fußballs Identifikationsflächen zu schaffen. Je ausgeprägter die entstehenden Leidenschaften, desto höher das Enttäuschungspotenzial und desto höher folglich auch die Wahrscheinlichkeit, dass enttäuschte Hoffnungen zu abrupten Entladungen führen. Wenn den Fußballverantwortlichen etwas vorzuwerfen ist, dann vielleicht das konsequente Ausblenden der Kehrseiten der affektuellen Zuwendung, die Trainer, Spieler und Funktionäre gerne einfordern. Echte Leidenschaften entstehen eben nur, wenn seitens der Fans »echte Liebe« im Spiel ist. Mit gerichtlichen und polizeilichen Sanktionen ist den emotionalen Ausbrüchen nicht ursächlich beizukommen, denn diese sind auf Straftaten gemünzt – soweit sie denn überhaupt begangen werden.

Ersatzbestrafungen durch Vereine und Verbände beruhen allerdings häufig auf sehr dürftigen Ermittlungen und scheinen mitunter den Charakter von Ersatzhandlungen zu tragen. Dadurch steigen Wut und Ohnmachtsgefühle auf der Seite der Fans noch weiter. Hooligans und Medien profitieren dabei gleichermaßen von der Skandalisierung von Konflikten. An sich harmlose Emotionen, die im Fußball, der gewissermaßen als Ventil für gesamtgesellschaftliche Überregulierung dient, ausgelebt werden, verweben sich mit dem Deutungsrahmen der nicht zu bändigenden Gewalt. Was verantwortungslose Medien anzurichten vermögen, habe ich am Beispiel der französischen Nationalmannschaft zu zeigen versucht.

Während in Frankreich leicht das vermeintliche Gefühlsleben multikultureller Spieler skandalisiert wird, stehen in Deutschland die Fangewalt und der Rechtsradikalismus unter besonderer Beobachtung. Das Ausmaß der Gewalt in deutschen Stadien ist aber bei Weitem nicht so ausgeprägt, wie die Berichterstattung durch das Aufbauschen einzelner Vorfälle zu »Skandalspielen« bisweilen suggeriert. Zwar existiert eine gewalttätige Hooliganszene, die wegen ihrer Verbindungen ins rechtextreme Milieu in der Regel im Visier polizeilicher Ermittlungen steht (siehe z. B. Ulrich 2017). Sie umfasst, wie Schaubild 1 zeigt, in Gestalt »gewaltsuchender Fans« seit Jahren zwischen 1400 und 1700 Personen – statistisch weniger als 100 Fans pro Verein in der Ersten Bundesliga.

Für die Saison 2015/16, in der durchschnittlich 43 245 Zuschauer pro Bundesliga-Spiel zu verzeichnen waren,[90] ergibt sich eine Quote von 0,0019 Prozent gewaltsuchender Stadionbesucher. Wenn wir die Kategorie der gewaltbereiten Fans hinzuziehen, ergibt sich für die Saison 2015/16 eine Gewaltbereitenquote von 0,007 Prozent. Passend dazu sind errechnete Zahlen aus früheren Jahren. Von insgesamt 18,4 Millionen Stadionbesuchern wurden während eines Spiels der Ersten Bundesliga 0,007 Prozent verletzt. Insgesamt gab es 2012 pro Bundesliga-Spieltag durchschnittlich etwa 1,6 verletzte Zuschauer in deutschen Stadien (siehe, auch für die Angaben in den folgenden Absätzen, *Spiegel Online* 2012c).

Auch andere Kennzahlen weisen in die Richtung, dass Gewalt in Fußballstadien eher ein Randphänomen ist. So geht fast die Hälfte der im Zusammenhang mit Fußballspielen eingeleiteten Strafverfahren auf Pyrotechnik-Vergehen zurück. Der vermeintlich erhöhte Anstieg an Strafverfahren, den eine Studie im Jahr 2012 feststellte, ließ sich auf das gezielte und verstärkte Vorgehen der Polizei dagegen zurückführen. Nicht die Praxis des Abbrennens von Feuerwerk in den Stadien nahm also zu, sondern deren Verfolgung.

90 Die Zahlen sind auf dem Portal transfermarkt.de verfügbar: {https://www.transfermarkt.de/1-bundesliga/besucherzahlen/wettbewerb/L1} (Stand Februar 2018).

Darüber hinaus ist bemerkenswert, dass nur ein kleiner Teil der eingeleiteten Strafverfahren zu einem Strafbefehl führt. Ähnliches gilt für beantragte Stadionverbote. Nur bei weniger als zehn Prozent der sogenannten Stadionverbotsprüffälle werden Vergehen festgestellt, die ein Stadionverbot nach sich ziehen.

Nicht nur bei einem Blick auf die Gewalttaten, sondern auch bei einer Perspektive auf die Gewalttäter ergeben sich also gewisse Abweichungen zu der Vorstellung, der Fußball werde regelmäßig zum Opfer organisierter Fangewalt. Bei vielen der oben aufgelisteten Skandalereignisse haben organisierte Fans oder Ultras gar nicht im Mittelpunkt gestanden. Die Einschüchterung des Köln-Profis Pezzoni oder der Platzsturm in Düsseldorf waren vielmehr – wie sich indes erst im Laufe der Zeit herausstellte – von Einzelpersonen ohne Bezug zur organisierten Fanszene ausgegangen.

Trotz aller relativierenden Aussagen kann dennoch nicht geleugnet werden, dass es in der Bundesliga ein permanentes Grundrauschen von (auch) gewaltsam ausgetragenen Konflikten gibt. Im Jahr 2012 entwickelte die DFL daher ein Sicherheitskonzept mit dem Titel »Sicheres Stadionerlebnis«. Die selbst auferlegte Aufgabe lautete, rund um den Stadionbesuch das Potenzial für Gewalt zu verringern, ohne die Stadionatmosphäre zu beeinträchtigen.

Der Kern des ursprünglichen Konzepts bestand darin, Sicherheitsvorschriften zum Bestandteil der Lizenzierungsordnung zu machen und so Vergehen in einzelnen Stadien unter die Hoheit der DFL zu stellen, die damit entsprechende Vertragsstrafen verhängen kann. Dadurch könnten auftretende Probleme, so die Hoffnung, mit finanziellen Sanktionen belegt werden. Zugleich sollte die Länge

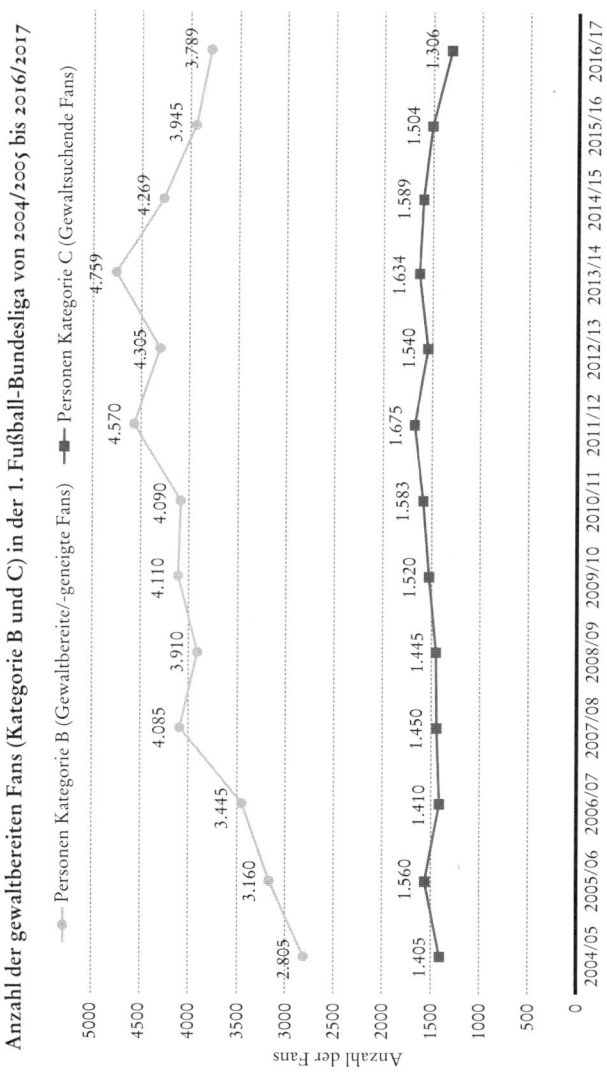

Anzahl der gewaltbereiten Fans (Kategorie B und C) in der 1. Fußball-Bundesliga von 2004/2005 bis 2016/2017

—●— Personen Kategorie B (Gewaltbereite/-geneigte Fans)   —■— Personen Kategorie C (Gewaltsuchende Fans)

Schaubild 1: Fangewalt in deutschen Fußballstadien; Quelle: Zentrale Informationsstelle Polizeieinsätze, vgl. Statista (2017a).

von Stadionverboten erhöht, Fanklubs auf eine verbindliche Vereinbarung mit Sicherheitsdiensten verpflichtet, die Vereine bei der aktiven Suche nach Tätern mit Straferleichterungen belohnt und in bestimmten Fällen der Verzicht auf Stehplätze durchgesetzt werden (*Kicker* 2012b).

Dieser ersten Fassung stellten sich nicht nur alle Fanvertreter, sondern auch viele Vereine entgegen. Zu einem zentralen Bestandteil der Debatte wurden nicht nur die repressiven Überlegungen, mit denen die DFL mithilfe der ihr angehörenden Vereine ein Kollektivstrafenwesen einführen wollte. Noch intensiver wurde diskutiert, ob und inwiefern organisierte Fans in die Entwicklung des Sicherheitskonzepts einzubinden seien. Der FC St. Pauli und Union Berlin – zu jener Zeit freilich Zweitligavereine – lehnten das Sicherheitskonzept explizit ab, weil eine Beteiligung der Fanvertreter nicht vorgesehen war. Sie stellten sich damit hinter den Slogan verschiedener Fangruppen: »Keine Stimme, keine Stimmung«.[91]

Als Datum für die Verabschiedung des Konzeptes wurde der 12. Dezember 2012 festgelegt. Die Fans der allermeisten Vereine starteten daraufhin die symbolische Aktion, ihre Mannschaften in den ersten 12 Minuten und 12 Sekunden eines Spiels nicht anzufeuern. Gleichzeitig waren in den Kurven viele Transparente zu lesen, die das Sicherheitskonzept als Ende eines – von den Fans so verstandenen – atmosphärischen Stadionerlebnisses sahen.

---

91 Siehe z. B. die »Erklärung der Aktion ›12:12‹ zum bundesweiten Treffen am 29. Dezember 2012« auf der Homepage des gleichnamigen Fanbündnisses {http://www.12doppelpunkt12.de/} (Stand Februar 2018).

Die DFL machte in einigen Punkten Konzessionen an die Forderungen der Fanszene, ohne jedoch einen direkten Dialog zu suchen. Am Ende standen dann 16 Änderungsanträge zur Abstimmung, von denen sich die meisten auf die Sicherheitsverantwortlichkeit in den Stadien bezogen. Der Vereinbarungscharakter nahm so stärker als zuvor die Vereine in die Pflicht, in den Stadien für Sicherheit zu sorgen. Es sollten erweiterte Möglichkeiten der Videoüberwachung geschaffen, Kontrollen an den Stadioneingängen »verbessert« und die Klassifizierung von Risikospielen mit verminderter Ticketausgabe für Gästefans durchgesetzt werden (*Kicker* 2012a).

Die Vorgänge rund um das Sicherheitskonzept sind in zweierlei Hinsicht bemerkenswert. Erstens zeigen sie einen weiteren Schritt in Richtung Versicherheitlichung des Fußballs. Extensive Kontrollen werden zur Regel erhoben, kollektive Bestrafungen zum zentralen Hebel für das Inzaumhalten nichtkonformer Fans erklärt.

In der Securitization-Literatur, angefangen mit dem berühmten Band von Buzan/Waever/Wilde (1998), werden Maßnahmen und Konsequenzen dieser Art überwiegend kritisch beurteilt. In der Sache dürfte eine durchgängige Anti-Securitization-Haltung indes kaum sinnvoll sein. Der Schutz unbeteiligter Zuschauer muss für Vereine, Verbände und die Polizei letztlich im Mittelpunkt einer jeglichen Sicherheitsstrategie stehen. Da sicherheitsgefährdende Praktiken eines – wenn auch kleinen – Teils der Fans seit Jahren bekannt sind, können die Fußballverantwortlichen in diesem Feld die Dinge nicht einfach laufen lassen, ohne Schutz- und Fürsorgepflichten zu verletzen.

Allein: An der Solidarisierung eines Teils der nichtgewalttätigen Fans mit den Gewalttätern kommen die Fußballakteure ebenfalls nicht vorbei. Wie in der staatlichen Sicherheitspolitik, in der es bei einer Betonung sicherheitsrelevanten Handelns schnell zu Protesten Unbeteiligter und somit zu einer generellen Delegitimierung des Staates kommt, so entfremdet der Einsatz repressiver Maßnahmen die Vereine und Verbände von einem wichtigen Teil des eigenen Anhangs.

Zweitens zeigt das Entstehen des Sicherheitskonzepts, wie schwer sich Fußballakteure bis heute damit tun, transparent und stringent mit der breiteren Öffentlichkeit zu interagieren. Im Jahr 2012 bestand ein nicht unerheblicher Konflikt zwischen den Geschäftsinteressen auf der einen und Partizipationserwartungen auf der anderen Seite. Kommunizieren und kooperieren wollte die DFL aber nur mit solchen Akteuren, die von vornherein als handzahm eingestuft werden. In diesem Fall handelte es sich um die »Arbeitsgemeinschaft Fanbelange« beim DFB, die in der Tat in die Entscheidungsfindung einbezogen wurde. Nach Aussage der DFL arbeiten hier »professionelle Fanarbeiter, bundesweite Fanbündnisse und weitere ehrenamtlich engagierte Fanvertreter« zusammen. Allerdings wird dabei verschwiegen, dass die Kommission organisationsstrukturell als Teil der »Kommission Prävention & Sicherheit« fungiert.[92] Von dieser Seite konnte und kann demnach kaum erwartet werden, dass Fanbelange unabhängig vom Deutungsrahmen »Sicherheitsrisiko« diskutiert würden.

92 Angaben und Zitate aus einem kurzen Text zur Arbeitsgemeinschaft Fanbelange auf der Homepage des DFB; siehe {https://www.dfb.de/fanbelange/fanbelange/?m=1} (Stand Februar 2018).

Das Reibungsverhältnis bestand (und besteht bis heute) wohl darin, dass man sich seitens der DFL und des DFB ein geordnetes Verbandswesen nach dem Muster der Willensbildung in der Politik wünscht. Stattdessen tritt dem organisierten Fußball das Gebilde einer »Multitude« (Hardt/Negri 2013) entgegen. Schließlich ist nur ein geringer Teil der Fans – und erst recht nicht der gewalttätige – in einem engeren Sinne organisiert. Und die Tatsache, dass dieser kleine Teil sich auf unterschiedliche Vereine verteilt, deren Anhängerschaften einander nicht immer wohlgesinnt sind, erhöht die Organisationsfähigkeit ebenfalls nicht (vgl. Böhret et al. 1988, S. 174).

Aus organisationssoziologischer Perspektive lässt sich festhalten, dass den berechtigten Mitspracheerwartungen der Masse von Fußballfans ein mächtiges Kartell kommerzgetriebener Entscheidungsträger gegenübersteht. Wohl aus diesem Grund haben es die Machthaber des Fußballs bisher nicht vermocht, das Unbehagen eines amorphen Publikums in Entscheidungen umzugießen, die von der breiten Mehrheit als legitim angesehen werden.

Die Figur der Multitude wurde in den letzten Jahren im Kontext der Proteste gegen die Auswüchse des Finanzkapitalismus diskutiert. Ähnlich aber wie in dieser Welt, die eine riesige Entfremdung zwischen Entscheidungsträgern und Entscheidungsbetroffenen aufweist, stellen sich auch im Fußball als Resultat der Entfremdung deutliche Ablehnungsäußerungen ein.

Als Beleg lässt sich die Episode um die Transparente mit dem kurzen und bündigen Slogan »Fick Dich DFB« sehen. Damit hatten zu Beginn der Bundesliga-Saison 2017/18 viele Fangruppen gegen Aspekte der Fußballwelt wie »Korruption«, »Halbzeitshow«, »Auslandsvermarktung«,

»Regionalliga Fernost«, »Stadion-Auflagen«, »Sportge-richtsbarkeit« und »Aufweichung von 50+1« protestiert.[93] Der Slogan »Fick Dich DFB« war im März 2012 – also nicht fern von den kulminierenden Protesten des Herbstes 2012 – zum ersten Mal aufgetaucht, als Fans des FC Union Berlin ihren Unmut gegenüber einem kollektiven Stadionverbot für Fans von Eintracht Frankfurt in Berlin ausdrückten. Damals war die Empörung auch innerhalb der Anhängerschaft des FC Union noch groß.[94] Im Sommer 2017 wurde die offensichtliche tiefe Ablehnung, verbunden mit deftigen öffentlichen Beschimpfungen, schon als normal hingenommen.

Negri/Hardt begreifen die Multitude als Resultat einer politischen Entwicklung, in der politische und ökonomische Eliten einen Pakt eingegangen sind, um wirtschaftliche Gewinne zu privatisieren, Verluste der Allgemeinheit aufzubürden und zu diesem Zweck die Rolle »des Volks« bei der Korrektur von Marktmechanismen zurückzudrängen. Wegen der kartellartig organisierten Macht ökonomischer und politischer Eliten sind aus dieser Perspektive reguläre Formen der Mitwirkung bedeutungslos. Sie mögen existieren, haben aber höchstens den Charakter von Fassadeninstitutionen, was zur Aushöhlung partizipativer Formen der Demokratie führt (Wolin 1994; Crouch 2008).

93 Die Slogans finden sich im Zusammenhang mit dem »Fick-Dich-DFB-Aktionsspieltag« auf der Homepage »Faszination Fankurve«; siehe {http://www.faszination-fankurve.de/index. php?head=Fick-dich-DFBquot-Aktionsspieltag-Proteste-ge hen-weiter&folder=sites&site=news_detail&news_id=16447} (Stand Februar 2018).
94 Siehe Programmheft des FC Union Berlin Jahr 2017/18 (Nr. 2, S. 44).

Lässt sich dieser Mechanismus in der Konstellation zwischen Fans aus der Kurve und den Machthabern des Fußballs erkennen? Auf der einen Seite lassen sich sicherlich Hinweise dafür finden. Bekannt und auch symptomatisch ist die sogenannte »Wutrede« von Uli Hoeneß gegen eine Gruppe von Fans des FC Bayern, in der er den Unterstützern entgegenschleuderte: »Was glaubt ihr eigentlich, wer ihr seid?«, und den Protest gegen die Kommerzialisierung beim FC Bayern als »populistische Scheiße« bezeichnete.[95] Auch RB Leipzig, Hannover 96 und der 1. FC Köln mögen einem in den Sinn kommen, die sich gezielt gegen die Mitwirkung via Vereinsmitgliedschaft wehren (siehe oben, Kap. 3).

Und ebenfalls für die Strategie von Eintracht Frankfurt gegenüber den Wählern der AfD lässt sich eine fragwürdige Politik der Ausschließung konstatieren. Eintracht-Präsident Peter Fischer hatte am Jahresende 2017 in einem Interview verkündet, es vertrage »sich nicht mit unserer Satzung, AfD zu wählen«, und hinzugefügt: »Es kann niemand bei uns Mitglied sein, der diese Partei wählt, in der es rassistische und menschenverachtende Tendenzen gibt« (*Frankfurter Allgemeine Zeitung* 2017d). So sympathisch die politische Haltung gegenüber der AfD (auch mir) zunächst erscheinen mag: Mit der konsequenten Anwendung der Idee, dass Partizipation ein allgemeines – und nicht etwa ein selektives – demokratisches Recht ist, verträgt sich die Haltung keineswegs.

Auf der anderen Seite lassen sich aus den letzten Jahren

95 Ein Ausschnitt der Wutrede ist auf YouTube verfügbar: {https://www.youtube.com/watch?v=Udk9oMJRuKY} (Stand Februar 2018).

durchaus Beispiele für die effektive Mitsprache von Fans und Vereinsmitgliedern benennen. So trat im Jahr 2011 der Vereinsvorsitzende des Hamburger SV, Bernd Hoffmann, zurück, nachdem ein von der Mitgliederversammlung des Vereins vorgeschlagener Aufsichtsrat entgegen seinen Wünschen zusammengesetzt wurde (im Februar 2018 kehrte Hoffmann als Präsident des HSV e.V. zurück). Wolfgang Overath trat im selben Jahr als Präsident des 1. FC Köln zurück, weil die Mitgliederinitiative FC Reloaded ihn mit kenntnisreicher Kritik unter Druck setzte. Der Rückzug von Felix Magath bei Schalke 04 im März 2011 hing ebenfalls mit Fanprotesten gegen ihn und seinen Führungsstil zusammen (siehe *Abendblatt* 2011 sowie *Spiegel Online* 2010a). Das Muster dieser Konflikte, die sich stets um das Gewicht des Kommerzes im Profifußball drehen, erhellt eine charakteristische innere Dynamik. Offenbar misstrauen nicht nur die Vereinslenker den Fans; Gleiches gilt auch umgekehrt.

Dabei könnte die Kommunikation zwischen der (fußball-)politischen Führung und der aus Fans bestehenden Multitude durchaus offener vonstattengehen. Dank der Banner in den Fankurven lassen sich zentrale Themen, die als Anliegen von Fans verstanden werden können, eigentlich leicht feststellen. Schon kursorische Blicke in Fanforen, einschlägige Berichterstattung oder eine einfache Google-Suche bringen immer wieder ähnliche Topoi zutage. Auf der thematischen Ebene geht es um Freundschaft und Liebe zum jeweils eigenen Verein bzw. der Fangemeinschaft, um Ablehnung des gegnerischen Vereins, mitunter um politische Themen (z.B. gegen Homophobie oder Polizeigewalt), um die Frage von Mitwirkung und Mitsprache in Vereins- oder Verbandsbelangen. Immer wieder wird auch die eigene Rolle thematisiert, häufig in Form von Hinweisen auf den Beitrag der Fans zur Stadionatmosphäre oder die Unterstützung für die Mannschaft. Rassistische, ultranationalistische oder homophobe Losungen finden sich mitunter, machen aber nur einen kleinen Teil der lesbaren Botschaften aus.

In der Tat lässt sich deshalb folgende These vertreten: Zwar gibt es bei vielen Vereinen Fangruppen mit rechtsradikalem Gedankengut, aber es wäre verfehlt, dieses – wenigstens im Fall des deutschen Fußballs – als dominante Strömung anzusehen. Sicherlich stimmt es, dass enge Verbindungen zwischen dem organisierten Rechtsradikalismus und bestimmten Gruppen von Fußballanhängern bestehen (Merkel et al. 1997; Endemann et al. 2015; Pilz 2016; Geisler 2016). Daher ist nicht zu leugnen, dass in den Fankurven einiger Vereine Rechtsradikale eine gewichtige Rolle spielen, so z. B. bei Alemannia Aachen, Hertha BSC Berlin, Eintracht Braunschweig, Borussia Dortmund, Dynamo Dresden, Fortuna Düsseldorf und bei der Nationalmannschaft (*Spiegel Online* 2013a; Sportschau.de 2017a). In einigen Ländern, z. B. aus Russland, gibt es indes Berichte über ein weit größeres Ausmaß an Extremismus und Radikalismus unter Fußballfans als in Deutschland (Yatsyk/Makarychev 2017; Glathe 2018).

Für den hier betrachteten Zusammenhang scheint mir allerdings nicht nur relevant, dass sich im Grunde in allen Stadien eine deutliche Gegenwehr (anderer) organisierten Fans verzeichnen lässt (*Frankfurter Allgemeine Sonntagszeitung*, 03.11.2013, S. 13). Noch mehr möchte ich hervorheben, dass sich die meisten rassistischen und/oder rechtsradikalen Vergehen in einem Kontext von Nichtkonformität bewegen, der sich durchaus nicht auf den rechten Rand der Gesellschaft reduzieren lässt. Auch sich selbst als »links« definierende Autoren verstehen den Fußball als Bastion gegen einen um sich greifenden Nationalismus und Patriarchalismus (Kuhn 2011). Provokation und Protest im Fußball sehen sie als notwendige Verhaltensformen an, um den gesellschaftlichen Status quo zu bekämpfen. In der gesamten Fankultur wird der Mythos des fußballerischen Rebellentums liebevoll gepflegt, mit (vermeintlich) nichtkonformen Helden wie Éric Cantona, Luis Menotti oder Günter Netzer.[96]

Die Sehnsucht nach nichtkonformem Verhalten lässt sich nicht nur in deutschen Stadien finden, an Orten also, an denen es möglicherweise doch nur um die Schnittstelle zwischen Mainstream-Kultur und postpubertärer Auflehnung geht. Es sei daran erinnert, dass die Fans des Kairoer Klubs al Ahly eine Speerspitze des Arabischen Frühlings auf dem Tahrir-Platz waren (Biermann 2017a). Ebenso etablierten während der Straßenschlachten um den Gezi-Park in Istanbul eigentlich rivalisierende Anhänger der Vereine Galatasaray, Fenerbahçe und Beşiktaş eine schlagkräftige Einheit, die sich gegen Regime- und Polizeigewalt stellte.[97] Erwähnenswert ist darüber hinaus die Unterstützung, die die Fußballfans der sogenannten Euromaidan-Bewegung in Charkiv und Dnipropetrovsk (heute: Dnipro) gewährt haben, was eine wichtige Rolle beim Widerstand

---

96 Günter Netzer prangt auf dem Titelbild eines Heftes *11Freunde Spezial* (Nr. 3, 2013) mit dem Titel »Rebellen! Die wütenden Männer des Fußballs«.

97 Die Episode ist eindrücklich in dem sehenswerten Dokumentarfilm *Istanbul United* festgehalten, der von einem deutsch-türkischen Team gedreht und produziert wurde; siehe auch *Spiegel Online* (2014c).

gegen die von Russland gesteuerten sezessionistischen Kräfte im Osten der Ukraine gespielt hat.[98]

Unter dem Strich lässt sich von einer normativen Ambivalenz sprechen, innerhalb derer Fußballfans agieren und auf der Grundlage derer sie betrachtet werden. Auf der einen Seite handelt es sich um zum Teil ideologisierte Chaoten, die eingespielte Abläufe stören und das Potenzial haben, das Image des Fußballs und die wirtschaftlichen Erwartungen der Fußballakteure zu durchkreuzen. Auf der anderen Seite verkörpern sie jene Widerhaken, die freie Gesellschaften benötigen, um sich übermächtigen Wirtschaftsinteressen und politischen Alleinherrschaftsansprüchen zu widersetzen.

\*\*\*

Ob nun Gemeinschaftsbildung im Kontext des Fußballs positiv oder negativ, also durch Identitätsverdichtung nach innen oder durch Abgrenzung nach außen, stattfindet: Die Verbindung von Publikum und Fans sowie von Spielern und Akteuren symbolisiert eine eigentümliche Erscheinungsform spätmoderner Gesellschaften. Im Windschatten von Wettbewerbsdenken und Leistungsethos hat sich ein ritualisiertes Gemeinschaftserleben gebildet, das in seiner Größenordnung einzigartig geworden ist. Während Fabrikhallen und Kirchen sich leeren und singularisierten Formen des Arbeitens und der Spiritualität weichen (Reck-

---

98 Siehe Yaroslav Lukov, »Ultras united: Football fans rally for Ukraine's sake« (24.05.2014), online verfügbar unter: {http://www.bbc.com/news/world-europe-27540360} (Stand Februar 2018).

witz 2017), füllen sich die meisten Bundesliga-Stadien bis an die Kapazitätsgrenzen und bescheren Vereinen und Verbänden einen Umsatzrekord nach dem nächsten.

Ob es sich dabei um einen vorübergehenden Boom oder um eine dauerhafte Verschiebung handelt, ist noch nicht entschieden. Wenn man in die einschlägigen Fachzeitschriften und die anspruchsvolleren Sportteile von Print- und Onlinemedien blickt, scheinen die meisten Experten und Kommentatoren von Ersterem überzeugt zu sein. Zu stark, so deren Meinung, ist der Fußball in bedenkliche Praktiken involviert: Doping, Korruption und Betrug prägen insbesondere die internationalen Sportverbände. Der deutsche Fußball mag sich von diesen Entwicklungen ein wenig abgekoppelt haben, aber doch nur ein wenig. Die Korruptionsvorwürfe gegen Franz Beckenbauer und andere rund um die WM-Vergabe 2006 sind nach wie vor ungeklärt. Und die gewiss mächtige Stimme des DFB ist nicht zu vernehmen, wenn es um klare Reaktionen auf Korruption innerhalb der Fifa oder das russische Staatsdoping, auch im Fußball, geht (siehe folgendes Kapitel).

Zudem lassen Hyperkommerz und ein überzogener Leistungsgedanke den sportlichen Geist erodieren, der das populäre Spiel einmal umweht hat. Auch der deutsche Fußball erscheint durch Über-Ökonomisierung auf dem besten Wege, einen guten Teil seines sozialen Kapitals – nämlich die Unterstützung durch besonders zugewandte Fans – zu verlieren. Beispiele, auch aus der jüngeren Zeit, gibt es genügend. Es sei an die Verpflichtung für deutsche Besucher der Fifa-WM 2018 in Russland erinnert, sich gegen eine Mindestgebühr von zehn Euro beim »Fanclub Nationalmannschaft powered by Coca-Cola« zu registrieren (Sportschau.de 2017d). Darüber hinaus lassen sich gewisse Aufmerksamkeits- und Zuschauerrückgänge vermerken; bei diesen könnte es sich aber um punktuelle Ereignisse handeln.

Das Beispiel England zeigt, dass es einer kommerziell orientierten Liga durchaus gelingen kann, ihr Publikum auszutauschen und den hohen Renditeerwartungen anzupassen (Grant 2011). Ob dieses Modell allerdings für Deutschland taugt, wo fast alle Bundesliga-Klubs traditionsreichen Vereinen des Breitensports entstammen, erscheint fraglich. In einem eingetragenen Verein lässt sich der Widerspruch zwischen einer dezidiert ökonomischen Strategie und der Verpflichtung, nahe an der Lebenswelt der Fans zu bleiben, nur schwer handhaben – selbst wenn viele Profiabteilungen ausgegliedert sind. Die englische Gesellschaft mit ihrer Vorliebe für eine liberale Wirtschaftsordnung ist mit der Durchkapitalisierung des Fußballs weitaus kompatibler. Sollte die DFL diesem Modell allerdings nicht folgen, stellen Ausverkauf der Vereine und das sukzessive Zurückfallen im Wettbewerb der großen Ligen das realistische Szenario dar.

Andererseits: Echtes Anhängertum lässt sich nicht so leicht erschüttern. Der englische Profifußball hat mit einer Mitwirkungskultur nicht mehr viel zu tun, schlägt aber durch seine Attraktivität – die letztlich auf hohen Gehältern für die Spieler beruht – Fans immer noch in seinen Bann. Aus den Massenmedien ist der englische Fußball ebenso wenig verschwunden. Ein kursorischer Blick in deutsche Sportmedien zeigt heute eine eher höhere Aufmerksamkeit als noch vor zehn Jahren. Nach dieser Sichtweise führt Kommerzialisierung nicht zu einem Verlust an Attraktivität, sondern zu einer Verschiebung. Durch die hohen Preise verlagert sich ein Teil der Fußballkultur aus den Stadien in Kneipen und Bars, wird dort jedoch weiterhin vital erlebt. Der Ansehensverlust des Fußballs bei der Basis lässt sich so möglicherweise durch gewachsene Attraktivität für eine zahlungskräftigere Klientel ausgleichen, so dass aus Sicht der gewinnorientierten Akteure in Vereinen und Verbänden kein wirkliches Problem entstehen muss.

Für die Annahme, dass der Profifußball seine soziale Unterstützung nicht so leicht verlieren wird, sprechen nicht nur fußballökonomische Gründe. Vielleicht noch relevanter scheint mir, dass sich das Verfolgen soziokultureller Akte durch Fans als Heimatersatz etabliert hat. Diese These verficht Cornel Sandvoss in seiner Studie *Fans* (Sandvoss 2005). Sein Argument lautet, dass die Praktiken des Fanseins (*fandom*) insofern ein wichtiges Element spätmoderner Persönlichkeiten darstellt, als viele unterschiedliche Schichten des Selbst von Instabilität bedroht sind. Fankulturen stellen daher eine Art Stabilitäts- und Identitätsanker dar:

Anders als in der Ehe, bei der Arbeit oder in einer Freundschaft drohen beim Fansein nicht die üblichen Gefahren interpersoneller Beziehungen. Natürlich kann es durch externe Schocks, wie etwa die Pleite eines Fußballklubs, erschüttert werden [...], doch diese können durch die textuelle Produktivität der Fans abgefedert werden. Fans als »Performer«, anstatt als Empfänger vermittelter Texte zu begreifen, ermöglicht also eine alternative Erklärung der intensiven emotionalen Freuden und Belohnungen des Fanseins (Sandvoss 2005, S. 48 [Übers. d. Verf.]).

Diese Sichtweise begründet nicht nur die engen Bindungen, die viele Fußballfans für die Objekte ihrer Aufmerksamkeit empfinden. Sie erklärt sogar zu einem gewissen

Maß die Gewaltbereitschaft einiger Fans. Wenn in der Vorstellungswelt eines Individuums die Verbindung mit einzelnen Spielern oder einem Verein den Kern des Selbst ausmacht, wird verständlich, dass Verlustängste besonders intensiv werden. Das Potenzial, mit diesen – häufig latenten – Ängsten wahrgenommen zu werden, steigt natürlich mit der Radikalität des realen Handelns von Fans.

Früher mag radikales und/oder gewalttätiges Auftreten an den Wohnort oder die Nähe zu einem Stadion geknüpft gewesen sein. Aber spätestens mit dem Florieren der sozialen Netzwerke, international ausgerichteten Sportsendern oder der Einrichtung von vereinseigenen Fernsehsendern haben sich alle – darunter auch die gewaltorientierten – Möglichkeiten vervielfacht, Fansein auszuleben.

Unter diesen Vorzeichen haben sich Fangemeinschaften nicht nur über Regional- und Staatsgrenzen hinweg verfestigt. Sie binden auch die Kinder von Migranten nach Westeuropa an die Vereine ihrer Eltern und Verwandten, womit sie wichtige Bestandteile von Diasporakulturen werden (Szogs 2017). In Kontexten, in denen durch äußere Bedrohung oder durch Migrationsdynamiken die Verortung des eigenen Selbst infrage steht, hilft Fansein bei der Ausbildung und Verfestigung nationaler Identitäten (Đorđević/Žikić 2016; Zubida 2016) – obwohl Globalisierung und Europäisierung eigentlich in eine andere Richtung deuten, nämlich die Auflösung nationaler Gemeinschaften.

Orte, an denen sich Fans real oder virtuell versammeln, werden dadurch zu halbheiligen und halbheimeligen Orten (»between the holy and the homely«, Sandvoss 2005, S. 61). Fansein kann in nicht wenigen Zusammenhängen als Verkörperung eines echten Heimatgefühls gelten, mit dem sich der Einzelne gegen gesellschaftliche Differenzierung schützen kann. Zugleich aber droht die Überidentifizierung mit dem Fußball, wenn sie gegeben ist, dessen Status als vielfältige Projektionsfläche zu erodieren. Denn nicht nur Fußballer als Spieler, sondern auch Fans, die nach Gemeinschaftserlebnissen streben, benötigen ein Gegenüber. Für die Anhänger des Fußballs gilt hier das Gleiche wie für alle Mitglieder jeglicher sozialer Beziehungen: Wenn das Gegenüber – hier die Fußballverbände und so manches Vereinsmanagement – die Existenzgrundlagen des Ego – des Fanseins – angreift, dann verändert das Spiel nicht nur seinen Charakter, sondern es hört auf, ein Spiel zu sein.

# 6. Internationale Fußballpolitik: In fataler Nähe zu autokratischen Regimes und Praktiken

In den bisherigen Kapiteln habe ich mich überwiegend auf den deutschen Fußball beschränkt, die internationale Ebene kam dabei nur hin und wieder in den Blick. Wenn ich nun die Perspektive weite, geschieht dies in systematischer Absicht. Erstens hat sich in den Kapiteln 2 und 5 angedeutet, dass sich sowohl die Spielerrekrutierung als auch die zum Fußball gehörenden Fangemeinschaften nicht auf nationale Grenzen beschränken lassen. Zweitens hat Kapitel 4 gezeigt, dass die europäische (Uefa) und globale (Fifa) Ebene des Fußballs einen wichtigen Teil der nationalen Wertschöpfungskette darstellen.

Nicht nur für einzelne Vereine und Verbände, sondern im Grunde für den kommerziellen Fußball als Ganzes entspricht die Entgrenzung des Geschäfts dem Grundprinzip des (Fußball-)Kapitalismus, sich immer größere Märkte zu erschließen, um so die wirtschaftliche Basis zu verbreitern. Und drittens habe ich in Kapitel 3 eine enge Verflechtung fußballpolitischer Strukturen mit der Welt der internationalen Verbände sowie des internationalen Business skizziert. Die internationale Dimension des Fußballs ist daher auf der gesellschaftlichen, ökonomischen und politischen Ebene relevant.

Wie schon in den vorherigen Kapiteln konzentriere ich mich auch hier auf solche Bereiche, zu denen mir eine hinreichend systematisierte Analyse nicht vorzuliegen scheint. Dies ist auf der Ebene der gesellschaftlichen Globalisierung des Sports nicht der Fall. Mit *Globalization and*

*Football* haben Richard Guilianotti und Roland Robertson (2009) ein Standardwerk zu dem Thema vorgelegt. Bereits vor einigen Jahren haben auch Andrei Markovits und Lars Rensmann eine umfangreiche Schrift zu den Identitätsmustern, Gruppenbildungen und sozialen Dynamiken des globalen Sports – unter anderem des Fußballs – verfasst (Markovits/Rensmann 2010). Ebenfalls sei auf den Band *Global Players*, herausgegeben von Michael Fanizadeh und anderen, hingewiesen (Fanizadeh et al. 2005). Da somit umfassende Studien zur sozialen und ökonomischen Globalisierung im Zusammenhang mit dem Fußball vorliegen, konzentriere ich mich auf die politische Ebene. Gemäß des in Kapitel 2 entwickelten Ansatzes wird sie mit dem feldtheoretischen Ansatz von Pierre Bourdieu nicht getrennt von Ökonomie und Gesellschaft behandelt, sondern als integriertes machtpolitisches Feld angesehen.

In diesem Kapitel behandle ich die Fifa, im anschließenden Kapitel lege ich dann den Fokus auf Russland. Dies ist einerseits der fußballpolitischen Aktualität geschuldet – schließlich findet die Fußball-WM 2018 in Russland statt. Andererseits steht der russische Fall prototypisch für ein bestimmtes Modell der (diskursiven, materiellen und normativen) Politikgestaltung, welches in den letzten Jahren nicht nur in Russland auf dem Vormarsch ist. Es ist gekennzeichnet durch die Symbiose von politischer und ökonomischer Macht, informelle Prozeduren und Loyalität als zentraler Herrschaftsressource.

Seine Brisanz erhält das Modell, wenn es in Kontrast zur Demokratie gesetzt wird, in der – jedenfalls idealerweise – politische Akteure die Ökonomie dominieren sowie überwiegend formalisierte und dadurch transparente Verfahrensregeln existieren. In der Demokratie besteht die zentrale Ressource dafür, dass sich Regierte von Regierenden beherrschen lassen, in der Abberufbarkeit (Wahlen) der Regierenden sowie Möglichkeiten der politischen Teilhabe für die Regierten (Dahl 1989).

Von einer demokratischen Regierungsform ist nicht nur der internationale Fußball weit entfernt. Die These, die ich aus den vorhergegangenen Kapiteln mitbringe, lautet vielmehr, dass die Herrschaftsstrukturen im Fußball einer spätkapitalistischen Autokratie viel ähnlicher sind, als vielen Beobachtern bewusst und lieb ist. Damit soll wohlgemerkt nicht behauptet werden, die meisten Führungsfiguren des deutschen Fußballs seien Autokraten; gewiss nicht. Sie haben sich allerdings in den letzten Jahrzehnten immer stärker solchen Praktiken verpflichtet, die die Mechanismen der Rechenschaftspflicht schwächen und gesellschaftliche Mitwirkung durch die ökonomischen Geschäftsinteressen (weniger) Akteure ersetzen. Nicht nur der internationale, sondern auch der nationale Fußball entwickelt sich in eine Richtung, bei dem demokratische Praktiken nach und nach beschädigt werden – innerhalb des Felds des Fußballs und durch dessen Charakter als Massenphänomen auch darüber hinaus.

Die Folgen dieser Verbindung von autokratischem Herrschaftsverständnis und fußballpolitischem Handeln sind in jüngster Zeit nirgendwo besser zu besichtigen gewesen als in der Fifa, deren Vergabepraxis für die Fußballweltmeisterschaften 2006 bis 2022 insgesamt unter – zum großen Teil hinlänglich erwiesenem – Korruptionsverdacht steht. Als wichtigster internationaler Fußballverband und Veranstalter eines der größten und medienwirksamsten Sportereignisse der Welt prägt die Fifa die internationale Fußballpolitik maßgeblich und wird aus genau diesem

Grund zum Objekt politischer Einflussnahme. Demokratieferne Praktiken und eine kaum ernsthaft betriebene Aufarbeitung von Korruptionsvorwürfen, so ist zu zeigen, können dabei transformative Wirkungen hervorrufen, die über den bloßen Imageschaden hinausgehen.

## Das Regime der Fifa

Versetzen wir uns für einen Augenblick in die Person von Sepp Blatter, dem ehemaligen Präsidenten des Weltfußballverbandes Fifa. In Deutschland entspricht das Bild, das von ihm gezeichnet wird, dem des Mafiapaten (Kistner 2012). Aber ist diese Charakterisierung zutreffend? Eigentlich vereint Blatter eine Reihe von Eigenschaften, die ihn aus der häufig trüben Brühe von Fußballfunktionären positiv herausheben. Als eine der wenigen Figuren im Weltfußball zog er seine Legitimation nicht aus einer Vergangenheit als Starspieler, aus Renditen aus dem Rohstoffhandel oder aus der Protektion durch das Herrscherhaus des einen oder anderen kleptokratischen Staates.

Blatter wurde als jungem Erwachsenen eine Karriere als professioneller Fußballspieler verwehrt, da sein Vater ihn lieber im Fach Volkswirtschaft an der Universität in Lausanne als beim dortigen FC Lausanne-Sport sah. Seine berufliche Laufbahn führte ihn über den Walliser Verkehrsverband und den Schweizerischen Eishockeyverband auch zum Schweizer Uhrenhersteller Longines, wo er von 1968 bis 1975 Direktor für Öffentlichkeitsarbeit war (biografische Angaben, auch für das Folgende, bei Affentranger 2007).

Die Fifa folgte zwischen etwa 1940 und 1970 einem dezidiert politik- und kommerzfernen Kurs. Die englischen

Fifa-Präsidenten Arthur Drewry und Stanley Rous bestanden darauf, Fußball als Spiel und nichts anderes anzusehen. Dabei waren sie nicht zimperlich, wenn es um die Vorherrschaft des europäischen Fußballs über den Rest der Welt ging (Wagg 1995b). Erst mit dem Amtsantritt des Brasilianers João Havelange im Jahr 1974 fand eine Öffnung statt. Die Organisation des Fußballs wurde globaler, was allerdings höhere Ressourcen in Anspruch nahm, als durch Mitgliedsbeiträge der Verbände sowie durch Einnahmen aus dem Verkauf von Eintrittskarten bei Weltmeisterschaften zu erzielen waren. Havelange sah die Lösung darin, über Sponsoren die nötigen Mittel aufzutreiben.

Eben in jenen Jahren, nämlich ab 1975, wechselte auch Blatter zur Fifa. Dort war er zunächst Direktor für Entwicklungsprogramme. 1974 hatte die Fifa lediglich acht Angestellte (Blake/Calvert 2015, S. 17). Nicht nur unter Havelange als Präsident, sondern auch unter Blatter als Generalsekretär (1981-1998), wandelte sich die Organisation zum weltumspannenden Unternehmen. Bis zum Jahr 1998, als Blatter zum Präsidenten der Fifa gewählt wurde, hatte sich ein Vierjahresumsatz von 308 Millionen US-Dollar entwickelt, der sich in seiner ersten Präsidentschaft auf 1,5 Milliarden US-Dollar verfünffachte. In der Geschäftsperiode 2011-2014 wuchs der Ertrag auf 5,1 Milliarden US-Dollar, für 2015-2018 wurde er auf 5,65 Milliarden US-Dollar projektiert. Allein von den Firmen Coca-Cola und McDonald's kassierte die Fifa zwischen 2010 und 2014 je 30 Millionen US-Dollar an Sponsorengeldern.[99]

Noch zu Beginn von Blatters Tätigkeit als Entwick-

99 Siehe den Dokumentarfilm *Planet Fifa* von Jean-Louis Perez 2016, Minute 01:25:00.

lungsdirektor hatten manche afrikanischen Fußballverbände Schwierigkeiten gehabt, die jährliche Mitgliedschaftsgebühr von 150 US-Dollar zu bezahlen. Rund um die Jahrtausendwende erhielt dagegen jeder Mitgliedsverband eine jährliche Zahlung von 250 000 US-Dollar zur Deckung der Kosten. Hinzu kam das sogenannte Goal-Programm, das für jedes Land Mittel zum Bau neuer Trainingsplätze und Verbandsgebäude zur Verfügung stellt (alle Daten bei Conn 2017, S. 58-63, 169). Auch wenn (in einigen Fällen) Korruption und (in vielen Fällen) eine überproportionale Vergütung nationaler Verbandsfunktionäre Begleiterscheinungen dieser Zahlungen waren, handelte es sich doch um eine genuin entwicklungspolitische Maßnahme, die den Auswüchsen bei Programmen der Weltbank oder anderer internationaler Organisationen vermutlich kaum nachstanden.

Selbst beim Thema Korruption, bei dem die Fifa in den letzten beiden Jahrzehnten besonders im Fokus gestanden hat, trifft man im Hinblick auf Blatter nur auf indirekte Anschuldigungen. Zwar formulierte die damals gerade erst ernannte Justizministerin und ehemalige Oberstaatsanwältin von New York, Loretta Lynch, im Jahr 2015 im Zuge einer Anklageerhebung mit pauschalen Worten Vorwürfe gegen mehrere Mitglieder des Fifa-Exekutivkomitees:

Den Angeklagten wird eine ungezügelte und systemische Korruption vorgeworfen, die sowohl im Ausland als auch in den Vereinigten Staaten tief verwurzelt ist. Diese Korruption umfasst mindestens zwei Generationen von Fußball-Offiziellen, die ihre Vertrauensposten ausgenutzt haben, um Millionen US-Dollar an Bestechungsgeldern zu kassieren. Ihr Handeln hat zahlreichen Opfern schwer geschadet: von Jugendligen und Entwicklungsländern, die von den Einnahmen profitieren sollten, die durch die gewerblichen Rechte dieser Organisation generiert werden, bis hin zu den Fans hier in den USA und in der ganzen Welt, deren Unterstützung für das Spiel ebendiese Rechte so wertvoll macht (zitiert nach Conn 2017, S. 171 [Übers. d. Verf.]).

Doch die strafrechtlichen Ermittlungen gegen die Fifa als Organisation, gegen Joseph Blatter und sein Umfeld, aber z. B. auch gegen Michel Platini – von 2007 bis 2015 Präsident der Uefa – haben bisher zu keiner Verurteilung geführt. Anders sieht es bei einigen Fußballfunktionären aus Regionalverbänden der Fifa aus (für das Folgende siehe Conn 2017). Insbesondere Chuck Blazer, der langjährige Generalsekretär des CONCACAF (Confederation of North, Central America and Caribbean Association Football), hat sich unter anderem der Veruntreuung, Dokumentenfälschung und der Steuerhinterziehung schuldig bekannt. Auch bei Jack Warner, dem langjährigen Präsidenten des CONCACAF, sowie bei Mohamed bin Hammam, dem langjährigen Präsidenten des Fußballverbands von Katar und Mitglied des Fifa-Exekutivkomitees scheinen die Fälle aufgrund der Aktenlage sehr eindeutig zu sein (Blake und Calvert 2015). Weiterhin ins Fadenkreuz der Strafverfolgungsbehörden, insbesondere in den USA, geraten sind die ehemaligen Mitglieder des Fifa-Exekutivkomitees Ricardo Teixeira (Brasilien), Julio Grondona (Argentinien) und Nicolás Leoz (Paraguay).

In der Schweiz dagegen, wo sich auf dem Zürichberg die Zentrale der Fifa befindet, wurde trotz erheblicher Verdachtsmomente kein größeres Verfahren gegen die Fifa oder deren hauptamtlich Bedienstete mit einem Schuldspruch zu Ende geführt, sondern höchstens mit einem Vergleich. Dies gilt insbesondere für das langjährige Verfahren um den Verkauf der TV-Rechte für die Weltmeisterschaften 1998 und 2002 an die Vermarktungsagentur International Sport and Leisure (ISL), das im Jahr 2010 eingestellt wurde.

Tatsächlich offenbart das Schweizer Strafrecht in Bezug auf die Zahlungen der ISL und Fifa-Funktionäre eine komplizierte Sachlage, auf die sich auch Blatter in seiner Verteidigung berief. Die Zahlungen waren zu der Zeit, als sie getätigt wurden, nicht illegal. Die rechtlichen Anforderungen an den Straftatbestand der Korruption hätten die Annahme und Auszahlung dieser Gelder nur dann erfüllt, wenn sie von Mitwissern angezeigt worden wären – was eine im geschilderten Rahmen sehr unwahrscheinliche Konstellation ist. Somit bot die Schweiz, der Kanton und die Stadt Zürich den unter Blatter und seinem Vorgänger João Havelange gängigen Fifa-Praktiken exzellente Standortbedingungen für ihre halbseidenen Bereicherungsstrategien (Conn 2017, S. 157).

Der rechtliche Rahmen, den die Schweiz internationalen Verbänden bietet, ist explizit dafür gestaltet (oder wenigstens entsprechend auslegbar), diesen Organisationen günstige Bedingungen zu bieten – von einer aufgeschlossenen Bürokratie über eine ansiedlungswillige Politik bis hin zu geschäftstüchtigen und weltweit agierenden Banken.

In gewisser Weise ist also die Lesart, die Fifa habe in den ersten Amtszeiten Blatters auf einer legalen Basis agiert, gar nicht abwegig. Anders als von Loretta Lynch dargestellt, lässt sich nämlich durchaus argumentieren, dass die meisten der vermeintlich Geschädigten eigentlich ebenfalls Profiteure der Fifa-Geschäftspraktiken gewesen sind. Die Endverkäufer der TV-Rechte haben ihr Geschäft mit Werbepartnern und den Fußballzuschauern gemacht. Ob die Pleite von ISL im Jahr 2001 mit überhöhten Schmiergeldzahlungen in direktem Zusammenhang steht, darf bezweifelt werden. Diese beliefen sich zwar, wie im oben erwähnten Gerichtsverfahren festgestellt wurde, auf erkleckliche 138 Millionen Schweizer Franken, die zwischen 1989 und 2001 gezahlt wurden. Die vor Gericht geltend gemachte Schadenssumme von ISL belief sich aber auf überwiegend im Jahr 2000 aufgelaufene vier Milliarden Franken, also ein Vielfaches (*Spiegel Online* 2012a; Wikipedia DE 2018s).

Zwar mag es moralische Gründe dafür geben, an das Umfeld des internationalen Fußballs Maßstäbe anzulegen, die den Prinzipien demokratischer Rechtsstaatlichkeit genügen. Adäquater ist es aber wohl, viele Geschäftsbeziehungen der Fifa von vornherein in einem dezidiert internationalen wirtschaftlichen Kontext zu verorten. Dafür spricht der internationale Charakter der Haupteinnahmequellen der Fifa – nämlich Erlöse durch Sponsoring und den Verkauf von TV-Rechten. Dazu kommt das Recht der Fifa, diese Erlöse dezentral an unterschiedlichen Orten zu realisieren – also auch an Finanzzentren jenseits der Schweiz. Und schließlich sind die wichtigsten Organe der Fifa, insbesondere der Fifa-Kongress und der Fifa-Rat, überwiegend mit Personen besetzt, die nicht in Demokratien residieren und sich daher deren üblichen Gepflogenheiten nicht verpflichtet fühlen (müssen).

Die Kritik, die in den letzten Jahrzehnten an der Fifa und ihren Praktiken vorgebracht worden ist, lässt sich unter diesem Blickwinkel zwar nicht besser befürworten, aber dennoch besser einordnen. Sie entfaltet sich entlang der Differenz zwischen normativen Erwartungen, die an politisch-ökonomische Praktiken in Demokratien angelegt werden, und den Erwartungen, die an der Schnittstelle von internationalen Organisationen und *international business* das Maximieren eigener Vorteile zum Handlungsstandard machen. Man kann den erstgenannten Interpretationsrahmen idealistisch, den zweiten realistisch nennen. Auch wenn ich – wie vermutlich viele Leser – mir wünschen würde, dass internationale (Wirtschafts-)Organisationen ihr Handeln mit idealistischen Motiven verknüpfen, erscheint es mir zum besseren Verständnis ihres Handelns adäquater, in ihnen rein interessengeleitete Akteure zu sehen.

Diese Herangehensweise sollte aber nicht als entschuldigend bewertet werden, denn sie führt uns zu folgender These: Wenn in der internationalen Welt des Fußballs der ideelle Referenzrahmen und die realen Praktiken weit auseinanderfallen, kann man nicht von einer insgesamt stabilen Situation ausgehen. Die meisten Fußballakteure befinden sich dauerhaft in einer im Ansatz schizophrenen Deutungswelt. Einerseits verfechten sie Ideale des Sports wie Fairness, Gleichheit und Teilhabemöglichkeit. Faktisch leben sie aber andererseits von Geschäftemachern, die sehr weit gehen bei ihren Versuchen, ihr Handeln gegen Beobachter wie Journalisten, Wissenschaftler oder auch Fans abzuschirmen. Die bequeme Welt, in der sich die Akteure des Fußballs eingenistet haben, ist durchaus brüchig. Eine Abkehr der Öffentlichkeit von einem vormals hofierten Sport, wie wir es etwa beim Radsport haben erleben können, scheint nicht weit hinter dem Horizont zu liegen.

Vor diesem Hintergrund sind nun einige Praktiken der internationalen Fußballpolitik näher zu benennen und zu interpretieren. Sie alle deuten darauf hin, dass die politischen Praktiken insbesondere der Fifa demokratiefern und autokratieaffin sind.

Ein erster Bereich betrifft die Art und Weise, wie Führungsfiguren des internationalen Fußballs an ihre Ämter kommen. Unter Havelange, Blatter und auch dem neuen Fifa-Präsidenten Gianni Infantino wurde und wird die Praxis gepflegt, Wahlen mit dem Versprechen konkreter materieller Vorteile für sich zu entscheiden. So haben alle Genannten ihre Wahlen zum Teil gegen favorisierte Mitbewerber gewinnen können, indem sie den wahlberechtigten Delegierten des Fifa-Kongresses ganz offen Vergünstigungen versprachen.

Dazu gehörte unter anderem die sukzessive Vergrößerung der Fußball-WM auf bald 48 Mannschaften (ab dem Jahr 2026), was mehr Verbänden Sichtbarkeit verleiht, die diese in Einnahmen – erneut aus Sponsoring und TV-Rechten – umwandeln können. Zudem haben die letzten drei Fifa-Präsidenten nie ein Geheimnis daraus gemacht, dass sie die Funktionäre, von denen sie sich ihre Stimmen erhofften, mit einer besseren Ausstattung der nationalen Fußballverbände gelockt haben.

Aus beiden Angeboten ließen und lassen sich für nationale Fußballfunktionäre massive individuelle und kollektive Vorteile ziehen. Das Volumen für Gehälter in den Fußballverbänden steigt ebenso wie das Potenzial, einzelnen Regionen oder Vereinen eine ordentliche Ausstattung – z. B. in Form von Trainings- und Fortbildungszentren – zu ermöglichen. Legitimierungsstrategien dieser Art sind in der Autokratieforschung als »Kooptationsstrategie« leidlich bekannt (Gerschewski 2013).

Vetternwirtschaft findet sich im internationalen Fußball auch in anderer Form als der Wahl von Führungsämtern. So wurde der Schwiegersohn von Michel Platini, Yohann Zveig, im Jahr 2008 damit beauftragt, die Hymne der

Uefa Champions League zu komponieren. Eine Verbindung zum damaligen Präsidenten der Uefa – Michel Platini – wies man zurück (Weinreich 2014). Noch bekannter ist das Beschäftigungsverhältnis von Platinis Sohn Laurent beim Staatsfonds Qatar Sport Investments. Dieser steht im Zentrum der Fußballaktivitäten des Emirats Katar. Michel Platini seinerseits hatte im Jahr 2010 für Katar als Austragungsort der WM 2022 gestimmt und sich dabei vom damaligen Staatspräsidenten Nicolas Sarkozy vor den Karren spannen lassen. Ein Nebeneffekt der Verbindungen: Katar stieg beim Lieblingsverein von Sarkozy, Paris St. Germain, ein (vgl. Blake/Calvert 2015, S. 220-221).

Zum Gegenstand von Spekulationen wurden auch die Tätigkeiten von Franz Beckenbauer, der im Mai 2012 zum Global Ambassador des Verbandes russischer Gasproduzenten, der seinerseits vom russischen Erdgaskonzern Gazprom geführt wird, gekürt wurde. Beckenbauers Auftrag bestand darin, Werbung für russische Erdgaskonzerne zu machen, wobei über den finanziellen Rahmen des Vertrags nichts mitgeteilt wurde. Der Vertrag wurde ab 2011 angebahnt und lag damit in zeitlicher Nähe zur Entscheidung des Fifa-Exekutivkomitees aus dem Jahr 2010, die Fußball-WM 2018 nach Russland zu vergeben (Wikipedia DE 2018l).

Ein weiteres Beispiel: Im Zusammenhang mit den Weltmeisterschaften 2010 (Südafrika) und 2014 (Brasilien) wurde bekannt, dass die Fifa für die teilnehmenden Mannschaften sogenannte Hospitality-Rechte vergibt: Die Teams können nur Quartiere buchen, die auf einer entsprechenden Liste verzeichnet sind. Die Fifa-Zulassung von Hotels nimmt die Agentur Match Hospitality vor. An dieser ist der Sportvermarkter Infront beteiligt, dessen Vorstandschef sich bis zum Jahr 2015 leicht mit Fifa-Präsident Blatter absprechen konnte, denn es handelte sich um dessen Neffen Philippe Blatter (*Frankfurter Allgemeine Sonntagszeitung*, 15.12.2013, S. 20).

Ein anderer Kritikpunkt an der Fifa besteht in der Maßlosigkeit der Bereicherungsstrategie ihrer Führungspersonen. Endemisch sind natürlich die Berichte über Bestechungsgelder – nicht nur im Zusammenhang mit Stimmenkauf bei der Wahl von Führungspersonal, sondern auch bei der Vergabe von Großereignissen an bestimmte Länder oder Städte sowie bei der Zuteilung von TV-Rechten. Zu den quasimafiösen Machenschaften innerhalb des internationalen Fußballs gibt es inzwischen so viel Literatur, dass es an dieser Stelle reicht, auf die wichtigsten einschlägigen Werke zu verweisen.

Im deutschsprachigen Raum zu nennen ist die Monografie von Thomas Kistner, die sich vor allem an der Fifa als Organisation abarbeitet (Kistner 2012). Kistners Studie befindet sich allerdings nicht mehr auf dem neuesten Stand, denn sie kann naturgemäß die institutionellen Reformen der Fifa im Jahr 2016 nicht mehr abdecken. Einen ähnlichen Ansatz wie Kistner verfolgt David Conn in einem Buch, das auch die Skandale jüngerer Jahre aufnimmt (Conn 2017). Vor allem an der Vergabe der Weltmeisterschaft 2022 nach Katar interessiert ist dagegen ein Enthüllungsbuch von Heidi Blake und Jonathan Calvert, das aber darüber hinaus wichtige Einsichten in die Netzwerke des internationalen Fußballs zwischen der Karibik und Afrika liefert (Blake/Calvert 2015). Zu nennen ist weiterhin der Dokumentarfilm *Planet Fifa* des französischen Journalisten Jean-Louis Perez (2016).

So eindringlich und haarsträubend die – meist erwiesenen, zum Teil aber auch auf Vermutungen beruhenden – Schilderungen über die Korruption im internationalen Fußball sind, so kann man doch festhalten, dass viele der Hauptprotagonisten mittlerweile in Unehren aus ihren Ämtern verjagt worden sind. Dies gilt natürlich für Blatter selbst, der im Jahr 2015 kurz nach seiner Wiederwahl zu einer fünften Amtszeit unter enormem Druck zurücktrat, weil er eine mehr als zehn Jahre alte Verpflichtung an Michel Platini – den er damals als Berater angeheuert hatte – nicht hinreichend erklären konnte.

Über dieselbe Affäre stolperte Michel Platini, der im Jahr 2015 immerhin schon acht Jahre als Uefa-Präsident amtiert hatte. Der katarische Strippenzieher Mohamed bin Hammam musste ebenso zurücktreten wie viele andere Fußballfunktionäre. Zu ihnen gehörte im Jahr 2015 auch Wolfgang Niersbach, der damalige Präsident des DFB. Franz Beckenbauer wurde nie ernsthaft für seine Machenschaften im Rahmen der deutschen WM-Bewerbung sowie im Fifa-Exekutivkomitee belangt (Conn 2017, S. 254-269), lebt aber in selbstgewählter Isolation.[100] Die Folgen der Korruption im Fußball lassen sich somit an einer langen Reihe gefallener Helden besichtigen.

Neben den häufig schwer zu belegenden Bestechungspraktiken stellen hohe Gehälter und Bonuszahlungen einen weiteren Indikator für die überzogenen Einkommensansprüche von Fußballverantwortlichen dar. Chuck Blazer wurden für den Zeitraum von 1996 bis 2011 indirekte Einkünfte von über 20 Millionen US-Dollar nachgewiesen –

---

100 Siehe den ARD-Dokumentationsfilm *Franz Beckenbauer – Der Fall des Kaisers*, ausgestrahlt am 20.12.2017.

15,3 Millionen US-Dollar als Kommission für die Vergabe von Fernsehrechten für den Gold Cup (die nordamerikanische Meisterschaft der Nationalmannschaften), 4,5 Millionen US-Dollar an Gebühren und 837000 US-Dollar für die Miete seiner Räumlichkeiten im Trump Tower in Manhattan (Conn 2017, S. 148).

Für den wirtschaftlichen Erfolg der Fußball-WM 2010 in Südafrika gewährte sich das Führungspersonal der Fifa in einem gegenseitigen Vertragssystem 26 Millionen Franken an Bonuszahlungen – 12 Millionen für Blatter, 10 Millionen für den Fifa-Generalsekretär Jérôme Valcke und 4 Millionen für dessen Stellvertreter Markus Kattner (ebd., S. 250). In dieses Bild passt die irritierende Aussage des frisch gewählten Fifa-Präsidenten Gianni Infantino, das ihm angebotene Jahresgehalt von 1,95 Millionen Franken sei »beleidigend« niedrig (vgl. *Frankfurter Allgemeine Zeitung* 2016).

Auch hier ist allerdings die entscheidende Frage, welche Maßstäbe an die genannten Zahlen angelegt werden. Bei internationalen Konzernen sind Vergütungen in einstelliger Millionenhöhe und Bonuszahlungen im unteren zweistelligen Millionenbereich nicht unüblich. So umfasste der Vertrag des VW-Vorstandsvorsitzenden Martin Winterkorn ein Jahresgehalt von 1,9 Millionen Euro sowie Bonuszahlungen von insgesamt 16 Millionen Euro (*Frankfurter Allgemeine Zeitung* 2015). Selbst der Vorsitzende des Gesamtbetriebsrats von VW erhielt, wie im Jahr 2017 bekannt wurde, in manchen Jahren ein Gehalt von etwa 750000 Euro (*Spiegel Online* 2017h).

Insgesamt scheint mir die These angebracht zu sein, dass sich beim Einstreichen von Gehältern und Sonderzahlungen in der *gesamten* finanzmarktgetriebenen internationalen Wirtschaft Maßlosigkeit breitgemacht hat. Und der Fußball ist ein Teil dieser Wirtschaft. Da sich dessen Verantwortliche eindeutig zu den Praktiken der wettbewerbsorientierten Ökonomie bekennen, ist kaum zu erwarten, dass sie sich von den üppig fließenden individuellen Vergütungen distanzieren.

Die eigentlich interessante Entwicklung besteht vielleicht eher darin, dass der offen zur Schau gestellte Überfluss im Feld des Fußballs in dessen Unterstützermilieus kritischer gesehen wird als in der Vergangenheit. In früheren Jahrzehnten gab es nur wenige kapitalismuskritische Stimmen, die dem unterstützenden Vorfeld des Fußballs zugeordnet werden konnten. Heute dagegen wird die tiefe lebensweltliche Kluft zwischen Fußballverantwortlichen und Fußballunterstützern an vielen Stellen beklagt, sei es in Fanforen, bei Fußballzeitschriften oder in vielen wissenschaftlichen Publikationen (Kuhn 2011; Gmünder/Zeyringer 2018; Gebauer 2016).

Damit lässt sich zunächst festhalten, dass der Abstand zwischen dem Handeln maßgeblicher Akteure des Fußballs und den üblichen Praktiken gemäßigter Demokrativarianten mittlerweile sehr groß ist. Parallelen ergeben sich einerseits zu den unkontrollierten Welten des internationalen Kapitalismus. Andererseits ist auffällig, dass die autokratieaffinen Praktiken vieler internationaler Fußballfunktionäre sich mit der Herkunft wichtiger Finanzquellen decken: Der Fußball hat sich in den letzten beiden Jahrzehnten zu einem besonderen Objekt der Begierde staatsnaher sowie kapitalstarker Individuen und Organisationen entwickelt, häufig mit einem Standbein in autokratischen Staaten.

## Autokratische Akteure und ihre Praktiken
## im internationalen Fußball

Mitunter findet sich im Diskurs über Fußball der Standpunkt, der Sport verfüge über Eigenschaften, die ihn grundsätzlich mit der Demokratie kompatibel machten. Und in der Tat: Sport führt den Gedanken in die soziale Welt ein, dass ein fairer Wettbewerb auf dem Prinzip der Gleichberechtigung der beteiligten Sportler und Mannschaften fußt. Zur Fairness gehört Ergebnisoffenheit, wie der ehemalige polnische Botschafter in Deutschland, Marek Prawda, einmal zu Protokoll gegeben hat: »Beim Fußball wie auch bei demokratischen Wahlen weiß man nie, wer gewinnt. Wenn man weiß, wie es ausgeht, ist es nämlich keine Demokratie« (zitiert nach Kauffmann 2009, S. 10). Im Umkehrschluss ließe sich dieser Gedanke so fortführen, dass die Manipulation des Wettbewerbs mit nichtdemokratischen, ergo: autokratischen, Praktiken einhergehe.

Schon ein oberflächlicher Blick auf die Schlagzeilen der letzten Jahre lässt indes Zweifel aufkommen, ob die Dinge so einfach liegen. Sicherlich fällt es leicht, im russischen Staatsdoping einen Beleg für die Symbiose von Autokratie und unethischem Verhalten zu sehen. Doch Lance Armstrong, Jan Ullrich und die US-amerikanische Leichtathletikgruppe um Marion Jones können schwerlich diktatorischen Regimes zugeordnet werden. In der bundesdeutschen Leichtathletik ist für die Jahre 1960 bis 1988 systematisches Doping nachgewiesen worden (Krivec 2017). Gleiches gilt für den deutschen Fußball, und zwar keineswegs nur in der DDR (Kistner 2015). Das unfaire Verhalten von Sportlern kann nicht an einzelnen Regimes festgemacht werden, sondern erstreckt sich über viele Sportarten und viele Länder. Die öffentliche Erregung über Russlands Dopingaktivitäten trägt angesichts der fehlenden Bereitschaft, vor der eigenen Tür zu kehren, bisweilen heuchlerische Züge. Jedenfalls offenbart sie einen selektiven Blick und ungleiche Standards.

Und dennoch: Die hohen Geldflüsse und die vordergründig hohe Reputation ziehen im internationalen Fußball heute eine andere Klientel von Akteuren an als bis in die siebziger Jahre, als Honoratioren aus bürgerlichen Berufen die Vereins- und Verbandspräsidenten gaben. Der Aufstieg der »Neureichen, transnationalen Medienunternehmer und der Dienstleistungsbranche« als Eigentümer von Fußballvereinen begann in den achtziger Jahren mit Bernard Tapie (Olympique Marseille) und Silvio Berlusconi beim AC Mailand (Wagg 1995a, S. 120).

Heute befinden sich im europäischen Spitzenfußball viele Vereine in der Hand finanzstarker Investoren, deren Vermögen weniger auf eine genuin wertschöpfende wirtschaftliche Tätigkeit als auf einen privilegierten Zugriff auf bestimmte Ressourcen zurückgehen. Roman Abramowitsch, der Mäzen des FC Chelsea London, wurde während der Privatisierung des postsowjetischen Ölgeschäfts in Russland reich. Scheich Mansour bin Zayed Al Nahyan, der im Jahr 2009 bei Manchester City einstieg, verdankt sein Vermögen dem Öl- und Gasgeschäft der Vereinigten Arabischen Emirate. Florentino Pérez Rodríguez, der von 2000 bis 2006 und erneut seit 2009 Real Madrid führt, betätigte sich als Bauunternehmer, bevor Spanien durch seine Immobilienblase zum Fall für den europäischen Rettungsschirm wurde. Gegenüber diesen überwiegend renditeorientierten Tätigkeiten wirken deutsche

Fußballpatriarchen wie Uli Hoeneß und Clemens Tönnies (Fleisch- und Wurstwarenhersteller) oder Martin Kind (Hörgeräte) wie liebenswerte Vertreter aus einer vergangenen Zeit.

Dies gilt umso mehr, wenn man sich der Verflechtung vieler Großsponsoren mit autokratischen Staaten gewahr wird. Viele Erfolgsprojekte des internationalen Fußballs in den letzten 20 Jahren beruhen auf staatsnahen oder staatlichen Strukturen nichtdemokratischer Staaten. Scheich Mansour etwa ist ein Mitglied der Herrscherfamilie der Vereinigten Emirate. Daher macht es keinen kategorialen Unterschied, wenn die von ihm gegründete City Football Group offiziell in seiner privaten Hand ist. Ähnliches gilt für die Qatar Foundation, deren Logo ab der Saison 2010/11 auf den Trikots des FC Barcelona prangte – seit 2013/14 abgelöst von Qatar Airways, einer staatlichen Fluggesellschaft. Qatar Sports Investment, der hinter der Qatar Foundation stehende finanzstarke Fonds, stieg im Jahr 2010 beim französischen Verein Paris St. Germain ein. Komplettiert wird die Phalanx staatsnaher Sportmäzene durch Roman Abramowitsch, der von 2000 bis 2008 als Gouverneur der fernöstlichen Provinz Tschukotka fungierte und dadurch Mitglied des Russischen Föderationsrates war.

Leider ist mir keine Studie bekannt, die systematisch untersucht, wie autokratische Akteure ihren Weg in den europäischen Fußball gefunden haben und welchen Einfluss sie jenseits des Mäzenatentums ausüben. Die gängige Annahme jedenfalls, das Sponsoring autokratischer Fonds diene ganz überwiegend dem Reputationsgewinn, erscheint mir nicht recht einleuchtend. Sicherlich kann es in bestimmten Milieus Eindruck erwecken, wenn der Besitzer der größten Yacht im Hafen zusätzlich noch Eigentümer eines weltbekannten Fußballvereins ist. Und auch innerhalb einer Herrscherfamilie oder – im Fall Abramowitschs – der spätsowjetischen Oligarchenkaste kann der Zugang zur globalen *high society* als symbolisches Kapital eingestuft werden, das den Einsatz neunstelliger Summen im Feld des Fußballs kompensiert. Aber solche Erklärungsversuche zielen auf begrenzte Echoräume; die Erklärungslast wird auf die Erfüllung individueller psychischer Bedürfnisse gelegt.

Das Problem dabei ist, dass die Strategien der hinter den Eigentumsverhältnissen stehenden Staaten eine ganz andere Sprache sprechen. Aus kaum einer Region der Welt gab es in den letzten zwei Jahrzehnten so viele Hinweise auf ökonomischen und kulturellen Expansionsdrang wie aus der Golfregion (Davidson 2011). Und auch die russische Politik ist, nach Jahren der Stagnation, zu einer Phase selbstbewusster und expansiver Innen- und Außenpolitik zurückgekehrt (Sakwa 2017).

Daher liegt die Frage geradezu auf der Hand, ob und inwiefern die im Feld des Fußballs erworbenen Ressourcen für das eingesetzt werden, was autokratische Herrscher eigentlich interessiert: den Erhalt und den Ausbau ihrer politischen Macht. Dass Personen wie Scheich Mansour, Roman Abramowitsch oder Dmitri Rybolovlev (der Präsident des französischen Erstligisten AS Monaco) sich nicht in direkten politischen Machtpositionen befinden, mindert nicht unbedingt ihren Wert. Sie alle verfügen in ihren Heimatstaaten noch über erhebliche finanzielle Ressourcen, deren Erhalt vom Wohlwollen der politischen Herrscher abhängt. Ihre Loyalität zu den autokratischen Herrscherfamilien am Golf bzw. zum russischen Regime sollte folglich gegeben sein. Noch offensichtlicher ist der Zusammenhang bei Nasser Al-Khelaifi, dem Präsidenten von Paris St. Germain. Seit 2013 ist Al-Khelaifi in Katar Minister ohne Amt (Wikipedia DE 2018v).

Aus dem Bisherigen lässt sich ableiten, dass zentrale Praktiken von Fußballfunktionären, Sponsoren und Eigentümern nicht an genuin demokratischen Normen orientiert sind. Die auf der Bühne des internationalen Fußballs zu beobachtenden Praktiken sind stattdessen von dem Bemühen geprägt, sich gesellschaftlicher Kontrolle zu entziehen und innere Zusammenhänge zu einem gewissen Grade zu verschleiern. Und der Blick auf die politischen Verpflichtungen, die gewichtige Patriarchen – Chozjains – des internationalen Fußballs in ihren Heimatländern eingehen müssen, lässt nicht unbedingt erhoffen, dass die Demokratisierung von Machtverhältnissen besonders hoch im Prioritätenkatalog der beteiligten Figuren steht.

Vielmehr können wir davon ausgehen, dass durch den internationalen Fußball auf der vorpolitischen Ebene ein Deutungsrahmen etabliert wird, der Alternativen zur Demokratie bereithält. Es liegt auf der Hand, dass die Autokraten des Fußballs Austauschbeziehungen innerhalb des Feldes auf eine Weise zu beeinflussen versuchen, die mit der eigenen Handlungslogik kompatibel sind. Antidemokratie wird demzufolge nicht nur als Deutungsrahmen relevant, sondern sickert als Handlungsmodus in das gesamte Feld des Fußballs ein.

Indizien hierfür zeigen sich nach wie vor bei der Fifa selbst, nicht zuletzt in ihrem zentralen Gremium: dem Fifa-Rat nach Art. 33-34 der verbandseigenen Statuten, der nach der Reform von 2016 an die Stelle des Exekutivkomitees getreten ist. Letzteres wurde von wenigen Personen dominiert, deren Verstrickung in Korruptionsfälle mittlerweile mehr als erwiesen ist – und die, trotz fehlender strafrechtlicher Verantwortung, mittlerweile durch Druck der Öffentlichkeit zum Rücktritt gezwungen wurden (siehe oben und nochmals Conn 2017; Tomlinson 2017).

Im Hinblick auf die Frage verbandlicher Demokratie hat die institutionelle Reform aber bei nüchterner Betrachtung nur wenige grundlegende Änderungen gebracht. Zwar verfügt der Fifa-Rat (Art. 24 Fifa-Statuten) nunmehr über eine eher überwachende Funktion, so dass der Selbstbedienungsmentalität der Geschäftsführung gewisse Grenzen gesetzt sind. Aber um ein primär auf Kontrolle und Partizipation setzendes Gremium handelt es sich jedenfalls bisher nicht. Zu viele seiner Mitglieder, nämlich 18 von 37, stammen aus nichtdemokratischen Staaten (vgl. Freedomhouse 2017). Im Ratsausschuss, der sich häufiger trifft und in dem mit dem Fifa-Präsidenten und den Präsidenten der sechs Konföderationen auch die ranghöheren Personen vertreten sind, kommen drei Vertreter aus »freien« (Schweiz/Italien, Kanada, Slowenien), drei aus »halbfreien« (Madagaskar, Papua-Neuguinea, Paraguay) und einer aus einem »nicht freien« (Bahrein) Staat (ebd.). Neben der Übermacht von Vertretern aus nichtdemokratischen Staaten ist zudem die Verteilung im Fifa-Kongress zu nennen. Unter den Repräsentanten von 211 Mitgliedsverbänden sind diejenigen aus Nichtdemokratien ebenfalls in der Mehrheit.

Um einem möglichen Missverständnis vorzubeugen: Mein Argument lautet nicht, dass man wegen der Herkunft eines Fußballfunktionärs aus einem nichtdemokratischen Regime per se auf ein nichtdemokratisches Herrschaftsverständnis dieser individuellen Person schließen kann. Dieser Zusammenhang ist ja auch in Demokratien nicht belastbar. In Kapitel 3 und 4 habe ich zu zeigen versucht, dass die Herkunft aus Deutschland nicht regelmäßig zu fußballpolitischem Handeln führt, in dem Rechenschaftspflicht und partizipative Offenheit an erster Stelle stehen.

Mein Argument ist vielmehr, dass es vor dem Hintergrund einer generellen Herrschaftskultur von Fußballeliten wenig wahrscheinlich ist, dass ausgerechnet Funktionäre aus Nichtdemokratien einen Kulturwandel einleiten, der Partizipationsinteressen der weiteren Gesellschaft und transparente Governancepraktiken im Auge hat. Funktionseliten sind in Autokratien in aller Regel in den politischen Herrschaftsapparat eingebunden (Gandhi/Przeworski 2007). Ich sehe nicht, warum diese Regel bei fußballpolitischen Eliten außer Kraft gesetzt sein sollte – in einem Feld also, auf dem autokratische politische Machthaber viele Anreize haben, ihren Anteil an den von der Fifa regelmäßig verteilten Finanzmitteln einzufordern.

Als indirekten Beleg für diesen Zusammenhang kann man zahlreiche Akte integrer Personen ansehen, die die Wirksamkeit von Kontrollinstanzen auf gravierende Art und Weise infrage gestellt haben. Der von der Fifa beauftragte Ermittler und ehemalige Bundesstaatsanwalt und heutige Richter am Berufungsgericht von New York, Michael Garcia, der vor allem die Korruptionsvorwürfe um die WM-Vergaben 2018 und 2022 untersuchen sollte, trat Ende 2014 unter Protest von seinem Amt als Vorsitzender der Untersuchungskammer der Ethikkommission zurück. Der Bericht, den er vorlegte, ist bis heute nicht veröffentlicht worden.

Domenico Scala, der Leiter der Audit- und Compliance-Kommission – diese überwacht nach Art. 51 der Fifa-Statuten die Einhaltung des hauseigenen Governance-Reglements – trat im Mai 2016 zurück, als Gianni Infantino ankündigte, der Fifa-Rat werde fortan alle Mitglieder der kontrollierenden Fifa-Gremien selbst bestimmen und abberufen (*Spiegel Online* 2016). Der Vorsitzende der Ethikkommission von 2012 bis 2017, Hans-Joachim Eckert, wurde wegen seiner anhaltenden Kritik an Präsident Infantino im Mai 2017 nicht wiedergewählt. Gleiches widerfuhr seinem Schweizer Kollegen Cornel Borbély, der in der Untersuchungskammer der Ethikkommission in gewisser Weise als Nachfolger Garcias tätig war (*Spiegel Online* 2017d). Miguel Poiares Maduro, der Vorsitzende der Governance-Kommission (Art. 40 Fifa-Statuten), wurde im Mai 2017 von der Fifa abgelöst, woraufhin die prominenten Rücktritte von Navi Pillay und Joseph Weiler erfolgten (siehe Pillay et al. 2017).

Die meisten der genannten Personen stammen aus Ländern mit einem starken Rechtsstaat und leidlich unabhängigen Gerichten. Früher oder später kommt der Zeitpunkt, an dem die Diskrepanz zwischen echter und vorgespiegelter Rechenschaftspflicht so groß wird, dass die Integrität von Fußballfunktionären mit demokratisch-rechtsstaatlicher Reputation selbst gefährdet ist. Dann stehen, wie die jüngere Vergangenheit gezeigt hat, drei Pfade offen: Rücktritt (Garcia, Maduro), die Beseitigung solcher Personen durch die Fifa selbst (Eckert) oder der Verbleib in der »Fußball-Familie« unter Hinnahme der offensichtlichen Diskrepanzen. Für den letzten Fall stehen die meisten deutschen Fußballfunktionäre in Fifa-Positionen, die dafür mit einer Erosion ihrer (wahrgenommenen) moralischen Integrität bezahlen müssen. Langfristig ergibt sich ein Problem, das westliche Fußballeliten bisher kaum thematisiert haben: Mehr und mehr Personen kommen in Führungsämter, die außerhalb des Fußballs eine zweifelhafte Reputation genießen.

Aber lassen sich auch konkrete Einflüsse von Autokraten bzw. Autokratien auf den Fußball in Demokratien nachzeichnen? Einen ersten Anhaltspunkt gibt eine Reihe von Praktiken, die für sich gesehen vielleicht wenig bedeutend erscheinen, in der Summe aber darauf hinauslaufen, dass Fußballakteure sich dem Denken und Handeln von Autokraten unterwerfen. Zumeist geschieht dies, wie oben bereits ausgeführt, im Zusammenhang mit vermeintlichen wirtschaftlichen Zwängen, die sich aus autokratienahem Sponsoring ergeben.

Ein Beispiel aus dem Jahr 2015: Auf einer Reise in den Nahen Osten trug der FC Bayern München in Saudi-Arabien ein Testspiel gegen den dortigen Rekordmeister al-Hilal aus. Als im Vorfeld bekannt wurde, dass bei dem Spiel keine weiblichen Zuschauer zugelassen werden würden, gerieten die Entscheidungsträger des FC Bayern in den deutschen Medien unter Druck. Die Erinnerungen an die repressive Rolle des Staates Saudi-Arabien bei der Niederschlagung des Arabischen Frühlings waren noch frisch und gaben dem freundschaftlichen Gastspiel einen faden Beigeschmack.

Die Verantwortlichen des FC Bayern wehrten sich und bekamen Unterstützung von Reinhard Rauball, dem Präsidenten der DFL: »Man wird die Einhaltung der Menschenrechte nicht dadurch erreichen, indem man bestimmte Länder ignoriert und nicht mehr besucht« (*Spiegel Online* 2015c). Ähnlich verhielt sich der Verein bei einer

Sponsoring-Verbindung mit dem Flughafen von Doha in Katar, die der FC Bayern trotz einiger Kritik von Menschenrechtsorganisationen im Jahr 2016 einging (Deutsche Welle 2016).

Ein anderes Beispiel findet sich bei Schalke 04, dem Verein also, der seit 2007 vom russischen Erdgasförderunternehmen Gazprom gesponsert wird. Die Aktien von Gazprom gehören zu über 50 Prozent dem russischen Staat; der Konzern ist der zweitgrößte Arbeitgeber in Russland und spielt damit eine wichtige Rolle in der Außenhandels- sowie der Arbeitsmarktpolitik. Im April 2014, wenige Wochen nach der Annexion der Krim, wurde die Mannschaft in den Kreml eingeladen und dort von Vladimir Putin empfangen. Clemens Tönnies, Präsident des Vereins, sah die Sache gelassen: »Wir sind Sportsleute und keine Weltpolitiker. Die Politik ist nicht unser Spielfeld« (*Spiegel Online* 2014a).

Die Beispiele offenbaren, dass sich Fußballvereine ökonomischen Zwängen beugen und Angelegenheiten von Menschen- und politischen Rechten im Zweifelsfall hintenanstellen. Ein artverwandtes Deutungs- und Reaktionsmuster existiert noch in einem anderen Bereich: Auch demokratisch gesinnte Beobachter betonen die außerordentlichen Fähigkeiten autokratischer Regimes bei der Organisation von Sportgroßveranstaltungen. Seinen Anfang nahm dieses Muster wohl anlässlich der Fußball-WM in Italien im Jahr 1934 – von Benito Mussolini mit dem expliziten Ziel veranstaltet, den Faschismus als überlegenes Gesellschaftsmodell zu inszenieren (Chisari 2011). Dieser Intention folgten die Olympischen Spiele in Berlin im Jahr 1936 (Mandell 1987). Mit den Olympischen Sommerspielen in Peking im Jahr 2008 (Digel 2008) sowie den

Olympischen Winterspielen in Sotschi im Jahr 2014 dürften ähnliche Absichten der politischen Inszenierung verfolgt worden sein (Orttung/Zhemukhov 2017).

Dabei deutet mittlerweile vieles darauf hin, dass große Sportveranstaltungen nicht etwa das Feld für Demokratisierung öffnen, sondern im Gegenteil Anlässe für weitere Unterdrückung bieten. So wurden vor den Spielen von 2008 in Peking Akteure der demokratischen Opposition gezielt unter Druck gesetzt, um zu verhindern, dass diese während der Spiele ein schlechtes Licht auf das Regime werfen. Insbesondere die tibetische Regimeopposition hatte darunter zu leiden (Güldenpfennig 2008, S. 8).

Die Winterspiele in Sotschi eignen sich besonders gut als Blaupause für Dinge, die im Zusammenhang mit der Fußball-WM 2018 erwartet werden können. Schon weit im Vorfeld wurden vermeintliche Regimegegner verhaftet, die auf Korruption, Menschenrechtsverletzungen und Umweltzerstörungen hingewiesen hatten (Worden 2014). Die Spiele selbst nutzte das Putin-Regime in vier Bereichen für die Sicherung seiner Herrschaft: als Signal für den Zentralisierungsanspruch der politischen Macht, als Gelegenheit zur Einbindung administrativer und wirtschaftlicher Eliten durch korruptive Praktiken, als Anlass zur Repression oppositioneller und zivilgesellschaftlicher Kräfte sowie als Argument für die Stärkung der Sicherheitsapparate (Orttung/Zhemukhov 2017, S. 7).

Eine weitere Kehrseite der Ausrichtung von Sportgroßereignissen betrifft die hohen Kosten, die der Gesellschaft – die häufig ohnehin schon knappen – Ressourcen entziehen und diese in die Taschen von Regimeeliten umleiten. In westlichen Medien werden die hohen Kosten für Baumaßnahmen, etwa für Sportstadien, häufig als Argument *gegen* die Ausrichtung von Sportereignissen verwendet. Zuletzt scheiterte im November 2015 in Hamburg die Bewerbung für die Olympischen Sommerspiele 2024 unter anderem an dieser Frage. Aus Sicht autokratischer Herrscher stellen sie jedoch eine gute Gelegenheit dar, staatliche Gelder zu privatisieren und gewissermaßen nebenbei repräsentative oder funktionale Bauten zu errichten. So investierte China für die Spiele in Peking 43 Milliarden US-Dollar in die Sportinfrastruktur (Deutscher Olympischer Sportbund 2008, S. 5). Für Sotschi 2014 wurden 51 Milliarden US-Dollar Gesamtkosten geschätzt (*Wirtschaftswoche* 2014).

Vollends problematisch wird es, wenn autokratische Herrscher einen dauerhaften oder auch nur vorübergehenden Legitimitätsgewinn durch Sport verbuchen können. Wir wissen, dass das faschistische Regime Italiens durch den Gewinn der Fußball-WM 1934 stabilisiert wurde (Gordon/London 2006). Auch kann als gesichert gelten, dass Sport ein überaus wichtiges Instrument zur Legitimierung der politischen Regimes im sozialistischen Europa dargestellt hat (Dahlmann et al. 2006). Besonders in der Sowjetunion hat der Sport wie vielleicht sonst nur der Große Vaterländische Krieg zum Nation Building beigetragen (Riordan 1980, S. 161-182).

Das präsenteste Beispiel für die autokratiestützende Funktion des Fußballs stellt indes die Fußballweltmeisterschaft in Argentinien im Jahr 1978 dar. Der Militärdiktatur um General Jorge Rafael Videla war die Ausrichtung des Turniers gewissermaßen in die Hände gefallen; die Vergabe war bereits zwölf Jahre vorher erfolgt. Die Organisation der Weltmeisterschaft genoss allerdings hohe Priorität; Videla überwachte angeblich persönlich viele

Vorbereitungen. Er stand der Eröffnungsfeier vor, hielt die Eröffnungsrede und überreichte am Ende des Turniers den Pokal (Duke/Crolley 2002, S. 112). Während die politischen Gefangenen in den nahe gelegenen Kerkern litten, jubelte sich die argentinische Mannschaft, und mit ihnen große Teile des Volkes, zur Weltmeisterschaft. Zwar verweigerte der argentinische Trainer Luis Menotti in einem ikonischen Moment bei der Siegerehrung den Handschlag. Dennoch besteht wenig Dissens, dass der sportliche Erfolg über die Schiene des Nationalismus das Land zumindest vorübergehend geeint und die politische Führung stabilisiert hat (Kuper 1994, S. 259, 268; Duke/Crolley 2002, S. 103). Die Verbindung von »fußballerischem Erfolg und patriotischer Repräsentation« nahm ausufernde Formen an und verknüpfte sich mit einem »aggressiven und faschistoiden Nationalismus«, was in einer vollständigen »Aufhebung von Politik« gipfelte (Alabarces 2010, S. 149).

Von Belang sind aber nicht nur Deutungsmuster im Inneren, sondern auch der Umgang mit der Diktatur durch Spieler und Verbände aus Ländern, die demokratisch regiert werden. Das Verhalten des DFB im Zusammenhang mit der WM in Argentinien ist häufig und heftig kritisiert worden. Meistens wurden die Reaktionen in eine Linie mit der Nazivergangenheit gerückt, wozu der in Kapitel 5 geschilderte Besuch des ehemaligen Spielers und bekennenden Nazis Hans-Ulrich Rudel im deutschen Trainingslager beitrug.

Aber nicht nur Funktionäre, sondern auch zahlreiche Spieler wie Berti Vogts (Borussia Mönchengladbach) oder Manfred Kaltz (Hamburger SV) gaben Interviews, die ein wenig schmeichelhaftes Desinteresse an politischen Gegebenheiten offenbarten (*die tageszeitung* 2014). Mit etwas

Abstand lässt sich allerdings ins Feld führen, dass die Zusammenarbeit des DFB mit dem argentinischen Regime ebenfalls mit der Sorge zu tun hatte, nach München 1972 und dem Deutschen Herbst 1977 Opfer eines Terroranschlags zu werden (vgl. Havemann 2013, S. 239-264).

Man kann sicherlich noch weitere Beispiele anführen (Beichelt 2017, S. 536-537), doch das Bild sollte plastisch genug sein. Fußball wird in Demokratien und in Nichtdemokratien gespielt. Während sich die politischen Regimes unterscheiden, folgt die ökonomische Sphäre einem übergreifenden Leitbild, nämlich dem Modus des kapitalistisch organisierten globalen Marktes. Auf diesem tummeln sich staatliche und quasistaatliche Unternehmen aus Autokratien, die ihre Handlungslogik wenigstens teilweise am Charakter ihrer einheimischen Regimes ausrichten. Obwohl sich aus der Konstellation unterschiedliche Handlungsmuster im Feld der Fußballpolitik ergeben könnten – nämlich sowohl demokratie- als auch autokratiekompatible –, finden sich in der fußballpolitischen Realität ganz überwiegend Deutungsmuster, in denen gesellschaftliche Autonomie, die Verteidigung von Menschenrechten oder das Propagieren politischer Rechte keine zentrale Rolle spielen. Diese Werte gehen im Kontext eines großen strukturellen Interessenkonflikts verloren:

Das Überleben der Fifa-Führungskräfte hängt von den Fußballverbänden ab, aus denen sich die Organisation, deren Integrität sie bewahren sollen, zusammensetzt. Das Problem beginnt hier und beim Mangel an Demokratie, Integrität und Rechenschaftspflicht in vielen dieser Verbände. Die Macht in der Fifa liegt hauptsächlich in den Händen von Wahlkonsortien, die eine kleine Gruppe von Insidern dominiert. […] Die Führungsriege des Fußballs verantwortet sich nicht vor dem Gericht der öffentlichen Meinung, sondern vor einer anderen Anhängerschaft, die jede Führung ersetzen würde, die ernsthaft versuchen sollte, Reformen anzustoßen, ihre Privilegien zu beseitigen und ihren Machtmissbrauch zu unterbinden (Pillay et al. 2017).

Angesichts der politisch-kulturellen Umstände, die mit den tendenziell undemokratischen Praktiken im Fußballfeld einhergehen, sollte nun allerdings unterschieden werden, wie in Autokratien und Demokratien die weitere Gesellschaft mit den autokratischen Praktiken des internationalen Fußballs umgeht.

In Autokratien können sportliche Erfolge – insbesondere, wenn sie auf den offensichtlichen Einsatz einer staatlichen Sportförderpolitik zurückgehen – als Stabilisierungsressource für autokratische Herrscher gedeutet werden. Einige Sportgroßereignisse, mit denen sich autokratische Herrscher geschmückt haben, wurden bereits erwähnt: die Kommunistische Partei Chinas mit den Sommerspielen in Peking 2008, der russische Präsident Vladimir Putin mit den Winterspielen von Sotschi 2014 oder der weißrussische Präsident Aleksandr Lukašenko mit der Eishockeyweltmeisterschaft 2014. Hier hat es nicht einmal ein vorübergehendes Gewährenlassen der Opposition oder der Zivilgesellschaft gegeben. Vielmehr scheint es, als hätten die jeweiligen Spiele die Unterstützung der einheimischen Gesellschaften gefunden und dem autokratischen Regime zusätzliche Legitimität verliehen.

Die Versuche autokratischer Eliten, sich über Sport zu profilieren, sind allerdings vielfältig und nicht leicht zu kalkulieren. Zunächst müssen autokratische Machthaber damit rechnen, bei einem sportlichen oder organisatorischen Misserfolg zur Verantwortung gezogen zu werden, wenn sie ein entsprechendes Sportgroßereignis zu stark mit sich selbst oder dem Regime verknüpft haben. So trug der Olympiaboykott im Jahr 1980, als viele westliche Staaten als Folge des sowjetischen Überfalls auf Afghanistan Moskau mieden, zur Delegitimierung des Afghanistankrieges und damit einer wichtigen diskursiven Stütze des Politbüros bei.

Weiterhin besteht die Gefahr, dass charismatische Spieler oder Trainer zu antiautokratischen Symbolen werden. Dabei kommt es kaum darauf an, ob sich Fußballakteure dezidiert kritisch zum Regime äußern. Handeln im Feld des Fußballs trägt häufig einen polyvalenten Charakter. Es kommt also eher auf die Interpretation durch das Publikum an als auf die Handlungsintention. So wurde das Auftreten von Diego Maradona im Neapel der achtziger Jahre als Untergrabung der Herrschaft der Mafia gedeutet (Forlenza 2017). Und in seinem Heimatland dient Maradona als leuchtendes Beispiel für die Überwindung des Peronismus, indem er soziale Hierarchien aufgebrochen und zum globalen Idol geworden ist (Alabarces 2010, S. 164-188). Alabarces unterstreicht das Unkalkulierbare und Unberechenbare eines zum Mega-Symbol mutierten Fußballers explizit:

Die Unberechenbarkeit war nicht nur der Mehrdeutigkeit seiner Auftritte und Abgänge innerhalb des Fußballuniversums geschuldet, sondern auch der Art und Weise, wie er seinen Beruf ausübte, dem Irrlichtern seiner Freundschaften und/oder seiner politischen Ansichten – was ihn insgesamt zu einem begehrten Objekt machte. Maradona verwandelte sich so in eine Art leeren Signifikanten, der sich beliebig mit Bedeutung füllen ließ, je nachdem, wer ihn sich zu welchem Zeitpunkt gerade aneignen wollte (Alabarces 2010, S. 165).

Aber auch langfristig können sportliche Großveranstaltungen eine transformative Wirkung entfalten. Nach dem Tod des spanischen Diktators Franco im Jahr 1975 wurde

auf einmal diskutiert, dass die Fahrt von Fans zu Auswärts-
spielen durch das bisherige Regime behindert wurde (Burns
2012, S. 223) – ein kleiner Baustein im gesellschaftlichen Diskurs, infolge dessen sich das politische System innerhalb
weniger Jahre demokratisierte (Merkel 2010, S. 178-180).

Innerhalb von Demokratien wird die latente Autokratie des internationalen Fußballs dagegen in anderen Bahnen verdaut. Hier ist das Spektrum, in dem Meinungen
vertreten werden können, weitaus breiter. Daher finden
sich vielleicht sogar überwiegend kritische Positionen sowohl gegenüber den demokratieinkompatiblen Praktiken
der internationalen Fußballverbände als auch gegenüber
dem Engagement von Autokratien im Fußball. Zu nennen
sind die bereits zitierten Monografien von Kuhn (2011)
und Gmünder/Zeyringer (2018), vor allem aber regelmäßige Beiträge in anspruchsvollen Sportredaktionen (z. B.
*Spiegel Online*, *Frankfurter Allgemeine Zeitung*, *The
Guardian*), in Fan-Zeitschriften wie *11Freunde* oder
Blogs wie »Inside World Football« oder »The Turbulent
World of Middle East Soccer« von James Dorsey.[101] Da
nationale Fußballverbände ebenso wie Vereine und einzelne Spieler nicht unabhängig von den internationalen
Strukturen agieren können, stellen die genannten Redaktionen und Veröffentlichungen das vielleicht wichtigste
Korrektiv für autokratische Umtriebe im internationa-
len Fußball dar.

Darüber hinaus finden sich vereinzelt Stimmen von
Fußballakteuren, die sich kritisch zu besonders herausgehobenen autokratischen Praktiken des internationalen Fuß-

---

101 Siehe {http://ww.insideworldfootball.com} sowie {http://mi
    deastsoccer.blogspot.de/} (Stand Februar 2018).

balls verhalten. Vor der Europameisterschaft 2012 meldete unter anderem Philipp Lahm – seinerzeit Spielführer der deutschen Mannschaft – Zweifel an, ob »demokratische Grundrechte, Menschenrechte, persönliche Freiheiten und die Pressefreiheit« in der Ukraine hinreichend verwirklicht seien. Zugleich äußerte er seine Erwartung, dass die Uefa und ihr Präsident Michel Platini dazu Stellung beziehen. Die harmlosen Aussagen Lahms wurden von Platini wenige Tage später zurückgewiesen:

Er kann sagen, was er will. Das ist mir egal. Herr Lahm ist nicht mein Chef. Er hat von mir nichts zu fordern. Er ist Kapitän der deutschen Nationalmannschaft, nicht Kapitän der Uefa. [...] Jeder hat sein Aufgabengebiet auszufüllen. Ich mache keine Politik, ich mache Fußball. Wenn ich Politik machen wollte, würde ich in die Politik gehen (*Spiegel Online* 2012b; Quelle gilt auch für vorheriges Zitat).

Die von Platini unterstellte strikte Trennung der Sphären von Politik und Fußball ist natürlich mit dem Ansatz des politischen Feldes, den ich in diesem Buch verfolge, nicht kompatibel. Aber auch über konzeptionelle Fragen hinaus zeigt sich in seinem Zitat deutlich, dass in der Welt des internationalen Fußballs auf die Einhaltung demokratischer Standards kein besonderer Wert gelegt wird.

Hierzu passt ein weiterer Befund: Ein gewisser Teil des allgemeinen Fußballpublikums empfindet das fehlende Engagement der Fußballprotagonisten für Freiheit und Demokratie nicht als störend. Auftritte deutscher Mannschaften etwa in Aserbaidschan, Weißrussland oder Russland – die in der Champions League oder der Europa League an der Tagesordnung sind – werden nicht unter einem politischen Blickwinkel gesehen. Das Engagement von Gazprom oder Qatar Sport Investments wird ab und an kritisch erwähnt, aber im Dienste des Erfolgs der eigenen Mannschaft letztlich hingenommen. Auch private und selbst gebührenfinanzierte Fernsehsender haben bisher nicht erkennen lassen, dass sie die offene Werbung für zentrale Identifikationssymbole autokratischer Herrschaft infrage stellen wollen. Immerhin wurde im Herbst 2017 seitens der ARD die Zusammenarbeit mit dem Fußballexperten Mehmet Scholl beendet, nachdem dieser sich geweigert hatte, mögliches Doping im russischen Fußball zu diskutieren (*Süddeutsche Zeitung* 2017).

Die bisherige Betrachtung der inter- oder transnationalen Sphäre des Fußballs lässt sich so zusammenfassen: Wie sich bereits in den Kapiteln 3 und 4 (die den deutschen Fall behandelten) angedeutet hat, schafft die vom autoritären Staatskapitalismus berührte internationale Welt des Fußballs für viele ihrer Protagonisten einen goldenen Käfig. In ihm lebt es sich offenbar so gut, dass seine beschränkenden Mechanismen entweder nicht bemerkt oder geleugnet werden. So wenig der DFB offenlegt, welche seiner Geschäftsfelder ideellen und welche kommerziellen Charakter haben, so wenig sind die Uefa oder die Fifa bereit, den Gesellschaften ihrer Mitgliedsverbände Rechenschaft über die normativen Standards ihres Handelns abzulegen. Wenn im internationalen Fußball die Formel der Trennung der Sphären von Fußball/Sport und Politik/Staat ins Spiel gebracht wird, lässt sie sich zumeist so übersetzen, dass sich Akteure des Fußballs eine Einmischung gewählter politischer Akteure genauso verbitten wie das Anmahnen normativer Standards, die in demokratischen Gesellschaften üblich sind.

Erklärt habe ich diese Haltung mit Blick auf die Zusammensetzung und Interessenlage übernationaler Fußballverbände: Weder entstammen die entscheidungsbefugten

Akteure überwiegend demokratisch regierten Gesellschaften, noch sehen sich die wirtschaftsgebundenen Akteure – insbesondere Sponsoren – demokratischen Gepflogenheiten verpflichtet. Damit knüpfe ich an den klassischen Gedanken der Repräsentationstheorie Edmund Burkes an, dass sich politische Repräsentanten an zwei Aspekten orientieren: den Bedürfnissen ihrer (auch potenziellen) Wählerschaft sowie b) ihrem jeweils eigenen normativen Horizont (Burke 2012 [1782]).

Idealisten könnten nun hoffen, zivilgesellschaftliche Mitglieder von Fußballverbänden in Autokratien könnten von ihren Fußballfunktionären demokratisch geeichtes Handeln einfordern und zudem selbst demokratisch gesinnt sein. Warum diese Hoffnung an den Gegebenheiten des autokratiegestützten Fußballs zerbricht, untersuche ich im Folgenden am Beispiel des russischen Fußballs. Wie wir sehen werden, entfaltet sich ein ausdifferenziertes Mosaik, an dem sich einiges über die Machtstrategien des Putin-Regimes ablesen lässt.

# 7. Autokratiegestützte Fußballpolitik: Die Verbindung von Fußball, Wirtschaft und Politik in Russland

Im Jahr 2011 fand in Groznyj ein bemerkenswertes Fußballspiel statt (siehe, auch für das Folgende, Wikipedia DE 2018ac). Eine tschetschenische Auswahl, in der neben Spielern des Vereins Terek Groznyj (aus der Hauptstadt Tschetscheniens) auch Präsident Ramzan Kadyrov und merkwürdigerweise Lothar Matthäus aufliefen, traf auf eine brasilianische Auswahl mit vielen prominenten Spielern wie Romário oder Giovane Élber. Kadyrov präsentierte sich vor den etwa 10000 Zuschauern mit dem Ruf »Allah ist groß« und schoss in dem Spiel, das Brasilien mit 6:4 gewann, zwei Tore. Veranstaltet wurde die Aktion mit dem Ziel, für Groznyj als Austragungsort der Fußball-WM 2018 zu werben: ein Anliegen, das – wie wir heute wissen – keinen Erfolg hatte.

Man ist leicht verführt, das Spiel als wundersame Anekdote aus einer exotischen Welt einzuordnen. In der Tat erscheinen die Tiraden bizarr, die Kadyrov regelmäßig über Frauen (»Männer sollten ihnen verbieten, WhatsApp zu benutzen«), Homosexuelle (»einsperren«), Pferde (»das Rückgrat Tschetscheniens«) und Putin (»mein Führer«) in die Welt setzt. Wie bei jeder sozialen Interaktion kommt man dem Kern der Dinge allerdings nicht näher, indem man sich innerlich distanziert oder über Oberflächenerscheinungen amüsiert. An den Verflechtungen von Ramzan Kadyrov in den russischen und internationalen Fußball lässt sich im Gegenteil einiges über die Fußballpolitik in einem autokratischen Rahmen ablesen.

Ramzan Kadyrov ist nicht nur Präsident der Republik Tschetschenien,[102] sondern seit seiner Jugend aktiver Sportler. Neben seiner Leidenschaft für das Boxen begeistert er sich auch für den Fußball, wie zahlreiche Fotos von ihm belegen. Sein Vater Achmat Kadyrov, seinerzeit ebenfalls Präsident Tschetscheniens, starb im Jahr 2004 bei einem Bombenanschlag auf der Haupttribüne des Fußballstadions von Terek Groznyj. Nach ihm wurde der Verein im Jahr 2017 in FC Achmat Groznyj umbenannt. Ramzan übernahm – von Putins Gnaden – nicht nur die Republikführung von seinem Vater, sondern fungierte später (aber noch vor der Umbenennung) als Präsident von Terek, dem wichtigsten Fußballverein Tschetscheniens.

Kadyrov und Achmat Groznyj dürfen als Teil eines »ernsten Spiels« (Klein/Meuser 2008) angesehen werden, das der Fußball mitunter darstellt. Es ist überhaupt nicht selbstverständlich, dass in einer Republik, die von Bürgerkrieg, exzessiver Gewaltanwendung und Nachkriegsrezession gebeutelt ist, seit etwa 16 Jahren professioneller Fußball gespielt wird – überwiegend in der Prem'er-Liga, der obersten russischen Spielklasse. Terek gewann 2004 den russischen Pokal, gelangte in der Saison 2004/05 in die Hauptrunde des Uefa-Pokals und hatte im Jahr 2011 den holländischen Europameister Ruud Gullit als Trainer unter Vertrag. Insofern hatte das Anliegen, WM-Spiele in

102 Im Rahmen des politischen Systems Russlands wäre es vermutlich angemessener, ihn als »Gouverneur« eines der 83 Subjekte der Russischen Föderation zu bezeichnen. Einigen Republikführern ist es jedoch erlaubt, sich als »Präsident« zu bezeichnen, selbst wenn die Rezentralisierungsschritte der ersten Putin-Jahre den Föderationssubjekten nur noch wenige eigene Kompetenzen zugestehen; siehe Petrov/Slider (2007).

Groznyj austragen zu lassen, einen ernst zu nehmenden Hintergrund. Wenn die Fifa in Katar eine ganze Weltmeisterschaft in ungeeigneten klimatischen Bedingungen veranstaltet, sind auch einige Spiele in einer der Städte mit der höchsten Terrorgefahr Russlands nicht undenkbar.

Der Fußballpolitiker Kadyrov ist interessant, weil er die Funktionsweise des russischen politischen Systems auf ungewohnt deutliche Weise offenlegt. Für die Analyse der Fußballpolitik können wir daraus wenigstens im Ansatz ableiten, wie die informellen Regeln zum Abgleich realpolitischer und fußballpolitischer Macht für den russischen Fall aussehen. Zwar ist Tschetschenien innerhalb Russlands ein Sonderfall, denn in keiner anderen Republik hat der Zentralstaat in den letzten Jahrzehnten zwei – äußerst blutige – Kriege mit dem Ziel der Durchsetzung der Staatsgewalt geführt. Tschetschenien kann daher selbst im Kontext des Nordkaukasus als besonders instabiles Teilgebiet gelten (Lieven 1998; Halbach 2006). Dennoch unterscheidet sich die Organisation der sogenannten »Machtvertikalen«, d. h. der direkten Verantwortlichkeit der politischen Führung eines Föderationssubjekts gegenüber dem zentralisierten Regierungssystem mit dem Präsidenten an der Spitze, nicht kategorial von den Verhältnissen im restlichen Russland (Sakwa 2008).

Die Macht von Ramzan Kadyrov ist allerdings auf besondere Weise von der Loyalität zu Vladimir Putin abhängig. Putin hatte Kadyrov in einem denkwürdigen Treffen,[103] kurz nach dem gewaltsamen Tod dessen Vaters,

103 Eine Aufnahme des Treffens ist auf YouTube verfügbar: {https://www.youtube.com/watch?v=B7_7IUYSuGQ} (Stand Februar 2018).

als faktischen Statthalter in Tschetschenien eingesetzt. Dafür wurde die tschetschenische Verfassung außer Kraft gesetzt, die ein politisches Amt erst ab einem Lebensalter von 30 Jahren zulässt; Ramzan war im Jahr 2004 aber erst 28 Jahre alt. Faktisch stellt(e) der Bund zwischen Putin und Kadyrov einen Handel dar: Die Gewaltherrschaft des Kadyrov-Clans im inneren Tschetschenien wird geduldet, solange Kadyrov die Gefolgschaft zu Putin offensiv propagiert und den direkt gegen Russland gerichteten Terrorismus bekämpft. Wegen der Stärke des islamistischen Terrorismus in der Region ist Letzteres allerdings kaum möglich (Proskurjakov 2006).

In diesem Umfeld erscheint das Anliegen, in der geschundenen Stadt ausgerechnet einen Fußballverein mit erheblichen Finanzmitteln auszustatten, durchaus plausibel. So aggressiv und gewalttätig sich Kadyrov gibt, so symbolisiert die Investition in den Fußball innerhalb des Vielvölkerstaates Russland die Hinwendung zu einem unideologischen Islam. Das seltsame Ritual, mit ehemaligen Weltstars wie Ronaldinho im Stadion von Groznyj zu Ehren des 65. Geburtstags von Vladimir Putin ein Fußballspiel abzuhalten, bekommt eine nachvollziehbare Bedeutung. Und natürlich überrascht es nicht, dass der deutschsprachige Propagandasender des Kreml – RT Deutsch – eine Zusammenfassung der Huldigungen Kadyrovs sendete.[104]

Woher die Finanzmittel für Terek bzw. Achmat oder für die kostspieligen Freundschaftsspiele in Groznyj stammen, ist nicht ermittelbar. Die einzige umfassende Mono-

---

104 Der Beitrag von RT Deutsch ist auf YouTube verfügbar: {https://www.youtube.com/watch?v=UFsGgYMRn_I} (Stand Februar 2018).

grafie zum russischen Fußball schweigt sich über diesen Aspekt aus (Bennetts 2008, 157-173). Spekulationen um einen geheimnisvollen »Achmat-Kadyrov-Fonds« gedeihen prächtig, können aber nicht belegt werden (Radio Free Europe/Radio Liberty 2015). Auf der Homepage von Achmat Groznyj wird heute die russische Versicherungsgesellschaft Rosgosstrach als Hauptsponsor angegeben. Über die Höhe des finanziellen Engagements ist indes nichts zu erfahren. Rosgosstrach, die auch die russische Prem'er-Liga als Ganze sponsert, ist ihrerseits von unklaren Eigentumsverhältnissen gekennzeichnet. Zumindest gehört sie nicht dem russischen Staat, der im Jahr 2010 seine letzten Anteile an der früher größten russischen Versicherung abgestoßen hat (Vedomosti 2017a; Vedomosti 2017b; Wikipedia RU 2018c).

In der Einleitung dieses Buches habe ich die Figur des Chozjain eingeführt, über die sich bestimmte Beziehungs- und Abhängigkeitsverhältnisse im Fußball fassen lassen. Wir sind nun an der Stelle angelangt, an der ich den Zusammenhang besser plausibilisieren kann. In vielen Kontexten lassen sich Zitate finden, in denen der Fußballpromotor Kadyrov als Chozjain Tschetscheniens bezeichnet wird, sei es in Fremd- oder Selbstzuschreibungen.[105] Die viel beachtete Stalin-Biografie von Oleg Chlevnjuk (2015) trägt im russischen Original den Titel *Chozjain*. Der Chozjain des heutigen Russlands ist ohne Zweifel Vladimir Putin.

Von hier ist es nicht weit zu den Machtverhältnissen im

---

105 Siehe den kurzen Clip mit dem Titel »Муртад Кадыров: ›Я хозяин, а вы все никто….!‹« auf YouTube {https://www.you tube.com/watch?v=qMxXw29BhU8} (Stand Februar 2018).

internationalen Fußball, in dem Präsidenten der internationalen Verbände von ihren Gremien ebenfalls mit umfassenden Befugnissen ausgestattet werden. Diese müssen sich zwar stärker als reine politische Autokraten um die Unterstützung weiterer Machthaber in ihrem fußballpolitischen Herrschaftsbereich bemühen. Ihre Herrschaftspraktiken bewegen sich allerdings, wie wir gesehen haben, näher an den Gepflogenheiten autokratischer Regimes (namentlich der Kooptation und Korruption) als an der Legitimierung über Transparenz und Rechenschaftspflicht. Passend dazu sind in den Jahren 2017 und 2018 die vielen Bilder, in denen Fifa-Präsident Infantino einträchtig neben WM-Gastgeber[106] Putin sitzt und wider besseren Wissens darauf besteht, ein russisches Staatsdoping habe es nie gegeben.

Wie sieht nun die hierarchische Organisation des russischen Fußballs im Einzelnen aus? Sie spielt sich zunächst in einem Kontext ab, der im europäischen Vergleich nicht ungewöhnlich ist. Schon der Name der obersten russischen Liga erinnert an die englische Premier League, wobei sich in der Selbstdarstellung in den letzten Jahren eher die Bezeichnung »Russische Meisterschaft« (Чемпионат России по футболу) durchgesetzt zu haben scheint. Auf der offiziellen Website der Liga wird die Meisterschaft auch »Rosgosstrach-Čempionat« genannt.[107]

Obwohl die Liga selbst eine in Privateigentum befindliche Kapitalgesellschaft ist, sind doch viele sonstige Finanzströme im russischen Fußball staatlicher oder halbstaatlicher Natur. Gleiches gilt für die Expansion russi-

---

106 Das Wort *Chozjain* lässt sich auch mit »Gastgeber« übersetzen.
107 Siehe {http://rfpl.org/} (Stand Februar 2018).

scher Unternehmen im Bereich des Fußball-Sponsorings in Westeuropa. Westlichen Fußballfans und Fernsehzuschauern ist dieses Engagement vor allem durch das Wirken von Gazprom, dem größten Erdgasförderunternehmen Russlands, bekannt. Der Eigentumsanteil der Russischen Föderation an Gazprom liegt bei insgesamt ca. 50,23 Prozent (Stand 2016), zunächst über den Staatsvermögensfonds Rosimuščestvo, der 38,37 Prozent der Gazprom-Anteile hält. Derselbe Fonds ist zu 100 Prozent Anteilseigner der AO Rosneftgaz, welche weitere 10,97 Prozent der Gazprom-Anteile hält. Weitere 0,89 Prozent an Gazprom gehören der OAO Rosgazifikatsija, welche zu 74,55 Prozent von AO Rosneftgaz kontrolliert wird (Gazprom 2017, S. 154).

Das fußballerische Engagement von Gazprom begann, als ein gewisser Vitalij Mutko seitens der Petersburger Stadtverwaltung als Verantwortlicher für die Belange des damaligen Zweitligisten Zenit St. Petersburg abgestellt wurde. Mutko hatte sich für eine Tätigkeit in der Verwaltung Petersburgs qualifiziert, als er im August 1991, an der Seite des späteren Bürgermeisters Anatolij Sobčak, den Putschversuch der sowjetischen Hardliner mit zu vereiteln half (Matveev 2009, S. 263). Dadurch kam er früh in seiner Karriere mit Vladimir Putin in Kontakt, der in den frühen neunziger Jahren Vizebürgermeister von St. Petersburg war. In jener Zeit wurde Gazprom als Sponsor des wichtigsten Fußballvereins der zweitgrößten Stadt Russlands ins Boot geholt.

Nach wenigen Jahren erfolgte der Aufstieg von Zenit in die oberste russische Liga; im ersten Jahrzehnt des 21. Jahrhunderts belegte der Verein regelmäßig vordere Tabellenplätze. In den Jahren 2007, 2010 und 2012 holte

er die russische Meisterschaft. 2008 bezwang man im Endspiel des Uefa-Pokals die Glasgow Rangers, nachdem in
den Runden zuvor unter anderem der 1. FC Nürnberg,
Bayer Leverkusen und Bayern München ausgeschaltet
wurden. Heute ist Gazprom mit mindestens der Hälfte
der Anteile Hauptbesitzer von Zenit; genaue Zahlen sind
schwer zu finden (*Die Welt* 2014).

Das sportliche Engagement des Gasförderunterneh-
mens, das nach dem erstmaligen Amtsantritt von Vladimir
Putin sukzessive aus Oligarchen- in Staatshand überführt
wurde, nahm in St. Petersburg seinen Ausgangspunkt, blieb
aber nicht lange auf die Stadt an der Newa beschränkt. Neben dem FC Schalke 04 (seit 2007) förderte Gazprom zeitweise den FC Chelsea und unterstützt die Vereine Roter
Stern Belgrad (seit 2010) sowie in Russland den FK Vol-
gar-Gazprom Astrachan und den FK Orenburg (Gazprom 2017, S. 118, vgl. auch Andrews/Harrington 2016).

Seit dem Jahr 2012 figuriert Gazprom zudem als einer
der sechs Partner der Uefa Champions League (Kristijánsson 2015; Deutschlandfunk 2016). Einen Sponsorenvertrag schloss das Unternehmen darüber hinaus mit der Fifa
für den Zeitraum 2015-2018. Eine direkte Verbindung
zwischen der Fifa und dem russischen Staat besteht nicht
nur über Gazprom, sondern auch über Mutko, der von
2008 bis 2016 Sportminister und von 2009 bis 2016 Mitglied im Fifa-Exekutivkomitee war. Bei der Vergabe der
Fußball-WM im Jahr 2010 hatte er demzufolge eine nicht
unbedenkliche Doppelposition inne (siehe unten). Mit
dem zypriotischen Mitglied des Fifa-Exekutivkomitees
Marios Lefkaritis schloss Gazprom über ein Tochterunternehmen einen Vertrag, womit ein weiteres stimm-
berechtigtes Mitglied bei der WM-Vergabe in enger Ver-

bindung zum russischen Staat stand (Tomlinson 2017, S. 258).

Eine über diese Zusammenhänge hinausgehende Arbeit zum Engagement von Gazprom im Sport existiert meines Wissens nicht. Eine vorliegende Monografie zum Unternehmen beschränkt sich auf dessen politische und wirtschaftliche Aktivitäten und spart das Sponsoring im Sport weitgehend aus (vgl. Roth 2012).

Dennoch lassen sich wichtige Einsichten zur Einbindung von Gazprom in die Innen- und Außenpolitik der Russischen Föderation formulieren. Entscheidend ist dabei nicht nur die Aktienmehrheit des russischen Staates. Genauso relevant sind die Eigenschaften als einer der größten Arbeitgeber des Landes und als Eigentümer des Gasvertriebsnetzes, das Gazprom an einer strategisch wichtigen Stelle zu einem Monopolisten macht. Weiterhin bestehen aus Sowjetzeiten rührende Verflechtungen mit Nachbarrepubliken wie Weißrussland, der Ukraine oder Usbekistan. Diese betreffen nicht nur das Netz von Gaspipelines, sondern bis heute auch die Wirtschaftsstruktur, die in den russischen Nachbarstaaten energieintensive Industrien hat entstehen lassen, für die Russland ein wichtiger Absatzmarkt darstellt und/oder deren Produktion nur mit günstigen Energielieferungen aus Russland am Laufen gehalten werden kann (Balmaceda 2004).

Die gesamte Geschichte von Gazprom, das als Unternehmen 1989 und damit in einem Umfeld des drohenden staatlichen Zerfalls gegründet wurde, ist mit einem Ausspielen der asymmetrischen Wirtschaftsmacht durch die Russische Föderation verbunden. In bestimmten Phasen der postsowjetischen Entwicklung wurde Gazprom als letztlich eigenständiger außenpolitischer Akteur – z. B.

neben dem Außenministerium – konzipiert (Westphal 2000). Die Vorstandsvorsitzenden Viktor Černomyrdin, Rem Vjachirev und Aleksej Miller symbolisieren das postsowjetische Russland auf fast archetypische Weise: Vjachirev steht mit seinem Vornamen (REM: »Revolution, Engels, Marx«) und der Herkunft aus der Gegend um Kuibyschev/Samara für die sowjetische Schwerindustrie, Černomyrdin war von 1992 bis 1998 russischer Premierminister und später fast eine Dekade lang russischer Botschafter in der Ukraine, Miller diente Anfang der neunziger Jahre mit Vladimir Putin in der Petersburger Stadtverwaltung. Die Ausdehnung von Gazprom nach Westeuropa, neben Energielieferungen nun auch durch Fußballsponsoring, umfasst eine klare politiksymbolische Komponente.

Das Sponsoring der russischen Energieindustrie beruht allerdings nicht nur – und vielleicht nicht einmal in erster Linie – auf einem expansiven Gedanken. Dafür spricht die Liste weiterer Energieunternehmen, die als Sponsoren in der russischen Liga aktiv sind, aber (trotz zweifellos vorhandener finanzieller Ressourcen) keine Ambitionen im internationalen Fußball zeigen. Dies gilt z.B. für Rosneft, den russischen Erdölkonzern, der den Jukos-Konzern (dessen Miteigentümer Michail Chodorkovskij gewesen war) im Zuge einer Quasienteignung übernahm und der sich später per Aktienmehrheit auch Gazprom einverleibte. Auch Rosneft verfügt mit einer sechsstelligen Zahl von Angestellten und einem – im Jahr 2016 – zweistelligen Milliardenbeitrag (in Euro) zum russischen Staatshaushalt über eine erhebliche Bedeutung für den russischen Staat (Rosneft 2017; Wikipedia DE 2018ae). Folglich ist das Unternehmen fest in die politischen Entscheidungsstrukturen eingebunden. So ist von Igor Sečin, dem Vorstandsvorsitzenden, das Zitat überliefert: »Wir diskutieren nicht über Bitten des Präsidenten [Vladimir Putin], wir führen sie aus« (*Frankfurter Allgemeine Zeitung*, 18.08.2017, S. 3).

Rosneft unterstützt in der Prem'er-Liga den Verein Arsenal Tula, wobei über die Höhe der Unterstützung keine näheren Angaben gemacht werden.[108] Darüber hinaus wurde eine Unterstützung des Vereins Tom Tomsk in der zweiten Hälfte des vergangenen Jahrzehnts bekannt. Dieser erhielt ab 2005 mehrfach finanzielle Zuwendungen von Tomskneft VNK, dem größten Mineralöl-Unternehmen der Oblast Tomsk. Seit 2006 halten Gazprom und Rosneft jeweils die größten Unternehmensanteile an Tomskneft VNK (Dusseault 2011, S. 67). Überhaupt erfreut sich Tom Tomsk einer besonderen Zuwendung des russischen Staates, denn der Verein erhielt mehrfach direkte Zuwendungen aus dem Staatsbudget.[109]

Der besondere Charakter des quasistaatlichen Sponsoring, das die russische Prem'er-Liga ausmacht, wird beim Blick auf den nächsten Finanzier deutlich: die im Bereich der Hochtechnologie tätige Dachgesellschaft Rostech, die etwa 700 Unternehmen vereint und deren Aufsichtsrat sich aus einflussreichen Politikern zusammensetzt (Rostec [sic!] 2017, S. 8). Rostech finanziert seit 2015 nicht

---

108 Siehe die spärlichen Informationen auf der Homepage des Vereins {https://www.arsenaltula.ru/news/novosti-kluba/rosneft-stala-partnerom-pfk-arsenal/} (Stand Februar 2018).
109 Siehe die Meldungen auf den offiziellen russischen Regierungswebsites {http://archive.premier.gov.ru/eng/premier/press/ru/5900/print/} sowie {http://archive.government.ru/eng/docs/4610/} (Stand Februar 2018).

nur den Moskauer Traditionsverein CSKA, sondern auch Arsenal Tula. Hier gibt es also eine doppelte Verflechtung: Ein Sponsor unterstützt zwei Vereine in derselben Liga und zugleich wird ein Verein von mehreren Sponsoren finanziert, die in der Hand eines einzigen Eigentümers – nämlich des Staates – sind.

Dem Finanzierungsgeflecht kann ein mehrfacher Nutzen unterstellt werden. Erstens werden verschiedene strategische Arme des Staates – hier die Gas- und Ölindustrie sowie die Hochtechnologie – miteinander verschränkt, um der übergroßen Autonomie eines einzelnen Sektors entgegenzuwirken. Damit erhöhen sich zweitens die Kontrollmöglichkeiten des Zentrums, d. h. des Kreml mit der Präsidialadministration als zentralem Akteur. Insbesondere die informelle Steuerung von staatlichen Unternehmen und unternehmerisch tätigen staatlichen Stellen wird erleichtert (vgl. Lorenz et al. 2005). Und drittens multiplizieren sich die Möglichkeiten, in einem klandestinen Bereich verdeckte Zahlungen an ökonomische und administrative Eliten zu tätigen – erneut, um diese wichtigen Stützen des autoritären Systems durch Kooptation in den politischen Machtapparat einzubinden (Gerschewski 2013).

In diesem Kontext lohnt ein genauerer Blick auf das Sponsorengeflecht rund um Rostech. Zunächst ist zu beachten, dass CSKA Moskau zu Zeiten der UdSSR als wichtigster Sportverein der Roten Armee fungierte. So wird eine direkte Verbindung zu einer zentralen Identitätslinie zwischen der Russischen Föderation und der Sowjetunion sichtbar: der positiven Erinnerung an den Großen Vaterländischen Krieg. In den Wirren der neunziger Jahre erlebte die einst größte Armee der Welt einen unvergleichlichen Niedergang, der unter anderem durch ausgedehnte Wirtschaftsaktivitäten des Militärs abgefedert wurde. In dieser Phase mutierte CSKA zu einem Spekulationsobjekt mit wechselnden – und zum Teil sehr dubiosen – Eigentümern (Wilson 2006, S. 294-296). Später konsolidierte sich der Verein jedoch mit einer Mischung aus Sowjetnostalgie und Kapitalismus, der für viele Russen die kalte Effizienz der ersten Putin-Jahre symbolisierte (Bennetts 2008, S. 49-66).

Für Fußballanhänger in Russland war der Wechsel bedeutend, hatte doch der Lokalrivale Spartak Moskau, der populärste Verein Russlands, unter dem legendären Trainer Oleg Romancev die neunziger Jahre dominiert. Die Wachablösung durch CSKA zu Beginn des 21. Jahrhunderts steht für die Machtübernahme des Sicherheitsapparats in der Putin-Ära, die mit sechs Meisterschaften zwischen 2003 und 2016 sowie dem Gewinn des Uefa-Pokals im Jahr 2005 einherging. Die Machtverhältnisse lassen sich bis in die Feinheiten des russischen Systems hinein nachvollziehen, denn in der etwas gemäßigteren Phase unter Präsident Dmitrij Medvedev (2008-2012) gelang kein einziger Meistertitel, unter der Herrschaft Putins dagegen in fast jedem zweiten Jahr.[110]

Gesponsert wird CSKA unter anderem durch den Hubschrauberhersteller Vertolety Rossii, dessen überwiegender Eigentümer mit etwa 96 Prozent die Holding UIC Oboronprom ist, die wiederum ein hundertprozentiges

---

110 Zwischen 2007 und 2011/12 hatten die Vereine Zenit St. Petersburg und Rubin Kazan, also Vereine aus den wichtigen regionalen Zentren der Russischen Föderation, die Meisterschaft unter sich ausgemacht.

Tochterunternehmen von Rostech ist (Russian Helicopters 2016, S. 9).

Ein weiterer Sponsor von CSKA Moskau, der allerdings auf der Homepage des Vereins nicht zu finden ist, ist der russische Stromversorger Rosseti – mit fast 200 000 Angestellten erneut ein wichtiger Arbeitgeber des Landes und daher in Sachen Energiesicherheit und Arbeitsmarktpolitik ein Schwergewicht im russischen Staat. Das Unternehmen beschloss 2013 eine fünf Jahre dauernde Finanzierung des Vereins; Schätzungen belaufen sich auf eine Fördersumme in Höhe von 133,7 Millionen US-Dollar für diesen Zeitraum (Rosseti 2014, S. 351-352).[111] Über Rosimuščestvo, der Föderalen Agentur für staatliche Liegenschaften, hält die Russische Föderation etwa 88 Prozent der Anteile von Rosseti (Wikipedia RU 2018d).

Vervollständigt wird das Puzzle um CSKA durch einen Blick auf die weiteren Sponsoren (in der Spielzeit 2017/18). Neben Vertolety Rossii finden sich auf der Internetseite des Klubs noch das russische IT-Unternehmen Krok, die russische Tankstellenkette Eka, Aeroflot, Adidas sowie als Trikotsponsor der russische Wettanbieter Betcity.[112] Die einzigen halbwegs konkreten Zahlen, die zu finden sind, stammen von Aeroflot. Der Jahresbericht der Fluglinie weist für 2016 sportbezogene Ausgaben in Höhe von 2,1 Milliarden Rubel (ca. 31 Millionen Euro) aus, etwa 60 Prozent davon für »fußballbezogene Projekte« –

111 Siehe die Meldung »FC CSKA received record revenues« vom 19.11.2015 auf der Website rusletter.com {https://rusletter.com/articles/fc_CSKA_received_record_revenues} (Stand Februar 2018).
112 Siehe die Website des Vereins {https://www.pfc-CSKA.com/} (Stand Februar 2018).

wobei hier die 2013 aufgenommene Sponsorentätigkeit bei Manchester United mit einzuberechnen ist (siehe Aeroflot 2017, S. 87, 104). Insgesamt zeigt das Sponsorenprofil von CSKA Moskau damit eine gewisse Diversifizierung, wobei staatseigene russische Betriebe mit strategischen Funktionen eine prominente Rolle spielen. Die Verbindung von strategischer Sicherheit und kapitalistischer Geschäftstüchtigkeit setzt sich mithin fort; der hohe Anteil »nationaler« Sponsoren stellt sowohl ein Symbol der postsowjetischen Staatsordnung als auch einen gewissen Sonderweg unter den traditionsreichen Ligen des europäischen Fußballs dar.

In dieses Bild passt die Eigentümerstruktur des Vereins. Vermutlich, auch hier kommt man kaum an Informationen heran, gehören 25 Prozent des Vereins dem Verteidigungsministerium, 49 Prozent dem in Großbritannien registrierten Unternehmen Bluecastle Enterprises Limited, das dem Sohn des CSKA-Präsidenten Evgenij Giner zugerechnet wird. Weitere 25 Prozent gehören der Firma AVO-Kapital, einer Tochterfirma von Bluecastle Enterprises Limited. Nicht zuletzt wegen des Unternehmenssitzes in London wird immer wieder die Vermutung laut, der Mäzen des FC Chelsea, Roman Abramowitsch, sei an CSKA Moskau beteiligt.[113] Die Verbindung zwischen Rostech und Arsenal Tula ist im Vergleich hierzu einigermaßen übersichtlich; sie läuft über das Rostech-Tochter-

---

113 Siehe erneut Wilson (2006, S. 264-299) sowie für die neueren Zahlen die Meldung »CSKA Football club has no relation to army, military prosecutor says« vom 25.05.2005 auf sputniknews.com {https://sputniknews.com/sport/20050525404115 17/} (Stand Februar 2018).

unternehmen Vysokotočnye Kompleksy (Rostec 2017, S. 237).

Die sportliche Rivalität zwischen Spartak und CSKA Moskau, den beiden erfolgreichsten Vereinen Russlands in der postsowjetischen Phase, setzt sich auf charakteristische Weise bei den Eigentümer- und Sponsorstrukturen fort. Der Name »Spartak« geht ursprünglich auf den römischen Gladiator und Sklaven Spartakus und den von diesem angeführten Aufstand im vorchristlichen Rom zurück. Zu sozialistischen Zeiten trug der Name eine eminent sportpolitische Bedeutung, denn unter Stalin war die All-Unions-Sportbewegung »Spartak« auch als Gegenmodell zur vermeintlich bürgerlich-kapitalistischen Olympischen Bewegung gegründet worden (vgl. Riordan 1980, S. 125-128). In späteren Jahrzehnten existierte rund um Spartak eine Fankultur, in der »Töne und Narrative des Dissenses« geduldet wurden (vgl. Zeller 2015, S. 232-236, Zitat S. 275). Dass ausgerechnet Spartak Moskau den russischen Fußball der neunziger Jahre mit neun der ersten zehn postsowjetischen Meisterschaften dominieren konnte, kann daher auch als ein gemäßigt dissidentischer Bezugspunkt zur alten sowjetischen Ordnung interpretiert werden (vgl. Arnold 2017).

Spartak Moskau hatte in den Jelzin-Jahren als einer der ersten Vereine von den ökonomischen Reformen profitiert, bei denen begrüßenswerte Freiheiten mit erschreckender Gewalt und Verarmung verknüpft waren (Fish 1998). Gerade weil der Verein seine Wurzeln weder in der Armee, den Sicherheitsdiensten oder einem staatlichen Betrieb wie der Eisenbahn hatte, konnte er sich schneller auf die neuen Verhältnisse einstellen. Die ständige Präsenz in der neu gegründeten Champions League verschaffte dem Verein Devisen, die angesichts der finanziellen Instabilität, einhergehend mit hoher Inflation, einen starken Wettbewerbsvorteil bedeuteten, mit dem Spartak viele Spieler aus nichtrussischen Vereinen der ehemaligen Sowjetunion an sich binden konnte (Bennetts 2008, S. 11). In gewisser Weise profitierte der Verein also als einer der wenigen Akteure in Russland überhaupt von den versprochenen Segnungen der Öffnung für die internationale Wirtschaft. Eine wichtige Konsequenz war, dass der Verein als eine vom Staat losgelöste Einheit erfolgreich war und damit zum Gegensymbol der traditionellen, staatsdominierten Gesellschaft wurde.

Als die *Siloviki* – also die Vertreter der Sicherheitsorgane samt angeschlossener Sicherheitsindustrie – im Jahr 2000 mit Vladimir Putin sukzessive die Macht in Russland übernahmen, hatte das Modell von Spartak ausgedient. Andere, und stärkere, Mächte kamen nun zum Zuge. Im Jahr 2004 kaufte der auch heute noch aktuelle Eigentümer Leonid Fedun einen großen Teil der Aktien des Vereins, der mittlerweile als AG eingetragen war. Fedun hielt (und hält) zugleich einen etwa zehnprozentigen Anteil der Aktien des mit Abstand größten privaten russischen Unternehmens – des Ölkonzerns Lukoil mit 144 Milliarden US-Dollar Umsatz und mehr als 150 000 Angestellten im Jahr 2014 (Wikipedia RU 2018b). Fedun hat über die Jahre eine feste Verbindung zwischen Lukoil und Spartak geschaffen. Sein Bruder, Andrej Fedun, ist ebenso Mitglied des Direktoriums von Spartak wie Lukoil-Manager Aleksandr Matycyn. Dessen Ehefrau, Ljubov Choba, hat die gleichen Positionen bei Lukoil und Spartak inne wie ihr Mann. Sergej Michajlov ist Mitglied des Direktoriums sowohl von Lukoil als auch von Spartak. Das Ergebnis dieser engen Verflechtungen ist ein Sponsorenvertrag zwischen beiden Parteien in Höhe von jährlich etwa 30 Millionen US-Dollar (Daten bei Lukoil 2017, Appendix, S. 3).

Mit dieser rein privaten Eigentümer- und Sponsoringstruktur folgt Spartak in gewisser Weise den weiter oben diskutierten Modellen von Paris St. Germain, dem FC Chelsea oder Manchester City. Auch hier liegen Eigentümerschaft und Sponsoring nahe beieinander. Spartak steht für den marktorientierten Kapitalismus innerhalb eines autokratischen Umfelds – im Gegensatz zum staatsdominierten Kapitalismus à la CSKA Moskau.

Allerdings hat die Marktorientierung auch hier Grenzen, denn immerhin verfügt Lukoil über große Ölreserven, die für den geopolitischen Rang Russlands nicht ohne Bedeutung sind. Daher sitzt Igor Ivanov, der von 1998 bis 2004 als russischer Außenminister fungierte und zudem von 2004 bis 2007 als Sekretär den wichtigen Sicherheitsrat der Russischen Föderation leitete, im Aufsichtsrat. Es wäre verfehlt, Lukoil als staatsfernes Unternehmen zu charakterisieren. Allen Akteuren in der russischen Energiebranche ist das Schicksal des ehemaligen Erdölmanagers Michail Chodorkovskij in lebhafter Erinnerung – die Beteiligten wissen, dass eine gegen die Interessen der herrschenden Elite gewendete Unternehmenspolitik zwangsläufig zu großen Schwierigkeiten führt (Gudkov/Dubin 2005).

CSKA und Spartak mögen die erfolgreichsten Moskauer Vereine der letzten 25 Jahre sein, aber die einzigen sind sie natürlich nicht. Zu nennen sind Lokomotive und Dynamo Moskau, also die früheren Vereine der Eisenbahner und der inneren Sicherheitsdienste rund um das Innenministerium und den KGB. Lokomotive war, obwohl der Verein neben CSKA und Spartak ein gewisses Schattendasein führte, in den letzten Jahren recht erfolgreich. Der Verein wurde 2002 und 2004 russischer Meister, zudem gelangen zwischen 1996 und 2017 sieben Pokalsiege. Auf der europäischen Ebene erwies sich die Mannschaft allerdings zumeist als wenig wettbewerbsfähig. Dies lässt sich leicht in Verbindung bringen mit den finanziellen Schwierigkeiten des Hauptsponsors seit Beginn des 21. Jahrhunderts, der Russischen Eisenbahn (RŽD), deren Aktienpakete überwiegend vom russischen Staat kontrolliert werden.

Allerdings hat sich das Blatt mittlerweile gewendet. RŽD hat sich zu einem vorzeigbaren Unternehmen entwickelt, das nicht nur einem riesigen Land infrastrukturelle Leistungen bietet, sondern seine Züge – nebenbei gesagt – auch wesentlich pünktlicher fahren lässt als z. B. die Deutsche Bahn. RŽD hat Sportmarketing zu einem festen Bestandteil seiner Kommunikationsstrategie gemacht, was sich unter anderem an einer Werbepartnerschaft mit dem Spartenfernsehsender Eurosport zeigt. Außerdem wurde das Unternehmen stark in die Vorbereitungen der Olympischen Winterspiele in Sotschi 2014 eingebunden.[114]

Indirekt figuriert RŽD auch als Eigentümer des Vereins Lokomotive, der angeblich der russischen Mobilfunkfirma TransTelekom, einer hundertprozentigen Tochter der Staatseisenbahn, gehört.[115] Zum Vereinsimage gehört

114 Siehe die Informationen auf der Website des Unternehmens unter {http://young.rzd.ru/static/public/ru?STRUCTURE_ID= 5629} sowie Manuel Veth, »Lokomotiv Moscow – budget cuts or termination?« (13.10.2015), online verfügbar unter: {http://futbolgrad.com/lokomotiv-moscow-budget-cuts-or-termination/} (beide Stand Februar 2018).
115 Siehe Ilya Sokolov, »Where does Lokomotiv stop next – budget

seit dem Einstieg von RŽD die Strategie, junge russische und internationale Spieler an den Verein zu binden – solche Spieler, die in ihren vorherigen Vereinen keine Topstars waren (vgl. Bennetts 2008, S. 174-180). Zusammen mit einem im Jahr 2002 eröffneten attraktiven Stadion steht der Verein damit für eine weitere Nuance in der Neuaufstellung des russischen Staates seit Vladimir Putin: der vermeintlich ideologiefernen, aber dennoch vom Staat organisierten Jugend (vgl. Schmid 2006).

Ein weiteres Puzzleteil der Verflechtungskonstruktion des russischen Fußballs bietet sich mit Dynamo Moskau. Bis zum Jahr 2016 hielt die VTB-Bank 74 Prozent der Anteile am Verein und trat zugleich als Hauptsponsor des Vereins auf. Das Offenlegen der Eigentumsverhältnisse geht nicht auf eine freiwillige Informationspolitik zurück, sondern auf ein Verfahren der Uefa aus dem Jahr 2015, bei dem Dynamo wegen der Verletzung der Regeln des Financial Fair Play verurteilt wurde. Die konkrete Höhe des Sponsoring durch die VTB-Bank wurde zwar im Bericht der Uefa sorgfältig geschwärzt, nicht aber die Angaben zur Eigentumsstruktur (Uefa 2015). Aufgrund der Sanktionen durch die Uefa durchlief der Verein eine Krise, die sogar im internationalen Feuilleton bemerkt wurde (vgl. Williams 2016). Der Verein, der sich eigentlich für die Europa League qualifiziert hatte, stieg vorübergehend

cuts or European exclusion?« (07.10.2015), online verfügbar unter: {http://russianfootballnews.com/where-does-lokomotiv-stop-next-budget-cuts-or-european-exclusion/}. Weder die Homepage von TransTelekom {http://www.transtelecom.ru/about} noch die von Lokomotive {http://www.fclm.ru/ru/} geben Auskunft über Eigentumsverhältnisse (alles Stand Februar 2018).

aus der Prem'er-Liga ab, schaffte aber zur Saison 2016/17 den direkten Wiederaufstieg.

Dynamo Moskau symbolisiert wie vielleicht kein zweiter sowjetrussischer Verein die Größe der Sowjetunion während des Kalten Krieges – einer Epoche, an die man sich in Russland nicht nur negativ erinnert (vgl. Guldimann 1984). Anders als Spartak spielte Dynamo Moskau in den europäischen Wettbewerben mitunter eine gewisse Rolle; 1972 gelangte die Mannschaft ins Finale des Europapokals der Pokalsieger.

Der international gültige Mythos des Vereins geht aber vor allem auf eine Reise nach England im November 1945 zurück, also zu einem der kapitalistischen Alliierten wenige Monate nach Beendigung des Zweiten Weltkriegs. Während die Sowjetunion ansonsten in internationalen Sportangelegenheiten isoliert war, konnte sich nun eine durch und durch sowjetische Mannschaft mit Spielern aus der Wiege des Fußballs messen. Vor 82 000 Zuschauern trennte man sich 3:3 vom FC Chelsea und 2:2 von den Glasgow Rangers (90 000 Zuschauer), gewann aber 10:1 gegen Cardiff City und 4:3 gegen Arsenal London (54 000 Zuschauer). Nach dem Spiel wurde die Mannschaft in der britischen Presse als »Maschine« betitelt, die aber zugleich durch Flexibilität und Teamwork bestochen habe (Duke 1995, S. 98).

Der außenpolitische Erfolg muss vor dem Hintergrund der sportlich-weltanschaulichen Rivalität zwischen Dynamo und Spartak gesehen werden, der die dreißiger Jahre geprägt hatte. Gesellschaftlich standen Geheimdienst und Industrie gegeneinander, sportlich stand Dynamo für Präzision und Disziplin, während Spartak als improvisierende, romantische und verspielte Mannschaft galt (Riordan 1997, S. 141). Lavrentij Berija, eine Kernfigur der Stalin'schen Säuberungen und ab 1938 Chef der sowjetischen Geheimdienste, war auch Präsident von Dynamo Moskau. Nachdem sich Spartak im Sommer 1938 mehrfach gegen Dynamo durchgesetzt hatte und schließlich Pokalsieger wurde, mussten dafür mehrere Spieler und Funktionäre von Spartak büßen (Wilson 2006, S. 282-287):

Kazimir Vasilevskij, der Chef der industriellen Kooperativen, also von Spartaks Sponsor, wurde verhaftet, ebenso Alexander Kosarev, der Leiter des Komsomol, der den Spartak-Klub mitaufgebaut hatte; Kosarev, damals Mitglied des Politbüros, wurde hingerichtet. Danach erfolgte die Verhaftung der besten Spieler von Spartak, darunter auch der vier Starostin-Brüder, von denen Nikolai nicht nur Spielführer der Vereins-, sondern auch der Nationalmannschaft war; sie wurden erst nach Stalins Tod wieder aus den Arbeitslagern entlassen (Riordan 1997, S. 143).

Die Funktion, innen- und außenpolitische Botschaften miteinander zu verbinden, besitzt Dynamo bis heute. Die VTB-Bank ist Nachfolgerin der Vneschtorgbank, der Außenhandels- und Beteiligungsbank sowohl der (späten) Sowjetunion als auch der Russischen Föderation. Als solche befindet sie sich natürlich im überwiegenden Staatsbesitz – über eine Beteiligung von 60,9 Prozent durch Rosimuščestvo, der bereits erwähnten Föderalen Agentur für staatliche Liegenschaften, die auch hinter den Eigentümern von CSKA Moskau steht. Im Jahr 2016 veräußerte die VTB-Bank ihre Anteile am Verein Dynamo an die Allrussische Gemeinnützige Organisation mit demselben Namen: Dynamo (Wikipedia RU 2018a). Diese steht im zeitgenössischen Russland für die Kontinuität mit der gleichnamigen Sportorganisation unter der Hoheit der Kräfte der inneren Sicherheit, die 1923 von Feliks Dzeržinskij gegründet wurde.

Die Verbindung zum berüchtigten Leiter der Tscheka, der Außerordentlichen Allrussischen Kommission zur Bekämpfung von Konterrevolution, Spekulation und Sabotage, ist keineswegs trivial oder oberflächlich. Heute wird die »Gesellschaftlich-Staatliche Vereinigung ›Allrussische Körperertüchtigungs-Sportliche Gesellschaft Dynamo‹« von Vladimir Stržalkovskij geleitet, in dessen Lebenslauf sich keine sportorganisatorischen Errungenschaften finden, dafür aber eine hauptamtliche Mitarbeit beim KGB im Gebiet Leningrad von 1980 bis 1991 (Wikipedia RU 2018e). Mit anderen Worten: Er stammt aus dem weiteren Petersburger Umfeld des ehemaligen KGB-Majors Vladimir Putin, der im Jahr 1990 aus Dresden ins damalige Leningrad zurückkehrte. Auf der organisatorischen Ebene handelt es sich beim Rückkauf des Vereins von der VTB-Bank für den Preis von einem Rubel daher um eine Vergesellschaftung, auf der symbolischen Ebene dagegen um eine ideologische Rückeingliederung in staatliche Sicherheitsstrukturen.

Festzuhalten ist darüber hinaus, dass die VTB-Bank mit der Abgabe der Anteile von Dynamo ihr Engagement im Sport keineswegs beendet hat. Die VTB-Gruppe ist vorrangig in ehemaligen Republiken der Sowjetunion tätig, namentlich in Armenien, Aserbaidschan, Georgien, Kasachstan, Weißrussland und offenbar auch noch der Ukraine. Zumeist wird die Tätigkeit über Tochtergesellschaften abgewickelt, was eine enge Verzahnung mit der außenwirtschaftspolitischen Strategie der Russischen Föderation nahelegt.[116]

---

116 Siehe die Informationen auf der Website der Bank unter {https://www.vtb.com/group/} (Stand Februar 2018).

Insofern ist bedeutsam, dass die VTB-Bank in Armenien seit 2013 den FC Schirak Gjumri sponsert,[117] in Georgien den Erstligisten FC Saburtalo und sogar die georgische Nationalmannschaft[118] – ganz so, als ob es den russisch-georgischen Krieg von 2008 nie gegeben hätte. Weiterhin existiert eine Verbindung zum FK Krasnodar in Südruss-land. Die Stadt liegt in strategischer Nähe zum Brücken-projekt von Kerč, das in wenigen Jahren den Zugang zur 2014 annektierten Krim sichern soll. Personell wird diese Verbindung über Sergej Galickij hergestellt, der Mitglied im Beirat der VTB-Bank (VTB-Bank 2017, S. 91) und als Firmengründer der Einzelhandelskette Magnit zugleich Eigentümer des FK Krasnodar ist.[119]

Die bisher diskutierten Vereine des gegenwärtigen Erst-ligafußballs in Russland lassen sich als Ausfluss einer ge-wissen gesamtstaatlichen Strategie der politischen Macht-sicherung durch die Verflechtung ökonomischer und gesellschaftlicher Strukturen interpretieren. Hinzu kommt nun eine Reihe von Mannschaften, deren Erfolge in den letzten Jahren sich mit der Machtverteilung im Vielvölker-staat erklären lassen. Die riesige Russische Föderation kann auf autokratischem Wege nur regiert werden, indem

---

117 Siehe Erik Abrahamyan, »VTB Bank (Armenia) sponsors Shi-rak football club« (09.10.2014), online verfügbar unter: {http://arminfo.info/full_news.php?objectid=search&objec tid=3735B7E0-4FC0-11E4-AEE70EB7C0D21663&lang=3} (Stand Februar 2018).

118 Siehe die Übersicht über das Engagement des Unternehmens auf der eigenen Website {https://vtb.ge/ru/about-the-bank/so cial-projects/1/спорт} (Stand Februar 2018).

119 Informationen über das Management des Vereins sind auf der klubeigenen Homepage verfügbar; siehe {https://fckrasnodar. ru/en/club/heads/} (Stand Februar 2018).

lokale Eliten sowohl wirtschaftlich wie politisch an der Macht beteiligt werden. Im Russland der vergangenen 20 Jahre wurde dabei solchen Regionen eine gewisse faktische Autonomie zugestanden, die aufgrund ihrer ethnischen Komposition und/oder einer strategischen Randlage von besonderer Bedeutung für das Zentrum sind.

Das Beispiel des oben bereits erwähnten Klubs Terek bzw. mittlerweile Achmat Groznyj aus Tschetschenien ist hier erneut instruktiv. Da auch in Russland Spitzenfußball nur mit erheblichen Millionenbeträgen finanziert werden kann und Tschetschenien von Moskauer Subventionen vollständig abhängig ist, kann man die Gelder für den Verein in gewissem Sinne als zentralstaatliche Förderung ansehen. Offenbar wurden die Republik und damit der Verein selbst dann noch unverändert weiterfinanziert, als die westlichen Sanktionen nach der Krimannexion und der Ukraineintervention im Jahr 2014 die Kapazitäten des föderalen Haushalts erheblich eingeschränkt hatten (Radio Free Europe/Radio Liberty 2017). Terek bzw. Achmat profitierte davon deutlich: Seit der Saison 2014/15 ist der Klub am Saisonende stets auf einem einstelligen Tabellenplatz gelandet.

Eine nicht unähnliche Konstellation findet sich in Dagestan und seiner Hauptstadt Machačkala. Sowohl Tschetschenien als auch Dagestan können als Heimstätten des russischen und internationalen Terrorismus gelten und blicken auf eine blutige jüngere Vergangenheit zurück. Auch Dagestan wird in erheblichem Umfang aus dem zentralen Staatshaushalt der Russischen Föderation finanziert.

Im Jahr 2011 hatte der in Dagestan gebürtige Milliardär Suleiman Kerimov den Klub Anži Machačkala übernommen, und zwar als Übertragung seitens des Präsidenten der Republik Dagestan im Gegenzug für das Versprechen, mehr als 150 Millionen Euro in die sportliche Infrastruktur der Republik zu investieren (*The Guardian* 2011). Seit seiner Gründung 1991 hatte der Verein eine eher bescheidene Existenz zwischen der ersten und zweiten russischen Liga gefristet. Anders als andere Oligarchen hatte Kerimov auch nach dem Machtantritt Putins gewisse politische Ambitionen gezeigt; er war von 1999 bis 2007 Duma-Abgeordneter (und Finanzier) der ultranationalistischen Liberal-Demokratischen Partei Russlands (LDPR). In dieser Funktion war er zudem Vize-Vorsitzender des Ausschusses für Sport- und Jugendangelegenheiten in der russischen Duma.

Über die Motive Kerimovs beim Einstieg in Machačkala lässt sich nur spekulieren. Möglicherweise hatte er die Absicht, als Angehöriger einer nationalen Minderheit Pluspunkte zu sammeln, indem er sich innerhalb der politischen Eliten mit dem hegemonialen Sport – und nicht etwa im Ringen, das im Kaukasus populär ist – profilierte. Dafür spricht Kerimovs merkwürdige Entscheidung, sich ausgerechnet bei der LDPR einzureihen, deren Führer Vladimir Žirinovskij sich nicht gerade freundlich über Kaukasier äußert (Žirinovskij 1994). Die Strategie könnte aufgegangen sein, denn im Jahr 2007 wechselte Kerimov in die Regimepartei Einheitliches Russland und sitzt seit 2008 als Vertreter Dagestans im Föderationsrat, der Zweiten Kammer des russischen Parlaments (Wikipedia DE 2018ag).

Ob internationale Größen wie Roberto Carlos, Samuel Eto'o und Guus Hiddink wussten, was sie taten, als sie sich in den Jahren 2011 und 2012 von Machačkala unter

Vertrag nehmen ließen? Aufgrund der angespannten Sicherheitslage im Nordkaukasus musste die Mannschaft auf Anordnung der Uefa ihre internationalen Spiele auf neutralen Plätzen oder in der Nähe von Moskau – wo sie damals auch trainierte – austragen (Wikipedia DE 2018c). Dagegen gab es heftige Proteste, z.B. von Anhängern von Lokomotive Moskau, in deren Stadion ein Qualifikationsspiel der Europa League stattfand (*Frankfurter Allgemeine Zeitung*, 22.11.2012, S. 26). Im russischen Kernland kam nicht gut an, dass »Schwarze« (so die in Russland gängige rassistische Bezeichnung für Kaukasier) in der russischen Meisterschaft vorne mitspielten und sich dabei von anderen »Schwarzen« wie Roberto Carlos oder Eto'o helfen ließen. Nach vielen Medienberichten wurden beide Spieler rassistisch beleidigt; Roberto Carlos wurde bei mindestens einem Auswärtsspiel mit Bananen beworfen (vgl. *The Guardian* 2011).

Sportliche Erfolge gab es, allerdings nur vorübergehend. In der Saison 2012/13 schied Hannover 96 in der Zwischenrunde der Europa League gegen Machačkala aus; der Klub aus Dagestan schaffte es anschließend bis ins Achtelfinale gegen Newcastle United. Auch in der Prem'er-Liga belegte man in jener Saison einen vorderen Rang. Schon zu Beginn der Spielzeit 2013/14 allerdings trat Guus Hiddink als Trainer zurück, als der Sponsor sich zurückzog und dabei sicherlich auch das kolportierte Monatsgehalt von einer Million Euro verringert wurde (*Frankfurter Allgemeine Zeitung*, 22.11.2012, S. 26).

Kurz darauf mussten viele Spieler, die vor der Saison für insgesamt 50 Millionen Euro ans Kaspische Meer gekommen waren, den Verein verlassen. Zwar gelang in der Europa League erneut der Einzug ins Achtelfinale (wo

Machačkala gegen AZ Alkmaar ausschied), aber in der russischen Liga musste die neu formierte Mannschaft den Abstieg antreten (Wikipedia DE 2018c). Die Finanzierung des Vereins Anži durch Suleiman Kerimov fand im Winter 2016/17 ein Ende, als der Verein offenbar an den russisch-dagestanischen Geschäftsmann Osman Kadiev verkauft wurde. Dieser war bis dato schon Präsident des Klubs.[120] Ganz wie in den westeuropäischen Ländern besteht mithin ein Problem des autokratiegesteuerten Fußballs darin, nachhaltige Strukturen des Mäzenatentums aufzubauen und mit einem Unterbau wie Fans, Nachwuchsausbildung etc. zu versehen.

Eine weitere nationale Republik mit einer erfolgreichen Fußballmannschaft ist Tatarstan, das ungefähr 900 Kilometer östlich von Moskau liegt. Etwas mehr als die Hälfte der Bevölkerung sind muslimische Tataren. Anders als im Nordkaukasus wurde die russische Bevölkerung nach dem Ende der Sowjetunion nicht weitgehend vertrieben und stellt eine bedeutende Minderheit von mehr als einem Drittel dar. Hochklassiger Fußball wird in Kazan, der Hauptstadt Tatarstans, erst seit etwa 15 Jahren gespielt, als Rubin Kazan in die Prem'er-Liga aufstieg. Da Tatarstan eine der ölreichsten Republiken der Russischen Föderation ist, bestehen ausreichende finanzielle Ressourcen für den Unterhalt einer starken Mannschaft, die 2008 und 2009 russischer Meister wurde und seit etwa zehn

120 Siehe Manuel Veth, »Anzhi Makhachkala – a risky rebuild for the Dagestani-based club« (28.02.2017), online verfügbar unter: {http://futbolgrad.com/anzhi-makhachkala-risky-re build-dagestan/}, sowie die Informationen auf der Website des Klubs {http://www.fc-anji.ru/direction/} (beide Stand Februar 2018).

Jahren häufig in der Europa League bis jenseits der Gruppenphase vertreten war.

Rubin wird über das petrochemische Unternehmen Nižnekamskneftechim als Hauptsponsor von der überwiegend in Tatarstan operierenden Unternehmensgruppe Taif unterhalten. Taif weist mit den Bereichen Chemie, Öl und Gas, Investitionen und Finanzen, Bau und Telekommunikation eine breite Palette an Geschäftsfeldern auf, die den »gesellschaftlichen Fortschritt in Tatarstan und in Russland« im Fokus haben.[121] Die Erwähnung Russlands in diesem Kontext ist nicht selbstverständlich, denn besonders in den neunziger Jahren galt Tatarstan wegen eines ausgeprägten Nation Building als diejenige Republik in der Russischen Föderation mit dem größten Potenzial zur Ausübung eigener staatlicher Souveränität (Michajlov 2004; Bilz 2007).

Der zentrale Politiker jener Zeit war Mintimer Šaimiev, der von 1991 bis 2010 unter einigen Verbiegungen demokratischer Grundsätze sowie der tatarischen Verfassung Präsident der Republik war. Seine Söhne Radik und Ajrat besitzen heute – nach schwer zu bestätigenden Informationen – jeweils knapp 20 Prozent der Unternehmensanteile von Taif. Radik Šaimiev ist überdies Präsident des Fußballklubs, der seit 2010 amtierende Republikpräsident Rustam Minnichanov ist Vorsitzender des Aufsichtsrates. Als solcher hat Minnichanov öffentlich die Verschmelzung von Eigentümerschaft und Sponsoring durch Taif

121 Das Zitat stammt von der Homepage des Unternehmens {http://en.taif.ru/}. Siehe außerdem die Website des Unternehmens Nischnekamskneftechim {https://www.nknh.ru/} (beide Stand Februar 2018).

befürwortet. Minnichanov ist als Republikpräsident intensiv in die Fußball-WM 2018 eingebunden, da insgesamt sechs Spiele in Kazan angesetzt wurden. In der weiteren Welt des Sports ist Minnichanov insofern kein Unbekannter, als er vor etwa zehn Jahren, zusammen mit Ajrat Šaimiev, ein Rallyecross-Fahrer der europäischen Spitzenklasse war. Auch Radik Šaimiev war Rennfahrer, kündigte aber bei der Übernahme der Präsidentschaft von Rubin an, diese Tätigkeit ruhen zu lassen.[122]

Im gesamtrussischen Tableau zeichnet sich recht deutlich ab, dass die Konfiguration des russischen Fußballs vielleicht keinem expliziten strategischen Masterplan folgt, aber doch alle wichtigen Vektoren der russischen Innen- und Außenpolitik abdeckt: die Stützung auf die Machtorgane, die enge Verflechtung politischer und ökonomischer Eliten, die Einbindung der Energieindustrie in europäische und globale Strukturen, die eigentümliche Mischung aus Nationalismus und Ideologieferne sowie – nicht zuletzt – die Absicherung der verbliebenen außenwirtschaftspolitischen Macht nach dem Ende der Sowjetunion. Da in fast allen genannten Vereinen und Sponsoren der russische Staat maßgeblich vertreten ist, entsteht durch die Linse der russischen Fußballpolitik das Bild einer viel-

122 Die Informationen in diesem Absatz stammen von der Homepage des Vereins Rubin Kazan {http://www.rubin-kazan.ru/ ru}, aus einem Interview mit Radik Šaimiev vom 09.06.2017, online verfügbar unter: {https://realnoevremya.com/articles/ 1548-radik-shaimiev-if-you-win-yourself-you-will-win-eve ryone}, sowie Andrey Martynov, »Revolution in Kazan – a new direction for Rubin« (04.06.2017), online verfügbar unter: {http://russianfootballnews.com/revolution-in-kazan-a-new-direction-for-rubin/} (alle Stand Februar 2018).

fältig aktiven öffentlichen Hand. Diese ist in ihrem Kern zwar sicherlich als autokratisch einzustufen, birgt aber zugleich eine Reihe nachvollziehbarer Herrschaftsinstrumente, z. B. die Kooptation bestimmter ethnischer und/oder wirtschaftlicher Eliten.

Was den Fußball angeht, haben sich damit einige etablierte Deutungsparameter überholt. So erscheint es verkürzt, die Herkunft der Finanzen im russischen Fußball noch immer an »Oligarchen« oder den »27 Milliardären und Hunderten Millionären« in Russland festzumachen (Riordan 2008, S. 107). Ihr Wirken hat sich insofern verändert, als sie kaum noch eigene Akzente gegen politische Strukturen setzen wollen oder können. Die Eigentumsstrukturen wurden zu einem guten Teil verstaatlicht, wenngleich private Finanzen oder Anteile von den Vereinen durchaus als zusätzliche Ressourcen herangezogen werden können. Diese werden über den Sport in die regionale Entwicklung und den Infrastrukturausbau gesteckt.

Entstanden ist eine ganze Reihe von Projekten, die sich als gelenkte Public-private-Partnerships bezeichnen lassen: Vermögende russische Unternehmer finanzieren öffentliche Projekte mit Sportbezug und können im Gegenzug zu einem gewissen Grad darauf vertrauen, der staatlichen Willkür ein Stück zu entgehen. Einschlägige Beispiele sind die Finanzierung des Umbaus des Lužniki-Stadions in Moskau durch Roman Abramowitsch (Riordan 2011, S. 236), Investitionen in Höhe von 6,9 Milliarden US-Dollar für die Sommer-Universiade in Kazan im Jahr 2013 und geschätzte 55 Milliarden US-Dollar für die Olympischen Winterspiele 2014 (Orttung/Zhemukhov 2017, S. 4-5).

Damit ist weiterhin deutlich geworden, dass der russische Fußball seine wildeste Phase vielleicht hinter sich gelassen hat. Bis in das erste Jahrzehnt des 21. Jahrhunderts war es durchaus möglich, die gesamte Organisation und Finanzierung des russischen Fußballs in einen kriminellen Kontext zu setzen. Zu offensichtlich war die Existenz nichtdeklarierter Gelder, vollkommen fußballfremder Präsidenten und Mäzene, korrupter Schiedsrichter und verschobener Spiele (vgl. Matveev 2009). Mit Vitalij Mutko als Sportminister sowie als Präsident des Russischen Fußballverbands stand zudem in späteren Jahren eine Person dem russischen Fußball vor, der tief in Praktiken der Korruption und Vertuschung involviert war (ebd., S. 259-286).

Und doch haben die obigen Ausführungen gezeigt, dass wenigstens teilweise die Wahrnehmung staatlicher Interessen an die Stelle individueller Bereicherung getreten ist. Zwar lässt sich nach wie vor trefflich über die Intransparenz im russischen Fußball klagen. Solange jedoch die DFL nicht die Bilanzdaten einzelner Bundesligisten veröffentlicht, der DFB keine Auskünfte über die interne Trennung seiner Geschäftsbereiche gibt und der FC Bayern München Sponsoringverträge mit dem Flughafen von Doha in Katar abschließt, sind die Unterschiede zum deutschen Profifußball gradueller und nicht kategorialer Natur.

Im Großen und Ganzen hat das *streamlining* des russischen Fußballs, d.h. die Umstellung von einem kriminellen auf den staatskapitalistischen Modus, ambivalente Effekte gezeitigt. Zu den wenig überzeugenden Aspekten gehören die Zuschauerzahlen in der Prem'er-Liga, die zur Halbzeit der Saison 2017/18 lediglich bei etwa 13 000 Zuschauern liegen. Nur in St. Petersburg (ca. 44 000 Zuschauer pro Spiel), der Offenen Arena von Spartak Moskau (ca. 30000 Besucher) und in Krasnodar (ca. 24000 Zuschauer) herrscht eine Atmosphäre, die an jene in kleineren Bundesliga-Standorten heranreicht. Kaum ein Stadion ist regelmäßig zu mehr als 50 Prozent ausgelastet. Die Zahl ausverkaufter Begegnungen in den letzten fünf Jahren lässt sich an zwei Händen abzählen.[123]

Am mäßigen Abschneiden russischer Vereine in den europäischen Wettbewerben kann man darüber hinaus ablesen, dass der Staatsfußball neuer Art nur begrenzt für sportlichen Erfolg sorgt. Seit der Saison 2011/12 hat es nur Zenit ein Mal geschafft, ins Viertelfinale der Europa League vorzustoßen (2014/15). In der Champions League konnte sich seit Jahren kein russischer Verein bis ins Viertelfinale vorarbeiten; immerhin gab es drei Mal Achtelfinalbegegnungen mit russischer Beteiligung (CSKA 2011/12, Zenit 2013/14 und 2015/16). Und auch die Nationalmannschaft konnte nach dem Halbfinaleinzug bei der Europameisterschaft 2008 nicht mehr überzeugen. Bei der WM 2010 scheiterte die Zbornaja in der Qualifikation, 2014 folgte das Aus in der Vorrunde. Bei den Europameisterschaften 2012 und 2016 kam die russische Nationalmannschaft ebenfalls nicht über die Gruppenphase hinaus.

Die bescheidenen internationalen Erfolge lassen sich wohl auch auf die Strategie der Renationalisierung zurückführen, die den russischen Fußball seit einigen Jahren erfasst hat. Im ersten Jahrzehnt des 21. Jahrhunderts standen in jedem Kader der Prem'er-Liga etwa ein Dutzend ausländischer Spieler vor allem aus Südamerika, aber auch

123 Die Zahlen sind verfügbar auf transfermarkt.de: {https://www.transfermarkt.de/premier-liga/besucherzahlen/wettbewerb/RU1} (Stand Februar 2018).

aus Portugal (Riordan 2008, S. 115). Diese hoben das Niveau der russischen Liga und damit die Qualität der einheimischen Spieler. Nach der EM von 2008 lockte es dann viele Protagonisten des Halbfinalteilnehmers, z.B. Andrej Aršavin (Arsenal), Pavel Pogrebnjak (Stuttgart) oder Jurij Žirkov (Chelsea), in die großen westeuropäischen Ligen.

Die Misserfolge der Nationalmannschaft in den folgenden Jahren wurden unter anderem auf diese Abgänge zurückgeführt. Wichtige Protagonisten vertraten die Meinung, das Legionärsdasein vieler russischer Fußballer sei abträglich für den Zusammenhalt der Mannschaft und damit für deren Erfolg (Riordan 2011, S. 235). Ob koordiniert oder nicht – in den darauffolgenden Jahren kehrten die meisten Nationalspieler nach Russland zurück; in der Folge ging der Anteil ausländischer Spieler in der Prem'er-Liga zurück. Auch die Phase, in der europäische Startrainer wie Guus Hiddink (2006-2010), Dick Advocaat (2010-2012) und Fabio Capello (2012-2015) die Sbornaja trainierten, ging zu Ende.

Im November 2017 wurden bei zwei Freundschaftsspielen zwischen Russland und Argentinien bzw. Spanien 27 Spieler in den Kader berufen, von denen nur noch drei nicht in Russland unter Vertrag waren.[124] Die Rückbesinnung auf die eigene Liga passt einerseits zur nationalistischen Welle, die Russland spätestens seit der Krimannexion erfasst hat (Voswinckel 2014; Luk'janov 2014) und die erst kürzlich den Kulturminister Vladimir Medinski

---

124 Darunter die in Deutschland aufgewachsenen Roman Neustädter (Fenerbahçe Istanbul) und Konstantin Rausch (1. FC Köln); siehe Wikipedia EN (2018b).

dazu brachte, das Sturmgewehr Kalaschnikow als »echtes kulturelles Markenzeichen Russlands« zu würdigen (*Frankfurter Allgemeine Zeitung*, 28.09.2017, S. 9). Andererseits hat sie – wohl anders als erhofft – bisher keine Auswirkungen auf den Erfolg des russischen Fußballs gehabt.

Auf der Habenseite der neuen staatlichen Lenkung des professionellen Fußballs in Russland findet sich vor allem der Versuch, nach außen symbolisch an Attraktivität zu gewinnen. Gedanklich können wir den Strategiewechsel mit dem Begriff der Soft Power von Joseph Nye (Nye 1990a; Nye 1990b) fassen. Kulturell strahlt der russische Fußball gemäßigte Offenheit und eine nicht unbeträchtliche finanzielle Potenz aus, was bei vielen Praktiken des internationalen Fußballs (Sponsoring, Fernsehverträge, Fußballwetten etc.) eine aktive Rolle ermöglicht. Ideologisch steht dabei eine Art staatlicher Kapitalismus im Vordergrund, der insbesondere mit hochkommerzialisierten Ligen (wie z.B. der Premier League) und anderen staatlichen Fußballprogrammen (wie z.B. denen Katars oder der Vereinigten Arabischen Emirate) kompatibel ist. Dafür bedienen sich die Fußballakteure Russlands der wichtigen internationalen Organisationen des Fußballs, indem sie sowohl die Fifa wie auch die Uefa mit beträchtlichen Beträgen finanzieren.

Während der Soft-Power-Ansatz nach innen noch keine wirklich durchschlagenden sportlichen Erfolge erkennen lässt, sind die materiellen wie symbolischen Erträge auf der internationalen Ebene deutlich sichtbar. Eigentlich müsste der russische Fußball aus zwei Gründen unter kräftigem Druck nicht nur der internationalen Fußballverbände stehen. Erstens vertrug sich die Doppelfunktion von Vitalij Mutko als russischer Sportminister (2008-2016), Präsident des Russischen Fußballverbands (2005-2007, 2015-2017) und Mitglied im Fifa-Exekutivkomitee (2009-2016) kaum mit Art. 19 der Fifa-Statuten, der besagt, dass »jeder Mitgliedsverband […] seine Belange eigenständig und ohne unzulässige Einflussnahme Dritter bestimmen« muss (Fifa 2016, S. 16).

Im Frühjahr 2017 kam die Governance-Kommission der Fifa deshalb zu dem Schluss, bei Mutko liege ein Fall der Unvereinbarkeit vor und stellte fest, dieser könne nicht in den Fifa-Rat gewählt werden. Daraufhin wurde der Vorsitzende der Kommission, Miguel Poiares Maduro, seiner Aufgaben entbunden (*Spiegel Online* 2017c). Ganz offensichtlich hat die Fifa den wichtigsten Funktionär des russischen Fußballs, der bis Ende 2017 Cheforganisator der Fußball-WM 2018 war, massiv protegiert. Dass Mutko im Dezember 2017 dennoch zurücktrat (*Spiegel Online* 2017a), kann den vorherigen Eindruck nicht verdecken.

Zweitens gilt Mutko – eben in seiner Funktion als Sportminister – als einer der Drahtzieher des russischen Staatsdopings, das mindestens für die Winterspiele 2014 praktiziert wurde. Dieses Programm, das in mehreren Dokumentarfilmen des deutschen Journalisten Hajo Seppelt (*Geheimsache Doping*) sowie in der Dokumentation *Ikarus* ausführlich beschrieben wird (Fogel 2017), wurde von dem früheren Leiter eines Moskauer Anti-Doping-Zentrums, Grigorij Rodčenkov, seinem Kollegen Vitalij Stepanov und dessen Frau Julija Stepanova (einer 800-Meter-Läuferin) offengelegt. Richard McLaren, ein von der Welt-Anti-Doping-Agentur beauftragter Ermittler, bestätigte die Vorwürfe in einer akribischen Untersuchung.[125] Dort wird Vitalij Mutko als einer der Verantwortlichen des Programms benannt; zugleich finden sich – allerdings nicht an zentraler Stelle – Hinweise darauf, dass 34 Fußballspieler in das Dopingsystem eingebunden waren.

Eigentlich stellt der Sachverhalt eine klare Verletzung der Fifa-eigenen Anti-Doping-Regeln dar. Diese sind in einem eigenen Kodex zusammengefasst und halten in Art. 10 fest, dass als »unzulässige Einflussnahme auf einen Teil der Dopingkontrolle« unter anderem »die absichtliche Beeinflussung oder versuchte Beeinflussung eines Dopingkontrolloffiziellen, Falschangaben gegenüber Anti-Doping-Organisationen oder die Einschüchterung oder versuchte Einschüchterung möglicher Zeugen« gelten (vgl. Fifa 2015, S. 27). Anstatt Russlands Praktiken aber ernsthaft zu hinterfragen und vor allem mit einem der Hauptinitiatoren zu verknüpfen, sperrte sich insbesondere Fifa-Präsident Infantino mit Vehemenz gegen Konsequenzen und betonte noch im Dezember 2017, Mutko werde dafür sorgen, »dass in Russland die beste Weltmeisterschaft aller Zeiten stattfinden wird« (*Frankfurter Allgemeine Zeitung* 2017b).

Warum hat der Fifa-Präsident zugelassen, dass die Organisation ihre eigenen Regeln derart eklatant verletzt und damit ihre eigene Reputation massiv aufs Spiel setzt? Natürlich ließe sich über Bestechungsgelder, Männerfreundschaften oder auch Erpressung spekulieren. Die

125 Der zweiteilige Bericht ist auf der Homepage der Agentur abrufbar; siehe {https://www.wada-ama.org/en/resources/doping-control-process/mclaren-independent-investigation-report-part-i} (Stand Februar 2018).

plausibelste Erklärung scheint mir aber zu sein, dass sich russische Unternehmen seit etwa 15 Jahren konstruktiv im europäischen und im Weltfußball engagiert haben. Sie finanzieren internationale Verbände, sponsern wichtige Mannschaften in Westeuropa, sie unterstützen sogar die georgische Nationalmannschaft. Das über viele Jahre angelegte ökonomische Kapital des russischen Staatsfußballs hat seine symbolische Wirkung entfaltet.

# 8. Fazit: Fußball als selektive Heimat

Beiträge zur kulturellen und gesellschaftlichen Bedeutung des Fußballs haben immer wieder dessen Potenzial zur Überwindung von Gegensätzen ins Spiel gebracht. Fußball bringt vormalige Feinde durch die Fähigkeit zueinander, das Beschränkte der eigenen und jeweils anderen Weltsicht anzuerkennen (*Against the Enemy*, vgl. Kuper 1994; Kuper 2009). Das Feld des Fußballs eignet sich dazu wie kaum ein anderes, denn »der Ball ist rund, damit das Spiel die Richtung ändern kann« (Biermann/Fuchs 2002). Allerdings eröffnet sich dabei auch der ewige Widerspruch zwischen der Unberechenbarkeit des Balls (sowie der Spieler) und dem Bemühen, das Spiel zu beherrschen. Auf der einen Seite das »Geheimnis Fußball« (Bausenwein 2006), durch das der Zufall wieder in ein ansonsten überreguliertes Leben eingeführt wird: »Im Fußball kann das Unmögliche jederzeit wirklich werden« (Gebauer 2016, S. 42-51, hier S. 47). Auf der anderen Seite die Sehnsucht »nach dem perfekten Spiel«, die sich in einer durch den Fortschritt der Digitalisierung immer weiter berechenbaren »Fußball-Matrix« ausdrücken lässt (Biermann 2009).

In diesen Metaphern, die als zentrale Thesen prominenter Fußballautoren fungieren, verbirgt sich eine gewisse Hoffnung, der Fußball könne Unüberwindbares überwindbar machen. Es geht nicht nur um seine Eigenschaft, Rivalen für wenigstens 90 Minuten in ein friedlich-kämpferisches Miteinander zu zwingen, sondern um mehr: um die Integration vorher segmentierter Räume, z.B. der bundesdeutschen Identitätsentwicklung durch die Bundesliga oder des europäischen Zugehörigkeitsgedankens durch die Champions League.

Innerhalb dieser Möglichkeitsräume, so das vorrangige Narrativ, lassen sich unterschiedliche Strategien anwenden, wobei die höchsten Weihen dann erreicht werden, wenn eine Mannschaft die Zufälle und Zumutungen des normalen, nichtspielerischen Lebens durch einen zugleich ästhetischen (bzw. »schönen« oder »perfekten«) und erfolgreichen Fußball niederringt. Der Fußball stellt in diesem Sinne vergesellschaftlichte Utopie dar, denn er lässt möglich erscheinen, dass sich eine gute und geordnete Gesellschaft aus dem prinzipiell gegebenen Chaos unserer Umwelt erschaffen lässt. Damit geht es im und mit dem Fußball um das eigentlich Unmögliche: das Glück unter feste Bedingungen zu stellen, obwohl der gesunde Menschenverstand nahelegt, dass genau dies nicht möglich ist.

Bei der gesellschaftlichen Rezeption des Fußballs ist die Interpretation von Symbolen und Ikonen von erheblicher Bedeutung. Nicht der Zusammenschluss von elf Männern in kurzen Hosen in einem Stadtteil von Gelsenkirchen an sich macht den Reiz des Fußballs aus. Es geht um mehr, nämlich um das, was in kollektiven Deutungsversuchen *umstritten* ist. Gibt es den identitätsstiftenden Fußball für das Ruhrgebiet, wie es manchmal angedeutet wird (LWL-Industriemuseum 2015), oder wird der Bedeutungsraum eher durch die Rivalität zwischen Borussia Dortmund und Schalke 04 geprägt? Sind Sportler wie David Beckham oder Mesut Özil globale Ikonen – oder können nationale Identitäten vielleicht gerade durch das Grenzübergreifende der Sportsymbole aktiviert werden (Gumbrecht 2006, S. 145-146)? Sind parochiale Fußballfans, die ihren Verein überidealisieren, ein Relikt aus vormodernen Zeiten – oder sind nicht gerade die zur Mobilität gezwungenen Spieler und Trainer die eigentlichen Opfer des modernen Fußballs, weil sie auf den »Komfort eines Zugehörigkeitsgefühls« verzichten müssen (Lewicki 2017, S. 22) und sich immer am Rande der Überforderung bewegen?

Fragen wie diese unterstreichen den Status des Fußballdiskurses als »Symbolspender, in dem eine Gemeinschaft sich selbst erkennt und sich gegen Außenstehende abgrenzt« (Pyta 2004, S. 6). Dadurch wird er »Vorbild und Folie dafür, wie wir uns breitenwirksam und milieuübergreifend heute darüber verständigen, was unsere gesellschaftlichen und politischen Grundwerte, -strukturen und -vorstellungen ausmacht« (Gessmann 2014, S. 11). Ich hoffe gezeigt zu haben, dass das Feld des Fußballs einen wichtigen Bereich darstellt, in dem vorpolitische Einstellungen und Praktiken verhandelt werden, die anschließend in der Welt der Politik – in der materielle und immaterielle Werte verteilt werden – zum Tragen kommen.

In den vorangegangenen Kapiteln habe ich dabei ein Bild gezeichnet, das sowohl die integrativen Leistungen wie auch die Pathologien zeigt, die bei der Verknüpfung des Fußballfeldes mit dem Sozialen auftreten. Die Leistungen des Fußballs bestehen darin, der Gesellschaft Felder des Gemeinsamen anzubieten – ein Angebot, das nicht nur die deutsche Gesellschaft in den letzten Jahrzehnten dankbar angenommen hat. Ablesen lässt sich dies an der ungebremsten Bereitschaft, Fußballspiele anzuschauen, sich Symbolen des Fußballs zuzuwenden und Konsumgüter des Fußballs zu erwerben.

Die Pathologie des Fußballs dagegen lässt sich in dessen politischer Strukturierung ausmachen, die die Fußballeliten dazu nutzen, Werte wie Selbstentfaltung, Partizipation und Offenheit dann zu schwächen, wenn sie den allfälligen (zunächst sportlichen) Gewinnerwartungen im Wege stehen. Stattdessen werden im Feld des Fußballs ökonomielastige und demokratieferne politische Praktiken zur Normalform.

Dies beginnt mit der Einbindung der Fußballsubjekte in ein einseitiges Leistungsethos, das vor allem durch seine strikte Auslegung wenig Raum für nichtmaterielle Werte lässt. Entsprechend sind Spieler, Mannschaften und Vereine auf Expansion und Verdrängung ausgerichtet, was zu nicht wenigen (aber häufig unsichtbaren) Verlierern im Feld des Fußballs führt. Damit korrespondieren die ökonomischen Praktiken in der Welt des Fußballs, bei denen in erheblichem Maße öffentliche Ressourcen (z. B. in der Form von Steuerermäßigungen) genutzt werden, während die Eigeneinnahmen in die Taschen der Spieler, Trainer, Manager, Vereine und Verbände fließen.

Eingebettet sind die Praktiken in eine wirkmächtige internationale Fußballpolitik, die zu einem beträchtlichen Teil von Akteuren aus autokratisch regierten Ländern gesteuert wird und die an gesellschaftlicher Partizipation im Fußball nicht interessiert ist. Selbst explizit demokratieaffine Fußballakteure stehen daher dauerhaft vor dem Problem, einen nicht auflösbaren Gegensatz zwischen autokratiekompatiblem Fußballkommerz und demokratiekompatibler Fußballgemeinsamkeit überbrücken zu müssen.

Wie verarbeitet nun die Gesellschaft die produktiven und unproduktiven Seiten des Fußballs? Aus soziologischer Sicht besteht der Zauber des Sports darin, dass individuelle Praktiken und Formen einen kollektiven Sinn erhalten (können): Spieler werden zu Projektionen für

Identitäten, Mannschaften werden zu Gemeinschafts-
spendern, Vereine werden zu überindividuellen Integra-
tionsmaschinen. Allerdings unterliegen die entstehenden
kollektiven Identitäten den Schwankungen, die das spätmoderne Leben mit sich bringt. Heimatgefühle im Fußball sind daher zugleich besonders stabil und besonders
prekär. Sie tragen zur inneren Integration des Subjekts sowie von Gemeinschaften bei, werden aber durch die enge
Verzahnung des Fußballs mit der Konsumsphäre in etwas
stets Vorläufiges gedrängt: Der nächste Werbepartner
oder gar der nächste Vereinseigentümer wird andere Vorstellungen haben als der jetzige, und sogar die ethnische
Zusammensetzung von Nationalmannschaften ist kontingent geworden.

Insgesamt ziehen im Fußball Deutungskonflikte und
ihre widersprüchlichen Aspekte unser besonderes Interesse auf sich. Auf der einen Seite ein Uli Hoeneß, dessen
Herzenswunsch ein Fußballverein als Familie ist, der aber
angesichts der familiären Heilswelt der Spielsucht verfällt.
Auf der anderen Seite ein Pep Guardiola, der mit Arbeits-
wut und Fußballfanatismus unvergleichliche Erfolge er-
zielt, diese aber mit regelmäßigen Burnouts bezahlt und
sich öffentlich darüber sorgt, dass seinen Spielern das Gleiche widerfahren könnte.

Vor diesem Hintergrund scheint es, als würden alle Versuche, dem Fußball individuelle wie kollektive Integrationskraft zuzuschreiben, von einem dunklen Moment begleitet. Da ist einerseits die Sehnsucht nach Heimat, jene
»durch nichts zu ersetzende physische und menschliche
Landschaft, an die unser Gefühl des Zu-Hause-Seins untrennbar gebunden ist« (Rosenberg 2017, S. 25). Andererseits ist Fußball eng mit einem Verlust ebenjener Heimat

verbunden – repräsentiert durch ein unbedingtes Leistungsethos, das die Basis eines gemeinschaftswürdigen menschlichen Lebens im Grunde zerstört. Nicht nur einzelne Persönlichkeiten wie etwa Sebastian Deisler oder Robert Enke haben vor den widersprüchlichen Anforderungen kapitulieren müssen. Auch ganze Zugehörigkeitsdiskurse haben sich als höchst volatil erwiesen, wie sich besonders am Beispiel der französischen Nationalmannschaft gezeigt hat. Die Heimatversprechen, die der Fußball bereithält, können nicht anders denn als selektiv bezeichnet werden.

***

Ich habe im gesamten Buch auf längere Theorieexkurse oder einschlägige Einordnungen in den Diskussionsstand der Kultur- und Politikwissenschaft verzichtet. Da sich Kulturwissenschaft, Soziologie, Wirtschaftswissenschaft, Politikanalyse und politische Theorie sowieso auf jeweils eigenen Umlaufbahnen bewegen, hätten diese den eigentlichen Gegenstand – den Fußball und seine politischen Praktiken – an den Rand gedrängt. Im Ergebnis hat sich gezeigt, dass es durchaus möglich ist, einige Autoren mit der Aura einer Großtheorie nur punktuell heranzuziehen. Analytische Konzepte von Pierre Bourdieu, Michel Foucault oder auch Michael Hardt und Antonio Negri habe ich genutzt, ohne alle gesellschaftspolitischen Forderungen mitzutragen, die in der Rezeption ihrer Werke bisweilen auftauchen.

Ich verstehe mein Vorgehen damit auch als Versuch, eine Brücke zu schlagen zwischen wissenschaftlichen Disziplinen, denen die gemeinsame Erfahrung eindeutiger

Referenztexte verloren gegangen ist. Fußball ist als Gegenstand hierfür geeignet, denn in seinem Feld finden sich ganz zweifellos ökonomische, kulturelle und ebenso politische Aspekte.

Aber auch Felder wie die Gesundheits- und Kulturpolitik, die Tarifautonomie oder selbst die Wirtschaftspolitik erscheinen mir geeignet: Sie alle zeichnet die Eigenschaft aus, dass gewählte politische Akteure nur noch in begrenztem Ausmaß *direkten* Einfluss, etwa über Gesetze oder Verordnungen, nehmen können. Stattdessen werden umfassende diskursive Begründungen z. B. für finanzielle Zuweisungen und vielfältige andere symbolische Akte verlangt, um institutionenferne Gesellschaftsbereiche auf weiche Art zu steuern. Dadurch sinkt der Erklärungsanspruch der hergebrachten Politikwissenschaft, weshalb nach alternativen Ansätzen gesucht werden muss.

Politiktheoretisch ergib sich aus den voranstehenden Betrachtungen die Möglichkeit, das Verhältnis von Individuen, Volk/Gesellschaft, Funktions- sowie politischen Eliten wenigstens in solchen Bereichen neu auszutarieren, die sich einigermaßen fern von politischen Institutionen bewegen. Lesern mit kulturwissenschaftlichem Hintergrund wird es vielleicht als selbstverständlich erscheinen, aber für viele Politologen dürfte das Vorgehen ungewohnt sein: An die Stelle von (politischen) Individuen habe ich das (politische) Subjekt gestellt, statt von überwiegend national organisierten Gesellschaften bin ich von selektiven Gemeinschaften ausgegangen (z. B. Fans), statt der Trennung zwischen politischer, gesellschaftlicher und ökonomischer Sphäre habe ich den integrierenden Feldansatz gewählt.

Insofern nagt meine Analyse der Fußballpolitik durchaus am Mainstream der Politikwissenschaft, der sich weiter im Paradigma rationaler Akteure und Institutionen, ihrer *agency* und der Bewältigung unbeabsichtigter Nebeneffekte bewegt. Dort, wo direkter staatlicher Einfluss auf einen bestimmten Ausschnitt sozialer Wirklichkeit gegeben ist (z. B. in der Wohlfahrtsstaatspolitik), würde ich diesem Paradigma weiterhin folgen. Dort, wo gewählte Politiker sich damit zufriedengeben müssen, bei besonders herausragenden Ereignissen auf die Haupttribüne eingeladen zu werden, passt der Ansatz weniger gut.

Ein weiteres konzeptionelles Innovationspotenzial besitzt meine Studie im Hinblick auf den Stellenwert von Emotionen bei der Analyse gesellschaftlicher Prozesse. Die Idee von Rational Choice, die kohärentes und zielgerichtetes Handeln unterstellt, hat bekanntlich schon länger ausgedient (siehe z. B. Elster 1987; Ariely 2008; Kahneman 2012). Der nächste, ebenfalls bereits seit einiger Zeit diskutierte Schritt, steht indes noch aus. Wenn akzeptiert wird, dass Gefühle einen wichtigen Teil der Motivation menschlichen Handelns ausmachen, sollten sie auch systematisch berücksichtigt werden. Und natürlich benötigen wir die Emotionen, um die Reaktionen der Bayern-Familie auf die Vergehen von Uli Hoeneß (Dankbarkeit, Zuneigung), um das russische Staatsdoping (Minderwertigkeitsgefühle, Trauer über vergangene Größe) oder Aversionen gegen dunkelhäutige Spieler (Hass, Angst) mit erklären zu können.

Wenngleich Gefühle, Kognition und Handeln nach der durchgängigen Meinung zahlreicher Autoren, die sich mit dem Forschungsfeld der Emotionen beschäftigen, eng miteinander zusammenhängen (paradigmatisch Ciompi 2005), bezeichnen sie doch jeweils eigene Sinnwelten. Und so zeigen sich im Fußball geradezu charakteristische Widersprüche, wenn selektive Wir-Gefühlswelten und allgemeine gesellschaftliche Regeln aufeinandertreffen. Die Fifa entwirft einen Ethik- sowie einen Governancekodex, bestimmt aber selbst, bei welchen Angelegenheiten sie sich daran hält und bei welchen nicht. Die Verantwortlichen des FC Bayern bemühen das Bild des gesetzestreuen Vorbildvereins, geißeln aber die Instanzen des Rechtsstaates, wenn einer der ihren wegen strafbarer Vergehen verfolgt wird und sich Medien erdreisten, darüber zu berichten. Die öffentliche Meinung in Deutschland und Frankreich ist im Erfolgsfall stolz auf ihre Fußballer mit Migrationshintergrund, stellt aber im Fall von Misserfolg deren Zugehörigkeit zur nationalen Gemeinschaft infrage. Und der DFB gibt sich als Verwalter eines partizipativen Gemeinschaftsgedankens, leitet aber einen guten Teil seines Umsatzes an Profis, Trainer, Manager sowie die eigenen Angestellten weiter und zahlt dafür nur in minimalem Umfang Steuern.

Mich interessiert an diesen offensichtlichen Widersprüchen weniger die ethische Komponente. Inkonsistentes Denken und Handeln: Wer kennt es nicht von sich selbst und seinem näheren Umfeld? Interessanter als die inszenierte Empörung, die bei Fällen wie den genannten stets zu beobachten ist, erscheint mir die Notwendigkeit, handlungstheoretische Schlussfolgerungen zu ziehen.

Aus der Beobachtung der Fußballpolitik leite ich deshalb ab, dass es vor dem Hintergrund einer für Emotionen offenen Handlungsanalyse für viele Positionen und Einstellungen *begründbare* Gegenpositionen und Werturteile gibt. Die Sehnsucht nach der alten Fußballromantik, als (vermeintlich) unbezahlte Volkshelden ihre Stollenschuhe noch selbst sauber machen mussten, hat genauso etwas für sich wie der Gedanke, nur durch Leistung und Professionalisierung ließen sich im Fußball Erfolge erzielen. Dass sich nicht entscheiden lässt, welche der beiden Positionen gültig ist, hat keine methodologischen oder erkenntnistheoretischen Gründe. Es liegt vielmehr daran, dass die Spätmoderne für Individuen und Kollektive widersprüchliche Herausforderungen bereithält, denen nur auf ambivalente Art und Weise begegnet werden kann.

***

In dieser Schneise bewegt sich zuletzt auch der Chozjain – jene im Fußball verbreitete Figur, die ökonomischen Erfolg auf symbolische Weise nutzt, um sportlichen Erfolg zu ermöglichen und für ein breiteres Publikum Projektionsflächen für Selbst- und Fremdvergewisserung zu bieten. Die Patriarchen und vermeintlichen Alleskönner des Fußballs, von Silvio Berlusconi bis Bernard Tapie, von Scheich Mansour bis Martin Kind, von Sepp Blatter bis Gianni Infantino, symbolisieren den Fußball als Bühne der Selbstverwirklichung. Auch abseits des Rasens bietet der Fußball Aufstiegsmöglichkeiten mindestens symbolischer, meist aber materieller Art. In gewisser Weise verkörpern die Chozjains im Fußball die europäische Variante jenes amerikanischen Traums, dass aus jedem Tellerwäscher ein Millionär werden kann.

Zugleich hat sich der Chozjain, wenn er an der Spitze des Ersatzspielfeldes angekommen ist, als gemeinschaftskompatibel zu inszenieren. Gelingt dies auf überzeugende Weise, wie es vielleicht zeitweise bei Uli Hoeneß in München der Fall gewesen ist, können Fußballgemeinschaften mitunter tatsächlich das erfüllen, was ihnen an gesellschaftssymbolischer Funktion zukommt: in Zeiten der Not ein psychisches Auffangbecken bilden, das gegen spätmoderne Herausforderungen jeglicher Art schützt. Gelingt dies nicht – z. B. weil finanzielle Interessen, Verdrängungsmotive oder reine Machtansprüche allzu sehr im Vordergrund stehen –, werden die Fußballpatriarchen zu Reflektionen gescheiterter, weil gefühlt illegitimer Macht. Unmut über die kommerzielle Schlagseite des Fußballs, der eigentlich das Feld als Ganzes treffen müsste, kann sich dann in der Art eines Blitzableiters auf einzelne Personen konzentrieren, wodurch das Gesamtsystem entlastet wird. Ob ein Chozjain eine positive oder eine negative Deutung erfährt, ist also ebenfalls in hohem Maße kontingent.

Im Ganzen ergibt sich bei der Betrachtung der politischen Aspekte des Fußballs ein Bild, in dem Individuen wie Kollektive nach einer Authentizität streben, die von Widersprüchlichkeit geprägt ist. Die Milieus des Fußballs, insbesondere provinzielle Fanmilieus auf der einen und tätowierte Hochverdiener auf der anderen Seite, haben sich bei nüchterner Betrachtung erheblich auseinanderentwickelt. Auch durch den Einbruch des Feuilletons und der Wissenschaft in die Welt des Fußballs hat sich ein Diskurs entwickelt, in dem sich ursprüngliche Unterstützergruppen kaum noch wiederfinden.

Und trotzdem hat sich der Fußball das Privileg bewahrt, Heimat in einem romantischen Sinn zu definieren. Identität und Sozialintegration durch den Fußball mögen soziologisch unwahrscheinlich sein, in den dominanten Deutungsmustern bleiben sie gleichwohl präsent. Fußball steht für die Rationalisierung des Nichtrationalisierbaren.

Fußballpolitik ist das auf Vergeblichkeit ausgerichtete Bemühen, menschliche Leidenschaften und vermeintlich rationale Institutionen auf einen Nenner zu bringen.

# 9. Literaturverzeichnis

*Wissenschaftliche Publikationen, Dokumente und Monografien*

Addo, Otto (2008), »Zu Gast bei Freunden, oder Die WM 2006 als Symbol für ein freundlicheres, offeneres Deutschland (Otto Addo im Gespräch mit Uwe Baumann)«, in: *Kopfball, Einwurf, Nachspielzeit. Gespräche und Beiträge zur Aktualität und Geschichte des Fußballs*, herausgegeben von Uwe Baumann und Dittmar Dahlmann, Essen: Klartext (S. 461-468).

Aeroflot (2017), *Aeroflot Annual Report 2016*, Moskau: Aeroflot, online verfügbar unter: {http://ir.aeroflot.com/reporting/annual-reports/}.

Affentranger, Bruno (2007), *Sepp – König der Fussballwelt. Das System Joseph S. Blatter: seine Tricks, seine Tore*, Zürich: Xanthippe.

Alabarces, Pablo (2010), *Für Messi sterben? Der Fußball und die Erfindung der argentinischen Nation*, Berlin: Suhrkamp.

Allmendinger, Jutta (2017), *Das Land, in dem wir leben wollen. Wie die Deutschen sich ihre Zukunft vorstellen*, München: Pantheon.

Altwegg, Jürg (2008), »Sommermärchen Frankreich. Vorspiele, Endspiele, Nachspiele«, in: *Kopfball, Einwurf, Nachspielzeit. Gespräche und Beiträge zur Aktualität und Geschichte des Fußballs*, herausgegeben von Uwe Baumann und Dittmar Dahlmann, Essen: Klartext (S. 399-403).

Andrews, Matt/Harrington, Peter (2016), »Off Pitch: Football's financial integrity weaknesses, and how to strengthen them«, CID Working Paper 311, online verfügbar unter: {https://research.hks.harvard.edu/publications/getFile.aspx?Id=1309}.

Archetti, Eduardo (2006), »Argentina 1978. Military nationalism, football essentialism, and moral ambivalence«, in: *National Identity and Global Sports Events. Culture, Politics, and Spectacle in the Olympics and the Football World Cup*, herausgegeben von Alan Tomlinson und Christopher Young, New York: State University of New York Press (S. 133-147).

Ariely, Dan (2008), *Predictably Irrational. The Hidden Forces That Shape Our Decisions*, London: HarperCollins.

Arnold, Richard (2017), »Fußball in Russland – eine Bastion kulturellen Widerstands«, in *Russland-Analysen* 336 (09.06.2017), online verfügbar unter: {http://www.laender-analysen.de/russland/pdf/RusslandAnalysen336.pdf}.

Balmaceda, Margarita M. (2004), »Der Weg in die Abhängigkeit. Ostmitteleuropa am Energietropf der UdSSR«, in: *Osteuropa* 54 (S. 162-179).

Barth, Fredrik (Hg.) (1969), *Ethnic Groups and Boundaries: The Social Organization of Culture Difference*, Bergen: Universitetsforlaget.

Bausenwein, Christoph (2006), *Geheimnis Fußball. Auf den Spuren eines Phänomens*, Göttingen: Die Werkstatt.

Bausenwein, Christoph (2011), *Joachim Löw und sein Traum vom perfekten Spiel*, Göttingen: Die Werkstatt.

Bausenwein, Christoph (2014), *Das Prinzip Uli Hoeneß. Ein Leben für den FC Bayern*, Göttingen: Die Werkstatt.

Beaud, Stéphane (2011), *Traîtres à la nation? Un autre regard sur la grève des Bleus en Afrique du Sud*, Paris: La Découverte.

Beichelt, Timm (2016), »Fußball und die Regulierung kollektiver Emotionen«, in: *Bewegungskulturen im Wandel. Der Sport der Medialen Moderne – gesellschaftstheoretische Verortungen*, herausgegeben von Volker Schürmann, Jürgen Mittag, Günther Stibbe, Jörg-Uwe Nieland und Jan Haut, Bielefeld: Transcript (S. 169-184).

Beichelt, Timm (2017), »Von der Folgebereitschaft zum Legitimitätsglauben. Großereignisse des Sports in Autokratien«, in: *Demokratie, Diktatur, Gerechtigkeit. Festschrift für Wolfgang Merkel*, herausgegeben von Aurel Croissant, Sascha Kneip, Alexander Petring, Wiesbaden: Springer (S. 527-544).

Bennetts, Marc (2008), *Football Dynamo. Modern Russia and the People's Game*, London: Virgin Books.

Biermann, Christoph (2009), *Die Fußball-Matrix. Auf der Suche nach dem perfekten Spiel*, Köln: Kiepenhauer & Witsch.

Biermann, Christoph/Fuchs, Ulrich (2002), *Der Ball ist rund, damit das Spiel die Richtung ändern kann. Wie moderner Fußball funktioniert*, Köln: Kiepenheuer & Witsch.

Bilz, Marlies (2007), *Tatarstan in der Transformation. Nationaler Diskurs und politische Praxis 1988-1994*, Stuttgart: Ibidem.

Blake, Heidi/Calvert, Jonathan (2015), *The Ugly Game. The Qatari Plot to Buy the World Cup*, London: Simon & Schuster.

Blanchard, Pascal/Dauger, Sonia/Dietz, David (2016), *Les Bleus – ein anderer Blick auf die Geschichte Frankreichs. Les Bleus – une autre histoire de la France*, Paris: Black Dynamite Production.

Blecking, Diethelm (2006), »Vom ›Polenklub‹ zu Türkiyem Spor – Migranten und Fußball im Ruhrgebiet und in anderen deutschen Regionen«, in: *Zur Sozial- und Kulturgeschichte des Fußballs*, herausgegeben von Beatrix Bouvier, Trier: Studienzentrum Karl-Marx-Haus der Friedrich-Ebert-Stiftung (S. 183-199).

Blecking, Diethelm (2015), »Die Rede des Fußball-Bund Präsidenten Peco Bauwens am 6. Juli 1954 im Münchner Löwenbräukeller«, in: *Historical Social Research* 27, online verfügbar unter: {https://www.ssoar.info/ssoar/bitstream/handle/document/45594/ssoar-hsr-trans-2015-27-blecking-Die_Rede_des_Fuball-Bund_Prasidenten.pdf?sequence=1}.

Blutner, Doris/Wilkesmann, Uwe (2008), »Hidden Games. Vergemeinschaftungs- und Fragmentierungsprozesse im Profifußball«, in: *Ernste Spiele. Zur politischen Soziologie des Fußball*, herausgegeben von Gabriele Klein und Michael Meuser, Bielefeld: Transcript (S. 175-199).

Böhret, Carl/Jann, Werner/Kronenwett, Eva (1988), *Innenpolitik und politische Theorie*, Opladen: Westdeutscher Verlag (3. Aufl.).

Bourdieu, Pierre (1982), *Die feinen Unterschiede. Kritik der gesellschaftlichen Urteilskraft*, Frankfurt a. M.: Suhrkamp.

Bourdieu, Pierre (1988), »Program for a Sociology of Sport«, in: *Sociology of Sport Journal* 5 (S. 153-161).

Bourdieu, Pierre (1998), *Praktische Vernunft. Zur Theorie des Handelns*, Frankfurt a. M.: Suhrkamp.

Bourdieu, Pierre (2013a [1981]), »Beschreiben und Vorschreiben. Die Bedingungen der Möglichkeit politischer Wirkung und ihre Grenzen«, in: ders., *Politik. Schriften zur Politischen Ökonomie 2*, Frankfurt a. M.: Suhrkamp (S. 11-22).

Bourdieu, Pierre (2013b [2000]), »Das politische Feld«, in: ders., *Politik. Schriften zur Politischen Ökonomie 2*, Frankfurt a. M.: Suhrkamp (S. 97-112).

Bourdieu, Pierre (2013c [1981]), »Die politische Repräsentation. Elemente einer Theorie des politischen Feldes«, in: ders., *Politik*.

*Schriften zur Politischen Ökonomie 2*, Frankfurt a. M.: Suhrkamp (S. 43-96).

Bourdieu, Pierre/Passeron, Jean-Claude (1973), *Grundlagen einer Theorie der symbolischen Gewalt – Kulturelle Reproduktion und soziale Reproduktion*, Frankfurt a. M.: Suhrkamp.

Brändle, Fabian/Koller, Christian (2002), *Goal! Kulturgeschichte des modernen Fussballs*, Zürich, Wiesbaden: Orell Füssli.

Bröckling, Ulrich/Feustel, Robert (Hg.) (2010), *Das Politische Denken. Zeitgenössische Positionen*, Bielefeld: Transcript.

Brown, Wendy (2015), *Die schleichende Revolution. Wie der Neoliberalismus die Demokratie zerstört*, Berlin: Suhrkamp.

Brüggemeier, Franz-Josef (2004), *Zurück auf dem Platz. Deutschland und die Fußball-Weltmeisterschaft 1954*, München: Deutsche Verlags-Anstalt.

Budraß, Lutz (2007), »›Helmut Schön Kv.‹. Der Fußball im nationalsozialistischen Deutschland«, in: *Das Spiel mit dem Fußball*, herausgegeben von Jürgen Mittag und Jörg-Uwe Nieland, Essen: Klartext Verlag (S. 51-68).

Burke, Edmund (2012 [1782]), *Speech of Edmund Burke, at the Guildhall, in Bristol: Previous to the Late Election in That City, Upon Certain Points Relative to His Parliamentary Conduct*, London: Forgotten Books.

Burns, Jimmy (2012), *La Roja. How Soccer Conquered Spain and How Spanish Soccer Conquered the World*, New York: Nation Books.

Buzan, Barry/Waever, Ole/Wilde, Jaap de (Hg.) (1998), *Security. A New Framework for Analysis*, London: Lynne Rienner Publishers.

Calvin, Michael (2017), *No Hunger in Paradise. The Players, the Journey, the Dream*, London: Random House.

Chabal, Emile (2015), *A Divided Republic. Nation, State and Citizenship in Contemporary France*, Cambridge: Cambridge University Press.

Chisari, Fabio (2011), »›Une organisation parfaite‹: La Coupe du monde de football de 1934 selon la presse européenne«, in: *Le football dans nos sociétés*, herausgegeben von Yvan Gastaut und Stéphane Mourlane, Paris: Cairn (S. 174-190).

Chlewnjuk, Oleg V. (2015), *Stalin. Eine Biographie*, München: Siedler.

Ciompi, Luc (2005), *Die emotionalen Grundlagen des Denkens. Entwurf einer fraktalen Affektlogik*, Göttingen: Vandenhoeck & Ruprecht.

Conn, David (2017), *The Fall of the House of Fifa*, London: Yellow Jersey Press.

Conradt, David P. (1980), »Changing German political culture«, in: *The Civic Culture Revisited*, herausgegeben von Gabriel Almond und Sidney Verba, Boston: Little & Brown (S. 212-272).

Coser, Lewis J. (1956), *The Functions of Social Conflict*, New York: The Free Press of Glenoe.

Crouch, Colin (2008), *Postdemokratie*, Frankfurt a. M.: Suhrkamp.

Dahl, Robert A. (1989), *Democracy and its Critics*, New Haven: Yale University Press.

Dahlmann, Dittmar/Hilbrenner, Anke/Lenz, Britta (Hg.) (2006), *Überall ist der Ball rund. Zur Geschichte und Gegenwart des Fußballs in Ost- und Südosteuropa*, Essen: Klartext Verlag.

Davidson, Christopher M. (Hg.) (2011), *Power and Politics in the Persian Gulf Monarchies*, London: Hurst.

Deutsch, Karl (1953), *Nationalism and Social Communication*, Cambridge, Mass.: Technology Press of the MIT.

DFB (2017), *Finanzbericht 2016*, online verfügbar unter: {https://www.dfb.de/fileadmin/_dfbdam/143623-DFB_Finanzbericht_2016.pdf}.

Deutscher Olympischer Sportbund (2008), *XXIXX. Olympische Spiele Peking 2008. Analysen – Bilanzen – Auswirkungen*, online verfügbar unter: {https://www.dosb.de/fileadmin/Bilder_allgemein/Veranstaltungen/Olympische_Spiele_08/olympische_spiele_peking_2008_analysen_bilanzen_auswirkungen.pdf}.

DFL (2016), *DFL-Report 2016*, online verfügbar unter: {https://www.bundesliga.com/de/bundesliga/news/bundesliga-report-2016-dfl-deutsche-fussball-liga-agmd18-2.jsp}.

DFL (2017), *DFL-Report 2017*, online verfügbar unter: {https://www.dfl.de/dfl/files/dfl-report/dfl-bl-report-2017-s.pdf}.

Digel, Helmut (2008), »Chinas Nutzen aus den olympischen Spielen«, in: *Aus Politik und Zeitgeschichte* 29-30 (S. 18-24).

Đorđević, Ivan/Žikić, Bojan (2016), »Normalising political relations through football: The case of Croatia and Serbia (1990-

2013)«, in: *New Ethnographies of Football in Europe. People, Passions, Politics*, herausgegeben von Alexandra Schwell, Michał Buchowski, Malgorzata Kowalska und Nina Szogs, New York: Palgrave Macmillan (S. 39-54).

Dörner, Andreas (2001), *Politainment. Politik in der medialen Erlebnisgesellschaft*, Frankfurt a.M.: Suhrkamp.

Drechsel, Sammy (2008), *Elf Freunde müsst ihr sein*, Stuttgart: Thienemann.

Duke, Vic (1995), »Going to market: Football in the societies of Eastern Europe«, in: *Giving the Game Away. Football, Politics and Culture on Five Continents*, herausgegeben von Stephen Wagg, London u.a.: Leicester University Press (S. 88-102).

Duke, Vic/Crolley, Liz (2002), *Football, Nationality and the State*, Harlow: Longman.

Dunning, Eric (1985), »Zuschauerausschreitungen. Soziologische Notizen zu einem scheinbar neuen Problem«, in: *Sport im Zivilisationsprozeß. Studien zur Figurationssoziologie*, herausgegeben von Norbert Elias und Eric Dunning, Münster: Lit Verlag (S. 123-132).

Durkheim, Émile (1996 [1930]), *Über soziale Arbeitsteilung. Studie über die Organisation höherer Gesellschaften*, Frankfurt a.M.: Suhrkamp.

Dusseault, David (2011), »The legacy of the oil industry in Tomsk Oblast: Contradictions among socio-economic development, political legitimacy and corporate profits«, in: *Energy, Policy, and the Environment. Modeling Sustainable Development for the North*, herausgegeben von Marja Järvelä und Sirkku Juhola, New York: Springer Science (S. 65-88).

Easton, David (1965), *A Systems Analysis of Political Life*, New York/London/Sydney: John Wiley & Sons.

Ehrenberg, Alain (2008), *Das erschöpfte Selbst. Depression und Gesellschaft in der Gegenwart*, Frankfurt a.M.: Suhrkamp.

Eisenberg, Christiane (1997a), »Deutschland«, in: dies., *Fußball, Soccer, Calcio. Ein englischer Sport auf seinem Weg um die Welt*, München: dtv (S. 94-129).

Eisenberg, Christiane (Hg.) (1997b), *Fußball, Soccer, Calcio. Ein englischer Sport auf seinem Weg um die Welt*, München: dtv.

Elias, Norbert (1985): »Die Genese des Sports als soziologisches

Problem«, in: *Sport im Zivilisationsprozeß. Studien zur Figurationssoziologie,* herausgegeben von Norbert Elias und Eric Dunning, Münster: Lit Verlag (S. 9-46).

Elster, Jon (Hg.) (1987), *The Multiple Self*, Cambridge u. a.: Cambridge University Press.

Endemann, Martin/Claus, Robert/Dembowski, Gerd/Gabler, Jonas (Hg.) (2015), *Zurück am Tatort Stadion. Diskriminierung und Antidiskriminierung in Fussball-Fankulturen,* Göttingen: Die Werkstatt.

Fanizadeh, Michael/Hödl, Gerald/Manzenreiter, Wolfram (Hg.) (2005), *Global Players – Kultur, Ökonomie und Politik des Fußballs,* Frankfurt a. M.: Brandes & Apsel.

Fifa (2007), »For the game. For the world: New Fifa slogan brings social responsibility to the fore« (31.05.2007), online verfügbar unter: {http://www.fifa.com/about-fifa/news/y=2007/m=5/news=for-the-game-for-the-world-new-fifa-slogan-brings-social-responsibilit-529894.html}.

Fifa (2015), *Fifa-Anti-Doping-Reglement*, Zürich: Fifa, online verfügbar unter: {https://no-doping.fifa.com/fileadmin/user_upload/pdf/anti-doping_regulations_de.pdf}.

Fifa (2016), *Fifa-Statuten*, Zürich: Fifa, online verfügbar unter: {http://resources.fifa.com/mm/document/affederation/generic/02/78/29/07/fifastatutswebde_german.pdf}.

Fish, M. Steven (1998), »The roots and remedies for Russia's racket economy«, in: *The Tunnel at the End of the Light: Privatization, Business Networks, and Economic Transformation in Russia,* herausgegeben von Stephen S. Cohen, Andrew Schwartz und John Zysman, Berkeley: The Regents of the University of California.

Fogel, Bryan (2017), *Icarus*, Los Gatos.

Forlenza, Rosario (2017), »Politics, power and soccer in postwar Italy: The case of Naples«, in: *Football and the Boundaries of History. Critical Studies in Soccer,* herausgegeben von Brenda Elsey und Stanislao G. Pugliese, New York: Palgrave Macmillan US (S. 249-266).

Foucault, Michel (1979), *Der Wille zum Wissen*, Frankfurt a. M.: Suhrkamp.

Foucault, Michel (1986), *Gebrauch der Lüste. Sexualität und Wahrheit 2*, Frankfurt a. M.: Suhrkamp.

Foucault, Michel (2006), *Die Geburt der Biopolitik. Vorlesung am Collège de France, 1978-1979*, Frankfurt a. M.: Suhrkamp.

Freedomhouse (2017), »Freedom in the World 2017«, Washington, D. C.: Freedomhouse, online verfügbar unter: {https://freedom house.org/report/freedom-world/freedom-world-2017}.

Gammelsæter, Hallgeir/Senaux, Benoît (Hg.) (2011), *The Organisation and Governance of Top Football Across Europe. An Institutional Perspective*, New York: Routledge.

Gandhi, Jennifer/Przeworski, Adam (2007), »Authoritarian institutions and the survival of autocrats«, in: *Comparative Political Studies* 40 (S. 1279-1301).

García, Borja (2011), »The governance of European sport«, in: *The Organisation and Governance of Top Football Across Europe. An Institutional Perspective*, herausgegeben von Hallgeir Gammelsæter und Benoît Senaux, New York: Routledge (S. 29-54).

Gastaut, Yvan (2011), »Le football français à l'épreuve de la diversité culturelle«, in: *Le football dans nos sociétés*, herausgegeben von Yvan Gastaut und Stéphane Mourlane, Paris: Cairn (S. 218-236).

Gazprom (2017), *Gazprom Annual Report 2016*, Moskau: Gazprom, online verfügbar unter: {http://www.gazprom.com/f/posts/44/307258/gazprom-annual-report-2016-en.pdf}.

Gebauer, Gunter (2006), *Poetik des Fußballs*, Frankfurt a. M./New York: Campus.

Gebauer, Gunter (2016), *Das Leben in 90 Minuten. Eine Philosophie des Fußballs*, München: Pantheon.

Gehrmann, Siegfried (2004), »Der F. C. Schalke 04 und seine frühe Geschichte«, in: *Der lange Weg zur Bundesliga. Zum Siegeszug des Fussballs in Deutschland*, herausgegeben von Wolfram Pyta, Münster: Lit Verlag (S. 151-170).

Geisler, Alexander (2016), »Fußball als Extrem-Sport – Die Unterwanderung des Breitensports als Strategieelement der extremen Rechten«, in: *Strategien der extremen Rechten. Hintergründe – Analysen – Antworten*, herausgegeben von Stephan Braun, Wiesbaden: Springer Fachmedien (S. 469-494).

Georgakakis, Didier (2012), *Le champ de l'Eurocratie. Une sociologie politique du personnel de l'UE*, Paris: Economica.

Georgakakis, Didier (2017), *European Civil Service in (Times of)*

*Crisis. A Political Sociology of the Changing Power of Eurocrats*, London: Palgrave Macmillan.

Gerhard, Heinz/Zubayr, Camille (2014), »Die Fußball-Weltmeisterschaft 2014 im Fernsehen. Daten zur Rezeption und Bewertung«, in: *Media Perspektiven* 9 (S. 447-455).

Gerschewski, Johannes (2013), »The three pillars of stability. Legitimation, repression, and co-optation in autocratic regimes«, in: *Democratization* 20 (S. 13-38).

Gessmann, Martin (2014), *Mit Nietzsche im Stadion. Der Fussball der Gesellschaft*, Paderborn: Wilhelm Fink.

Giersberg, Günter/Röttgen, Kurt/Weskamp, Hermann Josef (Hg.) (2014), *Hennes Weisweiler*, Göttingen: Die Werkstatt.

Giulianotti, Richard/Robertson, Roland (2009), *Globalization and Football*, London: Sage.

Glathe, Julia (2018), »›Okolofutbolschiki‹ und Fans gegen Rassismus«, in *Russkij Futbol. Ein Lesebuch*, herausgegeben von Stephan Felsberg, Tim Köhler und Martin Brand, Göttingen: Die Werkstatt (S. 194-203)

Gmünder, Stefan/Zeyringer, Klaus (2018), *Das wunde Leder. Ein Manifest*, Berlin: Suhrkamp.

Göhler, Gerhard/Höppner, Ulrike/de La Rosa, Sybille (Hg.) (2009), *Weiche Steuerung. Studien zur Steuerung durch diskursive Praktiken, Argumente und Symbole*, Baden-Baden: Nomos.

Goldblatt, David (2008), *The Ball is Round. A Global History of Football*, New York: Riverhead Books.

Goldblatt, David (2015), *The Game of Our Lives. The Meaning and Making of English Football*, London: Viking.

Gömmel, Rainer (2004), »Der ›Club‹ und sein Hinterland: der 1. FC Nürnberg als Faktor fränkischen Regionalbewußtseins«, in: *Der lange Weg zur Bundesliga. Zum Siegeszug des Fussballs in Deutschland*, herausgegeben von Wolfram Pyta, Münster: Lit Verlag (S. 171-182).

Gordon, Robert S./London, John (2006), »Italy 1934. Football and facism«, in: *National Identity and Global Sports Events. Culture, Politics, and Spectacle in the Olympics and the Football World Cup*, herausgegeben von Alan Tomlinson und Christopher Young, New York: State University of New York Press (S. 41-63).

Grant, Wyn (2011), »England – a liberal model under challenge?«, in: *The Transformation of European Football: A Case of Europea-*

*nisation?*, herausgegeben von Borja García, Wyn Grant und Arne Niemann, Manchester: Manchester University Press (S. 80-96).

Greenfeld, Liah (1992), *Nationalism. Five Roads to Modernity*, Cambridge, Mass.: Harvard University Press.

Grix, Jonathan (2016), *Sport Politics. An Introduction*, London/New York: Palgrave.

Gudkov, Lev/Dubin, Boris (2005), »Der Oligarch als Volksfeind. Der Nutzen des Falls Chodorkovskij für das Putin-Regime«, in: *Osteuropa* 54 (S. 52-75).

Güldenpfennig, Sven (2002), »Plädoyer für eine Politikwissenschaft des Sports: Überlegungen zum Verhältnis von Sport, Politik und Ökonomie«, in: *Fussballwelten. Zum Verhältnis von Sport, Politik, Ökonomie und Gesellschaft*, herausgegeben von Peter Lösche, Undine Ruge und Klaus Stolz, Opladen: Leske + Budrich (S. 65-86).

Güldenpfennig, Sven (2008), »Olympische Spiele und Politik«, in: *Aus Politk und Zeitgeschichte* 29-30 (S. 6-12).

Guldimann, Tim (1984), *Moral und Herrschaft in der Sowjetunion. Erlebnis und Theorie*, Frankfurt a. M.: Suhrkamp.

Gumbrecht, Hans Ulrich (2006), *In Praise of Athletic Beauty*, Cambridge, Mass.: The Belknap Press.

Hahn, Erwin/Pilz, Gunter A./Stollenwerk, Hans J./Weis, Kurt (1988), »Gutachten zur Fangewalt«, in: dies., *Fanverhalten, Massenmedien und Gewalt im Sport*, Schorndorf: K. Hofmann (S. 53-84).

Halbach, Uwe (2006), »Prekäre Staatlichkeit. Strukturprobleme im Nordkaukasus«, in: *Osteuropa* 56 (S. 17-33).

Han, Byung-Chul (2015), *Müdigkeitsgesellschaft*, Berlin: Matthes & Seitz.

Hardt, Michael/Negri, Antonio (2013), *Demokratie! Wofür wir kämpfen*, Frankfurt a. M./New York: Campus.

Havemann, Nils (2005), *Fußball unterm Hakenkreuz. Der DFB zwischen Sport, Politik und Kommerz*, Frankfurt a. M./New York: Campus.

Havemann, Nils (2006), »Fußball unterm Hakenkreuz«, in: *Aus Politik und Zeitgeschichte* 19 (S. 33-38).

Havemann, Nils (2013), *Samstags um halb 4. Die Geschichte der Fußballbundesliga*, München: Siedler.

Heinecke, Stephanie (2016), »Der Medialisierungsgrad des Spitzensports – eine Typologie«, in: *Bewegungskulturen im Wandel. Der*

*Sport der Medialen Moderne – Gesellschaftstheoretische Verortungen*, herausgegeben von Volker Schürmann, Jürgen Mittag, Günther Stibbe, Jörg-Uwe Nieland und Jan Haut, Bielefeld: Transcript (S. 205-223).

Heinrich, Arthur (2000), *Der Deutsche Fußballbund. Eine politische Geschichte*, Köln: Papyrossa.

Heinrich, Arthur (2004), *3:2 für Deutschland. Die Gründung der Bundesrepublik im Wankdorf-Stadion zu Bern*, Göttingen: Die Werkstatt.

Heitmeyer, Wilhelm (Hg.) (2002-2011), *Deutsche Zustände*, Folge 1-10, Frankfurt a. M./Berlin: Suhkamp.

Herzog, Markwart (2004), »›Lautern ist eine große Sportfamilie!‹ Fußballkultur als Faktor städtischer und regionaler Identität«, in: *Der lange Weg zur Bundesliga. Zum Siegeszug des Fußballs in Deutschland*, herausgegeben von Wolfram Pyta, Münster: Lit Verlag (S. 183-214).

Hirschman, Albert O. (1974), *Abwanderung und Widerspruch. Reaktionen auf Leistungsabfall bei Unternehmungen, Organisationen und Staaten*, Tübingen: Mohr.

Horeni, Michael (2014a), *Die Brüder Boateng. Drei deutsche Leben zwischen Wedding und Weltfußball*, Köln: Bastei Lübbe.

Hornby, Nick (1997), *Fever Pitch*, New York: HarperCollins.

Huizinga, Johan (2004 [1938]), *Homo Ludens. Vom Ursprung der Kultur im Spiel*, Reinbek: Rowohlt.

Hüser, Dietmar (2006), »Neutralitätsdiskurs und Politisierungstrends im Zeitalter des Massensports – Die Fifa in der ersten Hälfte des 20. Jahrhunderts«, in: *Zur Sozial- und Kulturgeschichte des Fußballs*, herausgegeben von Beatrix Bouvier, Trier: Studienzentrum Karl-Marx-Haus der Friedrich-Ebert-Stiftung (S. 37-58).

Ihle, Holger/Nieland, Jörg-Uwe/Rehbach, Simon (2016), »Medialisierung des Sports – ein Untersuchungsmodell«, in: *Bewegungskulturen im Wandel. Der Sport der Medialen Moderne – Gesellschaftstheoretische Verortungen,* herausgegeben von Volker Schürmann, Jürgen Mittag, Günther Stibbe, Jörg-Uwe Nieland und Jan Haut, Bielefeld: Transcript (S. 185-204).

Kahneman, Daniel (2012), *Schnelles Denken, langsames Denken*, München: Siedler.

Kasza, Peter (2004), *1954 – Fußball spielt Geschichte. Das Wunder von Bern*, Bonn: Bundeszentrale für politische Bildung.

Kauffmann, Bernd (Hg.) (2009), *Der Pass in den freien Raum. Fußball und Politik*, Berlin: Theater der Zeit.

Kavetsos, Georgios (2012), »National pride. War minus the shooting«, in: *Social Indicators Research* 106 (S. 173-185).

Kempf, Udo (1997), *Von de Gaulle bis Chirac. Das politische System Frankreichs*, Opladen: Westdeutscher Verlag.

Kistner, Thomas (2012), *Die Fifa-Mafia. Die schmutzigen Geschäfte mit dem Weltfußball*, München: Droemer Knaur.

Kistner, Thomas (2015), *Schuss. Die geheime Dopinggeschichte des Fußballs*, München: Droemer.

Klein, Gabriele/Meuser, Michael (Hg.) (2008), *Ernste Spiele. Zur politischen Soziologie des Fußballs*, Bielefeld: Transcript.

Kleinfeld, Ralf (2018), »Europäische Sportpolitik aus politikwissenschaftlicher Perspektive«, in: *Europäische Sportpolitik: Zugänge, Akteure, Problemfelder*, herausgegeben von Jürgen Mittag, Baden-Baden: Nomos (zitiert nach Manuskript).

Knieps, Franz/Pfaff, Holger (Hg.) (2016), *Gesundheit und Arbeit. Zahlen, Daten, Fakten; mit Gastbeiträgen aus Wissenschaft, Politik und Praxis*, Berlin: MWV Medizinisch Wissenschaftliche Verlagsgesellschaft.

Kristijánsson, Tryggvi (2015), »Gazprom's collosal football empire«, online verfügbar unter: {https://thesefootballtimes.co/2015/01/15/the-gazprom-empire/}.

Krivec, Simon (2017), *Die Anwendung von anabolen-androgenen Steroiden im Leistungssport der Bundesrepublik Deutschland in den Jahren 1960 bis 1988 unter besonderer Berücksichtigung der Leichtathletik*, Berlin: Logos.

Kuhn, Gabriel (2011), *Soccer vs. the State. Tackling Football and Radical Politics*, Oakland: PM Press.

Kuper, Simon (1994), *Football Against the Enemy*, London: Orion.

Kuper, Simon (2009), *Football Against the Enemy oder wie ich lernte, Deutschland zu lieben*, Göttingen: Die Werkstatt.

Laclau, Ernesto/Mouffe, Chantal (1985), *Hegemony and Socialist Strategy. Towards a Radical Democratic Politics*, London/New York: Verso.

Lahouri, Besma (2016), *Zidane, une vie secrète*, Paris: J'ai lu.

Lakoff, George/Johnson, Mark (2014 [1980]), *Leben in Metaphern. Konstruktion und Gebrauch von Sprachbildern*, Heidelberg: Carl-Auer-Verlag.

Lanfranchi, Pierre (1997), »Frankreich und Italien«, in: *Fußball, Soccer, Calcio. Ein englischer Sport auf seinem Weg um die Welt*, herausgegeben von Christiane Eisenberg, München: dtv (S. 41-64).

Leibfried, Stephan/Pierson, Paul (1998), »Halbsouveräne Wohlfahrtsstaaten: Der Sozialstaat in der Europäischen Mehrebenenpolitik«, in: dies., *Standort Europa. Sozialpolitik zwischen Nationalstaat und Europäischer Integration*, Frankfurt a.M.: Suhrkamp (S. 58-99).

Lewicki, Paweł Michał (2017), *EU-Space and the Euroclass. Modernity, Nationality and Lifestyle among Eurocrats in Brussels*, Bielefeld: Transcript.

Lieven, Anatol (1998), *Chechnya. Tombstone of Russian Power*, New Haven/London: Yale University Press.

Lorenz, Astrid/Sapper, Manfred/Steinsdorff, Silvia von/Weichsel, Volker (Hg.) (2005), *Schattenspiele. Informelle Politik im Osten Europas*, Berlin: Berliner Wissenschafts-Verlag.

Lorey, Isabell/Nigro, Roberto/Raunig, Gerald (Hg.) (2012), *Inventionen 2. Exodus. Reale Demokratie. Immanenz. Territorium. Maßlose Differenz. Biopolitik. Kognitives Kapital*, Zürich: Diaphanes.

Lösche, Peter (2002), »Sport und Politik(wissenschaft): Das dreidimensionale Verhältnis von Sport und politischem System der Bundesrepublik Deutschland«, in: *Fußballwelten. Zum Verhältnis von Sport, Politik, Ökonomie und Gesellschaft*, herausgegeben von Peter Lösche, Undine Ruge und Klaus Stolz, Opladen: Leske + Budrich (S. 45-64).

Luhmann, Niklas (1981), *Soziale Systeme*, Frankfurt a.M.: Suhrkamp.

Luk'janov, Fedor (2014), »Perestrojka 2014. Russlands neue Außenpolitik«, in: *Osteuropa* 64 (S. 143-148).

Lukoil (2017), *Lukoil Annual Report 2016*, Moskau: Lukoil, online verfügbar unter: {http://www.lukoil.com/InvestorAndShareholderCenter/ReportsAndPresentations/AnnualReports}.

LWL-Industriemuseum (Hg.) (2015), *Von Kuzorra bis Özil. Die Geschichte von Fußball und Migration im Ruhrgebiet*, Essen: Klartext.

Mandell, Richard Donald (1987), *The Nazi Olympics*, Urbana: University of Illinois Press.

Markovits, Andrei S./Rensmann, Lars (2010), *Gaming the World. How Sports are Reshaping Global Politics and Culture*, Princeton: Princeton University Press.

Matveev, Aleksej V. (2009), *Kriminal'nyj futbol. Ot Koloskova do Mutko; rassledovanie s riskom dlja žizni*, Moskau: ID Kommersant.

Meier, Henk Erik (2010), »Regulierung und De-Regulierung als staatlicher Steuerungsmechanismus im Sport«, in: *Handbuch Sportpolitik*, herausgegeben von Walter Tokarski und Karen Petry, Schorndorf: Hofmann (S. 177-194).

Merkel, Ole (2015), »Verbandspolitik im Wandel. Der Umgang mit zugezogenen Menschen seit der Zeit als Gastarbeiter«, in: *Von Kuzorra bis Özil. Die Geschichte von Fußball und Migration im Ruhrgebiet*, herausgegeben vom LWL-Industriemuseum, Essen: Klartext (S. 107-115).

Merkel, Udo/Sombert, Kurt/Tokarski, Walter (1997), »Football, racism and xenophobia in Germany: 50 years later – here we go again?«, in: *Racism and Xenophobia in European Football*, herausgegeben von Udo Merkel und Walter Tokarski, Aachen: Meyer & Meyer (S. 143-168).

Merkel, Wolfgang (2010), *Systemtransformation. Eine Einführung in die Theorie und Empirie der Transformationsforschung*, Wiesbaden: VS Verlag für Sozialwissenschaften.

Meyer, Thomas (2001), *Mediokratie. Die Kolonisierung der Politik durch die Medien*, Frankfurt a. M.: Suhrkamp.

Michajlov, Valentin (2004), *Respublika Tatarstan. Demokratija ili suverenitet?*, Moskau: PML Instituta Afriki RAN.

Mignot, Pierre (2016), »Représentation médiatique des supporters de l'équipe de France de football: approche diachronique de 1994 à 2010«, in: *Soutenir l'équipe nationale de football. Enjeux politiques et identitaires*, herausgegeben von Jean-Michel de Waele und Frédéric Louault, Brüssel: Université Libre de Bruxelles (S. 175-188).

Minkenberg, Michael (1998), *Die neue radikale Rechte im Vergleich. USA, Frankreich, Deutschland*, Opladen/Wiesbaden: Westdeutscher Verlag.

Minkenberg, Michael (2002), »The new radical right in the political process in France and Germany«, in: *Shadows over Europe. Causes and Effects of the Contemporary Radical Right*, herausgegeben von Martin Schain, New York: Palgrave.

Mittag, Jürgen (2007), »Die Europäische Union und der Fußball. Die Europäisierung des Profifußballs zwischen Bosman- und Simutenkow-Urteil«, in: *Das Spiel mit dem Fußball*, herausgegeben von Jürgen Mittag und Jörg-Uwe Nieland, Essen: Klartext (S. 203-218).

Mittag, Jürgen (2010), »Die konstitutionelle Erfassung des Sports in der Europäischen Union«, in: *Handbuch Sportpolitik*, herausgegeben von Walter Tokarski und Karen Petry, Schorndorf: Hofmann (S. 98-113).

Mittag, Jürgen/Nieland, Jörg-Uwe (2011), »Die globale Bühne. Sportgroßereignisse im Spannungsfeld von politischer Inszenierung und demokratischen Reformimpulsen«, in: *Zeitschrift für Politikwissenschaft* 21 (S. 623-632).

Moebius, Stephan (2003), »Wie ist Gesellschaft un-möglich? Gesellschaft und Individuum aus der Perspektive Georg Simmels und einer poststrukturalistischen Sozialwissenschaft«, in: *Simmel Studies* 13 (S. 391-408).


Netzer, Günter (2009), *Aus der Tiefe des Raumes. Mein Leben*, Reinbek: Rowohlt.

Niemann, Arne/García, Borja/Grant, Wyn (Hg.) (2011), *The Transformation of European Football. Towards the Europeanisation of the National Game*, Manchester: Manchester University Press.

Nili, Shmuel (2009), »The rules of the game – nationalism, globalisation and football in Spain. Barça and Bilbao in a comparative perspective«, in: *Global Society* 23 (S. 245-268).

Nussbaum, Martha (2001), *Upheavals of Thought. The Intelligence of Emotions*, Cambridge u. a.: Cambridge University Press.

Nye, Joseph S. (1990a), *Bound to Lead. The Changing Nature of American Power*, New York: Basic Books.

Nye, Joseph S. (1990b), »Soft Power«, in: *Foreign Policy* 80 (S. 153-171).


Orttung, Robert W./Zhemukhov, Sufian N. (2017), *Putin's Olympics. The Sochi Games and the Evolution of Twenty-first Century Russia*, London/New York: Routledge.

Parmentier, Frédéric (2004), *AS Saint Etienne, Histoire d'une Légende*, Saint-Etienne: Edition des Cahiers intempestifs.

Perez, Jean-Louis (2016), *Planet Fifa*, Los Gatos.

Petrov, Nikolai/Slider, Darrell (2007), »Putin and the regions«, in: *Putin's Russia. Past Imperfect, Future Uncertain*, herausgegeben von Dale R. Herspring, Lanham: Rowman & Littlefield (S. 75-98).

Philippe, Jean/Fort, Patrick (2017), *Les deux vies de Zidane*, Paris: Archipoche.

Pilz, Gunter A. (1994), »Zuschauerausschreitungen im Fußballsport – Versuch einer Analyse«, in: *Fussball. Soziologie und Sozialgeschichte einer populären Sportart*, herausgegeben von Wilhelm Hopf, Münster: Lit Verlag (S. 171-190).

Pilz, Gunter A. (2016), »Rassismus und Fremdenfeindlichkeit im Fußballumfeld – Herausforderungen für die Prävention«, in: *Strategien der extremen Rechten. Hintergründe – Analysen – Antworten*, herausgegeben von Stephan Braun, Wiesbaden: Springer Fachmedien (S. 651-673).

Plitt, Mike (2017), »Les émotions du stade«, in: *Europa. Notre histoire*, herausgegeben von Étienne François und Thomas Serrier, Paris: Les Arènes (S. 223-233).

Proskurjakov, Aleksandr (2006), »Tschetschenische Diffusion. Konflikte, Kämpfe, Krieger im Nordkaukasus«, in: *Osteuropa* 56 (S. 55-64).

Psotta, Kai (2016), *Die Paten der Liga. Spielerberater und ihre Geschäfte*, München: Piper.

Pyta, Wolfram (2004), »Einleitung: Der Beitrag des Fußballsports zur kulturellen Identitätsstiftung in Deutschland«, in: ders., *Der lange Weg zur Bundesliga. Zum Siegeszug des Fußballs in Deutschland*, Münster: Lit Verlag (S. 1-30).

Rasch, Dirk (2014), *Rettet den Fußball! Zwischen Tradition, Kommerz und Randale*, Göttingen, Die Werkstatt.

Ravenel, Loïc (1998), *La géographie du football en France*, Paris: Presses Universitaires de France.

Recker, Marie-Luise (2009), *Geschichte der Bundesrepublik Deutschland*, München: C.H. Beck.

Reckwitz, Andreas (2008a), *Subjekt*, Bielefeld: Transcript.

Reckwitz, Andreas (2008b), »Subjekt/Identität. Die Produktion und Subversion des Individuums«, in: *Poststrukturalistische Sozialwissenschaften*, herausgegeben von Stephan Moebius und Andreas Reckwitz, Frankfurt a. M.: Suhrkamp (S. 75-92).

Reckwitz, Andreas (2017), *Die Gesellschaft der Singularitäten. Zum Strukturwandel der Moderne*, Berlin: Suhrkamp.

Redelings, Ben (2012), *50 Jahre Bundesliga. Das Jubiläumsalbum: unvergessliche Bilder, Fakten, Anekdoten*, Göttingen: Die Werkstatt.

Reng, Ronald (2010), *Robert Enke. Ein allzu kurzes Leben*, München u. a.: Piper.

Reng, Ronald (2013), *Spieltage. Die andere Geschichte der Bundesliga*, München: Piper.

Reng, Ronald (2016), *Barça. Die Entdeckung des schönen Fußballs*, München/Berlin/Zürich: Piper.

Riordan, James (1980), *Sport in Soviet Society. Development of Sport and Physical Education in Russia and the USSR*, Cambridge: Cambridge University Press.

Riordan, Jim (1997), »Rußland und Sowjetunion«, in: *Fußball, Soccer, Calcio. Ein englischer Sport auf seinem Weg um die Welt*, herausgegeben von Christiane Eisenberg, München: dtv (S. 130-148).

Riordan, Jim (2008), »Football: Nation, city and the dream. Playing the game for Russia, money and power«, in: *Globalised Football. Nations and Migration, the City and the Dream*, herausgegeben von Nina Clara Tiesler und João Nuno Coelho, London: Routledge (S. 106-121).

Riordan, Jim (2011), »More serious than life and death. Russian and Soviet fooball«, in: *The Organisation and Governance of Top Football Across Europe. An Institutional Perspective*, herausgegeben von Hallgeir Gammelsæter und Benoît Senaux, New York: Routledge (S. 224-237).

Ronge, Volker (2010), »Das Governance-Konzept als Ansatz für die Sportpolitik«, in: *Handbuch Sportpolitik*, herausgegeben von Walter Tokarski und Karen Petry, Schorndorf: Hofmann (S. 158-176).

Rosenberg, Göran (2017), »Europas viele Heimaten. Die europäische Gesellschaft und die Idee der politischen Föderation«, in: *Lettre International* 118 (S. 25-29).

Rosentritt, Michael (2009), *Sebastian Deisler. Zurück ins Leben ; die Geschichte eines Fussballspielers*, Hamburg: Edel.

Rosneft (2017), *Annual Report 2016*, online verfügbar unter: {https://www.rosneft.com/upload/site2/document_file/a_report_2016_eng.pdf}.

Rosseti (2014), *Rosseti Annual Report 2013*, Moskau: Rosseti, online verfügbar unter: {http://www.rustocks.com/put.phtml/MRKH_2013_appendix.pdf}.

Rostec (2017), *Rostec Annual Report 2016*, Moskau: Rostec, online verfügbar unter: {http://rostec.ru/content/files/documents/GODOVOY_OTCHET_2016_ENG.pdf}.

Roth, Jürgen (2012), *Gazprom – das unheimliche Imperium. Wie wir Verbraucher betrogen und Staaten erpresst werden*, Frankfurt a. M.: Westend.

Ruf, Christoph (2017), *Fieberwahn. Wie der Fußball seine Basis verkauft*, Göttingen: Die Werkstatt.

Russian Helicopters (2016), *Dreams of Flying. Annual Report 2015*, online verfügbar unter: {http://www.russianhelicopters.aero/upload/iblock/225/Helicopter_Eng.pdf}.


Sakwa, Richard (2008), *Russian Politics and Society*, London/New York: Routledge (4. Aufl.).

Sakwa, Richard (2017), *Russia Against the Rest. The Post-Cold War Crisis of World Order*, Cambridge: Cambridge University Press.

Sandvoss, Cornel (2005), *Fans*, Cambridge: Polity Press.

Savickij, Petr (1925), »Chozjain i chozjainstvo«, online verfügbar unter: {http://eurasian-movement.ru/archives/4304}.

Scharpf, Fritz W. (2000), *Interaktionsformen. Akteurzentrierter Institutionalismus in der Politikforschung*, Opladen: Leske + Budrich.

Scharpf, Fritz W. (2011a), »Die Eurokrise. Ursachen und Folgerungen«, in: *Zeitschrift für Staats- und Europawissenschaften* 9 (S. 324-337).

Scharpf, Fritz W. (2011b), »Eurokrise. Die Währungsunion selbst ist das Problem«, Köln: Max-Planck-Institut, online verfügbar unter: {http://www.mpg.de/4397700/eurokrise}.

Schäuble, Wolfgang (2008), »Freude am Fußballsport, Richtlinienkompetenz und Sicherheitsfragen. Wolfgang Schäuble im Gespräch mit Uwe Baumann und Dittmar Dahlmann)«, in: *Kopfball, Einwurf, Nachspielzeit. Gespräche und Beiträge zur Aktualität und*

*Geschichte des Fußballs*, herausgegeben von Uwe Baumann und Dittmar Dahlmann, Essen: Klartext (S. 363-374).

Schiefer, Melissa/Stichling, Torben (2017), »Misstrauen gegenüber der Polizei im Fußball«, in: *Fanverhalten im Sport. Phänomene, Herausforderungen und Perspektiven*, herausgegeben von André Schneider, Julia Köhler und Frank Schumann, Wiesbaden: Springer VS, (S. 77-91).

Schmid, Ulrich (2006), »Naši – Die Putin-Jugend. Sowjettradition und politische Konzeptkunst«, in: *Osteuropa* 55 (S. 5-18).

Schmitter, Philippe C./Streeck, Wolfgang (1999), »The organization of business interests: Studying the associative action of business in advanced industrial societies«, Köln: Max-Planck-Institut, online verfügbar unter: {http://pubman.mpdl.mpg.de/pubman/item/escidoc:1235421:1/component/escidoc:1235419/mpifg_dp99-1.pdf}.

Scholte, Jan Aart (2005), *Globalization. A Critical Introduction*, Basingstoke: Macmillan (2. Aufl.).

Schulze-Marmeling, Dietrich (2013), *Guardiola. Der Fußball-Philosoph*, Göttingen: Die Werkstatt.

Seitz, Norbert (1997), *Doppelpässe. Fußball und Politik*, Frankfurt a. M.: Eichborn.

Simmel, Georg (1890), *Über sociale Differenzierung*, Leipzig: Duncker & Humblot.

Sonntag, Albrecht (2008), *Les Identités du football européen*, Grenoble: Presse Universitaires de Grenoble.

Statista (2017a), »Anzahl der gewaltbereiten Fans (Kategorie B und C) in der 1. Fußball-Bundesliga von 2004/2005 bis 2016/2017«, online verfügbar unter: {https://de.statista.com/statistik/daten/studie/328276/umfrage/anzahl-der-gewaltbereiten-fans-in-der-1-fussballbundesliga/}.

Statista (2017b), »Beliebteste deutsche Facebook-Profile« (Stand Juni 2017), online verfügbar unter: {https://de.statista.com/statistik/daten/studie/427313/umfrage/top-20-beliebteste-deutsche-facebook-profile-auf-facebook-nach-anzahl-der-fans/}.

Statista (2017c), »Einnahmekalkulation der Vereine der 1. Fußball-Bundesliga in der Saison 2016/2017 (in Euro)«, online verfügbar unter: {https://de.statista.com/statistik/daten/studie/590556/umfrage/einnahmen-der-fussball-bundesligisten/}.

Statista (2017d), »Internationale Marken bei Facebook nach Anzahl

der Fans« (Stand Juni 2017), online verfügbar unter: {https://de.
statista.com/statistik/daten/studie/161957/umfrage/internatio
nale-marken-bei-facebook-nach-anzahl-der-fans/}.

Stiglitz, Joseph (2002), *Die Schatten der Globalisierung*, Berlin: Siedler.

Storz, Henning/Wilmes, Bernhard (2007), »Die Reform des Staats-
angehörigkeitsrechts und das neue Einbürgerungsrecht«, Bonn:
Bundeszentrale für politische Bildung, online verfügbar unter:
{https://www.bpb.de/gesellschaft/migration/dossier-migra
tion/56483/einbuergerung?p=all}.

Streeck, Wolfgang (2011), »Die Krisen des demokratischen Kapitalismus. Inflation, staatliche Defizite, private Verschuldung, faule
Kredite«, in: *Lettre International* 95 (S. 6-10).

Streeck, Wolfgang (2013), *Gekaufte Zeit. Die vertagte Krise des demokratischen Kapitalismus*, Berlin: Suhrkamp.

Streeck, Wolfgang (2017), »Die Wiederkehr der Verdrängten als Anfang vom Ende des neoliberalen Kapitalismus«, in: *Die große Re-
gression. Eine internationale Debatte über die geistige Situation
der Zeit*, herausgegeben von Heinrich Geiselberger, Berlin: Suhrkamp (S. 253-274).

Subotić, Neven (2017), »›Wir wurden respektiert und haben auch
Respekt gezeigt‹. Ein Gespräch«, in: *Aus Politik und Zeitgeschichte* 27-29 (S. 10-12).

Sugden, John/Haasner, Adrian (2010), »Sport intervention in divided
societies«, in: *Handbuch Sportpolitik*, herausgegeben von Walter
Tokarski und Karen Petry, Schorndorf: Hofmann (S. 332-342).

Swartz, David L. (2013), *Symbolic Power, Politics, and Intellectuals.
The Political Sociology of Pierre Bourdieu*, Chicago: University of
Chicago Press.

Szogs, Nina (2017), *Football Fandom and Migration. An Ethnogra-
phy of Transnational Practices and Narratives in Vienna and Istanbul*, Cham: Springer International Publishing.

Thränhardt, Dietrich (1996), *Geschichte der Bundesrepublik
Deutschland*, Frankfurt a. M.: Suhrkamp.

Tokarski, Walter/Blecking, Diethelm (Hg.) (2010), *Handbuch Sportpolitik*, Schorndorf: Hofmann.

Tomlinson, Alan (2017), »Fifa: ›For the game. For the World‹? The
world governing body's escalating crisis of credibility«, in: *Rout-*

*ledge Handbook of Sport and Politics*, herausgegeben von Alan Bairner, John Kelly und Jung Woo Lee, London: Routledge (S. 251-266).

Tönnies, Ferdinand (2010 [1887]), *Gemeinschaft und Gesellschaft. Grundbegriffe der reinen Soziologie*, Darmstadt: Wissenschaftliche Buchgesellschaft.

Toussaint, Jean-Philippe (2006), *La mélancolie de Zidane*, Paris: Éditions de Minuit.

Trubeckoj, Nikolaj S. (2005), »Die Ideokratie als Gesellschaftsordnung der nächsten Zukunft nach der Lehre der Eurasier«, in: *Russland – Europa – Eurasien. Ausgewählte Schriften zur Kulturwissenschaft*, herausgegeben von Nikolaj S. Trubeckoj, Fedor B. Poljakov und Heinz Miklas (Hg.), Wien: Österreichische Akademie der Wissenschaften (S. 275-284).

Uefa (2015), »Uefa club financial control body adjudicatory chamber. Decision in case AC-02/2015, CJSC football club Dynamo Moscow« (19.06.2015), online verfügbar unter: {http://www.uefa.com/MultimediaFiles/Download/OfficialDocument/uefaorg/ClubFinancialControl/02/26/31/47/2263147_DOWNLOAD.pdf}.

Väth, Heinrich (1994), *Profifußball. Zur Soziologie der Bundesliga*, Frankfurt a. M./New York: Campus.

Voswinckel, Johannes (2014), »Zynismus mit journalistischem Antlitz. Russlands Medien, die Macht und die Ukraine«, in: *Osteuropa* 64 (S. 175-192).

VTB-Bank (2017), *Annual Report 2016*, Moskau: VTB-Bank, online verfügbar unter: {https://www.vtb.com/upload/iblock/b5b/go_eng_2016.pdf}.

Wagg, Stephen (1995a), »On the continent: Football in the societies of North West Europe«, in: ders., *Giving the Game Away. Football, Politics and Culture on Five Continents*, London u. a.: Leicester University Press (S. 103-124).

Wagg, Stephen (1995b), »The missionary position: Football in the societies of Britain and Ireland«, in: ders., *Giving the Game Away. Football, Politics and Culture on Five Continents*, London u. a.: Leicester University Press (S. 1-23).

Wehler, Hans-Ulrich (2011), *Nationalismus. Geschichte – Formen – Folgen*, München: C. H. Beck.

Wehling, Elisabeth (2016), *Politisches Framing. Wie eine Nation sich ihr Denken einredet – und daraus Politik macht*, Köln: Herbert von Halem Verlag.

Westphal, Kirsten (2000), *Russische Energiepolitik. Ent- oder Neuverflechtung von Staat und Wirtschaft?*, Baden-Baden: Nomos.

Wilson, Jonathan (2006), *Behind the Curtain. Travels in Eastern European Football*, London: Orion.

Wilson, Jonathan (2011), *Revolutionen auf dem Rasen. Eine Geschichte der Fußballtaktik*, Göttingen: Die Werkstatt.

Wolin, Sheldon S. (1994), »Fugitive democracy«, in: *Constellations* 1 (S. 11-25).

Worden, Minky (2014), »Immer weiter, immer höher. Sportveranstaltungen und die Menschenrechte«, online verfügbar unter: {https://www.hrw.org/de/world-report/2015/country-chapters/268184}.

Yatsyk, Alexandra/Makarychev, Andrey (2017), »Politische Instrumentalisierung von sportlichen Großereignissen in Russland: Fußball-Hooligans und Dopingskandal im Vorfeld der Fifa-Weltmeisterschaft 2018«, in: *Russland-Analysen* 336 (09.06. 2017), online verfügbar unter: {http://www.laender-analysen. de/russland/pdf/RusslandAnalysen336.pdf}.

Zeller, Manfred (2015), *Das sowjetische Fieber. Fußballfans im poststalinistischen Vielvölkerreich*, Stuttgart: Ibidem.

Zick, Andreas/Küpper, Beate/Krause, Daniela (2016), *Gespaltene Mitte – Feindselige Zustände. Rechtsextreme Einstellungen in Deutschland 2016*, herausgegeben von Ralf Melzer für die Friedrich-Ebert-Stiftung, Bonn: J.H.W. Dietz.

Zifonun, Darius (2008), »Imagined Diversities. Migrantenmilieus in der Fußballwelt«, in: *Ernste Spiele. Zur politischen Soziologie des Fußballs*, herausgegeben von Gabriele Klein und Michael Meuser, Bielefeld: Transcript (S. 43-57).

Zirinovskij, Vladimir (1994), *Poslednij brosok na jug*, Moskau: Rajt.

Zubida, Hani (2016), »We are one! Or are we? Football fandom and ethno-national identity in Israel«, in: *New Ethnographies of Foot-*

*ball in Europe. People, Passions, Politics*, herausgegeben von Alexandra Schwell, Michał Buchowski, Malgorzata Kowalska und Nina Szogs, New York: Palgrave Macmillan (S. 75-98).

### Quellen aus publizistischen Online- und Printmedien

*11Freunde* (2017), »Die alte Geschichte vom Big-Mac-Team«, Interview mit Peter Schmeichel (06.06.2017), online verfügbar unter: {https://www.11freunde.de/interview/peter-schmeichel-ueber-daenemarks-em-triumph-burger-und-manuel-neuer/page/1} (alle Internetadressen Stand Februar 2018).

*Abendblatt* (2011), »Nach Overath-Rücktritt: 1. FC Köln führungslos und gespalten« (15.11.2011), online verfügbar unter: {https://www.abendblatt.de/sport/fussball/article108170948/Nach-Overath-Ruecktritt-1-FC-Koeln-fuehrungslos-und-gespalten.html}.

Ashelm, Michael (2015), »Im Schattenreich des DFB«, in: *Frankfurter Allgemeine Zeitung* (07.11.2015, S. 21).

Biermann, Christoph (2017a), »Märtyrer aus der Kurve«, in: *11Freunde* (04.11.2017), online verfügbar unter: {https://www.11freunde.de/artikel/al-ahly-ultras-ueber-die-grausame-nacht-von-port-said}.

Biermann, Christoph (2017b), »Zu Tode siegen«, in: *11Freunde* (15.08.2017), online verfügbar unter: {https://www.11freunde.de/artikel/wie-die-champions-league-millionen-den-wettbewerb-zerstoeren}.

*Bild-Zeitung* (2014), »Bierhoff erklärt das WM-Quartier der DFB-Stars«, Interview mit Oliver Bierhoff (14.04.2014), online verfügbar unter: {http://sportbild.bild.de/fussball/nationalmannschaft/nationalmannschaft/bierhoff-erklaert-das-wm-quartier-der-dfb-stars-35501866.sport.html}.

Bock, Andreas (2012a), »Mitgehangen, mitgefangen«, in: *11Freunde* (16.04.2012), online verfügbar unter: {https://www.11freunde.de/artikel/nach-der-razzia-bei-der-wilden-horde}.

Bock, Andreas (2012b), »Was hat sie bloß so ruiniert?«, in: *11Freunde* (04.09.2012), online verfügbar unter: {https://www.11freunde.de/artikel/zum-fall-kevin-pezzoni}.

Bock, Andreas (2016), »Die Hand des Frosches«, in: *11 Freunde* (26.06.2016), online verfügbar unter: {https://www.11freunde. de/artikel/wie-thierry-henry-sich-ganz-irland-zum-feind- machte}.

Dahlkamp, Jürgen/Latsch, Gunther/Ludwig, Udo/Schmitt, Jörg/ Weinreich, Jens (2015), »Sommer, Sonne, Schwarzgeld«, in: *Der Spiegel* 43 (S. 10-20).
*Der Westen* (2012), »BVB spricht 50 Stadionverbote wegen bengali- scher Feuer aus«, in: *Der Westen* (27.06.2012), online verfügbar unter: {https://www.derwesten.de/sport/fussball/bvb/bvb- spricht-50-stadionverbote-wegen-bengalischer-feuer-aus- id6814652.html}.
Deutsche Welle (2016), »FCB: Sponsorendeal ohne Gewissen?« (28.01.2016), online verfügbar unter: {http://www.dw.com/de/ fcb-sponsorendeal-ohne-gewissen/a-19008075}.
Deutschlandfunk (2016), »Putins langer Arm« (26.12.2016), online verfügbar unter: {http://www.deutschlandfunk.de/gazprom-pu tins-langer-arm.1346.de.html?dram:article_id=374777}.
*die tageszeitung* (2014), »Manifest der Verantwortungslosigkeit« (09.07.2014), online verfügbar unter: {http://www.taz.de/! 5038099/}.
*die tageszeitung* (2018), »DFL streitet ab, Fußball zu veranstalten« (02.02.2018), online verfügbar unter: {http://www.taz.de/! 5479311/}.
*Die Welt* (2014), »Wie Gazprom den europäischen Fußball finan- ziert« (25.02.2014), online verfügbar unter: {https://www.welt. de/sport/fussball/bundesliga/borussia-dortmund/article12 5159048/Wie-Gazprom-den-europaeischen-Fussball-finan ziert.html}.
*Die Welt* (2018), »Wenn Fußballprofis per Streik ihren Wechsel er- zwingen« (29.01.2018), online verfügbar unter: {https://www. welt.de/sport/fussball/article172967682/Aubameyang-Wenn- Fussballprofis-per-Streik-ihren-Wechsel-erzwingen.html}.

*Express* (2012), »Ralf Rangnick: Burnout wegen falscher Ernäh- rung« (10.10.2012), online verfügbar unter: {https://www.ex press.de/ratgeber/gesundheit/ex-schalke-trainer-ralf-rangnick– burnout-wegen-falscher-ernaehrung-5525968}.

*Frankfurter Allgemeine Zeitung* (2001), »Elf Ausländer zu Beginn, ein Tor mehr am Ende« (29.07.2001), online verfügbar unter: {http://www.faz.net/aktuell/sport/fussball-bundesliga-elf-aus laender-zu-beginn-ein-tor-mehr-am-ende-127437.html}.

*Frankfurter Allgemeine Zeitung* (2009), »Dunkle Tiraden« (25.03. 2009), online verfügbar unter: {http://www.faz.net/aktuell/ sport/fussball/bundesliga/sport-und-rassismus-dunkle-tiraden-1919498.html}.

*Frankfurter Allgemeine Zeitung* (2014a), »Beckenbauer trotz Fifa-Bann präsent« (22.06.2014), online verfügbar unter: {http:// www.faz.net/aktuell/sport/fussball-wm/sportpolitik/fussball-wm-beckenbauer-trotz-fifa-bann-praesent-13004213.html}.

*Frankfurter Allgemeine Zeitung* (2014b), »Freispruch für Ribéry und Benzema nach Sex-Affäre« (30.01.2014), online verfügbar unter: {http://www.faz.net/aktuell/sport/fussball/sex-mit-min derjaehriger-prostituierter-freispruch-fuer-ribery-und-benze ma-nach-sex-affaere-12777025.html}.

*Frankfurter Allgemeine Zeitung* (2015), »Wie viel Geld bekommt Martin Winterkorn?« (28.09.2015), online verfügbar unter: {http://www.faz.net/aktuell/wirtschaft/diesel-affaere/fruehe rer-vw-chef-wie-viel-geld-bekommt-martin-winterkorn-13827773.html}.

*Frankfurter Allgemeine Zeitung* (2016), »Infantino bastelt an der ei genen Legende« (05.06.2016), online verfügbar unter: {http:// www.faz.net/aktuell/sport/fussball/neue-widersprueche-um-fi fa-praesident-gianni-infantino-14271105.html}.

*Frankfurter Allgemeine Zeitung* (2017a), »Bayern eröffnet Talent-schmiede« (21.08.2017), online verfügbar unter: {http://www. faz.net/aktuell/sport/nachwuchsleistungszentrum-fc-bayern-eroeffnet-talentschmiede-15162100.html}.

*Frankfurter Allgemeine Zeitung* (2017b), »Die Lunte im Fußball brennt« (14.12.2017), online verfügbar unter: {http://www.faz. net/aktuell/sport/fussball/was-bedeutet-russlands-doping-skan dal-fuer-die-fussball-wm-2018-15333495.html}.

*Frankfurter Allgemeine Zeitung* (2017c), »Gerhard Schröder Auf-sichtsratsvorsitzender bei Hannover 96« (23.01.2017), online ver-fügbar unter: {http://www.faz.net/aktuell/sport/fussball/bun desliga/gerhard-schroeder-aufsichtsratsvorsitzender-bei-hanno ver-96-14735372.html}.

*Frankfurter Allgemeine Zeitung* (2017d), »Präsident Fischer bezieht Position gegen AfD« (27.12.2017), online verfügbar unter: {http://www.faz.net/aktuell/sport/fussball/bundesliga/eintracht-praesident-fischer-bezieht-position-gegen-afd-15360425.html}.

*Frankfurter Allgemeine Zeitung* (2017e), »Strafe für Aubameyang« (03.04.2017), online verfügbar unter: {http://www.faz.net/aktuell/sport/fussball/bundesliga/strafe-fuer-pierre-emerick-aubameyang-nach-bvb-torjubel-14955370.html}.

*Handelsblatt* (2006), »Nationalhymne zum Bundesliga-Auftakt« (09.08.2006), online verfügbar unter: {http://www.handelsblatt.com/sport/fussball/fussball-bundesliga-nationalhymne-zum-bundesliga-auftakt/2690658.html}.

*Hannoversche Allgemeine* (2016), »96 gehört nun einem Investoren-Quartett« (06.07.2016), online verfügbar unter: {http://www.haz.de/Sportbuzzer/Hannover-96/Umstrukturierung-der-96-Sales-and-Service}.

Hartmann, Robin (2013), »›Uns interessiert nur der Profit‹«, in: *11 Freunde* (26.06.2013), online verfügbar unter: {https://www.11freunde.de/artikel/zu-besuch-der-wichtigsten-talentschmiede-brasiliens}.

Horeni, Michael (2014b): »Der Schein ist heilig«, in: *Frankfurter Allgemeine Sonntagszeitung* (16.11.2014, S. 15).

Janssen, Sandra (1999), »Aus leeren Schachteln schaut das Grauen«, in: *Frankfurter Allgemeine Zeitung* (31.07.1999, S. 15).

Jenewien, Wolfgang (2008), »Das Klinsmann-Projekt«, in: *Harvard Business Manager* (Juni 2008), online verfügbar unter: {http://www.harvardbusinessmanager.de/heft/d-57023070.html}.

*Kicker* (2012a), »Die 16 Anträge im Überblick« (12.12.2012), online verfügbar unter: {http://www.kicker.de/news/fussball/bundesliga/startseite/579047/artikel_die-16-antraege-im-ueberblick.html}.

*Kicker* (2012b), »›Sicheres Stadionerlebnis‹ – Die Eckpunkte des Konzeptpapiers« (24.09.2012), online verfügbar unter: {http://www.kicker.de/news/fussball/bundesliga/startseite/576653/artikel_sicheres-stadionerlebnis---die-eckpunkte-des-konzeptpapiers.html}.

*Kicker* (2017), »Umsatzranking: Bundesliga 2. – Premier League un-
erreichbar« (12.07.2017), online verfügbar unter: {http://www.
kicker.de/news/fussball/bundesliga/startseite/701495/artikel_
umsatzranking_bundesliga-2---premier-league-unerreichbar.
html}.

Osang, Alexander (2014), »Der fremde Deutsche«, in: *Der Spiegel*
28 (S. 96-102).

Osterhaus, Stefan (2012), »Außenstelle der CDU«, in: *Deutschland-*
*funk* (26.02.2012), online verfügbar unter: {http://www.deutsch
landfunk.de/aussenstelle-der-cdu.1346.de.html?dram:artic
le_id=197005}

Pillay, Navi/Poiares Maduro, Miguel/Weiler, Joseph H.H. (2017),
»Nehmt der Fifa das Spiel aus den Händen!«, in: *Frankfurter All-*
*gemeine Zeitung* (22.12.2017, S. 31).

Radio Free Europe/Radio Liberty (2015), »Chechnya's best-kept
secret: The workings of the Akhmad Kadyrow Fund« (06.06.
2015), online verfügbar unter: {https://www.rferl.org/a/cauca
sus-report-chechnya-akhmad-kadyrov-fund/27057288.html}.

Radio Free Europe/Radio Liberty (2017), »Kadyrow's Chechnya
appears exempt from Russian funding cuts« (30.07.2017), online
verfügbar unter: {https://www.rferl.org/a/caucasus-report-kady
rov-chechnya-exempt-funding-cuts/28648698.html}.

RP-Online (2013), »Campo Bahia in Santo Andre. Das WM-Quartier der Nationalmannschaft« (13.12.2013), online verfügbar unter: {http://www.rp-online.de/sport/fussball/wm/dfb/campo-
bahia-in-santo-andre-das-wm-quartier-der-nationalmann
schaft-aid-1.3885605}.

RP-Online (2017), »Wir haben Angst, bald nicht mehr konkurrenz-
fähig zu sein'« (27.07.2017), online verfügbar unter: {http://
www.rp-online.de/sport/fussball/sc-freiburg/christian-streich-
sorgt-sich-um-konkurrenzfaehigkeit-des-sc-freiburg-aid-1.
6974649}.

*Ruhrnachrichten* (2012), »Ausstellung: ›Ihre Eltern kamen aus Masuren‹« (04.04.2012), online verfügbar unter: {http://www.ruhr
nachrichten.de/sport/schalke/aktuelles/art15837,1606677} (August 2017).

*Spiegel Online* (2001), »Historisches Freundschaftsspiel dauerte nur 78 Minuten« (07.10.2001), online verfügbar unter: {http://www.spiegel.de/sport/fussball/frankreich-algerien-historisches-freundschaftsspiel-dauerte-nur-78-minuten-a-161223.html}.

*Spiegel Online* (2004a), »Feuerwehrmann für zwei Jahre« (26.07.2004), online verfügbar unter: {http://www.spiegel.de/sport/fussball/dfb-teamchef-klinsmann-feuerwehrmann-fuer-zwei-jahre-a-310483.html}.

*Spiegel Online* (2004b), »Bundestrainer Klinsmann will den WM-Titel« (29.07.2004), online verfügbar unter: {http://www.spiegel.de/sport/fussball/nationalmannschaft-bundestrainer-klinsmann-will-den-wm-titel-a-310851.html}.

*Spiegel Online* (2010a), »Fans greifen ›Diktator‹ Magath an« (19.08.2010), online verfügbar unter: {http://www.spiegel.de/sport/fussball/zwist-auf-schalke-fans-greifen-diktator-magath-an-a-712748.html}.

*Spiegel Online* (2010b), »Spruch von ZDF-Moderatorin löst Protest aus« (14.06.2010), online verfügbar unter: {http://www.spiegel.de/kultur/tv/innerer-reichsparteitag-fuer-klose-spruch-von-zdf-moderatorin-loest-protest-aus-a-700458.html}.

*Spiegel Online* (2012a), »Havelange und Teixeira kassierten Schmiergelder« (11.07.2012), online verfügbar unter: {http://www.spiegel.de/sport/fussball/isl-affaere-schweizer-gericht-lehnt-beschwerde-zweier-fifa-funktionaere-ab-a-843933.html}.

*Spiegel Online* (2012b), »›Herr Lahm ist nicht mein Chef‹« (23.05.2012), online verfügbar unter: {http://www.spiegel.de/politik/ausland/uefa-chef-platini-weist-kritik-von-lahm-wegen-ukraine-zurueck-a-834731.html}.

*Spiegel Online* (2012c), »Polizei-Zahlen zur Abschreckung« (21.11.2012), online verfügbar unter: {http://www.spiegel.de/sport/fussball/statistik-zur-gewalt-im-fussball-polizei-zahlen-zur-abschreckung-a-868231.html}.

*Spiegel Online* (2012d), »Reine Kopfsache« (27.09.2012), online verfügbar unter: {http://www.spiegel.de/panorama/leute/zinedine-zidane-statue-von-kopfstoss-gegen-materazzi-in-paris-a-858356.html}.

*Spiegel Online* (2013a), »›Fußball ist ein Rückzugsraum für Nazis‹« (13.11.2013), online verfügbar unter: {http://www.spiegel.de/

sport/fussball/rechtsruck-in-den-stadien-hooligans-kehren-in-die-stadien-zurueck-a-933090.html}.

*Spiegel Online* (2013b), »Rummenigge und die Rolex« (13.11.2013), online verfügbar unter: {http://www.spiegel.de/wirtschaft/sozia les/rummenigge-und-die-rolex-der-zoll-kennt-keine-gnade-a-933217.html}.

*Spiegel Online* (2013c), »SPD attackiert Bayern-Manager Hoeneß wegen Steueraffäre« (21.04.2013), online verfügbar unter: {http://www.spiegel.de/politik/deutschland/spd-attackiert-bayern-manager-hoeness-wegen-steuer-affaere-a-895621.html}.

*Spiegel Online* (2014a), »Schalke folgt Putins Einladung in den Kreml« (23.04.2014), online verfügbar unter: {http://www.spiegel.de/sport/fussball/schalke-besucht-moskau-auf-einladung-von-putin-a-965748.html}.

*Spiegel Online* (2014b), »Seichte ZDF-Beiträge aus Campo Bahia« (20.06.2014), online verfügbar unter: {http://www.spiegel.de/kultur/tv/katrin-mueller-hohenstein-seichte-zdf-beitraege-aus-campo-bahia-a-976345.html}.

*Spiegel Online* (2014c), »›Überall ist Taksim‹« (04.10.2014), online verfügbar unter: {http://www.spiegel.de/sport/fussball/fussball-dokumentation-istanbul-united-zeigt-ultras-auf-dem-taksim-a-994657.html}.

*Spiegel Online* (2015a), »Bundesinnenminister de Mazière fordert mehr Medaillen« (16.07.2015), online verfügbar unter: {http://www.spiegel.de/sport/sonst/bundesinnenminister-de-maiziere-fordert-mehr-medaillen-a-1044080.html}.

*Spiegel Online* (2015b), »Gezofft, bis der Arzt geht« (17.04.2015), online verfügbar unter: {http://www.spiegel.de/sport/fussball/hans-wilhelm-mueller-wohlfahrt-hoert-nach-streit-mit-pep-guardiola-auf-a-1029047.html}.

*Spiegel Online* (2015c), »Liga-Chef nimmt FC Bayern in Schutz« (21.01.2015), online verfügbar unter: {http://www.spiegel.de/sport/fussball/fc-bayern-in-saudi-arabien-reinhard-rauball-nimmt-muenchen-in-schutz-a-1014284.html}.

*Spiegel Online* (2016), »Fifa-Chefaufseher Scala tritt zurück« (14.05.2016), online verfügbar unter: {http://www.spiegel.de/sport/fussball/fifa-chefaufseher-domenico-scala-tritt-zurueck-a-1092400.html}.

*Spiegel Online* (2017a), »Aus der Schusslinie« (28.12.2017), online

verfügbar unter: {http://www.spiegel.de/sport/fussball/witali-
mutko-und-die-fussball-wm-2018-in-russland-aus-der-schussli
nie-a-1185264.html}.

*Spiegel Online* (2017b), »DFB muss rund 19,2 Millionen Euro
Steuern nachzahlen« (20.10.2017), online verfügbar unter:
{http://www.spiegel.de/sport/fussball/deutscher-fussball-bund-
muss-rund-19-2-millionen-euro-steuern-nachzahlen-a-1173926.
html}.

*Spiegel Online* (2017c), »Donald Blatter« (11.05.2017), online verfügbar unter: {http://www.spiegel.de/sport/fussball/fifa-kon
gress-in-bahrain-gianni-infantino-der-neue-sepp-blatter-a-
1147214.html}.

*Spiegel Online* (2017d), »Fifa entmachtet ihre Kritiker« (10.05.
2017), online verfügbar unter: {http://www.spiegel.de/sport/
fussball/fifa-skandal-hans-joachim-eckert-und-cornel-borbely-
nach-ihrer-entmachtung-a-1146995.html}.

*Spiegel Online* (2017e), »Hoeneß: ›Ein Freispruch wäre völlig normal gewesen‹« (11.05.2017), online verfügbar unter: {http://
www.spiegel.de/sport/fussball/uli-hoeness-freispruch-waere-
voellig-normal-gewesen-a-1147033.html}.

*Spiegel Online* (2017f), »›Ich wollte nicht zum Training gehen‹«
(03.09.2017), online verfügbar unter: {http://www.spiegel.de/
sport/fussball/ousmane-dembele-spricht-ueber-trainingsstreik-
bei-borussia-dortmund-a-1165900.html}.

*Spiegel Online* (2017g), »Warum so viele Fußballstars ihr seelisches
Gleichgewicht verlieren«, Interview mit Karl-Jürgen Bär (28.10.
2017), online verfügbar unter: {http://www.spiegel.de/spiegel/
psychiater-karl-juergen-baer-ueber-depressive-fussballer-a-
1175093.html}.

*Spiegel Online* (2017h), »Warum Fahnder Volkswagen mal wieder
im Visier haben« (15.11.2017), online verfügbar unter: {http://
www.spiegel.de/wirtschaft/unternehmen/volkswagen-warum-
fahnder-den-vw-betriebsrat-im-visier-haben-a-1178156.html}.

*Spiegel Online* (2017i), »In diesen Stadien will Deutschland die WM
ausrichten« (15.09.2017), online verfügbar unter: {http://www.
spiegel.de/sport/fussball/fussball-em-2024-dfb-gibt-stadien-fu
er-em-bewerbung-bekannt-a-1167844.html}.

*Spiegel Online* (2018), »DFL muss sich an Kosten für Polizeieinsätze
beteiligen« (21.02.2018), online verfügbar unter: {http://www.

spiegel.de/sport/fussball/bremen-dfl-muss-sich-an-kosten-fu
er-polizeieinsaetze-beteiligen-a-1194610.html}.

Sportschau.de (2017a), »DFB-Team distanziert sich von Pöbel-Anhängern« (02.09.2017), online verfügbar unter: {http://www.
sportschau.de/fussball/fifawm2018/nachbericht-tschechien-
deutschland-hooligans-100.html}.

Sportschau.de (2017b), »›Nehmen den Confed Cup natürlich
ernst‹«, Interview mit Oliver Bierhoff (10.06.2017), online verfügbar unter: {http://www.sportschau.de/weitere/allgemein/vi
deo-bierhoff---nehmen-den-confed-cup-natuerlich-ernst-100.
html}.

Sportschau.de (2017c), »Löw holt Weltmeister zurück« (05.08.
2017), online verfügbar unter: {http://www.sportschau.de/fuss
ball/nationalmannschaft/loew-holt-weltmeister-zurueck100.
html}.

Sportschau.de (2017d), »Ticketverkauf für deutsche WM-Spiele ab
Dienstag« (01.12.2017), online verfügbar unter: {http://www.
sportschau.de/fussball/fifawm2018/wm-tickets-deutsche-fans-
100.html}.

*Süddeutsche Zeitung* (2014), »›Ich habe etwas an mir entdeckt, was
ich nie hatte: Hass!‹ Hoeneß-Rede im Wortlaut« (03.05.2014),
online verfügbar unter: {http://www.sueddeutsche.de/sport/hoe
ness-rede-im-wortlaut-ich-habe-etwas-an-mir-entdeckt-was-
ich-nie-hatte-hass-1.1949424}.

*Süddeutsche Zeitung* (2017), »Mehmet Scholl hat nicht verstanden,
worum es geht« (08.08.2017), online verfügbar unter: {http://
www.sueddeutsche.de/sport/doping-im-fussball-mehmet-
scholl-hat-nicht-verstanden-worum-es-geht-1.3621009}.

*Tagesspiegel* (2001), »Frankreich – Algerien: Versöhnung endet im
Fiasko« (07.10.2001), online verfügbar unter: {http://www.tages
spiegel.de/sport/frankreich-algerien-versoehnung-endet-im-
fiasko/261630.html}.

*Tagesspiegel* (2008), »Jetzt spielen die Eltern mit – gegen Rassismus«
(22.06.2008), online verfügbar unter: {http://www.tagesspiegel.
de/sport/deutsche-nationalmannschaft-jetzt-spielen-die-eltern-
mit-gegen-rassismus/1263204.html}.

*Tagesspiegel* (2012), »Fußball-Einsätze bringen Polizei an ihre Kapazitätsgrenze« (22.08.2012), online verfügbar unter: {http://www.

tagesspiegel.de/sport/sicherheit-in-der-bundesliga-fussball-ein
saetze-bringen-polizei-an-ihre-kapazitaetsgrenze/7041510.html}.

*Tagesspiegel* (2015), »In welchen Rechtsformen organisieren sich die
Bundesliga-Vereine?« (26.08.2015), online verfügbar unter:
{http://www.tagesspiegel.de/sport/501-regelung-in-welchen-
rechtsformen-organisieren-sich-die-bundesliga-vereine/122
36362.html}.

*The Guardian* (2011), »Samuel Eto'o takes step into the unknown
with Anzhi Makhachkala« (25.08.2011), online verfügbar unter:
{https://www.theguardian.com/football/blog/2011/aug/25/sa
muel-etoo-anzhi-makhachkala}.

Ulrich, Ron (2017), »Gewalt Junkies«, in: *11Freunde* (17.02.2017,
S. 58-63).

Vedomosti (2017a), »Владельцем ›Росгосстраха‹ станет не
›Открытие‹, а его основной акционер« (17.08.2017), online verfügbar unter: {https://www.vedomosti.ru/finance/articles/2017/
08/17/730015-rosgosstraha}.

Vedomosti (2017b), »Данил Хачатуров отдал ›Росгосстрах‹ бесплат-
но« (05.09.2017), online verfügbar unter: {https://www.vedomo
sti.ru/finance/articles/2017/09/06/732509-hachaturov-otdal}.

Weinreich, Jens (2014), »Swingende Familienbande«, in: *11Freunde*
(04.04.2014), online verfügbar unter: {https://www.11freunde.
de/artikel/wie-platini-seinen-schwiegersohn-mit-jobs-ver
sorgt}.

*Weser-Kurier* (2014), »DFB entzieht Bremen Länderspiel« (25.07.
2014), online verfügbar unter: {https://www.weser-kurier.de/
bremen/bremen-stadt_artikel,-DFB-entzieht-Bremen-Laender
spiel-_arid,906811.html}.

Williams, Sean (2016), »The downfall of a Russian soccer team«, in:
*The New Yorker* (11.02.2016), online verfügbar unter: {https://
www.newyorker.com/news/sporting-scene/the-downfall-of-a-
russian-soccer-team}.

*Wirtschaftswoche* (2014), »Sotschi wird zum Milliardengrab«
(06.02.2014), online verfügbar unter: {http://www.wiwo.de/un
ternehmen/dienstleister/olympische-spiele-Sotschi-wird-zum-
milliardengrab/9378522.html}.

*Zeit Online* (2017), »Wir haben heute leider keine Mitgliedschaft für dich« (06.07.2017), online verfügbar unter: {http://www.zeit.de/sport/2017-07/hannover-96-mitgliedschaft-martin-kind}.

### Deutsche und englische Wikipedia-Einträge

Wikipedia DE (2018a), »1. FC Nürnberg«, online verfügbar unter: {https://de.wikipedia.org/wiki/1._FC_Nürnberg}.

Wikipedia DE (2018b), »Allianz-Arena«, online verfügbar unter: {https://de.wikipedia.org/wiki/Allianz_Arena}.

Wikipedia DE (2018c), »Anschi Machatschkala«, online verfügbar unter: {https://de.wikipedia.org/wiki/Anschi_Machatschkala}.

Wikipedia DE (2018d), »Aspire Academy«, online verfügbar unter: {https://de.wikipedia.org/wiki/Aspire_Academy}.

Wikipedia DE (2018e), »Deutscher Fußball-Bund«, online verfügbar unter: {https://de.wikipedia.org/wiki/Deutscher_Fußball-Bund}.

Wikipedia DE (2018f), »Deutscher Fußball-Bund/Fußball-Akademie«, online verfügbar unter: {https://de.wikipedia.org/wiki/Deutscher_Fußball-Bund#Fußball-Akademie}.

Wikipedia DE (2018g), »Deutsche Fußballmeisterschaft der A-Junioren«, online verfügbar unter: {https://de.wikipedia.org/wiki/Deutsche_Fußballmeisterschaft_der_A-Junioren}.

Wikipedia DE (2018h), »Dietmar Hopp«, online verfügbar unter: {https://de.wikipedia.org/wiki/Dietmar_Hopp}.

Wikipedia DE (2018i), »Einschaltquote/Quotenrekorde«, online verfügbar unter: {https://de.wikipedia.org/wiki/Einschaltquote#Deutschland_2}.

Wikipedia DE (2018j), »FC Bayern München/Vereinsstruktur und AG«, online verfügbar unter: {https://de.wikipedia.org/wiki/FC_Bayern_München#Vereinsstruktur_und_AG}.

Wikipedia DE (2018k), »FC Schalke 04«, online verfügbar unter: {https://de.wikipedia.org/wiki/FC_Schalke_04}.

Wikipedia DE (2018l), »Franz Beckenbauer«, online verfügbar unter: {https://de.wikipedia.org/wiki/Franz_Beckenbauer}.

Wikipedia DE (2018m), »Fritz-Walter-Stadion«, online verfügbar unter: {https://de.wikipedia.org/wiki/Fritz-Walter-Stadion}.

Wikipedia DE (2018n), »Fußballspiel Fortuna Düsseldorf Hertha

BSC am 15. Mai 2012«, online verfügbar unter: {https://de.wikipe
dia.org/wiki/Fußballspiel_Fortuna_Düsseldorf_–_Hertha_
BSC_am_15._Mai_2012}.

Wikipedia DE (2018o), »Fußball-Weltmeisterschaft 1958/Frank-
reich«, online verfügbar unter: {https://de.wikipedia.org/wiki/
Fußball-Weltmeisterschaft_1958/Frankreich}.

Wikipedia DE (2018p), »Gerald Asamoah«, online verfügbar unter:
{https://de.wikipedia.org/wiki/Gerald_Asamoah}.

Wikipedia DE (2018q), »Hansi Flick«, online verfügbar unter:
{https://de.wikipedia.org/wiki/Hansi_Flick}.

Wikipedia DE (2018r), »HSH Nordbank«, online verfügbar unter:
{https://de.wikipedia.org/wiki/HSH_Nordbank}.

Wikipedia DE (2018s), »International Sport and Leisure«, online
verfügbar unter: {https://de.wikipedia.org/wiki/International_
Sport_and_Leisure}.

Wikipedia DE (2018t), »Martin Ødegaard«, online verfügbar unter:
{https://de.wikipedia.org/wiki/Martin_Ødegaard}.

Wikipedia DE (2018u), »Mein Freund ist Ausländer«, online verfügbar unter: {https://de.wikipedia.org/wiki/Mein_Freund_is
t_Ausländer}.

Wikipedia DE (2018v), »Nasser Al-Khelaifi«, online verfügbar unter: {https://de.wikipedia.org/wiki/Nasser_Al-Khelaifi}.

Wikipedia DE (2018w), »Nuri Şahin«, online verfügbar unter:
{https://de.wikipedia.org/wiki/Nuri_Sahin}.

Wikipedia DE (2018x), »Oliver Bierhoff«, online verfügbar unter:
{https://de.wikipedia.org/wiki/Oliver_Bierhoff}.

Wikipedia DE (2018y), »Oliver Neuville«, online verfügbar unter:
{https://de.wikipedia.org/wiki/Oliver_Neuville}.

Wikipedia DE (2018z), »Otto Addo«, online verfügbar unter:
{https://de.wikipedia.org/wiki/Otto_Addo}.

Wikipedia DE (2018aa), »Peco Bauwens«, online verfügbar unter:
{https://de.wikipedia.org/wiki/Peco_Bauwens}.

Wikipedia DE (2018ab), »Petar Radenković«, online verfügbar unter: {https://de.wikipedia.org/wiki/Petar_Radenkovic}.

Wikipedia DE (2018ac), »Ramsan Achmatowitsch Kadyrow«, online verfügbar unter: {https://de.wikipedia.org/wiki/Ramsa
n_Achmatowitsch_Kadyrow}.

Wikipedia DE (2018ad): »RB Leipzig«, online verfügbar unter:
{https://de.wikipedia.org/wiki/RB_Leipzig}.

Wikipedia DE (2018ae), »Rosneft«, online verfügbar unter: {https:// de.wikipedia.org/wiki/Rosneft}.

Wikipedia DE (2018af), »Stadion im Borussia-Park«, online verfügbar unter: {https://de.wikipedia.org/wiki/Stadion_im_Borussia-Park}.

Wikipedia DE (2018ag), »Suleiman Abusaidowitsch Kerimow«, online verfügbar unter: {https://de.wikipedia.org/wiki/Suleiman_Abusaidowitsch_Kerimow}.

Wikipedia DE (2018ah), »Thomas Schneider (Fußballspieler, 1972)«, online verfügbar unter: {https://de.wikipedia.org/wiki/Thomas_Schneider_(Fußballspieler,_1972)}.

Wikipedia DE (2018ai), »TSG 1899 Hoffenheim«, online verfügbar unter: {https://de.wikipedia.org/wiki/TSG_1899_Hoffenheim}.

Wikipedia DE (2018aj), »Volksparkstadion«, online verfügbar unter: {https://de.wikipedia.org/wiki/Volksparkstadion}.

Wikipedia DE (2018ak), »Wunder von Bern«, online verfügbar unter: {https://de.wikipedia.org/wiki/Wunder_von_Bern}.

Wikipedia DE (2018al), »Zinédine Zidane«, online verfügbar unter: {https://de.wikipedia.org/wiki/Zinédine_Zidane}.

Wikipedia EN (2018a), »Igor Simutenkov«, online verfügbar unter: {https://en.wikipedia.org/wiki/Igor_Simutenkov}.

Wikipedia EN (2018b), »Russia national football team«, online verfügbar unter: {https://en.wikipedia.org/wiki/Russia_national_football_team}.

## Russische Wikipedia-Einträge

Wikipedia RU (2018a), »Динамо (спортивное общество)«, online verfügbar unter: {https://ru.wikipedia.org/wiki/Динамо_(спортивное_общество)}.

Wikipedia RU (2018b), »Лукойл«, online verfügbar unter: {https://ru.wikipedia.org/wiki/Лукойл}.

Wikipedia RU (2018c), »Росгосстрах«, online verfügbar unter: {https://ru.wikipedia.org/wiki/Росгосстрах}.

Wikipedia RU (2018d), »Российские сети«, online verfügbar unter: {https://ru.wikipedia.org/wiki/Российские_сети}.

Wikipedia RU (2018e), »Стржалковский, Владимир_Игоревич«, online verfügbar unter: {https://ru.wikipedia.org/wiki/Стржалковский,_Владимир_Игоревич}.